高等职业教育铁道供电技术专业系列教材

电气化铁路供电系统运行与管理

（第2版）

刘让雄◎主　编
陈　珂◎副主编
王亚妮◎主　审

中国铁道出版社有限公司

2023年·北京

内 容 简 介

本书为“高等职业教育铁道供电技术专业系列教材”之一。全书共6个项目16个任务。主要内容包括牵引供电系统管理基础,牵引供电系统认知,牵引变压器容量分析,牵引网阻抗分析与短路计算,改善牵引供电电能质量和牵引供电系统安全生产管理认知。本书以任务为导向,每个任务后都附有练习与评价,师生均可及时检验每个任务的学习完成情况。

本书适合作为高等职业教育铁道供电技术专业的教学用书,可作为职业技能培训教材,也可供从事电气化铁路供电运营与管理的相关人员学习参考。

图书在版编目(CIP)数据

电气化铁路供电系统运行与管理/刘让雄主编. —2版. —北京:中国铁道出版社有限公司,2023.9

高等职业教育铁道供电技术专业系列教材

ISBN 978-7-113-30373-0

Ⅰ.①电… Ⅱ.①刘… Ⅲ.①电气化铁道-供电系统-高等职业教育-教材 Ⅳ.①U223.6

中国国家版本馆CIP数据核字(2023)第125158号

书　　名:电气化铁路供电系统运行与管理
作　　者:刘让雄

责任编辑:尹　娜　　**电话:**(010)51873206　　**电子邮箱:**624154369@qq.com
封面设计:刘　颖
责任校对:苗　丹
责任印制:赵星辰

出版发行:中国铁道出版社有限公司(100054,北京市西城区右安门西街8号)
网　　址:http://www.tdpress.com
印　　刷:河北宝昌佳彩印刷有限公司
版　　次:2023年9月第1版　2023年9月第1次印刷
开　　本:787 mm×1 092 mm 1/16　**印张:**15.75　**字数:**396千
书　　号:ISBN 978-7-113-30373-0
定　　价:49.00元

前言

“牵引供电系统运行与管理”是高等职业教育铁道供电技术专业的核心课程,又是一门理论性与系统性较强的课程。长期以来,这门课程都以教师讲授为主,学生被动学习,“学生难学,教师难教”的问题一直困扰着广大师生。为此,于2014年编写出版了项目化课程改革教材《电气化铁路供电系统运行与管理》。该教材通过引入大量实践案例,设计学习情境,融入应用性知识,增强了可读性和趣味性,使用8年多来,有效推动了课程改革,促进了课程教学。但是,由于教材仍然偏重于理论与计算,学科烙印较深,对不少高职学生来说,学习难度依然较大。为此,编写团队本次改版前,深入调研了铁道供电技术专业高职毕业生的就业岗位能力需求,广泛征求了企业专家与院校教师对本教材的意见和建议,同时全面总结了编者18年企业生产实践和14年该课程的教学心得,确立了“教材目标体现职业能力需求导向,教材内容体现岗位工作任务导向,教材成效体现学生学习成果导向”的原则,对第1版进行了以下重要调整与改进:

1. 立足岗位职业能力需求,设计学习项目。基于学生毕业以后“能做什么”而不是基于学生“知道什么”来设计学习项目,遵循职业学生从“新手→生手→熟手→能手→高手”的职业能力成长规律,按照学生毕业入职之初的岗位认知,岗位见习到独立顶岗所需的知识与能力要求设计了本书的三个模块,即“管理基础”模块对应项目1,共3项任务,主要培养工程建设常识、管理机构与岗位认知、管理规程体现认知等能力,了解专业所面向的行业概况,清楚职业岗位的主要任务等;“专业能力”模块对应项目2、项目3、项目4和项目5,共10项任务,主要培养牵引供电系统认知、牵引变压器容量分析、牵引网阻抗分析与短路计算、牵引供电电能质量改善等有助于胜任岗位工作所需的专业能力;“管理实践”模块对应项目6,共3项任务,主要培养生产管理、安全管理和接口管理方面的意识与能力。本书以此为主线,对第1版内容进行了重组,注重培养应用专业知识分析问题与解决问题的能力,同时简化了专业计算的相关内容。

2. 基于完成工作任务需要,组织教材内容。运用职业教育是“基于学会工作的学习”这一理念,坚持工学结合,知行合一,将职业岗位工作任务中的典型情境转化为学习任务,明确每项任务的知识目标、能力目标和素质目标,以完成工作任务(即学习任务)为主线组织所需的学习内容,将知识学习与技能训练融入工作任务的完成过程中,实现学生学习理论课程也可以在课堂“做”起来、“忙”起来,突出做中学,做中教,强化教育教学实践性和职业性,促进学以致用、用以促学、学用相长,有效培养专业能力与职业素质。

3. 以学习成果为导向,设计练习与评价环节。对每项学习任务,本教材都设置了“任务小结”,根据每项任务的目标设计了相应的“练习与评价”,明确了每项练习的标准分值。每完成一项任务,学生就可以进行自评、互评,也可供教师考评,方便师生及时检验每项任务的学习完成情况与分析学习成果。

4. 坚持育人为本理念，融入思政教育元素。2021 年，本课程入选教育部首批“课程思政示范课程”。本次改版，充分融入编者讲授本课程 14 年的育人心得，在每项任务结尾增设了“格言语录”，结合每项任务的具体特点，有机融入中华传统优秀文化、工匠精神、铁路安全意识、质量意识和遵章守纪意识等，增强教材的文化育人功能。

5. 基于行业新技术发展，更新相应内容。及时将行业发展的新技术、新工艺、新规范和反映主要岗位群及典型工作任务的职业能力要求纳入教材，修订了已不适宜的教材内容。

6. 充分融入数字资源，建设立体化教材。将铁道供电技术专业国家教学资源库的建设成果融入教材内容，给教材主要知识点均配上教学视频或动画，以更好地满足师生们易教易学的迫切期待，改善教学和学习体验。

本书由广州铁路职业技术学院刘让雄任主编，广州铁路职业技术学院陈珂任副主编，广州铁路职业技术学院陈彦初、黄磊，以及中国铁路广州局集团有限公司何建明参与编写，广州铁路职业技术学院王亚妮主审。具体编写分工如下：刘让雄负责编写项目 2 和项目 3，并负责全书的统稿；陈珂负责编写项目 1 和项目 6 中的任务 1；陈彦初负责编写项目 5 和项目 4 中的任务 1；黄磊负责编写项目 4 中的任务 2；何建明负责编写项目 6 中的任务 2 和任务 3。在本书的编写过程中，得到了郑州铁路职业技术学院周郑、梁晨、李学武，山东职业学院巩文东，四川铁道职业学院唐玫，湖南铁路科技职业技术学院张灵芝，柳州铁道职业技术学院程洋，以及中国铁路广州局集团有限公司游诚曦、何建明、李日福、罗瑞忠等同仁的支持与帮助，同时还得到了中国铁道出版社有限公司的大力支持。大家就本书的提纲、体例，以及内容的修改与完善均提出了很多宝贵意见。在此，一并致谢。

因编者水平有限，书中难免存在疏漏与不妥之处，敬请广大读者与同行批评指正。

编　者

2023 年 4 月

目录

本书配套视频资源索引

资源编号	资源名称	页码	资源编号	资源名称	页码
1	1.1.1 工程设计	4	29	3.1.1 接线组别	84
2	1.1.2 大修、更新改造与基本建设比较	10	30	3.1.2 绝缘老化六度定则	87
3	1.2.1 接触网工岗位职责	18	31	3.1.3 牵引变压器过负荷能力	90
4	1.2.2 变电检修工岗位职责	18	32	3.1.4 确定牵引变压器容量计算条件	92
5	1.3.1 法律法规	22	33	3.1.5 三相 YNd 接线变压器计算容量	93
6	2.1.1 电力系统构成	34	34	3.1.6 牵引变压器校核容量	94
7	2.1.2 发电厂简介	35	35	3.1.7 牵引变压器安装容量	95
8	2.1.3 电力网结构	38	36	3.2.1 变压器短路试验	99
9	2.1.4 电力网接线方式	39	37	3.2.2 牵引变压器电能损失	103
10	2.1.5 中性点接地方式	39	38	3.2.3 变压器容量利用率	104
11	2.1.6 牵引变电所单边供电方式	40	39	3.2.4 功率因数	107
12	2.1.7 牵引变电所双边供电方式	40	40	4.1.1 牵引网阻抗概述	112
13	2.1.8 牵引变电所桥接引入线方式	42	41	4.1.2 牵引网阻抗计算基础数据	114
14	2.1.9 牵引变电所双 T 接线方式	42	42	4.1.3 “导线—地回路”的自感与自阻抗	117
15	2.2.1 牵引供电系统组成	48	43	4.1.4 “导线—地回路”的互感与互阻抗	117
16	2.2.2 直流制	48	44	4.1.5 单线牵引网等值电路	118
17	2.2.3 工频单相交流制	50	45	4.1.6 计算“接触线—地回路”单位自阻抗	121
18	2.2.4 “交—直”型机车工作原理	53	46	4.1.7 计算“承力索—地回路”单位自阻抗	121
19	2.2.5 “交—直—交”型机车工作原理	54	47	4.1.8 接触线承力索两地回路的单位互阻抗	121
20	2.2.6 动车组	54	48	4.1.9 “接触网—地回路”等值阻抗	122
21	2.2.7 TRNF 供电方式	56	49	4.1.10 “轨道—地回路”自阻抗	122
22	2.2.8 BT 供电方式	57	50	4.1.11 计算“接触网—地回路”与“轨道—地回路”互阻抗	122
23	2.2.9 AT 供电方式	60	51	4.1.12 计算单线牵引网等值单位阻抗	122
24	2.2.10 牵引电流回路	61	52	4.1.13 分析牵引网阻抗参数识别真假跳闸	127
25	2.2.11 车站货场龙门吊带电故障分析	63	53	4.1.14 牵引网阻抗测试	129
26	2.3.1 接触网单边供电方式	68	54	4.2.1 短路类型	133
27	2.3.2 接触网双边供电方式	69	55	4.2.2 短路危害	135
28	2.3.3 接触网越区供电方式	70	56	4.2.3 短路计算目的与假设条件	136

续上表

资源编号	资源名称	页码	资源编号	资源名称	页码
57	4.2.4 标幺值及应用	138	80	5.2.2 负序电流的影响	180
58	4.2.5 输电线电抗标幺值计算	139	81	5.2.3 单相牵引变电所的换相连接	185
59	4.2.6 变压器电抗标幺值计算	140	82	5.2.4 斯科特接线变压器	189
60	4.2.7 同步发电机电抗标幺值计算	140	83	5.2.5 阻抗匹配平衡变压器	191
61	4.2.8 电抗器电抗标幺值计算	141	84	5.3.1 谐波电流的产生	196
62	4.2.9 等效网络概念与串并联回路化简	142	85	5.3.2 谐波电流的影响	199
63	4.2.10 “Y/△”等效网络化简	142	86	5.3.3 减少谐波电流影响的措施	201
64	4.2.11 有源网络的等效化简	143	87	6.1.1 牵引供电系统产品及其特性	206
65	4.2.12 电抗标幺值计算实例	145	88	6.1.2 牵引供电系统生产流程	206
66	4.2.13 无限大容量系统三相短路过渡过程	147	89	6.1.3 接触网设备故障抢修	208
67	4.2.14 三相短路电流周期分量有效值计算	147	90	6.1.4 牵引供电日常生产组织	209
68	4.2.15 三相短路冲击电流计算	148	91	6.2.1 牵引供电系统运行安全的基本要求	216
69	4.2.16 短路全电流最大有效值计算	148	92	6.2.2 牵引供电系统运行安全的基本特点	217
70	4.2.17 三相短路功率计算	149	93	6.2.3 事故、事故隐患与危险源	220
71	4.2.18 对称分量法	150	94	6.2.4 安全管理的基本方法	224
72	4.2.19 对称分量法在不对称故障计算中的应用	150	95	6.2.5 应急预案	225
73	4.2.20 牵引变电所馈线侧短路电流计算实例	155	96	6.3.1 牵引供电系统接口概述	230
74	4.2.21 牵引网短路电流计算实例	155	97	6.3.2 与机务系统的接口	233
75	5.1.1 牵引供电系统电压损失概述	166	98	6.3.3 与工务系统的接口	234
76	5.1.2 三相 Yd 变压器电压损失计算	169	99	6.3.4 与通信系统的接口	235
77	5.1.3 提高牵引变电所母线电压	173	100	6.3.5 与信号系统的接口	235
78	5.1.4 串联电容补偿装置	175	101	6.3.6 与车务系统的接口	236
79	5.2.1 负序电流	179	102	6.3.7 牵引供电设备分界管理	239

项目1 牵引供电系统管理基础

项目描述

一个企业表面上经营的是产品,实质上经营的是管理。管理是一门科学,管理也是生产力。从事生产一线专业技术工作,要了解本专业工程从建设到运营的全过程概况,了解本职业的主要岗位与基本职责,了解本专业的设备运行与管理规章体系,从而保证"负责必明责,履责必尽责,失责必问责",增强责任意识,明确职业使命,更好地履职尽责。

项目导读

保证牵引供电系统安全可靠运行,确保不间断供电,实现轨道交通运输畅通是每一位牵引供电人的职责。作为牵引供电人员,要履行好职责,胜任岗位需求,不仅需要掌握牵引供电系统专业知识与专业技能,也需要了解系统运行的特点与管理的基本知识等。首先了解电气化铁路工程建设管理的基本程序与基本内容,进而了解工程竣工投入使用后的运行与管理机构、岗位设置及建立的运行管理规程体系。

本项目任务知识导图如图1.0所示。

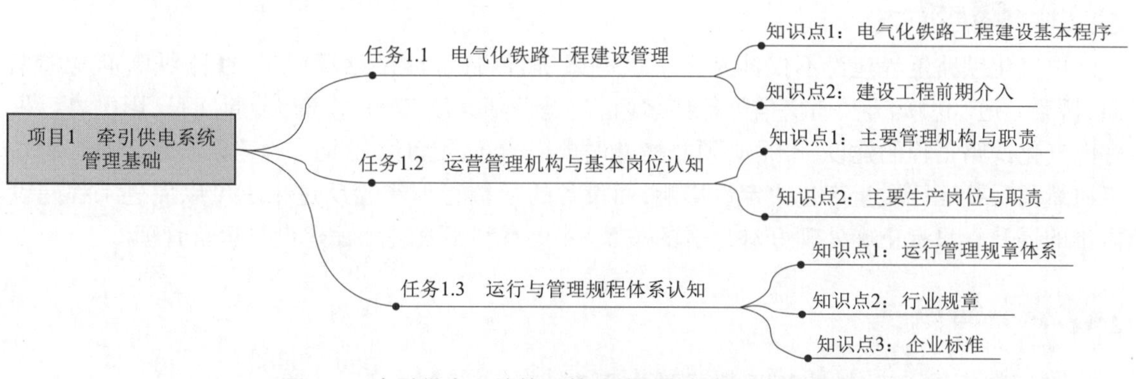

图1.0 牵引供电系统管理基础的任务与知识点构成图

任务1.1 电气化铁路工程建设管理

任务导读

近年来,我国电气化铁路加快建设与发展,全国铁路电气化率已超过70%。电气化铁路在发展壮大的同时，也带动了产业技术的更新。全生命周期管理理念的运用进一步推动了铁路工程建设与运营管理的融合。工程单位作为工程建设的主体，需要了解工程验收后的运行管理情况，供电段或维管段作为电气化铁路设备的运行管理主体，也需要了解工程的前期建设过程，并提早介入加强源头的质量控制。作为一名牵引供电人，无论是从事电气化铁路工程建设，还是从事电气化铁路设备运营管理，都需要了解电气化铁路工程建设基本程序，做好工程建设的提前介入，有利于做好工程竣工验收与后期的运行维护等。

学习目标

1. 知识目标

（1）了解工程建设管理基本程序。

（2）了解工程建设管理各阶段的基本内容。

2. 能力目标

（1）会分析电气化铁路工程建设流程。

（2）会分析工程介入与运营管理的关系。

3. 素质目标

（1）培养全面质量管理的意识。

（2）树立工程全寿命周期的意识。

任务描述

作为一名牵引供电人，当你有机会参与某电气化铁路工程建设时，请根据工程建设的基本流程，做好提前介入的安排与准备，以提高工程建设质量。

任务分析

电气化铁路工程建设不仅涉及牵引供电系统，而且也涉及站场股道、线路纵断面与横断面、桥梁隧道、电力工程、通信信号等诸多内容，是一项系统工程，投资大、周期长、影响广。做好电气化铁路工程的建设，一是必须严格遵循规定的建设程序，二是工程建设质量会对工程竣工质量及后续运行质量产生决定性影响，而设备的运行管理经验反过来也可以促进工程建设质量的提升。只有正确处理好这二者的关系，才更有利于改进工程建设与运营管理。

基本知识

知识点1：电气化铁路工程建设基本程序

建设程序是指国家对建设项目的实施步骤和审批手续所作的各项规定。具体表现为建设工程在实施过程中，各项工作所必须遵循的先后顺序。铁路工程建设作为国家基本建设的一部分，遵循国家基本建设的一般程序，但同时又具有一定的特殊性。为此，国家规定铁路工程建设程序一般包括立项决策、设计、工程实施、竣工验收和项目后评价五个主要阶段。

1. 立项决策阶段

立项决策阶段主要进行预可行性研究和可行性研究，具体内容如下：

(1)预可行性研究

电气化铁路建设作为铁路大中型建设项目,其决策阶段应进行预可行性研究,编制项目建议书。项目建议书是项目立项的依据,应按照铁路建设的长远规划,充分利用国家和行业资料,经调查与现场勘察后编制。其内容和深度主要包括:客货运量及前景预测,并论证项目的必要性;解决拟建铁路规模、起讫点和线路走向方案;提出铁路主要技术标准、各项主要技术设备设计原则的初步意见和主要工程内容;提出建设时机和工期、主要工程数量、投资预估算、资金筹措设想;初步进行经济评价;从宏观上分析项目建设对自然环境和社会环境的影响等。

(2)可行性研究

根据批准的铁路中长期规划或项目建议书,进行可行性研究报告的编制。简易工程项目可直接进行可行性研究。可行性研究应从技术、经济上进行全面深入的论证,采用初测资料编制可行性研究报告。可行性研究报告是编制建设项目设计任务书的基础资料,作为下达设计任务书和解决电气化工程有关问题的依据。需要了解和解决的主要问题如下:

①估算电气化铁路的年用电量和由于电气化铁路引起的电力系统装机容量的增加量。

②对牵引变电所的分布方案进行估算。

③与电力部门初步研究向电气化铁路供电的可能方案和解决途径。

④征求主要供电设计标准、原则和方案的要求、意见。

⑤铁路的主要技术条件,与相邻电气化线路的关系。

⑥既有的和电气化后的近期和远期客货列车对数、年运量、通过能力和输送能力。

⑦基本电价。

⑧对环境与水土保持的影响和防治的初步方案,以及节约能源的措施等。

可行性研究报告经过正式批准后,应当严肃执行,任何部门、单位或个人都不能擅自变更。确有正当理由需要变更时,需将修改的建设规模、项目地址、技术方案、主要协作条件、突破原定投资控制数、经济效益的提高或降低等内容报请原审批单位同意,并正式办理变更手续。

2. 设计阶段

勘察设计是按照批准的可行性研究报告等文件要求,结合现场勘测所获得的地形、地质、水文、环境、交通、能源、气象等资料进行的设计工作。设计工作根据建设项目的大小、重要程度和技术复杂程度,分别采用一阶段或两阶段设计。一般小型工程可直接做施工图设计,大中型或特殊项目分初步设计和施工图设计两阶段进行。

(1)初步设计

初步设计文件是项目建设的主要依据,应根据批准的可行性研究报告,采用定测资料编制。目的是阐明在指定的地点、时间和投资控制数额内,拟建项目在技术上的可能性和经济上的合理性。

初步设计的编制内容,其深度应解决配合铁路电气化工程技术改造方案、牵引供电方案、机车交路、主要技术标准、主要设计原则,提出主要工程数量、主要设备类型和概数、主要材料概数、用地及拆迁概数、施工组织设计方案意见及总概算。

主要设计原则包括:牵引变电所的供电方式为集中或分散式供电;牵引变电所分布方案应考虑布点合理、节省电力系统的送变电工程投资、降低运营成本、提高变压器利用率,以及确保牵引网电压水平等;变压器的接线方式;考虑对电力系统和通信线路减少不利影响的措施;牵引变电所的检修方式和变压器的备用方式；牵引网的供电方式；为提高某些困难地段的牵引网电压水平而采取的补偿措施；枢纽地区的供电方式；考虑与相邻电气化铁路的关系，确定是否需要预留变压器，以及供电线间隔等；无功及谐波补偿方式；采用与推广新技术。

电气化铁路的供电方式应有多个方案进行比选，比选的主要内容有：变压器选用容量及利用率；牵引网的最低电压水平；牵引供电系统的电能损失；电力系统的送变电工程及其投资；对电力系统和通信线路的影响程度；牵引变电所的布点合理性；投资和运营费用等。

为了进行上述方案的比选，根据行车组织所提供的牵引计算运行曲线、区间能耗、区间全走行和带电走行时分、客货运量及通过能力等有关列车对数的资料进行电气计算。最后根据计算结果和其他资料进行综合技术经济比较，提出推荐方案，并向有关专业提供资料。

初步设计阶段还应征求运营单位（主要是铁路局集团公司）和电力部门的意见，并与上述单位一起，对牵引变电所的场地和接线方式进行最后的落实工作，与电力部门共同确定供电路线和接线方式等。

（2）施工图设计

施工图是工程实施的依据，应根据已审批的初步设计和补充定测资料编制。根据初步设计的要求，结合现场实际情况，为施工提供需要的图表和必要的设计说明，详细说明施工时应注意的具体事项和要求，并编制施工图预算（投资检算）。

施工图设计的深度必须满足施工要求，为加强铁路建设工程施工图设计文件审查工作，国家铁路局制定了《铁路建设工程施工图设计文件审查管理办法》。

施工图设计文件审查，是指铁路建设工程施工图设计文件交付施工前，由建设单位委托施工图设计文件审查机构（以下简称审查机构），按照有关法律法规、技术标准与规范及《铁路建设工程施工图设计文件审查管理办法》规定，对施工图设计文件中涉及公共利益、公众安全、工程建设强制性标准的内容进行的审查。审查合格的施工图设计文件是工程实施、竣工验收和质量安全监督等的重要依据。施工图设计文件未经审查或审查不合格的，不得使用。国家铁路局负责全国铁路行业施工图设计文件审查的指导和监督管理工作。

1.1.1 工程设计

地区铁路监督管理局负责辖区内铁路建设工程施工图设计文件审查的行业监督管理工作，具体负责国务院投资主管部门审批（核准）和国家授权的铁路投资机构自行决定的铁路建设工程施工图设计文件审查工作的监督工作。

任何单位或者个人不得擅自修改审查合格的施工图设计文件。确需修改的，按规定履行变更设计程序。

3. 工程实施阶段

工程实施阶段的主要内容如下：

（1）组织工程招标

必须进行招标的铁路工程建设项目的具体范围和规模标准，依照《中华人民共和国招标投标法》《中华人民共和国招标投标法实施条例》《必须招标的工程项目规定》等确定。比如：

全部或者部分使用国有资金投资或者国家融资的项目需要招标，包括：使用预算资金200万元人民币以上，并且该资金占投资额10%以上的项目；使用国有企业事业单位资金，并且该资金占控股或者主导地位的项目。

属于法律规定范围内需招标的项目，其勘察、设计、施工、监理以及与工程建设有关的重要设备、材料等的采购达到下列标准之一的，也必须招标：

①施工单项合同估算价在400万元人民币以上。

②重要设备、材料等货物的采购，单项合同估算价在200万元人民币以上。

③勘察、设计、监理等服务的采购，单项合同估算价在100万元人民币以上。

依法必须进行招标的铁路工程建设项目的招标投标，应当依照《公共资源交易平台管理暂行办法》等国家规定纳入公共资源交易平台。

铁路工程的招标分为公开招标和邀请招标两种方式。

(2)开工报告

国家对基本建设大中型项目的开工条件规定如下：

①项目法人设立(组建建设单位)，项目组织管理机构和规章制度健全。项目经理和管理机构成员已经到位，项目经理具备相应执业资格，具备承担所任工作的条件。

②项目初步设计及总概算已经批复。

③项目资本金和其他建设资金已经落实，资金来源符合国家有关规定，承诺手续完备，并经审计部门认可。

④项目施工组织设计大纲已经编制完成。

⑤项目主体工程(或控制性工程)的施工单位已经通过招标选定，施工承包合同已经签订。

⑥项目法人与项目设计单位已签订设计图纸交付协议，项目主体工程(或控制性工程)的施工图纸至少可满足连续三个月施工的需要。

⑦项目施工监理单位已通过招标选定。

⑧项目征地、拆迁和施工场地“三通一平”工作已经完成，有关外部配套生产条件已签订协议；项目主体工程(或控制性工程)施工准备工作已经做好，具备连续施工条件。

⑨项目建设需要的主要设备和材料已经订货，项目所需建筑材料已落实来源和运输条件，并已备好连续施工三个月的材料用量；需要进行招标采购的设备、材料，经招标组织机构落实，采购计划与工程进度相衔接。

建设项目的开工报告一般由建设管理单位编制，报国家铁路主管部门审核开工条件等，符合条件后向中华人民共和国国家发展和改革委员会(简称国家发改委)申报开工报告，经国家发改委批复后方可正式开工。

(3)建设实施

开工报告批准后，依据批准的建设规模、技术标准、建设工期和投资，按照施工图和施工组织设计文件组织建设。项目新开工时间，按统计部门规定，是指建设项目设计文件中规定的任何一项永久性工程(无论生产性或非生产性)第一次正式破土开槽开始施工的日期。不需开槽的工程，以建筑物组成的正式打桩作为正式开工时间。铁路建设项目一般均需进行大量土、石方工程，则以开始进行土方、石方工程作为正式开工时间。工程地质勘察、平整场地、旧建筑物的拆除、临时建筑、施工用临时道路和水、电等施工不算正式开工。分期建设的项目分别按各期工程开工的时间计算，如二期工程应根据工程设计文件规定的永久性工程开工计算开工时间。投资额的计算也是如此，不应包括前一期工程完成的投资额。建设工期从新开工时算起。

在施工安装过程中，建设管理单位、设计单位要经常深入现场或派驻代表，监理单位要组织以总监理工程师为首的现场监理班子，协助施工单位解决一些技术问题或经济问题，同时监督施工单位履行施工承包合同。质量监督机构也要行使质量监督权，监督工程建设各方责任主体的质量行为及工程实体质量。

电气化铁路建设项目是一个较大的系统性工程，不仅包括牵引供电工程，同时还包括为满足电气化铁路运营的需要而引起的路基、桥涵、隧道、通信、信号等一系列配套改造工程或新建工程。

4. 竣工验收阶段

铁路工程建设项目按批准的设计文件全部竣工或分期、分段完成后，按规定组织竣工验收，办理资产移交。竣工验收是工程建设过程的最后一环，是投资成果转入生产或使用的标志，也是全面考核基本建设成果、检验设计和工程质量的重要步骤。竣工验收对促进建设项目及时投产，发挥投资效益及总结建设经验，都有重要作用。

建设项目全部竣工后，建设单位按照国家有关规定在竣工验收阶段编制竣工决算报告。竣工决算是以实物数量和货币指标为计量单位，综合反映竣工项目从筹建开始到项目竣工交付使用为止的全部建设费用、建设成果和财务情况的总结性文件，是竣工验收报告的重要组成部分，竣工决算是正确核定新增固定资产价值，考核分析投资效果，建立健全经济责任制的依据，是反映建设项目实际造价和投资效果的文件。

5. 项目后评价阶段

建设项目后评价是项目交付使用一年以后，再对项目的立项决策、设计施工、竣工投产、生产运营等全过程进行系统评价的一种技术活动，是固定资产管理的一项重要内容，也是固定资产投资管理的最后一个环节。通过建设项目后评价，可以达到肯定成绩、总结经验、研究问题、吸取教训、提出建议、改进工作、不断提高项目决策水平和投资效果的目的。

根据国家铁路主管部门要求，铁路重点建设项目，特别是利用外资修建的铁路建设项目，工程竣工后都要进行后评价，由建设单位主持编写后评价报告。后评价报告的主要内容包括：

(1)前期工作评价

前期工作评价包括立项条件是否正确；决策程序是否符合要求；前期工作深度能否满足建设要求；设计内容、定额、费率是否严格执行国家标准，以及国家铁路局、国铁集团等规定，设计规模及主要建设内容是否符合国家批准的要求；设计漏项及设计变更增加投资情况；设计方案在技术上的可行性和经济上的合理性；有无不顾国情，盲目追求先进技术，不用国内可以生产、技术过关的设备，而采用进口设备的情况。

(2)建设实施阶段评价

建设实施阶段评价包括施工准备能否满足项目开工要求；建设实施是否符合基本建设程序；投资、设计、监理、施工、材料设备等合同和协议的执行情况。施工组织、施工队伍、施工管理等情况；建设工程质量、工期、安全等情况；配套项目建设情况；工程竣工验收情况；运营准备情况等。

(3)投产运营后评价

投产运营后评价主要是将投产后的经济效益与批准的可行性研究进行比较，包括运输生产能力评价、国民经济评价和财务评价。

对于外资项目，除评价上述内容外，还应增加外资利用方向与范围是否适宜；国外设备的引进、消化情况；国外引进技术的消化、吸收情况等内容。

知识点2：建设工程前期介入

为加强电气化铁路供电工程建设质量，铁路供电部门需要提前做好介入工作，成立专门的介入机构，按照相关建设管理制度和技术标准，全程参与设计方案审查、施工图交底、采购设备标书审查、技术培训、站前工程检验、供电设备的安装与调试、联调联试、工程验收、安全评估，以及开通运营准备等工作。

1. 设计阶段的介入

设计阶段提前介入工作的第一步是主动与设计单位对接，组织人员阅读设计文件及设计图纸，了解线路的总体设计，包括建设规模、建设周期、运行标准，了解施工单位的管理架构、技术力量、专业分工、企业文化等。在掌握基本设计情况之后，应组织人员对设计资料及图纸进行审核。审核设计项目有无错、漏，设计图纸与现场实际有无冲突，是否符合现场环境，变配电所的选址是否合理，配合设计单位进行现场调查，提出电力、电气化专业运营管理需求的合理建议，参与设计审查和设备选型、采购标书的审查工作，反馈已运行设备的使用情况，对运行业绩不良的企业提出相关的采购意见或建议等。

2. 施工阶段的介入

铁路局集团公司或客运专线公司与电气化铁路建设项目的建设管理、设计、施工、监理等单位，通过建立定期沟通机制，及时沟通工程建设信息，协调处理施工介入的有关问题。供电段或综合维修基地，根据整个工程各阶段的时间节点，适时增加介入人员对设备质量和施工质量进行检查，提出检查整改意见。

(1)施工阶段介入的主要工作内容

①参加施工图交底会。审查施工图纸是否符合国家或行业相关标准与设备运行维护规程要求等。

②参与牵引供电、电力等设备及材料进场质量检验，对接触网支撑和定位装置的组装质量进行全过程监督，重点是监督、检查各部螺栓的紧固力矩是否符合标准，零部件安装是否正确。

③对牵引供电与电力等专业的隐蔽工程、下部工程质量，以及电缆敷设等进行监督、检查，发现问题及时提出整改建议，并做好记录。

④参与接触网工程、供变电工程和铁路电力工程施工质量的跟踪检查，提出检查整改建议。

⑤参与静态验收工作。依照验收标准，对工程质量进行检查验收，督促施工单位整改存在的问题，并建立缺陷逐一销号确认制度；必要时，由供电段成立电力、电气化专业维修队伍，参与问题整改。

⑥全面掌握接触网精调过程，并逐根接触网支柱建立几何尺寸和空间位置档案。

⑦收集整理和积累电力、电气化专业有关的技术资料。在静态验收前完成牵引供电、电力设备的统一编号和基础资料的核对。

⑧做好与既有营业线相关的电力、牵引供电工程施工安全的监督检查工作。

⑨督促运营接管所需要的生产房屋、车辆、工具材料、备品备件在联调联试前配置到位。

(2)施工阶段介入的重点盯控环节

①设备、材料是否符合设计标准,是否由中标厂家提供,是否检验合格。

②所有设备的基础部分是否符合设计,现场环境是否合理,是否符合防洪条件。

③所有隐蔽工程需拍照存档,如接地极的制作安装,电缆头的制作安装(需同时全程录像存档),电缆的敷设过程是否符合规范标准等。

④箱式变电站、变压器、电抗器、断路器、隔离开关、互感器、避雷器、开关柜、GIS 柜的安装。

⑤隧道内电力洞室门的制作安装。

⑥短路试验、故障点标定装置的校验,以及设备的调试试验。

⑦整定值的写入、核对,保护装置的传动试验。

⑧SCADA 系统点检表的核对及远动试验。

⑨27.5 kV 供电电缆的电气试验、10 kV 电力电缆的电气试验和核相等。

⑩接触网开关的远动试验及通道测试。

3. 联调联试及试运行阶段的介入

在联调联试开始前,铁路局集团公司要确定牵引供电和电力设备的正常运行方式;制定倒闸作业程序等。所有运营接管人员要全部到位,参加联调联试和缺陷的处理,并在开通前完成所有设备的平推检查和遗留问题的处理。具体工作内容如下:

(1)参与电力、供变电、接触网、远动、变电所综合自动化系统调试工作。

(2)进一步熟悉设备的使用和维护,建立动态检测缺陷整改、销号问题库。

(3)制定抢修预案,全面掌握故障情况下的应急处理。

(4)继续对相关人员进行培训,健全完善的接管机构。

(5)根据铁路相关规章、规范,制订施工管理、供电设备养护维修等方面的制度和办法。

(6)在设计、施工单位的配合下,完成一遍供电、电力设备的平推检查。检查的重点:接触网各零部件是否齐全;安装是否正确;有无断裂、失效;螺栓紧固力矩是否符合标准;电缆及附件的状态是否良好;变配电所试验确认、故障标定装置确认等。平推检查以检查和重点问题整治相结合,检查以运营单位为主,施工单位配合;问题处理和结构调整以施工单位为主,供电段配合。

(7)在铁路局集团公司的统一组织下,督促系统集成供应商等完成对存在问题的整改,必要时参与整改方案确定并组织实施。

任务实施

通过学习本任务知识点,结合“任务描述”与“任务分析”,按以下步骤来完成本任务。

第一步:掌握电气化铁路工程建设的基本程序。

通过本任务知识点的学习,了解电气化铁路工程建设的基本程序及相互关系,一般包括立项决策、设计、工程实施、竣工验收和项目后评价阶段五个主要阶段。立项决策又分为预可行性研究与可行性研究,通过正式批准的可行性研究报告,是作为设计的重要依据,决定了工程建设项目的总体规模与重要技术原则等。而设计阶段的质量却决定了工程项目实现预期功能的科学性和合理性,工程实施的质量决定了工程项目能否实现设计的目标,能否满足工程竣工投运后的要求。竣工验收则是对工程设计与工程施工质量的全面检验,项目后评价则是对工程项目交付使用后的全面评价。

第二步:工程人员提前介入的重点。

作为一名铁路供电人,如果是从事电气化铁路工程施工,则宜主动对接与走访设备运营管理单位,多方听取设备运营管理单位对工程施工的意见与建议,优化工程施工过程质量控制,减少工程遗留问题或缺陷,提高工程质量与运营质量。

第三步:运维人员提前介入的重点。

如果从事的是电气化铁路设备的运营与维护工作,则宜主动提前介入工程建设的前期阶段。如有可能,宜从工程项目的立项决策阶段就开始参与,将运营管理好的经验转化为对项目设计的优化意见,融入项目的总体设计;参与设计评审等,可进一步优化设计;全面介入工程施工,全面参与工程施工过程质量监控,将运营管理经验融入工程施工中,将工程质量缺陷消除在施工阶段,大大减少工程质量给运营安全留下的隐患,可为后续工程竣工验收及设备运营奠定好的基础,从而有效提高工程建设质量与管理水平。

任务小结

请简要小结本任务的学习要点、难点与困惑,写在下面的横线上。

____

____

____

____

格言语录

“凡事预则立,不预则废。言前定则不跲,事前定则不困,行前定则不疚,道前定则不穷。”

——《礼记·中庸》

做任何事情,事前做好了准备就容易成功,没有准备就易失败。说话先有思虑,就不会辞穷理屈站不住脚;行事前做好计划明确思路,就不易发生错误或后悔的事;提前规划好道路,就不会走到穷尽,就不会迷失方向而找不到出路。电气化铁路工程建设与管理亦如此,更是强调提前介入,提前准备,超前预想与谋划,才能将问题防患于未然,有效地提升工程质量与建设水平。

拓展知识

大修、更新改造与基本建设

1. 大修

大修是设备计划预防修管理制度中的一个重要修程,比如小修、中修和大修就是一种修程体制。大修是基于对既有设备的修理与更换，基本上不改变设备原有结构、位置和使用功能，立足于通过整治、修理和局部更新以恢复与提高既有设备的性能与生产能力，保障设备质量与运输生产安全。

铁路运输设备大修费用属于固定资产修理费用和企业运输成本费用支出，属于维持简单性再生产。

2. 更新改造

更新改造包括更新和改造两项基本活动：更新是指企业购置新的设备以替换旧的设备，即“以旧换新”；改造是指企业对原有设备进行较大幅度的技术改造。

铁路运输设备更新改造是企业利用运输设施设备（不含机车车辆等移动设备）折旧等资金对既有铁路运输设施设备进行的综合性技术改造和采取的重大技术措施，是提高铁路运输设施设备技术水平，保障铁路运营安全、改善运输服务品质的重要手段；是固定资产投资计划的重要组成部分，纳入国家固定资产投资规模之内；更新改造包括保障运输安全、重要干线挖潜扩能、主要枢纽点线能力协调、设备升级改造、提升服务质量等建设内容，提高铁路电气化、机械化、自动化、信息化水平和采用新技术、新工艺、新设备而进行的技术升级改造亦属其列。

铁路运输设备更新改造资金来源主要是按铁路固定资产价值和固定资产分类折旧办法计提的折旧资金，以及企业其他资金，更新改造计划实行统筹安排，分级管理。

更新改造不完全是对原有设备的简单重置，而是升级、扩大和发展，介于维持简单再生产和扩大再生产之间，具有资本补偿和技术升级替代的双重性质，属于固定资产投资和内涵式扩大再生产范畴。

3. 基本建设

基本建设是指利用国家预算内基建拨款、自筹资金、国内外基本建设贷款，以及其他专项资金进行的，以扩大生产能力（或新增工程效益）为主要目的新建、扩建工程及有关工作。具体包括为经济、科技和社会发展而平地起家的新建项目；为扩大生产能力（或新增效益）而增建分厂、主要生产车间、矿井、铁路干支线（包括复线）、码头泊位等扩建项目；为改变生产力布局而进行的全厂性迁建的项目；遭受各种灾害，毁坏严重，需要重建的恢复性项目等。

1.1.2 大修、更新改造与基本建设比较

铁路基本建设工程建立了从计划、设计、概（预）算编制到建设管理一整套铁路基本建设项目制度办法，并不断修订与补充完善。铁路基本建设不管是新建项目，而是扩建或迁建等项目，都具有“从无到有”和扩大生产能力（或规模），以及新增固定资产等基本特征，同时还具有规模与投资大、建设周期长等特点，与大修和更新改造项目相比具有明显的界限，属于外延式扩大再生产范畴。

练习与评价

作为一名铁路供电人，如果你有机会参加新建电气化铁路工程提前介入工作，请根据所学已有的专业知识和本任务的知识，归纳总结电气化铁路供电工程建设介入工作需盯控的重点或需提前采取的措施将其填写在表1.1.1中。

表 1.1.1　任务 1.1 完成情况评价表

序号	任务内容	完成记录	标准分	评分
1	总结归纳设计阶段的盯控重点		15	
2	总结归纳施工阶段的盯控重点		25	
3	总结归纳联调联试及试运行阶段的盯控重点		20	
4	国家规定铁路工程建设程序一般包括哪五个主要阶段		10	
5	工程设计包括哪三个主要阶段		10	
6	“任务小结”完成情况		20	
总体评价：　□好　□较好　□一般　□较差　□差				

任务 1.2　运营管理机构与基本岗位认知

任务导读

牵引供电系统运营生产主要岗位的工作任务及能力与其岗位职责密切相关，是新入职员工应重点了解的内容。生产班组作为一线生产人员最直接的“家”,是一切生产的最基本组织与一切管理工作的落脚点。作为生产班组中的一员,不仅需要了解生产的组织构架,也需要了解各组织构架中的岗位设置与分工,明白各岗位的职责与任务,这有利于更好地履职尽责。

学习目标

1. 知识目标

(1)了解牵引供电系统运营管理机构设置与管辖分工。

(2)了解供电段生产管理机构与职责。

(3)了解主要生产岗位与职责。

2. 能力目标

(1)会区别不同管理机构的职责与分工。

(2)会区分不同岗位的职责与相互联系。

3. 素质目标

(1)培养对专业的认同感。

(2)培养责任意识与爱岗敬业精神。

任务描述

高职教育主要培养面向生产一线的高素质技术技能人才。作为高职学生,毕业初始通常都会被安排在生产一线班组岗位工作。铁道供电专业毕业生进入牵引供电运营管理行业,其初始岗位一般会被安排在各供电段的生产班组。为做好个人的职业规划,请分析一下可能从事的职业岗位及基本的职责。

任务分析

牵引供电系统运行与管理是一部大联动机,涉及很多部门和岗位,既逐级负责,也分工负责,同时又有大量的协同工作。因此,首先要了解系统管理的总体设置,了解各部门的设置与基本职责,以此为基础,进一步了解主要岗位设置,熟悉各岗位的职责。

基本知识

知识点1:主要管理机构与职责

牵引供电系统运行与管理遵循“统一领导、分级管理”的原则,充分发挥各级组织的作用。国家铁路牵引供电系统主要实行国铁集团、铁路局集团公司和供电段(含基础设施段、综合段等,下同)三级管理模式。

1. 国铁集团牵引供电系统三级管理与职责

根据国铁集团关于牵引供电系统运行管理机构与职责的规定,其三级管理与职责如图1.2.1所示。

国铁集团

贯彻执行国家有关法律、法规和行业标准；负责全路牵引供电系统运营管理工作，确定运行维修方针、原则；制定、批准有关标准、规范和规章；统一指导、统一规划牵引供电维修方式与手段；监督与检查牵引供电运行维修情况等

铁路局集团公司

贯彻执行国铁集团有关规章、命令和标准，组织制定本局有关标准、制度和办法：制定牵引供电设备管理单位的管理职责和范围；监督、检查、指导、协调全局的牵引供电运营管理工作；审批局管的新产品试运行和重要的设备变更；适时地安排好大修改造工程，增强供电能力，改善设备的技术状态，适应运输发展的需要

供电段

贯彻执行上级有关规章、标准和制度；补充制定相关管理标准、工作标准；制定牵引供电作业指导书；制定生产计划并组织实施；定期检查、分析、鉴定设备运行状态，组织评比和考核；组织技术革新和职工培训，保证设备运行质量和安全可靠供电

图 1.2.1 国铁集团牵引供电系统三级管理与职责

随着我国铁路建设的大发展，尤其是高速铁路的迅速发展，牵引供电系统出现了一些新型的管理模式，即由工程公司或第三方专业公司组建牵引供电维管段，与铁路设备产权单位签订代维合同，负责牵引供电系统的日常运行与维护，保证系统安全运行等工作。牵引供电维管段业务上仍然接受设备产权单位如供电段的统一指导。

2. 供电段管理机构与职责

供电段作为生产一线相对独立的一级管理机构，一般其机构设置如图 1.2.2 所示。

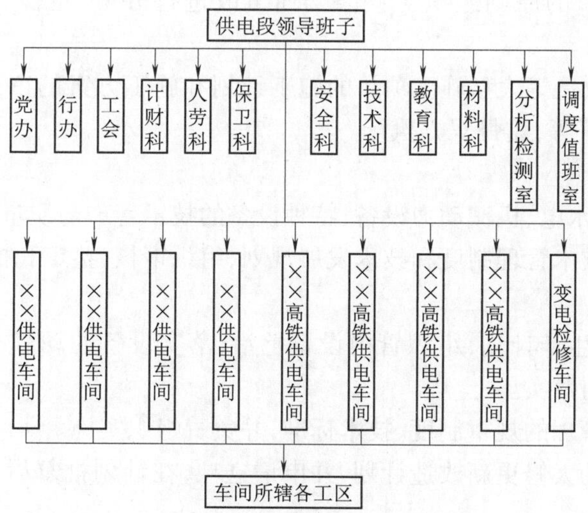

图 1.2.2 供电段管理机构设置

职能管理部门的设置一般分为两大部分。

一部分为综合管理部门，即由行办、党办、人劳科、财务科、保卫科等部门组成。总务后勤一般设置在行办，工会一般设置在党办。也有将行办、党办、保卫科等部门合并成综合办公室（即所谓大部制设置）。这些部门负责供电段的人力资源、资金成本、企业管理、党建宣传等综合性管理。

另一部分为生产管理部门，一般设置技术科、安全科、教育科、材料科、分析检测室、调度值班室等。由于水电段与供电段合并后，供电段的生产管理部门相应增加了10 kV供电与供水系统设备管理的内容，有高速铁路运营线路的供电段，则往往还设置了高铁技术科、高铁供电车间、高铁维修车间等机构。这些部门主要从事专业技术管理与安全生产组织管理等。下面重点介绍生产管理部门的基本职责。

（1）安全科基本职责

①负责全段范围内劳动安全、行车安全、设备安全、交通安全等管理。

②负责制订全段安全管理措施，推行安全管理系统工程，督促检查各部门执行各项安全规章制度。

③负责监控行车、设备、人身、作业安全过程，收集反馈安全信息，掌握执行动态，审批安全工具、劳保用品的试验、发放或更换，审查办理劳保津贴的发放，参与事故调查分析，提出纠正建议或措施和处理意见。

④负责督促有关部门制订、审查每年的员工劳动安全教育计划，对新入路人员的三级安全教育和特殊作业人员的安全技术考核进行监督检查，并对安全教育培训工作进行考核。

⑤负责组织编制每年的劳动保护技术组织措施计划和防暑降温、防寒过冬综合措施计划，并督促实施。

⑥参加从业人员伤亡事故、职业病的调查处理，按照有关规定进行伤亡事故的报告、分析、结案和统计，提出伤亡事故的处理意见，以及防止和减少伤亡事故的措施和建议，并对执行情况进行检查。

⑦按照“四不放过”的原则组织对铁路交通事故进行分析、定性、定责及上报上级主管部门。

⑧参与大修更新改造等大型施工项目的施工计划和施工方案的审查，并按规定与施工单位签订“施工安全协议”等，监督双方执行。

（2）技术科基本职责

①负责牵引供电、水电、机械动力设备、特种设备的技术管理与质量检查、分析和验收。

②负责编制全段技术管理制度和技术发展规划，组织审核、鉴定和推行科技成果及课题项目，并负责上报工作。

③制定年度、月度生产计划，组织管内设备整治，落实设备的动静态检查，并建立相应台账，督促指导车间、班组落实。

④制定设备生产管理的规章制度、技术标准，并负责组织实施。

⑤制定管内设备的大修更新改造计划，并申请立项，在计划批复后，负责组织实施和验收结算工作。

⑥负责季节性灾害预防工作，做好防洪抢险、突发事件的抢修预案工作。

⑦负责全段的节能、环保、合理化建议、技术革新等工作。

⑧负责段科技档案的管理，建立健全技术履历簿和设备台账，做好技术图纸归档管理。

⑨负责对外技术联络、技术咨询、技术转让和技术服务管理，组织对外项目的方案审查和技术配合工作，并参与检查、验收工作。

⑩负责既有线牵引供电设备施工管理工作。

(3)教育科基本职责

①负责制定全段员工教育的规章制度和实施办法。

②负责全段职工教育培训组织管理工作，组织制定并实施全段员工培训规划和年度工作计划。

③完成“四个100%”(即，新职、转岗、晋升人员培训合格率100%;工班长、后备工班长100%培训;持证上岗、上岗培训、考核100%;特种作业人员安全操作证培训复审100%)。

④积极开展技术业务脱产培训和业余教育。

⑤组织技术比武和岗位练兵活动。

⑥组织干部与工人新技术培训。

⑦负责职工定职(级)、升级、晋级等业务考试。

⑧负责购置、保管、管理、使用各种教材、书籍、教育设备及设施。

(4)材料科基本职责

①负责全段材料的采购、库存(保管)和发放管理工作。

②全面负责物资系统各项安全管理，对发生的安全事故承担管理责任。

③负责物资归口管理，执行上级的有关材料物资管理的规章制度，制定本段的材料管理细则。

④根据生产计划，安排各项物资供应任务，组织编制年、季、月材料采购计划并负责组织供应，按要求及时上报各项物资统计报表等。

⑤负责仓库管理，定期开展物资清查和仓库检查。掌握材料的库存动态，合理控制储备，加速资金周转。

⑥负责全段修旧利废和废旧物资回收管理，努力节约材料成本。

⑦负责对各车间、班组的材料管理进行检查指导，促进材料规范化管理。

⑧及时与财务科进行材料消耗核算，保证如期反映成本支出真实性。

⑨按规定发放防护用品，并建立健全发放保管制度。

3. 班组管理机构与职责

在牵引供电系统运行管理班组的设置中，与牵引供电专业技术直接相关的主要生产班组有接触网工区、供电工区、修试工区、远动工区等。接触网工区主要负责接触网设备日常运行管理，主要是一级修(临时修)、巡视检查、单项检查、非常规检查、施工配合和应急处置;负责6C装置的运用、维护，并对6C系统检测数据进行分析;按照月度维修计划，负责接触网设备全面检查、二级修(综合修)和专项整治等，确保接触网设备的正常运行与不间断向电力机车供电;供电工区则主要负责电力、牵引变电所设备的运行维护、倒闸检修及故障处理等，确保电力设备、变配电所不间断供电;修试工区负责变配电高压电气设备的检修与故障设备修复和预防性试验与特性试验，保证设备绝缘状态及特性状态满足规定的要求;远动工区则主要负责变配电所二次系统(包括远动系统)的维护、检修与故障抢修等，保证其正常运行。

班组是一个企业的“细胞”，是从事安全生产工作的最基本组织，也是一切管理工作的落脚点。班组管理的好坏直接关系到安全生产的稳定。因此，加强班组管理，提高班组自控管理能力是企业管理的重点与关键。

各个生产班组，尽管分工不同，甚至工作内容差异较大，但作为生产班组，通常都具有一些共性的管理职责。比如班组管理通常建立以“五大员”（班组值班员、安全宣教员、班组技术员、工具材料员与生活管理员）为主体的班组管理委员会，在班组长的领导下履行各自职责，共同完成班组管理的职能，典型班组管理构架如图 1.2.3 所示。

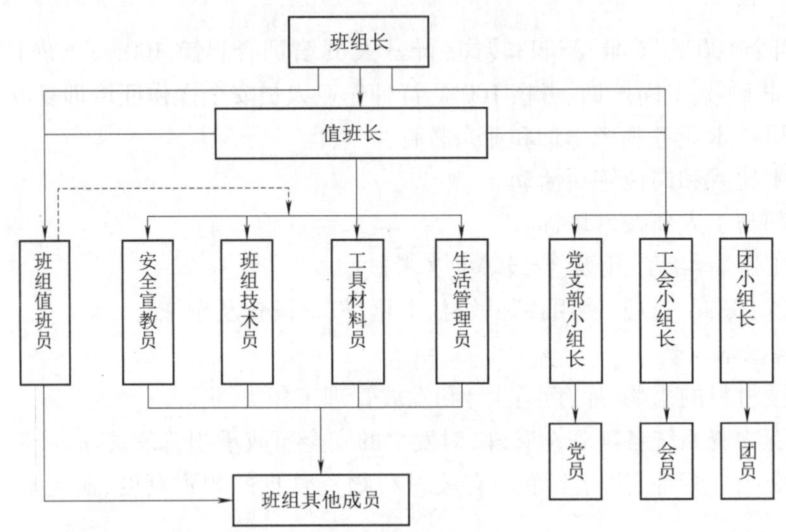

图 1.2.3　班组管理构架示意

（1）生产班组的一般管理职责

①编制班组生产计划。根据段、车间的生产计划，有针对性地细化和编制班组的计划，经批准后按计划组织实施，并按要求完成。

②完成各项任务。根据段的各项生产计划、安全指标及任务指令，在车间的领导下，负责管内的设备的运行管理、维护检修与故障抢修等。

③执行各项指令。根据上级的各项安全规程、技术标准、检修程序、作业规定等规章制度和指令，实行班组全员、全方位、全过程的生产管理和安全控制。

④做好班组安全自控。定期召开班组的月度安全生产分析等各类会议，总结经验，提出整改、预防措施，依照班组日常管理制度、工作程序和标准，实施班组安全生产“自控型”管理。

⑤组织班组学习。组织班组全体成员开展思想政治、业务学习、技术练兵，提高班组人员的思想政治素质和技术业务水平。

⑥开展班组文化建设。开展班组安全文化建设、文明班组创建活动及党工团成员活动等事务，拓展班组文化生活，构建和谐班组，活跃团队精神。

⑦组织班组应急演练。发生设备故障需要出动抢修时，要求白天 10 min 内，夜间 15 min 内出动，确保在最短时间内恢复设备正常运行；对发生人身伤害事件，能及时组织救护、全力抢救伤员，并配合事件调查；按时按质主动完成上级交办的临时性任务。

(2)班组长基本职责与岗位标准

班组长的基本职责是在车间领导下,对本班组的安全生产、标准化管理、设备管理、技术管理等工作负全面管理责任。岗位工作标准主要包括:

①保质保量完成生产任务。组织班组成员按照检修计划和工作安排,完成对管内设备的巡视、检修、维护;对发现的问题及时进行整改,对不能处理的问题及时汇总上报相关部门并加以落实;开展班组"双达标"活动,加强基础建设,提高自控能力;关心职工、爱护职工,为职工排忧解难,提高班组的凝聚力,创造和谐稳定的班组安全文化氛围。

②确保生产安全。负责督促检查作业人员正确使用劳动防护用品、工具材料,督促现场作业按标准执行安全措施;针对生产的关键岗位、关键人和薄弱环节等关键点,落实安全控制点和安全跟踪制度,实现班组安全管理有序可控。

③开展职工教育。督促检查安全宣教员抓好"班前一问、每周一学、每月一练"的学习工作,督促检查技术员按管内设备情况开展技术讲解及技术攻关;不断提高职工和班组的整体素质。

④做好检查与值班管理。接班时检查抢修材料情况,督促检查工具材料员对材料、工具的管理。

⑤做好班组协调。负责对班组存在的问题追踪协调,对人身安全、设备缺陷问题要督促安全宣教员及时建立问题库,跟踪销号;接管休班班组成员负责的工作。

⑥组织召开相关会议。主持召开班组生产、安全、技术和总结分析等会议。

⑦做好应急处置。负责拟定本班组的应急预案,负责组织指挥应急处置工作。

⑧组织班组考核。对本班组成员的工作绩效(任务、质量、安全等)进行评价考核和奖金分配。对表现明显进步、工作优秀、责任心强的职工,向上级汇报、推荐、激励、表扬。

⑨做好对外联系。代表班组对外开展事务联系与工作协调。

知识点2:主要生产岗位与职责

牵引供电运行与管理涉及很多岗位,其中直接从事牵引供电设备生产一线运行与管理的主要岗位是接触网工、变电设备检修工、铁路电力线路工等。这些工种分工合作,共同保证牵引供电设备的正常运行,其主要职责有:

1. 接触网工岗位职责

(1)负责接触网设备日常运行值班、一级修(临时修)、巡视检查、单项检查、非常规检查、施工配合和应急处置等,对二级修(综合修)结果进行质量验收。

(2)负责6C装置的运用、维护,并对6C系统检测数据进行分析,为设备维修提供依据。

(3)按照月度维修计划,负责接触网设备全面检查、二级修(综合修)和专项整治。

图1.2.4　正在进行停电检修作业的接触网工

(4)严格遵守各项规章制度和接触网维

修规则、检修工艺标准、作业程序和应急预案。

(5)参加工区相关安全生产会议,针对存在的问题提出整改措施及建议。

(6)在工长的领导下,努力完成本职工作,并完成上级交给的其他任务。

1.2.1 接触网工岗位职责

接触网作业以停电作业为主,如图1.2.4所示,同时也有间接带电作业与远离带电作业等方式。接触网作业属于群体性作业,在作业中,将根据接触网工安全等级的不同进行分工,安排与其安全等级相适应的工作。这些工作一般细分为工作票签发人、工作领导人、驻站联络员、要令员、验电接地人员、高空作业人员、地面辅助人员、监护人员、行车防护人员等不同岗位,这些岗位的具体工作内容不同;同时接触网工区又分为接触网运行工区、接触网检测工区和接触网维修工区,接触网工所在工区性质不同,其具体的职责与工作标准也会有差异,在此不作详述。

2. 变电设备检修工岗位职责

(1)负责管内变配电设备、二次设备的维修、试验与故障修复,如图1.2.5所示。

图1.2.5 变电设备检修工在检修设备

(2)负责所使用的仪器、仪表及工具等的维护与保养,并按照有关规定进行年度送检,确保仪器、仪表、工具状态良好。

(3)开展设备故障预想活动,每季度参加车间或班组组织的故障抢修演练。

(4)每月开展业务学习不少于2次,每季度参加一次车间组织的业务考试。

(5)根据工班长的指派和生产计划,及时保质保量完成生产任务,按规定做好原始记录。

(6)检修周期内无责任返工现象。

(7)努力钻研业务,熟知车间设备工具、维护保养方法和安全操作规程,不断提高业务水平。

1.2.2 变电检修工岗位职责

(8)遵守各项规章制度和各类标准,服从指挥,完成各项临时性任务。

3. 铁路电力线路工岗位职责

(1)负责铁路电力线路设备的巡视与应急处置等。

(2)负责铁路电力线路设备的一级修(临时修)、单项检查、非常规检查、施工配合。

(3)负责铁路电力线路设备故障抢修与恢复。

(4)负责铁路信号设备停电的联控与互控。

(5)按照月度维修计划,负责铁路电力线路设备全面检查、二级修(综合修)和专项整治。

(6)严格遵守各项规章制度和铁路电力维修规则、检修工艺标准、作业程序和应急预案。

(7)参加工区相关安全生产会议和各项安全生产培训活动,针对存在的问题提出整改措施及建议。

(8)在工长的领导下,努力完成本职工作,并完成上级交给的其他任务。

任务实施

通过学习本任务知识点,结合"任务描述"与"任务分析",按以下步骤来完成本任务。

第一步:了解供电系统三级管理模式。

牵引供电系统管理通常由国铁集团、铁路局集团公司和供电段(含基础设施段、综合段等)三级管理模式组成。作为刚入职的新员工,通常是被安排到供电段相应的车间班组学习实践。

第二步:了解供电段的生产组织与管理机构。

供电段一般分为职能管理部门、生产车间和生产班组三级管理。职能管理部门通常又分为综合管理部门和生产管理部门,生产管理部门管理职责大多与牵引供电生产相关,比如技术科、安全科、教育科、材料科、分析检测室、调度值班室等。生产车间作为直接承担生产任务的部门,一般为供电车间、接触网检测车间、接触网维修车间和变电检修车间等。生产班组主要有接触网工区、电力工区、修试工区、远动工区等。

第三步:了解生产班组的岗位设置。

查阅所在生产班组的管理制度汇编,可了解生产班组设置的主要生产岗位及职责等。如是接触网工,则主要从事与接触网运行值班、检测、维修,以及故障抢修相关的工作;变电设备检修工则主要从事变配电所高压电气设备以及二次设备等的运行与检修及故障处理等工作;铁路电力线路工则主要负责铁路电力线路设备的巡视、检修、故障抢修与恢复等。

任务小结

请简要小结本任务的学习要点、难点与困惑,写在下面的横线上。

格言语录

“安全高于一切，责任重于泰山。”

安全是人类生存与发展最基本的需求，没有安全，人类的一切活动都将失去意义。高职学生作为各行各业生产一线高素质技术技能人才的主要后备力量，在校期间就要树立牢固的安全生产意识。只要有生产，就时时处处都会伴随着安全隐患。这些安全隐患既可能是自己或他人的不安全行为，也可能是物的不安全状态和环境的不安全因素（如作业周围有行驶的列车）。确保安全生产，需要每一位员工尽职尽责，任何疏忽与失职都可能给自己或他人带来伤害，给设备造成损坏。人人都要清楚自己的岗位任务，坚守自己的岗位职责，“在岗一分钟，负责六十秒”，一丝不苟履职尽责，这是铁路供电人应有的责任意识。

练习与评价

未来如果你被录用到轨道交通行业从事供电领域工作，请设想一下你想从事哪个或哪些岗位的工作，这个或这些岗位的基本任务是什么？你现在应该加强哪些方面的学习以更好地胜任未来的工作，将其填写在表 1.2.1 中。

表 1.2.1　任务 1.2 完成情况评价表

序号	任务内容	完成记录	标准分	评分
1	你想从事哪个或哪些岗位的工作		10	
2	这个或这些岗位的基本任务是什么		30	
3	你现在应该加强哪些方面的学习以更好地胜任未来的工作		40	
4	“任务小结”完成情况		20	
总体评价：　□好　□较好　□一般　□较差　□差				

任务1.3　牵引供电系统运行与管理规程体系认知

任务导读

牵引供电系统作为铁路运输系统中的一个子系统,要保证其正常运行与管理,需要一整套的规章体系。这套体系一般分为三个层次,即法律法规、行业规章与企业标准三个层次,要求每一位员工在实际工作中都要严格遵守。

学习目标

1. 知识目标

(1)了解牵引供电系统运行管理规程体系。

(2)了解牵引供电系统的主要规章和企业标准。

2. 能力目标

(1)会分析牵引供电系统规程体系。

(2)会分析作业文件、程序文件和管理手册的关系。

3. 素质目标

(1)培养规范意识与协作意识。

(2)培养遵章守纪意识。

任务描述

要确保牵引供电系统运行有序,安全可控,需要有一套完整的规章体系。作业指导书作为规章体系中与生产一线操作人员联系最紧密最直接的规范性文件,也是生产一线岗位最重要的技术操作指导性文件,是需要认真学习掌握的。请结合本任务的学习,分析编制作业指导书的目的、意义与基本要求等。

任务分析

作为牵引供电系统的员工,首先需要了解运行管理规程体系的构成和各层次规章间的关系。法律法规在整个规章体系中处于最高层次,具有最高的法律效力,是制定行业规章的依据。行业规章与企业标准则是员工开展安全生产的重要依据,有些规章如安全规则等是每年必须进行考试且要评定安全等级,合格后方可上岗作业。作业指导书作为文件化质量体系的第三级文件,在质量体系的运行中起着举足轻重的作用,多用于指导具体的作业如设备的操作或检修、产品或原材料的检验与试验、计量器具的检定、产品的包装等。可以通过分析认识作业指导书在规程体系中的作用,作业指导书的实例分析等,进一步认识编制作业指导书的目的、意义与要求等。

基本知识

知识点1:运行管理规章体系

1. 运行管理规章体系

铁路运输具有“高、大、半”的特点,即高度集中、大联动机和半军事化的特点。各个系统与各个工作环节之间紧密联系,协同配合。为确保铁路安全正点、方便快捷、高速高效,必须加强集中统一管理,为此,必须制定统一的、科学的管理规章体系。牵引供电系统作为铁路运输大系统中的一个子系统,同样需有一套完整的管理规章体系,如图1.3.1所示。

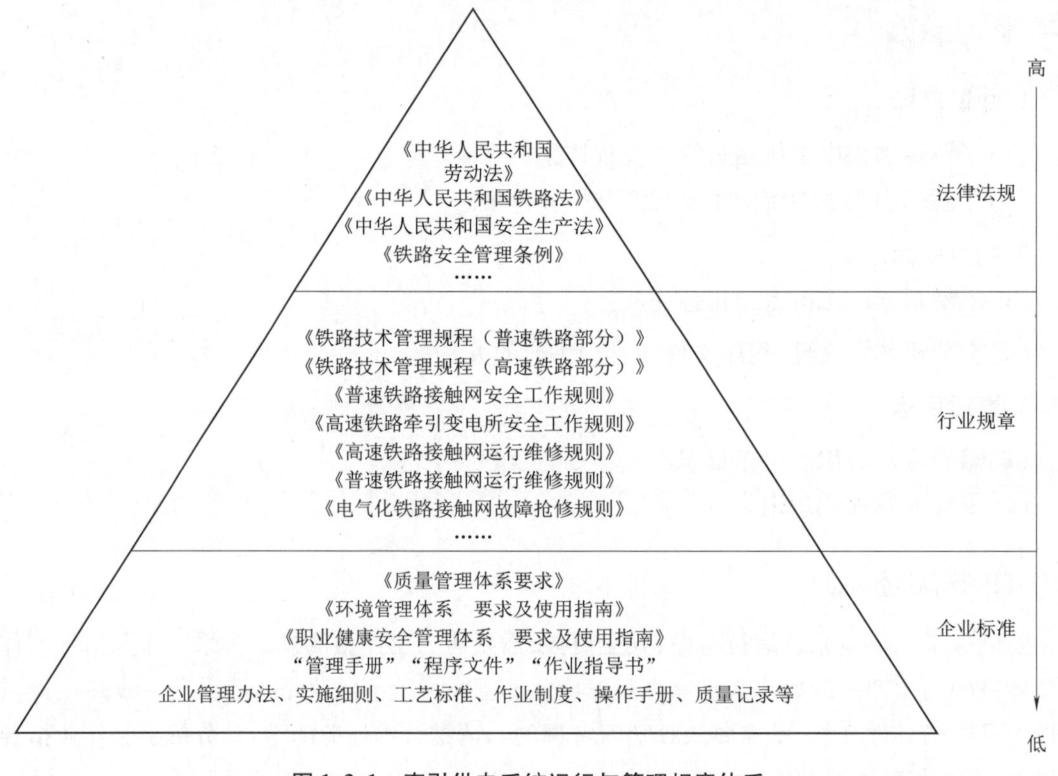

图1.3.1　牵引供电系统运行与管理规章体系

2. 规章体系划分

在图1.3.1中,将牵引供电系统运行管理规章体系分为三个层次,效力从高至低分别为法律法规、行业规章和企业标准。

(1)法律法规

法律法规在牵引供电系统运行管理规章体系中处于第一层次,具有最高效力。法律法规具有效力高,覆盖面广,通用性强等特点,是指导制订行业规章的重要依据。行业规章不能与相应的法律法规相抵触、相违背。作为牵引供电行业,经常需要引用的法律法规主要有《中华人民共和国劳动法》(以下简称《劳动法》)、《中华人民共和国安全生产法》(以下简称《安全生产法》)、《中华人民共和国铁路法》(以下简称《铁路法》)和《铁路安全管理条例》等。

(2)行业规章

行业规章在牵引供电系统运行管理规章体系中处于第二层次。主要表现形式有规范、规程、规则等,具有鲜明的行业特点,是行业企业制定相应的技术管理办法和工艺流程等的重要依据,是供电从业人员应该重点掌握的。随着铁路供电系统技术的不断发展与行业管理的不断改进,牵引供电系统运营管理规程体系也总是在不断更新,不断丰富与完善。

(3)企业标准

企业标准在牵引供电系统运行管理规章体系中处于第三层次。企业标准,即企业内的标准按其内在联系形成科学的有机整体,是以技术标准为主体、包括管理标准和工作标准在内的标准体系。企业技术标准是企业组织生产和经营管理的技术依据,每位员工需要结合各自岗位认真学习掌握,而管理标准与工作标准则是技术标准实施的重要保证。

知识点2:行业规章

铁路行业规章众多,其中以《铁路技术管理规程》效力最高,铁路其他规章和规范性文件,以及各部门、各单位制定的技术管理文件等都必须符合《铁路技术管理规程》的规定。

1.《铁路技术管理规程》

《铁路技术管理规程》于2014年正式出版,分为普速铁路部分和高速铁路部分两本,于2017年进行了修订(铁总科技〔2017〕221号),自2017年11月1日起施行;于2023年2月再次修订(铁科信〔2023〕28号),自2023年2月28日起施行。现以《铁路技术管理规程(普速铁路部分)》(以下简称《技规(普速铁路部分)》)进行介绍。

《技规(普速铁路部分)》是国家铁路技术管理的基本规章。它规定了铁路技术设备的标准与要求;规定了各部门、各单位、各工种在从事从铁路运输生产时,必须遵循的基本原则、责任范围、工作方法、作业程序和相互关系;规定了行车组织的方式方法和信号显示方式及执行要求;明确了铁路工作人员的主要职责和必须具备的基本条件等。

《技规(普速铁路部分)》分为三篇,共有462条。其中与牵引供电系统直接相关的主要是以下条款。

第14~15条:规定了铁路建筑限界的具体要求,详见《技规(普速铁路部分)》附图1、附图2和表1。

第22条:规定了接触网状态每月检查一次,对接触网设备限界检查,每五年不少于一次;对其他供电设备定期检查。

第51条:规定了电气化铁路道口应设限高架,其通过高度不超过4.5 m,道口两侧不宜设置接触网锚段关节,不应设置锚柱。

第196~206条:规定了牵引供电调度系统与牵引供电工作电压;牵引变电所应具备双电源双回路,同时对接触网悬挂高度、与接地体绝缘距离、与架空跨越线路距离等做出了明确规定。

第207~209条:规定了铁路电力设备的配置,铁路供电设备应满足的要求,以及35 kV电力线路的限界要求等。

第378~397条:明确了施工及路用列车开行的具体规定。牵引供电设备(主要是接触网设备)维修作业,需要开行接触网作业车或轨道车等,需要遵守这些规定。

第440条:规定了行车手信号,轨道车司机与行车防护人员需重点掌握这些规定。

第445条:规定了升弓手信号与降弓手信号。这是接触网工应掌握的基本技能。

第 454 条:规定了接触网分相装置处的标志牌与故障地段降弓标志牌的设置。这是接触网工应掌握的基本技能。

2.《铁路交通事故调查处理规则》

《铁路交通事故调查处理规则》(简称《事规》)。本规则主要明确了铁路交通事故的等级界定,事故报告与事故调查的原则与程序,事故责任的判定与损失认定,事故的统计分析等内容,为及时准确调查处理铁路交通事故,严肃追究事故责任提供了指导与依据,防止和减少铁路交通事故的发生。

国家铁路、合资铁路、地方铁路,以及专用铁路、铁路专用线等发生事故的调查处理,适用本规则。牵引供电系统作为铁路运输系统的组成,发生牵引供电设备故障或牵引供电维修作业过程中发生事故也均适用于本规则,因此也是牵引供电系统运行管理规程体系的重要组成。

3. 专业系列规则

伴随铁路供电新技术与新设备的大量运用产生了大量与之配套的新规则。如《高速铁路接触网安全工作规则》(铁总运〔2014〕221 号)、《高速铁路接触网运行维修规则》(铁总运〔2015〕362 号)、《普速铁路接触网安全工作规则》(铁总运〔2017〕25 号)、《普速铁路接触网运行维修规则》(铁总运〔2017〕9 号)和《高速铁路牵引变电安全工作规则》(铁总运〔2015〕48 号)、《高速铁路牵引变电所运行检修规则》(铁运〔2015〕50 号)等就是近些年新出台的牵引供电专业规则,是牵引供电系统运行与管理的主要依据。《高速铁路接触网安全工作规则》《普速铁路接触网安全工作规则》是为了确保人身、行车和设备安全,明确在接触网运行与检修工作中所应遵守的各项规定。本规则适用于工频单相 25 kV 交流铁路接触网的运行和检修。从事接触网作业的有关人员,必须实行安全等级制度。经过考试评定安全等级,取得安全合格证之后,方准参加与所取得的安全等级相适应的接触网运行和检修工作。

《高速铁路接触网运行维修规则》《普速铁路接触网运行维修规则》是为了保证接触网设备的运行安全与可靠而制订。这两部规则的技术标准作为接触网运行与检修的质量验收依据。维修规则适用于工频单相 25 kV 交流铁路接触网的运行和检修。规则提出接触网运行维修应坚持“预防为主、重检慎修”的方针,按照“定期检测、状态维修、寿命管理”的原则,遵循专业化、机械化、集约化维修方式,依靠铁路供电安全检测监测系统(6C 系统)等手段,建立信息资源共享平台,实行“运行、检测、维修”分开和集中修组织模式,确保接触网运行品质和安全可靠性。

《高速铁路牵引变电所安全工作规则》是为确保人身、行车和设备安全,明确在牵引变电所(包括开闭所、分区所、AT 所、接触网开关控制站)的运行和检修工作中所应遵守的各项规定。本规则适用于高速铁路牵引变电所的运行、检修和试验。对从事牵引变电所运行和检修工作的有关人员,必须实行安全等级制度,经过考试评定安全等级,取得安全合格证之后,方准参加牵引变电所运行和检修工作。

《高速铁路牵引变电所运行检修规则》是为了做好牵引变电所运行与检修工作,保证牵引变电所安全可靠的供电而所做的相关规定。

4.《高速铁路接触网故障抢修规则》

接触网是牵引供电系统的重要组成部分,沿铁路线露天布置,点多线长,工作环境恶劣,又无备用设备,一旦发生故障,将中断供电与行车。因此,需要立即进行抢修与恢复。为了保证电气化铁路的安全运行,当接触网发生故障时能迅速出动,及时抢修,尽快恢复供电和行车,最大限度地减少事故损失和对运输的干扰,《高速铁路接触网故障抢修规则》对高速铁路接触网抢修组织、信息处置与行车组织、安全措施、抢修处置、开通线路、机具材料、抢修报告与总结、培训与演练等八个方面做出了明确规定，同时明确了故障判断查找与临时供电抢修方法，明确了高铁接触网抢修用材料备件和机具储备定额。这是指导各供电段制定高速铁路接触网事故抢修方案、应急预案及加强事故抢修演练与组织管理的重要依据。

5.《铁路电力牵引供电设计规范》（TB 10009—2016）

《铁路电力牵引供电设计规范》是为了贯彻执行国家的技术经济政策，统一铁路电力牵引供电的技术要求，使设计做到安全适用、技术先进、节约能源、经济合理和维修方便，从设计角度规定了牵引供电、牵引变电所、接触网、牵引供电调度和远动系统、供电段的设置等应遵守的技术标准；是指导牵引供电工程设计、施工与验收开通的重要依据。本规范适用于单相工频（50 Hz）、接触网标称电压为 25 kV 的标准轨距铁路电力牵引供电工程设计。

6.《铁路电力牵引供电施工质量验收标准》（TB 10421—2018）

本标准是以“调整地位、验评分离、充实内容、严格程序、强化检测、明确职责”为指导思想，在总结我国铁路电力牵引供电工程施工质量控制的实践经验基础上进行编制，于 2018 年 11 月发布。本标准在《铁路电力牵引供电施工质量验收标准》（TB 10421—2003）的基础上，总结吸纳了近年来铁路电力牵引供电工程建设、运营管理的实践经验和科研成果，从基本规定、牵引变电所、接触网、供电调度、牵引供电远动系统、单位工程观感质量评定等提出了具体的施工要求、质量保证措施、验收方法、验收程序和质量标准，明确了建设各方在施工质量控制中的职责，严格了材料进场验收和施工质量检测的程序及方法，突出了验收标准对铁路电力牵引供电工程施工质量的控制。

随着牵引供电系统技术的不断发展与行业管理的不断改进，牵引供电系统运营管理规章体系还有很多更细的规章。在此不一一叙述。

知识点 3：企业标准

企业标准体系的定义为：“企业内的标准按其内在联系形成的科学的有机整体。”企业标准体系的组成是以技术标准为主体、包括管理标准和工作标准在内的标准体系。企业在制订自身的标准体系时，除应符合国家有关标准化法律、法规及强制性标准的要求，符合国家、行业有关的技术基础标准外，还应充分融合《质量管理体系　要求》（GB/T 19001—2016/ISO 9001：2015）、《职业健康安全管理体系　要求及使用指南》（GB/T 45001—2020/ISO 45001：2018）和《环境管理体系　要求及使用指南》（GB/T 24001—2016/ISO 14001：2015）三个标准体系要求的相关要求，建成一个完整的企业标准体系。

1. 三个标准体系简介

《质量管理体系　要求》。一个企业表面上经营上的是产品，实质上经营的是管理。产品质量很大程度上取决于管理质量。建立质量管理体系，就是为了对产品质量形成的全过程进行有效控制，使影响质量和成本的各项因素都处于受控状态，以保证产品质量的稳定可靠。

《职业健康安全管理体系　要求及使用指南》。本标准提出了对职业健康安全卫生管理体系的要求，旨在使一个组织能够控制职业健康安全风险并改进其绩效。它并未提出具体的职业健康安全绩效准则，也未做出设计管理体系的具体规定。本标准中所有的要求意在纳入任何一个职业健康安全管理体系。其应用程度取决于组织的职业健康安全方针、活动性质、运行风险与复杂性等因素。本标准针对的是职业健康安全，而非产品和服务安全。

《环境管理体系　要求及使用指南》。本标准规定了对环境管理体系的要求，使组织能根据法律法规要求和重要环境因素信息来制定和实施方针与目标。本标准拟适用于任何类型与规模的组织，并适用于各种地理、文化和社会条件。体系的成功实施有赖于组织中各个层次与职能的承诺，特别是最高管理者的承诺。这样一个体系可供组织制定其环境方针，建立实现所承诺的方针目标和过程，采取必要的措施来改进环境绩效，并证实体系符合本标准的要求。本标准的总体目的是支持环境保护和污染预防，协调它们与社会和经济需求的关系。

企业生产管理的重点是对“人、机、料、法、环、成本、进度”的控制。这三个标准均有一个相同的特点：一是规定了企业的方针，明确了要实现的目标；二是强调了过程方法；三是强调了系统的管理理念；四是包含了 PDCA 运行模式；五是提出了管理活动的科学化和规范化要求。三大标准体系的运行模式如图 1.3.2 所示。

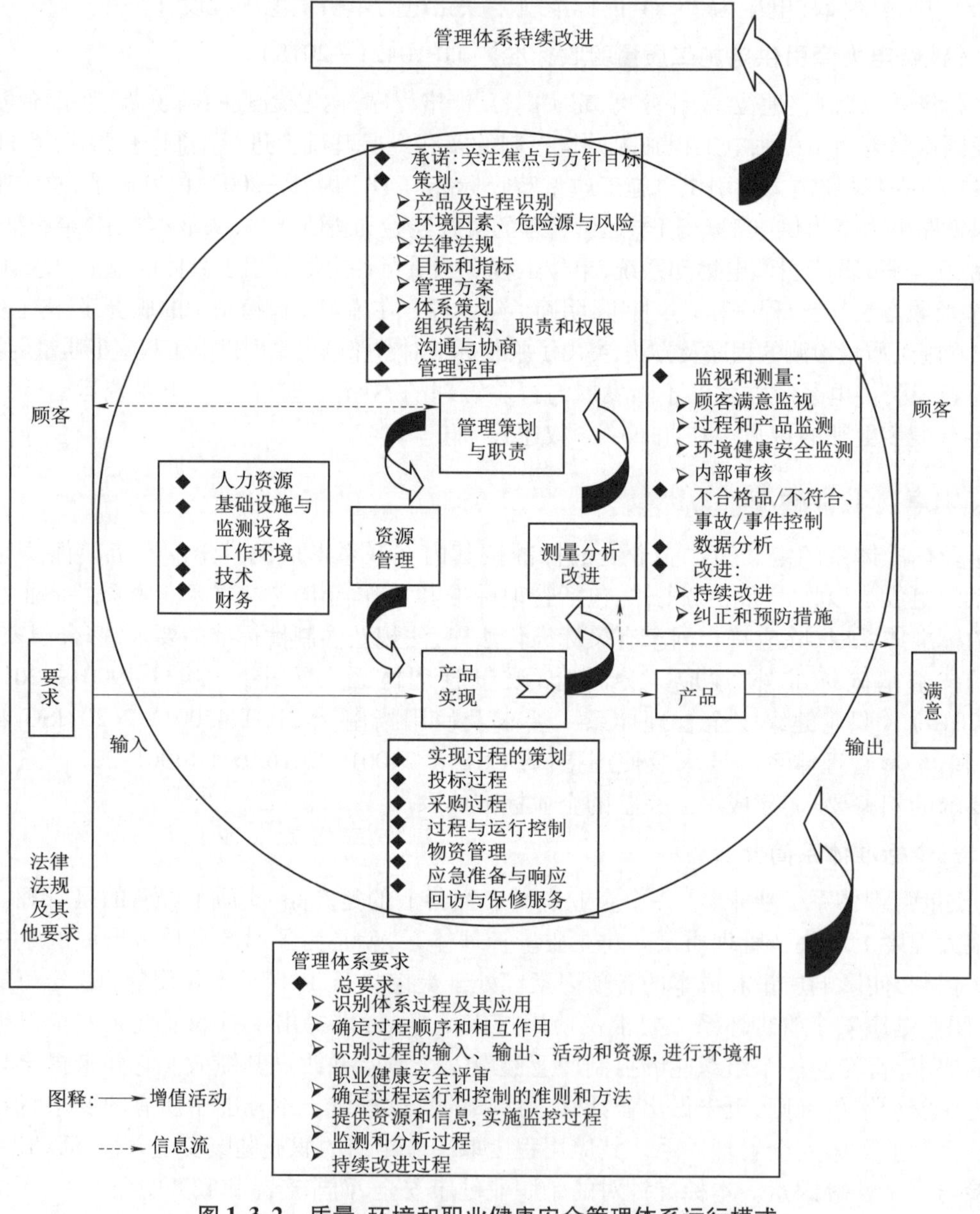

图 1.3.2　质量、环境和职业健康安全管理体系运行模式

企业依据这三个标准建立的管理体系,可将各个业务系统有机地联系在一起,使企业管理走上科学化、系统化、规范化、法制化和程序化轨道,摒弃以往管理活动中的随意性、经验性和无序性,形成一个"方针目标明确,运行过程可控,纵向职责权限分明,横向相互联系沟通,纠正预防措施得力,不断持续改进"的新的有机管理运行模式,从而规范企业管理行为,改善企业管理,提高企业绩效。

三个标准体系既相互紧密联系,又有完全不同的侧重。主要体现如下:

(1)关注焦点不同

质量管理体系以顾客(业主)满意度为关注焦点;环境管理体系以污染预防为关注焦点;职业健康安全管理体系以事故预防为关注焦点。

(2)涉及过程与范围不同

质量管理体系只涉及与产品有关的过程和场所;环境管理体系涉及组织的所有部门和活动;职业安全管理体系不仅涉及组织的所有部门和活动,更强调所有的生产岗位。

(3)体系设置的基础不同

质量管理体系是以过程管理为基础设置的,从确定客户需求开始,通过管理职责,资源管理,产品实现,测量分析和改进等过程,实现客户满意。环境管理体系和职业健康安全管理体系则是按管理要素设置的。

2. 企业管理标准

企业根据《质量管理体系　要求》《职业健康安全管理体系　要求及使用指南》《环境管理体系　要求及使用指南》三大标准体系要求,结合企业生产的具体实际,制定企业管理标准。在企业管理标准中又划分为三个层次。

(1)管理手册

企业的"管理手册"重点规定要求,描述质量管理、职业健康管理与环境管理体系,是企业管理的纲领性文件,应描述本企业如何贯彻三大标准体系各条款的要求和体系的范围等。"管理手册"是企业内部和外部提供管理体系一致信息的文件,是管理体系总体状况和要求的概括描述,对外提供企业一体化管理体系符合三大标准,满足体系认证与审核要求的证实;对内是综合总说明书或管理工作行为的指南和准则。

(2)程序文件

"程序文件"主要描述体系要素所涉及的活动、职责和权限、控制原则、控制方法和证实方法。重点规定职责,阐述接口关系。"程序文件"一般应用过程方法明确工作流程,每个流程规定职权、工作标准、验收准则及产生的记录,同时确定作业文件的编制要求。"程序文件"通常用来描述跨部门的活动。企业制定的各种管理办法是"程序文件"的重要组成。

(3)作业文件

"作业文件"则重点规定实施过程或活动的具体步骤和标准,阐述做什么事(What),谁来做(Who),何时做(When),何地做(Where),为什么做(Why),如何做(How)等,即5W1H,内容更加具体。"作业文件"是规定具体作业活动的方法和要求的文件,呈现形式主要有工艺标准、操作流程、作业指导书、质量记录、作业制度等,是各个岗位的操作标准,是"程序文件"的重要支持性文件。

"管理手册""程序文件"与"作业文件"三者既相互区别,又相互联系,相互支撑,构成企业管理标准的有机整体。“管理手册”的基本要求：该做的要写到，是企业管理的纲；“程序文件”的基本要求：“管理手册”里写到的就要做到，就要有相应的程序文件来明确各项质量活动并规定有效的措施和方法来保证能够做到，是相关职能部门工作标准的重要内容，具有管理层工作标准的属性；“作业文件”等则是指导操作者规范完成某项具体活动的作业性文件，具有操作层工作标准的属性。三者关系如图 1.3.3 所示。

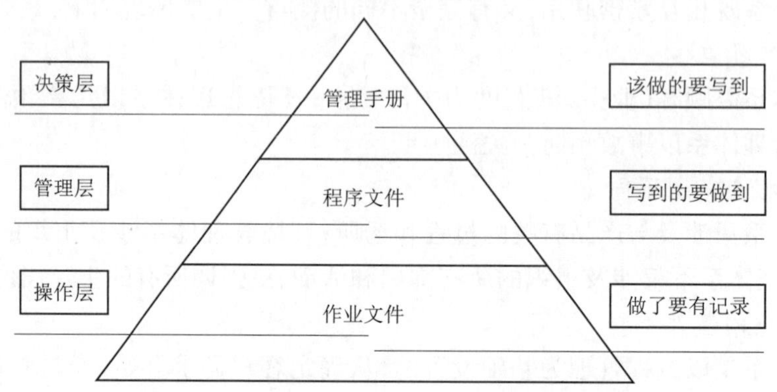

图 1.3.3　管理手册、程序文件与作业文件三者关系

三大标准体系有一个共同的也是非常重要的管理理念就是持续改进。一个企业的管理标准也要随着企业的发展、技术的更新而不断持续改进。作为企业员工，更需要不断学习与提高才能更好地适应企业发展与管理改进的需要。

任务实施

第一步：了解牵引供电系统运行管理规程体系。

牵引供电系统作为铁路运输系统中的一个子系统，要保证其正常运行与管理，需要一整套的规章体系。这套体系一般分为三个层次，即法律法规、行业规章与企业标准三个层次，要求每一位员工在实际工作中都要严格遵守。作业指导书属于企业管理标准范畴，且属于企业管理标准体系中的操作层文件。

第二步：分析编制作业指导书的目的与意义。

企业通常组织技术人员与能工巧匠，依据行业相应的规章、标准，结合企业设备的具体实际，针对作业过程编制相应的作业指导书，作为企业内部的操作标准等供相应的人员学习、掌握与遵照执行。编制作业指导书的目的和意义就是使工作或作业活动有章可循，使工作或作业安全风险评估和过程控制规范化，保证全过程的安全和质量，同时也促进生产人员提升专业技能与技术素质。

第三步：分析编制作业指导书的基本要求。

编制作业指导书应遵照现行国家、行业、企业颁布的标准，内容清楚、准确、完整，量化、细化、优化和标准化每项作业内容，做到作业有程序、安全有措施、质量有标准、结果有记录、考核有依据，实现对作业全过程的控制。作业指导书应与质量管理体系、安全生产风险管理体系和企业标准体系相衔接。

作业指导书一般包括但不限于以下内容：作业所需的材料、工器具及要求，人员要求、作业前准备，作业流程（程序），作业内容与要求，检测或验收方法，作业后工作，支持性或规范性文件等。编写作业指导书要注意明确影响或决定作业质量的关键因素及其相关的作业标准与评定要求，语言要规范，表述要简洁明了，同时尽可能图文并茂，图表结合，增强易读性等。

任务小结

请简要小结本任务的学习要点、难点与困惑，写在下面的横线上。

____

____

____

____

____

____

____

格言语录

"不以规矩，不能成方圆。"——孟子

规，圆规，画圆形的工具；矩，画方形的曲尺。矩不正，画不出合格的方形；圆规不正，画不出标准的圆形。社会是由人的集合而成，社会活动是人的活动。如果没有一个规矩来约束，各行其是，社会就会无序，就会陷入混乱。因此，做任何事情都要有规矩，有规章、有制度。规章制度是大家要共同遵守的办事规程和行为准则。从小处入手，从现在做起，人人遵守规则，生产方能有序，安全才有保障。

拓展知识

×日7时30分，××线××次货物列车以72 km/h速度运行至××—××区间K132+200处，司机发现运行前方的线路道心有一名穿防护服的人员，立即采取紧急停车措施并连续鸣笛警示，在制动停车过程中，该人下道并显示了红灯信号，列车7时31分停于区间K132+686处，7时48分恢复行车。经调查，显示红灯人员为擅自提前进入线路并违章在道心行走的作业人员。构成铁路交通一般D10类事故。

事故原因：该作业人员为××供电段接触网小修作业验电接地监护人员，在尚未接到工作领导人通知的情况下，主观臆测天窗作业给点时间接近，擅自提前进入线路，且严重违反《铁路车站行车作业人员安全标准》第1.2条"……严禁在道心、枕木头上行走……"的规定，在线路道心行走，发现列车接近匆忙下道后又错误向司机显示红灯，是造成事故的直接原因。这起事故属于严重的违章行为。

练习与评价

请在研习某作业指导书的基础上，填写任务评价表1.3.1。

表1.3.1 任务1.3完成情况评价表

序号	任务内容	完成记录	标准分	评分
1	说明作业(指导书)的名称		3	
2	说明开展作业所需要的主要材料与工器具		10	
3	简述作业前的主要准备工作		10	
4	说明作业的流程		10	
5	简述作业的主要内容		12	
6	简述作业后的主要工作内容		5	
7	简述作业指导书所依据的主要文件		10	
8	简述“管理手册”“程序文件”与“作业文件”三者的主要区别		10	
9	简述作业文件的作用与主要形式		10	
10	“任务小结”完成情况		20	
总体评价： □好 □较好 □一般 □较差 □差				

牵引供电系统认知

项目描述

牵引供电系统负责为电力机车或动车组提供牵引电能，其电压等级、电流制式及供电方式等与通常的电力系统有较大差别。这种差别与牵引负荷的特殊性分不开，如接触网线路为单相供电，会对周围弱电线路产生电磁干扰，牵引供电系统需要采取一些特殊的防护措施；新增加的车站货物线车体在回流不畅时会带电危及装卸作业人员安全；牵引变电所全所退出运行时，需采取措施保证接触网供电不间断……要分析与认识这些问题，都需要学习有关牵引供电系统的相关知识，并掌握应用这些知识的能力，这是本项目的主要任务。

项目导读

确保牵引供电系统安全优质不间断地供电，这是每一位牵引供电人的共同职责。要履行好该项职责，需要了解牵引供电系统供电方式与牵引电流的主回路等，并学会识别与应用。

本项目任务知识导图如图 2.0 所示。

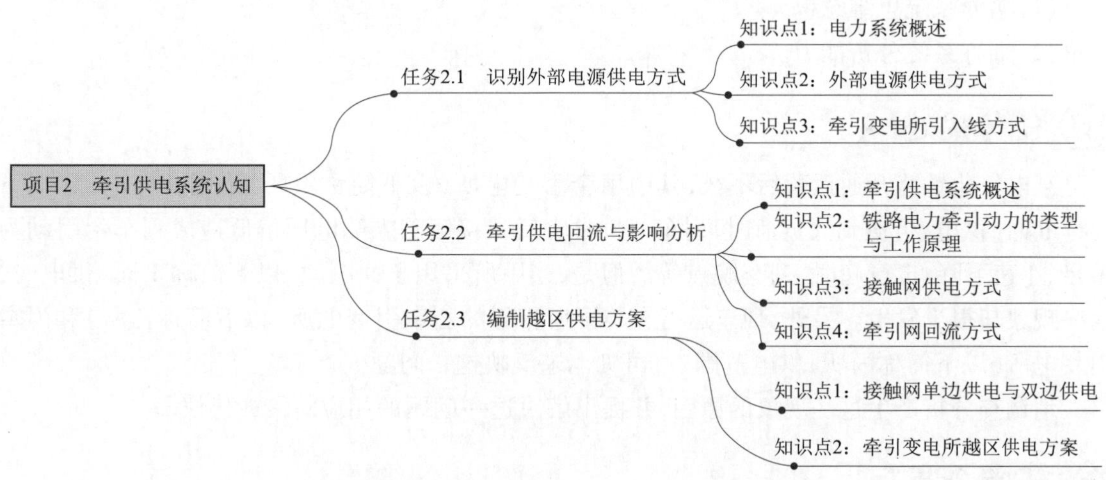

图 2.0　牵引供电系统认知的任务与知识点构成图

要认知牵引供电系统，首先需要了解电力系统。电力系统是牵引供电系统的电源，牵引供电系统是电力系统的用户。在此基础上认识牵引供电系统的组成与牵引供电系统的供电方式，掌握不同供电方式的特点。通过应用这些知识，学会分析牵引供电系统运行的一些实际问题。

任务2.1　识别外部电源供电方式

任务导读

外部电源是指给牵引变电所供电的电源。在我国,牵引变电所的外部电源通常都是国家电力系统。电力系统给牵引变电所的供电方式不仅影响其供电电能的质量和供电的可靠性,还会影响牵引变电所的引入线方式。当牵引供电系统运行出现异常时,有时需要对外部电源进行分析才能找到问题的根源。因此,需要掌握外部电源相关的知识。

学习目标

1. 知识目标

(1)熟悉电力系统构成、电网结构与接线方式。

(2)熟悉单边、双边、环形与散射式供电方式及特点。

(3)熟悉桥接、T 接与母线分段式引入线方式。

2. 能力目标

(1)会识别外部电源供电方式与变电所引入线方式。

(2)会分析供电系统与外部电源相关的运行问题。

3. 素质目标

(1)培养系统思维意识。

(2)训练系统分析能力。

任务描述

某电气化铁路开通运营后不久,其中甲牵引变电所(以下简称甲所)采用Ⅱ回电源(以下简称Ⅱ回)供电,当遇到大负荷时,列车司机常常反映接触网末端电压偏低造成列车牵引动力不足、车速下降、走行超时、列车晚点等。但是,当甲所采用Ⅰ回电源(以下简称Ⅰ回)供电时,这一现象却很少发生。另外,列车运行在与甲所相邻的乙牵引变电所(以下简称乙所)和丙牵引变电所(以下简称丙所)供电范围时,司机也未反映这一问题。

请调查分析产生这一现象的原因,并提出解决这一问题的相应对策或建议。

任务分析

接触网电压俗称“网压”,网压质量是牵引供电质量的重要体现。网压偏低,会影响列车的正常运行,严重时会导致列车减速甚至难以正常启动(注:尤其在大坡道地段),造成列车晚点,扰乱正常运输秩序。因此,当遇到网压偏低问题时,应该及时分析与解决,以保证接触网的电压水平和供电质量。这是供电人的责任。

网压质量本是一个系统性问题,涉及的因素很多,详见本书项目5之任务5.1。

从任务描述可知，同一个牵引变电所，使用Ⅰ回供电时网压正常，使用Ⅱ回供电时则网压明显偏低，这就可以初步判断问题的根源主要不在“内”而在“外”，也即重点要分析给甲所供电的外部电源情况，要分析给甲所供电的两路电源有何不同，同时也要分析给甲、乙、丙所供电的电源是何关系等。

要完成这一任务，可按以下步骤进行，如图2.1.1所示。

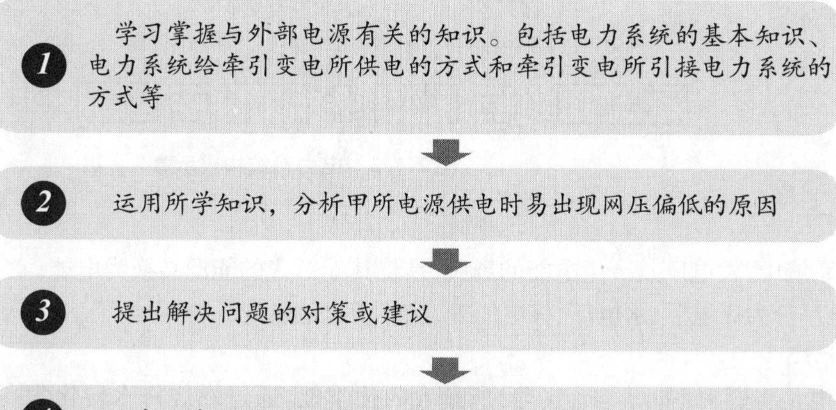

图2.1.1 步骤示意

基本知识

知识点1：电力系统概述

1. 电力系统的基本构成

完整的电力系统，必须具备以下几个组成部分：

(1)必须有产生电能的装置，即必须有发电厂。发电厂是将其他形式的能源转换为电能的装置。

(2)电厂生产出来电能后又必须把它传输到远离发电厂的用户端，这就需要通过升压变电所将发电机输出的电压升高，再通过高压电网进行输送，称为输电网。当把高压电输送至用电端时，需要通过降压变电所进行降压，然后通过配电所进行电能的分配与控制，称为配电网。这部分由输电线路、配电线路和变配电所组成的输变电系统称为电力网，俗称电网，是电力系统的重要组成部分。

(3)电能送至用电端后，还必须有用电设备，也即电能用户。在我国，牵引供电系统的用电是由国家电力系统统一供给，属国家一级负荷。牵引供电系统其实也就是电力系统的用户，属于用电设备，电力系统则是牵引供电系统的电源，通常也称为外部电源。

综上所述，电力系统主要由发电、输电、配电和用电的所有装置及设备连接在一起组成，包括发电厂、电力网和电能用户，如图2.1.2所示。

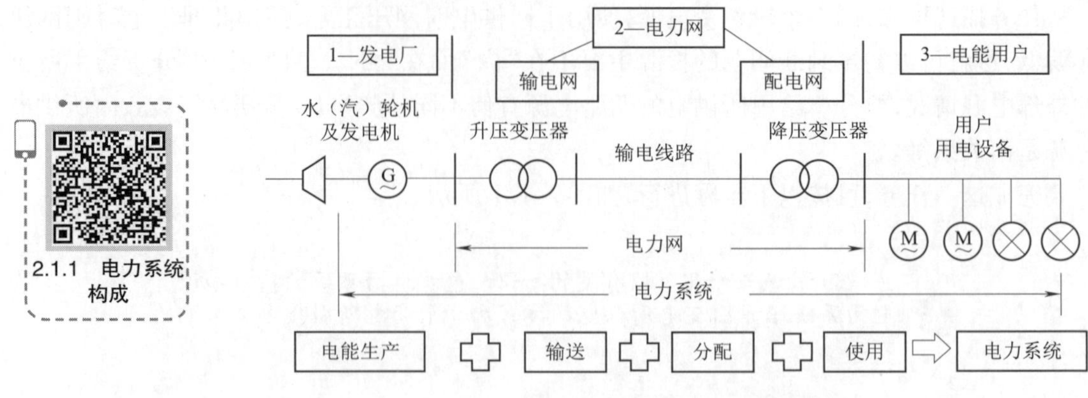

图 2.1.2　电力系统构成示意

2. 发电厂

在电力系统中,发电厂是产生电能的场所,是将其他形式的能源转换为电能。根据转换的能源不同,发电厂分为火电厂、水电厂、核电厂等,此外还有地热电厂、风力电厂、潮汐海洋电厂等。

(1)火电厂

火力发电是将燃料(如煤、油、气等)所蕴含的化学能,通过燃烧将水转化为高温高压蒸汽驱动发电机旋转,转化为电能。目前,在我国仍有超过60%的发电是火力发电。火电厂仍是我国发电的主力军,在大量的火电厂中,又以燃煤为主的火电厂居多,如图2.1.3所示,这些电厂多建在煤炭基地附近,故称为“坑口”电厂,其单机容量可达600 MW(兆瓦)。如果把已作过功的乏气再供给用户作为热能,这种电厂又称为热电厂。

(2)水电厂

水电厂又称水电站或水力发电厂。它建于江河之上,将水的落差产生的势能转换为电能的发电厂,如图2.1.4所示。

图 2.1.3　火电厂夜景

图 2.1.4　水电厂

为了充分利用水力资源,在水电站的上、下游集中一定的落差,形成发电的动能。按形成落差方式不同,水电站又分为三类:

①堤坝式水电站

它是在河道上建造很高的水坝或水闸,形成水库,使坝的上、下游形成尽可能大的落差。如三峡水电站等就采用这种形式进行发电。

②引水式水电站

它是在具有相当坡度的河段上游筑一低坝,拦住河水,然后用引水道(渠或隧道)将水直接引到厂房内,通过水轮发电机将水能转换为电能。我国多数中、小型水电站采用这种形式。

③混合式水电站

它是堤坝式和引水式水电站的组合,兼有两种水电站的特点。广东省广州市流溪河蓄能发电站采用的是这种形式,只不过作为大亚湾核电站的配套工程,它发挥的不仅是发电的作用,更重要的是它具有调节电网电能质量的独特作用。

水能发电具有可循环,可再生,无污染,发电效率高等明显优势,且我国水能资源丰富,水能发电潜力很大,促进了一大批水电工程的建设。如三峡水电站就是其中的标志性工程,总装机容量达到 2 240 万 kW,共安装了 32 台单机容量达 70 万 kW 的水轮发电机组,另还安装了 2 台 5 万 kW 水轮发电机组作为电站电源,总装机容量为 2 250 万 kW,平均年发电量达 882 亿 kW · h。目前世界最大单机容量的水轮发电机已达到 100 万 kW,已在我国金沙江白鹤滩水电站安装运行,进一步推动了我国水电工程的建设与发展。

(3)核电厂

核电厂又称核电站。它的发电原理和火力发电原理相类似,只是热能的产生方式不同而已。核电站能源是原子能燃料铀或钍,它利用原子能燃料裂变产生的大量热能进行发电。因为原子能燃料储藏量大、能量集中,原子能裂变时不需要空气助燃,故核电站可建在地下、山洞、海底或空气稀薄的高原,不占农田,建造和发电成本低,事故率低等优点,故其有着广阔的发展前景。但核电站的核泄漏会对人类产生极大的危害,在建设和运营过程中尤其需要加强安全生产与事故预防。

发电机一般采用三相同步发电机,电压多为 10.5 kV。每台发电机都有相应的升压变压器,组成发电机—变压器组。

(4)风力发电厂

风力发电的原理,是利用风力带动风车叶片旋转,再通过增速机提升旋转速度,带动发电机发电,是把风的动能转变成机械动能,再把机械动能转化为电能的过程,如图 2.1.5 所示。

图 2.1.5　风力发电

因为风力发电不需要使用燃料,也不会产生辐射或空气污染,而且它取之不尽,用之不竭,是一种清洁的可再生能源,越来越受到世界各国的重视。其蕴量巨大,全球的风能约为 2.74×10^9 MW,其中可利用的风能为 2×10^7 MW,比地球上可开发利用的水能总量还要大 10 倍。目前全世界每年燃烧煤所获得的能量,也只有风力在一年内所提供能量的三分之一。因此,国内外都很重视利用风力来发电,开发新能源。

风力发电机因风量不稳定,故其输出的交流电须经整流,对蓄电池充电,使风力发电机产生的电能变成化学能。然后用有保护电路的逆变电源,把蓄电池里的化学能转变成电能,才能保证稳定使用。目前,风力发电作为一种新能源,正处在大力开发与推广应用阶段。

2.1.2　发电厂简介

3. 电力网

(1)电力网概述

电力网简称电网,由各种电压等级的输、配电线路和变(配)电站(所)组成。电力网是电力系统的重要组成部分，电力网的任务是将电能从发电厂输送和分配到电能用户。它对于电力系统的可靠性和经济运行有着重要的意义。

电力系统是并网运行的。这指的是在一个电力系统中的所有发电机和用户的用电设备是通过电力网连接在一起的。目前，我国电网已基本实现全国联网，形成四个同步运行电网：东北电网、三华电网（华北电网、华东电网、华中电网）、西北电网和南方电网。其中：东北电网与华北电网直流互联；西北电网与华中电网、华北电网直流互联；华中电网与南方电网直流互联。西藏电网将与西北电网直流互联。

（2）输电网和配电网

电力网按其功能常分为输电网和配电网两大部分。

图 2.1.6　输电网

输电网是由 220 kV 及以上的输电线路和与其相连接的变电所组成，是电力系统的主要网络，其作用是将电能输送到各个地区的配电网或直接输送给大型企业用户，如图 2.1.6 所示。

配电网是由 110 kV 及以下的配电线路和与其相连接的配电所（或简单的配电变压器）组成，其作用是将电能分配并短距离输送到各类用户。根据电压等级的不同，配电网通常分为高压配电网（66～110 kV），中压配电网（1～35 kV）和低压配电网（1 kV 以下）。

（3）变电所（站）和配电所（站）

变电所（站）由电力变压器和配电装置组成，它具有变换电压、集中电能、分配电能、控制电能以及调整电压的作用。将电压升高的称为升压变电所（站）；将电压降低的称为降压变电所（站）如图 2.1.7 所示为小型变电所。配电所（站）最大的特点是不变换电压，只承担分配电能的任务。一般把变电所（站）分为以下 3 种：

图 2.1.7　小型变电所

①枢纽变电所（站）。它通常都有两个及以上电源汇集，进行电能的分配和交换，从而形成电能的枢纽，如图 2.1.8 所示的 S_1，S_2 变电所。此类变电所（站）规模大，并采用三绕组变压器获得不同级别的电压，送到不同距离的地区。

②地区变电所（站）。其作用是供给一个地区用电，如图 2.1.8 中的 S_3 等。通常也采用三绕组变压器，高压受电，中压转供，低压直配。

③用户变电所（站）。此类变电所属于电力系统的终端变电所，直接供给用户电能。通常采用双绕组变压器，如图 2.1.8 中的 S_4，S_5 等。铁路牵引变电所就属于此类变电所。

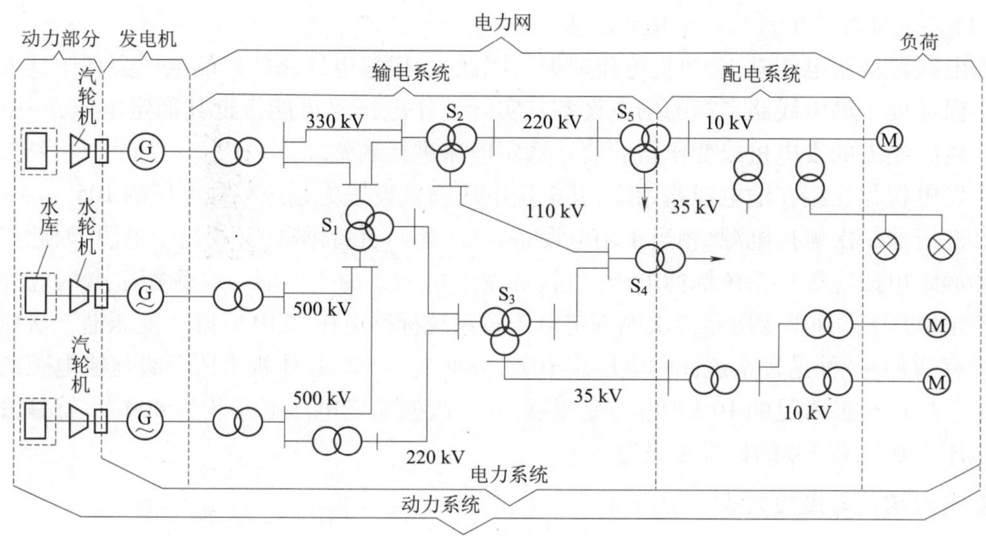

图 2.1.8 电力系统电气接线图

4. 电力系统电压等级

输电技术发展的目标之一是努力减少线路损失,而减少线路损失的经济合理的方法是提高输电电压。由于电功率是电压和电流的乘积,电力线路输电功率一定时,输电电压愈高,则电流愈小,线损愈小;另一方面,电流愈小,则导线等载流部分的截面积愈小,投资愈小。但是随着输电电压的提高,对绝缘的要求也越高。电压愈高,对绝缘的要求愈高,杆塔、变压器、断路器等的投资也愈大。综合考虑这些因素,对应一定的输送功率和输送距离有一最合理的电压等级。

(1)系统标称电压等级标准

从设备制造角度考虑,为保证生产的系列性,应规定标准电压,用以确定元件、器件或设备的额定工作条件的电压。我国国家标准《标准电压》(GB/T 156)规定了电力系统以及相关设备的标准电压。其中,交流(或直流)系统的标准电压用"标称电压"表示;相关设备的标准电压用"额定电压"表示。该标准给出了三相交流系统的标称电压值有 1 000、750、500、330、220、110、66、35、20、10、6、3、1、0.66、0.38、0.22(单位为 kV)等电压等级。其值均为线电压(0.22 kV 的单相电除外)。同时明确了直流牵引系统的标称电压有 750 V、1 500 V 两个电压等级,交流牵引系统的标称电压为 25 000 V。同一电压等级下,设备的额定电压应与系统标称电压相同。

设置多种不同电压等级主要是为了满足不同输送容量、不同输送距离和不同用户的需要。不同电压等级的输电线路其输送能力(输送功率和输送距离)的大致范围见表 2.1.1。从表2.1.1中可知,线路电压等级越高,能够输送的电功率越大,能够传送电功率的距离也越远。大功率长距离输电通常采用超高压或特高压线路。

表 2.1.1 不同电压等级电网的输送容量与距离

线路电压(kV)	输送容量(MW)	输送距离(km)	线路电压(kV)	输送容量(MW)	输送距离(km)
3	0.1~1	1~3	220	100~500	100~300
6	0.1~1.2	4~15	330	200~800	200~600
10	0.2~2.0	6~20	500	1 000~1 500	200~850
35	2.0~10	20~50	750	2 000~2 500	800 以上
110	10~50	50~160	1 000	4 000~6 000	1 000 以上

(2)发电机与变压器额定电压的设置

输电线路输送电能时,会产生电压损失。因此,一般输电线路的始端电压会高于其末端电压。为保证处于输电线路末端的用电设备其实际工作电压尽可能接近其额定电压,一般对处于输电线路始端的发电机或变压器的实际额定电压进行调整。

①发电机往往接在输电线路始端,其额定电压通常设置为系统标称电压的105%。

②变压器一次侧接电源,相当于用电设备,二次侧向负荷供电,又相当于电源,因此变压器一次侧额定电压应等于系统标称电压(直接和发电机相连的变压器一次侧额定电压应等于发电机额定电压)。升压变压器二次侧额定电压较系统标称电压高10%;降压变压器二次侧额定电压则有两种,一种是较系统标称电压高10%,一种是高5%,具体视电压等级与输电距离远近来决定。生产中最常见的10 kV电力变压器,其二次侧额定电压通常均为400 V,就是按系统标称电压380 V高5%的标准来设置。

5. 电网结构与接线方式

(1)电力网结构

电力网主要是由变压器和不同电压等级的电力线路组成。通常一个大的电力网是由许多子电力网互联而成。电力网采用分层结构,可划分为一级输电网、二级输电网、高压配电网、中压配电网和低压配电网,如图2.1.9所示。

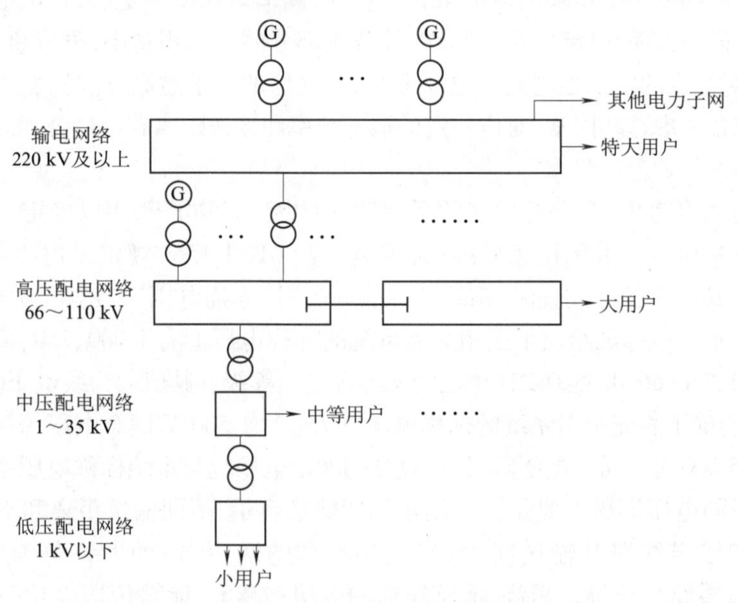

图2.1.9 电力网结构示意

一级输电网一般是由电压为330 kV及以上的主干电力线路组成,它连接大型发电厂、大容量用户以及相邻电力子网。二级输电网的电压一般为220 kV,它上接一级输电网,下连高压配电网,并连接较大型的发电厂和向较大容量用户供电。

2.1.3 电力网结构

配电网是向中等用户和小用户供电的网络,高压配电网通常用于城市和农村分片供电,也用于大用户供电;35 kV与10 kV配电网是最为常用的中压配电网,主要用于各类中等用户的供电,也用于大工业企业的内部电网;3 kV配电网只限于工业企业内部使用,且正在被6 kV配电网所代替。电压为

380 V/220 V 以下的低压配电网主要用于各类动力与照明用电系统。

(2)电力网的接线方式

电力网的接线方式大致可分为无备用和有备用两类。无备用接线包括单回路放射式、干线式和链式网络，如图 2.1.10所示。有备用接线包括双回路放射式、干线式、链式，以及环式和两端供电网络，如图 2.1.11 所示。

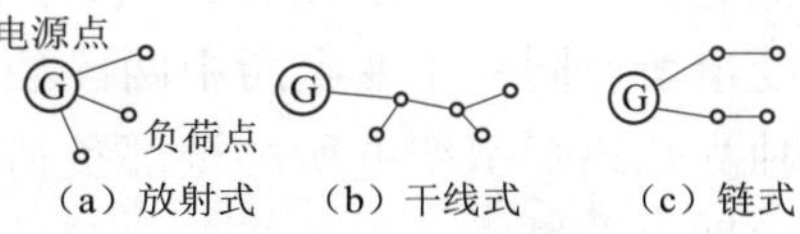

图 2.1.10 几种常见的无备用接线方式

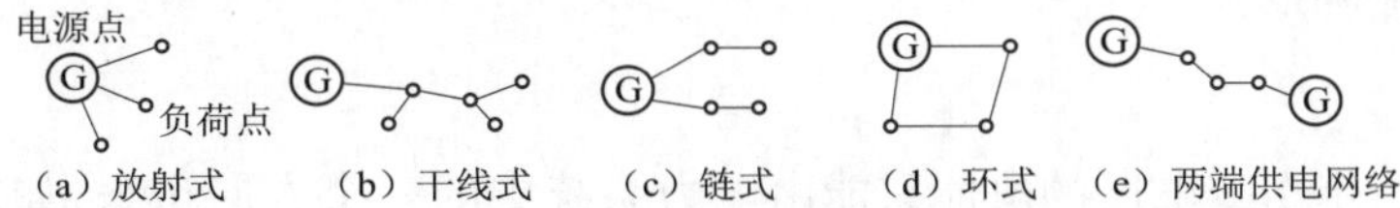

图 2.1.11 几种常见的有备用接线方式

无备用接线电力网又称为开式电力网，其接线简单、经济、运行方便，但供电可靠性差，通常在中低压配电网中使用较多。有备用接线电力网又称为闭式电力网，其供电可靠性高，一条线路的故障或检修一般不会影响对用户的供电，但投资大，且操作较复杂。其中，环式供电和两端供电方式较为常用，通常在高压配电网与输电网中运用。

2.1.4 电力网接线方式

6. 电力系统中性点接地方式

电力系统中性点接地方式是指电力系统中的变压器和发电机的中性点与大地之间的连接方式。中性点接地方式有：不接地(绝缘)、经电阻接地、经电抗接地、经消弧线圈接地(谐振接地)、直接接地等。就主要运行特征而言，可将它们归纳为两大类：

①中性点直接接地或经小阻抗接地，采用这种中性点接地方式的电力系统称为有效接地系统或大接地电流系统。

②中性点不接地或者经消弧线圈接地，或者中性点经高阻抗接地，从而使接地电流被控制到较小数值的中性点接地方式，采用这种中性点接地方式的电力系统称为非有效接地系统或小接地电流系统。

接地阻抗或接地电流的大小是相对的，因而有必要采用确切的指标来加以区分。相当多的国家(包括中国)都规定：凡是系统的零序电抗(x_0)和正序电抗(x_1)的比值 $x_0/x_1 \leq 3$ 的系统，属于有效接地系统；反之，属非有效接地系统。

现代电力系统中采用得较多的中性点接地方式是：直接接地、不接地和经消弧线圈接地。在对绝缘水平的考虑占首要地位的 110 kV 及以上的高压电力系统中，均采用直接接地方式。在绝缘投资所占比重不太大的 35 kV 及以下中低压系统中，出于供电可靠性等方面的考虑，大都采用不接地或经消弧线圈接地的方式。不过，当城市配电系统中电缆线路的总长度增大到一定程度时，它会给消弧线圈的灭弧带来困难，系统单相接地易引发多相短路。所以，近几年来，有些大城市的配电系统改用中性点经低值(不大于 10 Ω)或中值(11 ~ 100 Ω)电阻接地，它们也属于有效接地系统。

2.1.5 中性点接地方式

知识点 2：外部电源供电方式

牵引变电所外部电源供电方式又称为牵引变电所的一次供电方式。牵引供电属于国家一级负荷，中断供电将会造成重大经济损失和严重的社会影响。因此，对牵引变电所外部供电的可靠性要求很高，要求每个牵引变电所必须有两个独立电源供电（即由两个不同的变电所或同一个变电所中两段独立的母线供电），供电线路非同杆架设，其中每路电源应能独立承担牵引变电所的全部负荷。两路电源互为备用。当主供电源故障时，备用电源应能立即自动投入。

根据供电系统的分布状况、发电厂和地区变电所的位置及容量等因素，牵引变电所的供电方式主要有以下几种形式。

1. 单边供电

单边供电是指牵引变电所的电能只能由电力系统中的一个方向送来，如图 2.1.12 所示。图 2.1.11 中牵引变电所 C_1、C_2、C_3 只能从右侧的发电厂 A_1 用两路输电线供电。而发电厂 A_1 又通过地区变电所 B_1、B_2、B_3 与发电厂 A_2、A_3 相连，构成一个可靠的供电网络，保证其中一路电源故障时，另一路电源仍可供电。

2.1.6 牵引变电所单边供电方式

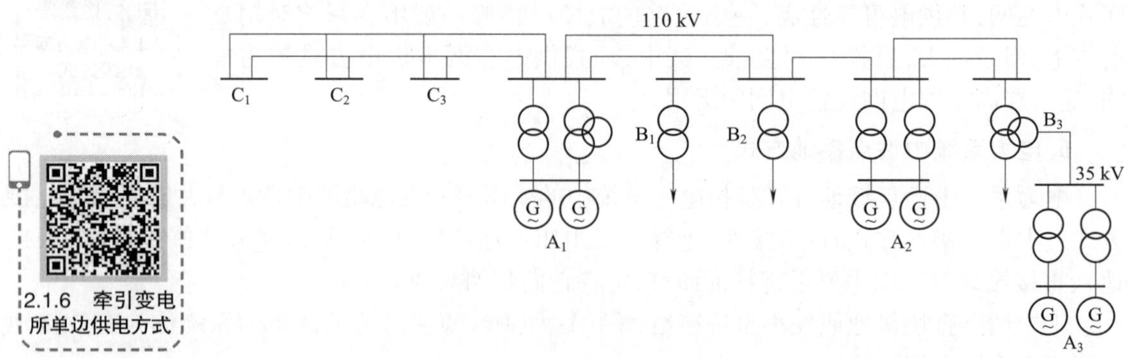

图 2.1.12　牵引变电所单边供电方式

2. 双边供电

双边供电就是指牵引变电所的电能由电力系统中的两个方向送来，如图 2.1.13 中的牵引变电所 C 的Ⅰ回进线电源，其左侧由发电厂 A_1 供电，右侧又由发电厂 A_2 通过变电所 B 供电，故牵引变电所 C 的Ⅰ回电源为双边供电。当电力系统中某一个方向的电源发生故障时，不会影响牵引变电所的正常供电。

2.1.7 牵引变电所双边供电方式

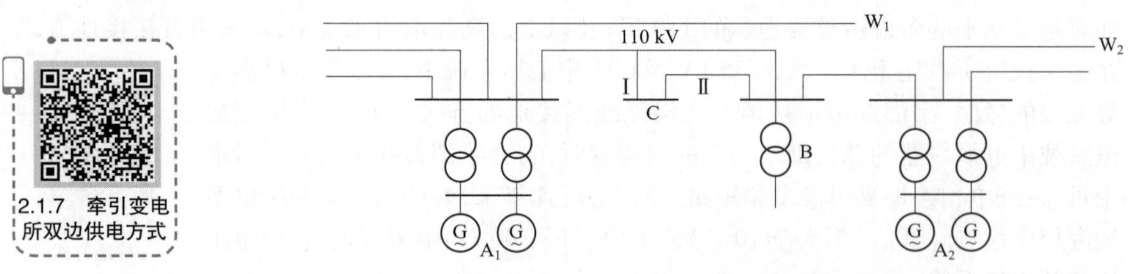

图 2.1.13　牵引变电所双边供电方式

3. 环形供电

环形供电是指若干个发电厂、地区变电所通过高压输电线与牵引变电所连接成环形电力网,而牵引变电所处于环形电力系统中的一段环路之中,如图 2.1.14 所示,如果某牵引变电所(图 2.1.14 中 C_1、C_2、C_3、C_4)一路电源发生故障,还可以通过环网从另一侧获得电能而不会中断供电。

4. 散射式供电

当各牵引变电所距离电网电源点差不多等距并且比单边供电更经济时,可采用散射式供电方式,如图 2.1.15 所示。这种供电方式的不足是可靠性较差,而且要求相邻几个牵引变电所 C_1、C_2、C_3 布置成弧形,且地区变电所 B 必须有两回路输电。

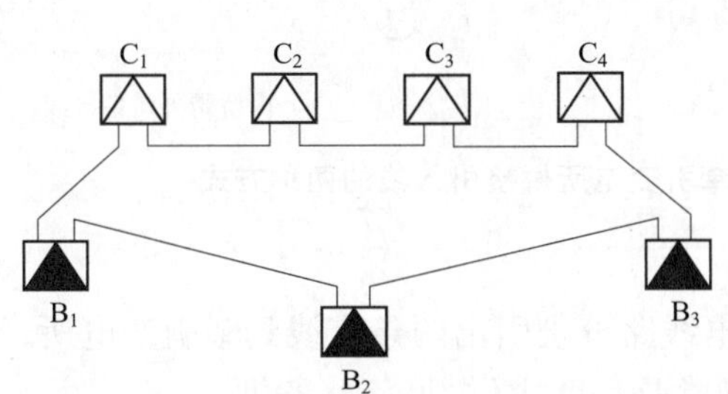

图 2.1.14　牵引变电所环形供电方式

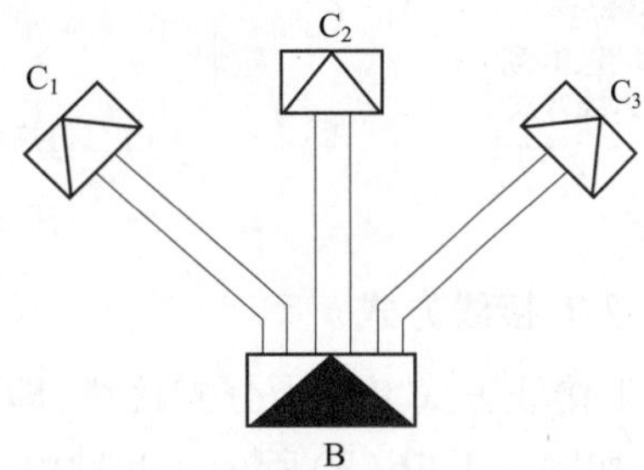

图 2.1.15　牵引变电所散射式供电方式

综上所述,双边供电的优点在于任意一座发电厂或区域变电所发生故障时,电气化铁路的供电不会中断。环形供电的优点则在于电力系统的频率稳定,电压波动的幅度较小。双边供电和环形供电,比单边供电和散射式供电具有更高的可靠性和更好的供电质量。因此,牵引变所的一次供电方式,应尽可能采用双边供电或环形供电。不过具体采用哪种供电方式,与电网中各变电站的实际分布状况等很多因素有关,需要结合电网和铁路牵引变电所的具体实际来确定,通常会同时采用多种不同的外部供电方式。

知识点 3:牵引变电所引入线方式

牵引变电所的引入线方式又称为牵引变电所一次侧的主接线方式。采用何种引入线方式,需要从技术、经济、运行、外部供电方式,以及主变压器的接线方式等因素综合比较后才能确定。目前我国牵引变电所的引入线方式主要有以下 3 种,如图 2.1.16 所示。

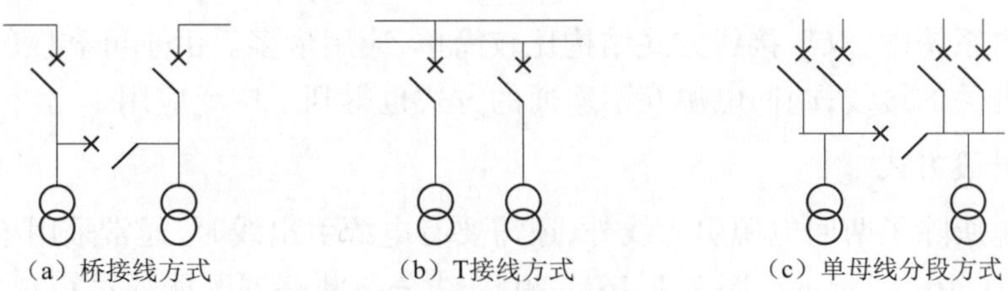

图 2.1.16　牵引变电所引入线方式

1. 桥接线方式

当电力系统的功率需要穿越牵引变电所时,采用此种引入线方式,如图 2.1.16(a)所示。

牵引变电所有两路引入线,并通过桥断路器连接起来,以便通过穿越功率。当桥断路器位于线路侧时,称为外桥,当桥断路器位于牵引变压器侧时,称为内桥,如图 2.1.17 中的桥断路器 3QF 的安装位置所示。

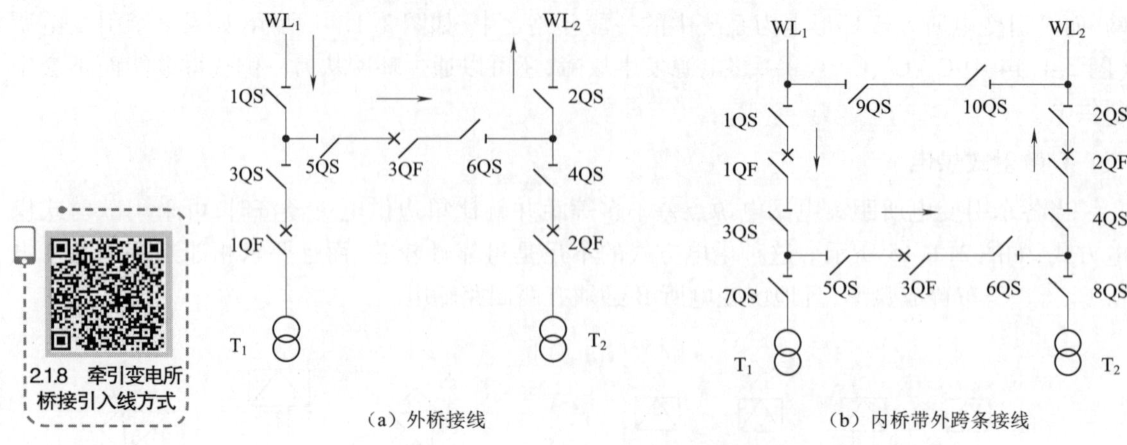

图 2.1.17　牵引变电所桥接引入线的两种方式

2. 双 T 接线方式

双 T 接线方式又称为分支接线，即两路输电线路分别引出两条支线到牵引变电所，构成双 T 形式，如图 2.1.16(b)所示。此种引入方式通常是一路主供，另一路备供。

如图 2.1.18 所示的双 T 接线，其形式上与外桥接线非常相似，二者主要差别是其桥接开关是隔离开关，不是断路器，因而不能通过穿越功率。

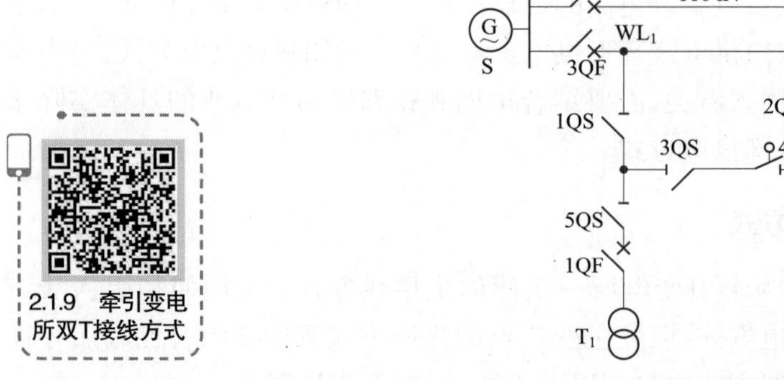

图 2.1.18　牵引变电所双 T 引入线接线

在牵引供电系统中，双 T 接线方式结构比较简单，应用最多。由于可靠性的提高，近年来，取消桥接隔离开关的接线，两回电源互不连通的方式也得到了广泛应用。

3. 单母线分段方式

当牵引变电所除了两回电源引入线外，还需要有电源引出线时，通常采用单母线分段引入线方式，如图 2.1.16(c)所示。图 2.1.16(c)中母线分段断路器既能通过穿越功率，又可在必要时将母线分成两段，以提高供电的可靠性和灵活性。

牵引变电所引入线方式反映的是牵引变电所与电力系统输电线路之间的连接关系。桥接式最大的特点是可以有穿越功率通过，双 T 接线方式则是牵引供电系统中应用最多的一种方式，单母线分段方式则主要应用于需要有引出线的中心变电所。双 T 接线方式形式上与外桥接线方式非常相似，主要是桥接开关是隔离开关而不是断路器，这需要注意。

任务实施

通过学习本任务知识点，结合“任务描述”与“任务分析”，可初步判断造成网压偏低的原因主要是外部原因，需要进一步了解甲所的外部电源供电情况。

第一步：收集甲所的外部电源供电情况。

由图2.1.19可知，甲所Ⅰ回为主供电源，由220 kV的A变电所供电，供电距离为19.68 km；Ⅱ回为备供电源，由110 kV的B变电所供电，供电距离为47.767 km。

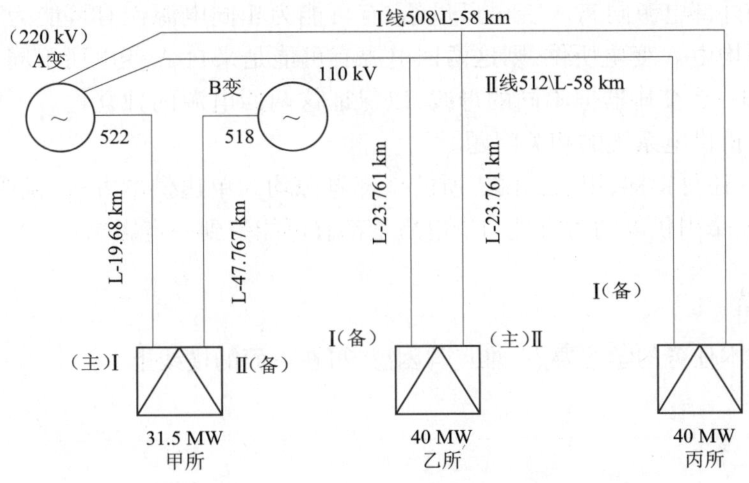

图2.1.19 甲、乙、丙三所外部电源连接示意

第二步：收集甲所大负荷电流时，Ⅰ回和Ⅱ回分别供电时的进线电压与馈出电压值。

同样为大负荷电流情况下、甲所Ⅰ回供电时进线电压与馈出电压均能维持在允许偏差10%的范围内，而Ⅱ回电源供电时，则进线电压从空载时的110 kV降至93 kV，馈线电压则由正常的27.5 kV降至20 kV，明显低于允许的偏差范围。这是造成甲所Ⅱ回供电出现大负荷时网压偏低的直接原因。

第三步：咨询电力部门，了解B变电所给甲所（Ⅱ回）供电时电压波动幅度异常的原因。

主要原因是B变电所自身容量明显偏小，给甲所供电距离相对较远等所致。

第四步：分析甲所的外部电源供电方式。

甲所Ⅰ回同时只由A变电所的522一路电源供给，属单边供电方式；甲所Ⅱ回同时也只由B变电所的518一路电源供给，也属于单边供电方式。单边供电的供电质量可调节余地小，供电质量与可靠性相对较差。由于甲所外部电源为单边供电方式，其引入线方式采用的是双T接线方式。

第五步：鉴于以上分析，提出以下两点建议。

（1）正常情况下甲所均采用Ⅰ回电源供电，Ⅱ回只作备用，如图2.1.20所示。正常情况采用直供方式，即Ⅰ回T_1变压器供电，如图中①供电方式；当甲所牵引变压器需要轮换运行时，则通过牵引变电所内的跨条母线实施交叉供电方式，即

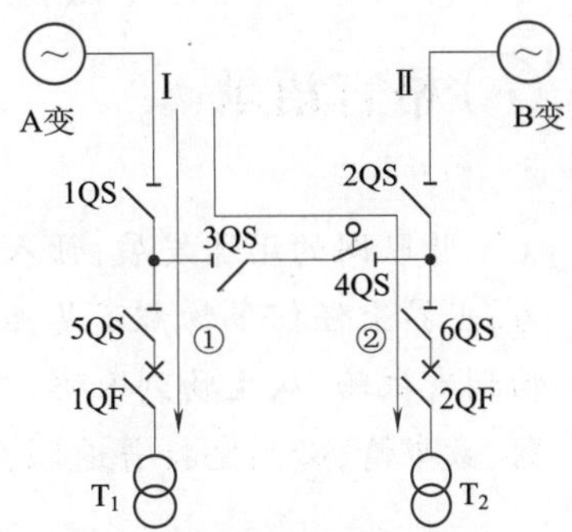

图2.1.20 甲所直供（①）与交叉供电（②）示意

Ⅰ回 T_2 变压器运行方式，如图中②供电方式，从而避免因外部电源容量偏小导致网压严重偏低影响正常行车的问题。

（2）根据供用电合同，督促电力部门抓紧完成 B 变电所的扩容改造（已有计划），以满足铁路牵引供电负荷的要求。

第六步：分析甲、乙、丙三所的供电关系。

从图 2.1.19 可知，甲所的Ⅱ回电源与乙丙两所的外部电源无任何直接关系，属于完全不同的外部电源，因此当甲所Ⅱ回电源出现网压偏低时，乙丙两所则无此问题；甲所的Ⅰ回电源则与乙丙两所的外部电源同属 A 变电所供给，有可能为相同电源也有可能为不同电源；乙丙两所的两回电源均由 A 变电所供，则这两回电源有可能是来自 A 变电所不同的变压器，或者来自 A 变电所同一台变压器但不同的母线，以保证这两回电源的独立性。了解这些关系，有助于更全面地分析供电系统的相关问题。

从图 2.1.19 还可得知，甲、乙、丙三所的外部电源均为单边供电方式，说明这个区域的电网相对较为薄弱，牵引供电的可靠性与供电质量都有可能受到一定影响。

任务小结

请简要小结本任务的学习要点、难点与困惑，写在下面的横线上。

____

____

____

____

____

____

____

格言语录

“物物相连，万物互联。”

物联网的迅速发展，让人们更深刻地感受到万物是互联的。马克思主义唯物辩证法认为，世界上任何事物都不是孤立存在的，而是普遍联系的。从宏观世界到微观粒子，从无机物到有机物，从生物到人类，万事万物无不处于相互影响、相互制约的联系中。因此，想问题、做事情，必须坚持普遍联系的基本观点。

练习与评价

请识别图 2.1.21 中牵引变电所 A 与牵引变电所 B 的外部电源采用的是哪种供电方式。

如果牵引变电所A的Ⅱ回电源和牵引变电所B的Ⅰ回电源同时失电，请分析最大可能的原因是什么。

请结合表2.1.2，完成本任务练习。

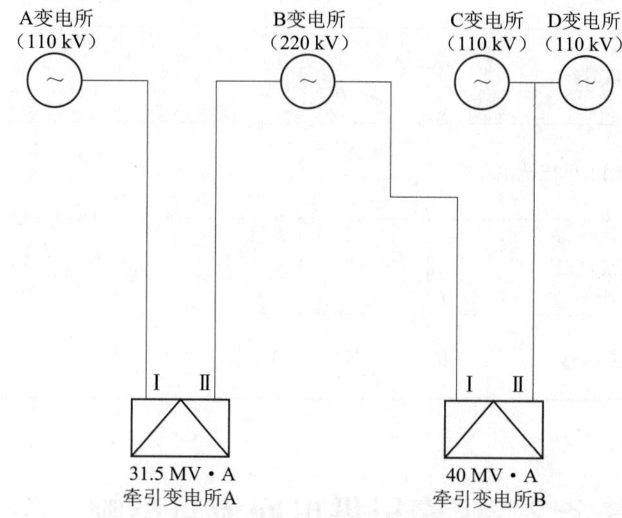

图2.1.21 牵引变电所外部电源示意

表2.1.2 任务2.1完成情况评价表

序号	任务内容	完成记录	标准分	评分
1	简述牵引变电所A的外部电源供电方式		10	
2	简述牵引变电所B的外部电源供电方式		15	
3	A所Ⅱ回和B所Ⅰ回电源同时失电，最大可能的原因		10	
4	简述牵引变电所外部电源供电的4种方式		10	
5	简述牵引变电所3种引入线方式		10	
6	简述中性点接地方式的两大类型		10	

续上表

序号	任务内容	完成记录	标准分	评分
7	开式电力网和闭式电力网分别又称为		5	
8	简述输电网电压等级		5	
9	简述中压配电网的电压范围		5	
10	“任务小结”完成情况		20	
总体评价： □ 好 □ 较好 □ 一般 □ 较差 □ 差				

任务 2.2　牵引供电回流与影响分析

任务导读

回流通路是牵引电流回路的重要组成，回流方式不仅与牵引供电系统的构成有关，也与牵引供电系统的电流制式、电力机车的工作原理，以及接触网的供电方式等有关。回流不畅将直接影响列车的正常供电。做好回流通路的检修维护，确保通路完整与畅通，是牵引供电系统运行与管理的重要内容，也是本学习任务的主要目标。

学习目标

1. 知识目标

(1)熟悉牵引供电系统组成与电流制式。

(2)了解电力机车类型与工作原理。

(3)熟悉接触网供电方式。

(4)熟悉牵引供电系统的 3 种回流方式。

2. 能力目标

(1)会分析接触网不同供电方式的优缺点。

(2)会分析回流不畅引起的运行故障。

3. 素质目标

(1)培养系统思维意识。

(2)训练系统分析能力。

(3)培养求真务实的科学精神。

任务描述

某改建电气化铁路,在A站新建了一个货场,货场配备了龙门吊等大型装卸设备。货场投入使用后不久,车站货运人员反映当龙门吊的吊钩与吊装货物的钢丝绳连挂时,经常产生电火花甚至电弧,虽然尚未造成人员触电事故,这种现象也不是每次吊装都会发生,但却引起了货场作业人员的心理恐慌,货场管理人员也担忧这种放电会危及龙门吊及装卸人员的安全,给货场的正常作业带来了严重干扰,影响了货场生产任务的顺利完成。

经初步调查,了解A站龙门吊所在的股道并未悬挂接触网,而与其相邻的10道为既有货物线,悬挂了接触网。龙门吊所处位置与带电的10道接触网平行距离超过50 m,且龙门吊的两条走行轨均安装了独立的接地装置,经检查接地装置状态良好,接地电阻符合标准要求,可排除带电的接触网对龙门吊产生静电感应引起电火花的可能。请完成这一故障的原因调查与分析,并提出解决这一问题的措施。

任务分析

要调查牵引供电系统回流回路,首先需要了解该段电气化铁路牵引供电系统的构成与接触网的供电方式及回流方式等,详细掌握该段接触网供电示意图,再深入调查是否存在回流不畅的问题。在此基础上,综合分析,查明产生电火花的原因并找到解决问题的方法。

要完成这一任务,可分以下几步进行,如图2.2.1所示。

1. 学习掌握牵引供电系统的组成与电流制式等知识,了解电力机车类型与工作原理,熟悉接触网供电方式与回流方式等

↓

2. 运用所学知识,分析A站所在的牵引供电回路,调查回路完整性,分析问题产生的原因

↓

3. 提出解决问题的对策或建议等

图2.2.1 步骤示意

基本知识

知识点1:牵引供电系统概述

1. 牵引供电系统的组成

牵引供电是指拖动车辆运输所需电能的一种供电形式。例如电气化铁路、城市地下铁道、城市电车、工厂矿山的电力交通运输供电等都可称为牵引供电。本书所指的牵引供电系统主要是指给电气化铁路和城市轨道交通提供牵引电能的系统。

广义的牵引供电系统主要由电力系统、牵引变电所、牵引网(接触网、供电线与回流装置)、电力机车(除特指动车组外均含动车组,下同)4大部分组成。狭义的牵引供电系统通常

只指牵引变电所和牵引网两大部分，如图 2.2.2 所示。

牵引变电所从电力系统获得电能，经过变换后输送给接触网。接触网沿铁路线布置，通过与电力机车受电弓的接触，将电能供给电力机车或动车组。

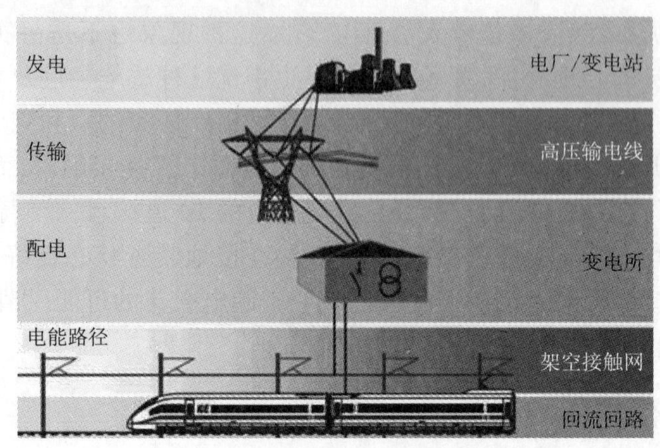

图 2.2.2 牵引供电系统示意

2. 牵引供电系统主要电流制式

牵引供电系统采用何种电流制，关系到牵引变电所、接触网与电力机车的技术选型，需要综合比选其经济与技术性能。因此，需要优先考虑。按牵引变电所供给接触网的电流不同，主要有以下 4 种电流制。

(1) 直流制

直流制是电气化铁路最早采用的一种电流制式。

直流制是指牵引网采用直流供电的方式。它具有牵引性能良好、机车设备简单，以及对通信设施干扰小等优点。但是，直流制接触网受牵引电动机额定电压的限制，供电电压较低，早期较多采用 750 V，当前大多采用 1 500 V。由于供电电压较低，要保证电力列车足够的功率，供电电流通常很大，线路损耗也大，所以，送电距离较短，变电所的数目相对增加。又由于电流较大，需要导线的截面大，金属消耗增加。同时，牵引变电所还必须设有整流设备。在我国，直流制主要应用于城市轨道交通和工矿企业的供电。

(2) 低频单相交流制

为了克服直流制供电的缺点，在 20 世纪初，一些国家采用了低频单相交流制，并得到了较大发展。低频单相交流制的频率为 16.67 Hz，电压也提高到 11～15 kV。

这些国家之所以采用低频，是因为当时这些国家有低频的工业电力，且低频的整流相对容易，低频交流的电抗也较工频小。

和直流制比较，低频单相交流制的导线截面减小，送电距离也可相应提高到 50～70 km。

低频单相交流制的主要缺点是供电频率与工业供电频率不同，故变电所必须有相应的变频装置，或由铁路专用的低频发电厂供电，设备复杂，效率低，运营维护麻烦，故没有得到推广，在我国没有被采用。

(3) 工频单相交流制

工频单相交流制是指牵引网上采用的是工频单相交流电，额定电压为 25 kV。经电力机车或动车组车载变压器降压与整流变换后供给牵引电动机,其工作原理如图 2.2.3 所示。

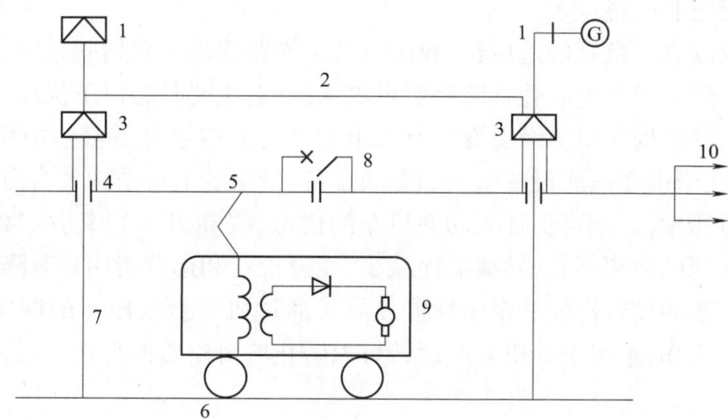

图 2.2.3 工频单相交流牵引供电系统示意

1—区域变电所或发电厂;2—高压输电线;3—牵引变电所;4—馈电线;
5—接触网;6—钢轨;7—回流线;8—分区所;9—电力机车;10—开闭所

①一次供电网络

一次供电网络是指直接向牵引变电所供电的地区变电所(或发电厂)及高压输电线路。输电线路一般分为两路,电压通常为 110 kV。近年来,也有采用 220 kV 的(如哈大线、新投入运营的高速铁路等)。相比之下,采用 220 kV 等级的电源其可靠性和稳定性等均相对较高。

上述高压输电线路专供牵引用电,但由电网公司承建与管理。

②牵引变电所

牵引变电所的主要作用是对电力系统电源进行降压,并将三相电源转换成单相电源(单相牵引变电所除外)后进行分配,通过多条馈电线分别供电给牵引变电所两侧的接触网。

③牵引网

牵引网是由馈电线、接触网、钢轨、回流线等组成。馈电线连接牵引变电所(或开闭所)和接触网,将牵引变电所(或开闭所)输出的电输送至接触网。

接触网是牵引网的主体,由于接触网分布广,结构复杂,运行环境影响因素多,发生故障概率较高。因此,接触网成为影响牵引供电系统可靠性的关键因素。接触网电流经过电力机车或动车组后首先流到钢轨,然后经钢轨和回流线流回牵引变电所。由于钢轨对地并非完全的绝缘,所以会有小部分电流通过钢轨泄漏到大地,通过大地流回牵引变电所。

④分区所

为提高供电质量与运行的可靠性,在复线区段两个相邻牵引变电所的供电臂末端,通常加设分区所,如图 2.2.3 中的 8 所示。分区所的作用:一是可以使复线区段同方向的上、下行供电臂并联运行,提高供电臂末端网压,降低接触网损耗;二是相邻牵引变电所发生故障而不能继续供电时,非故障牵引变电所可以通过分区所内越区开关向故障牵引变电所供电区域实施越区供电。

⑤开闭所

为了提高电气化铁路枢纽站场供电的可靠性和灵活性,通常将其分组并独立供电,为此,通常采取增设开闭所的措施,如图 2.2.3 中的 10 所示。如果是复线电气化铁路区段,当供电臂较长时,为了减少接触网停电范围,通常在供电臂中间设置区间开闭所,区间开闭所不具有配电作用，只具有电气分段作用。

⑥工频单相交流制的特点

工频单相交流制具有良好的适应性，我国电气化铁路建设一开始就采用了这种电流制，目前该种电流制已广泛运用于电气化铁路牵引供电系统，它主要具有以下优点：

a. 牵引供电系统结构简单。牵引变电所从电力系统获得电能并经过电压变换后，直接供给牵引网，不需要在牵引变电所设置整流和变频设备，牵引变电所结构大为简化。

b. 牵引供电电压增高，既可保证大功率机车的供电，提高机车的牵引定数和运行速度，又可使牵引变电所之间的距离延长，导线截面减少，建设投资和运营费用显著降低。

c. 交流电力机车的黏着性能和牵引性能良好。通过机车上变压器的调压，牵引电动机可以在全并联状态下工作，牵引电动机并联运转可以防止轮对空转的恶性发展，从而提高了运用黏着系数。

d. 和直流制比较，交流制的地中电流对地下金属的腐蚀作用相对较小，一般可不设专门防护装置。

⑦工频单相交流制存在的主要问题

a. 单相牵引负荷将会在电力系统中形成负序电流，当电力系统容量较小时，负序电流的影响尤为突出。

2.2.3 工频单相交流制

b. 对于交—直型电力机车，功率因数低，特别是采用相控整流后，牵引电流变为非正弦波，还会产生较大的谐波电流。

c. 牵引网中的单相工频电流将对沿线通信设施造成较大的电磁干扰。

为了克服上述缺点，需要采用相应的防护措施，使电气化铁路的投资也相应增加。

(4) 三相交流制

三相交流制是三相对称负荷，不会影响电力系统的三相对称性，牵引变电所和电力机车的结构也都相对简化，而且三相异步电动机运行可靠，维护方便。主要缺点是三相异步电动机调速比较困难，机车供电线路（接触网）非常复杂。

为了充分利用三相异步电动机的优越性，同时避免使机车供电线路变得复杂，许多国家都转向研究和生产变频电力机车。变频机车是一种“交—直—交”系统的机车。它是将接触网上的工频单相交流高压电，经机车上的变压器降压，整流滤波成直流，再经逆变器将直流变换成三相交流，供给三相异步电动机牵引。控制逆变器能够调节三相电压的频率和幅值，实现调速和调转矩的目的。这种机车具有功率大、速度高，功率因数接近于1，并能将无功电流、通信设施干扰减小到最小值等优点。

目前我国的和谐系列大功率机车、CRH和CR系列高速动车组、城市轨道交通车辆等均采用“交—直—交”型变频技术来提供牵引动力。

知识点2：铁路电力牵引动力的基本类型与工作原理

1. 电力机车与动车组的基本类型

(1) SS（韶山）系列

我国电气化铁路运行的电力机车，除少量国外引进的电力机车（如日本的6K型，法国的8K型）外，绝大多数是我国自己设计制造的SS（韶山）型单相工频电力机车。共推出SS_1至

SS$_9$ 系列,如:适用于重载货运的 SS$_4$ 型、HXD 系列,客货两用的 SS$_6$ 型和 SS$_7$ 型,以及快速客运和准高速客运的 SS$_5$ 型和 SS$_8$ 型等,如图 2.2.4 所示。

(a) SS$_1$　(b) SS$_{3B}$　(c) SS$_4$

(d) SS$_7$　(e) SS$_8$

图 2.2.4　SS(韶山)型电力机车

(2)CRH 与 CR 动车组系列

CRH(China Railway High-speed),和谐号动车组。我国铁路开行的 CRH 动车组已有 CRH1,CRH2,CRH3,CRH5,CRH380,CRH6 等系列,如图 2.2.5 所示。其中 CRH6 型动车组实现了三个覆盖:覆盖时速 160 ~ 250 km 速度等级;覆盖干线铁路和城际铁路的运营需求;覆盖国内和国际城际动车组的运营需求,引领世界城际动车组的发展方向。该车型首先在珠三角地区投入运营,包括广珠城际铁路等。

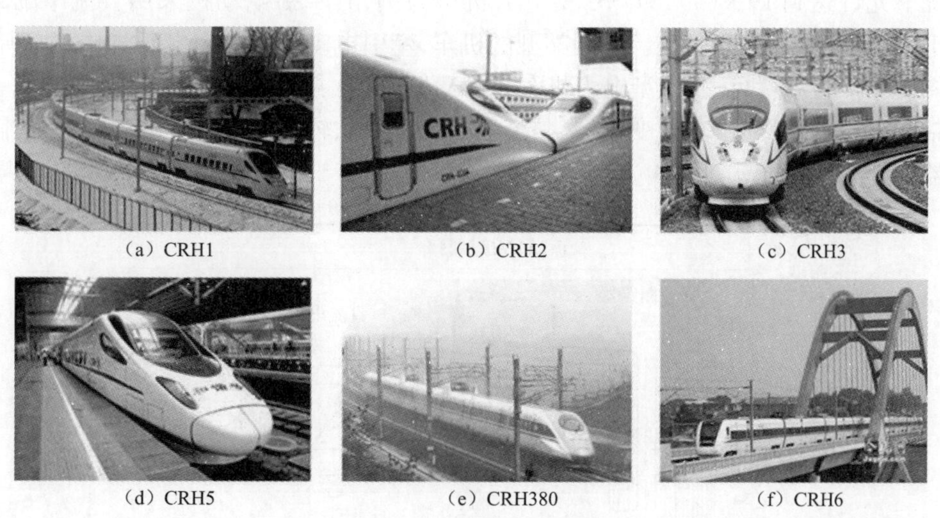

(a) CRH1　(b) CRH2　(c) CRH3

(d) CRH5　(e) CRH380　(f) CRH6

图 2.2.5　CRH 动车组系列

CR(China Railway),复兴号动车组。2017 年 6 月 25 日,中国标准动车组被正式命名为“复兴号”,主要有 CR400,CR300 和 CR200 等系列,数字 400、300、200 是指速度等级,复兴号已经形成时速 160 ~ 350 km 的全系列动车组,400 指运营时速 350 km、300 指运营时速250 km、200 指运营时速 160 km,如图 2.2.6 所示。

（a）CR200

（b）CR300

（c）CR400

图2.2.6　复兴号动车组

CR400A(B)F(J)系列，其中“A”和“B”是生产厂家的标识:A代表中国青岛四方机车车辆股份有限公司申请定型的动力分散动车组，B代表中国长春轨道客车股份有限公司申请定型的动力分散动车组;“F”“J”为技术类型代码:F表示分散动力式，J表示集中动力式。分散动力式分为两种模式，一种是完全分散模式，即列车编组中的车辆全部为动力车;另一种是相对分散模式，即列车编组中大部分是动力车，小部分为无动力的拖车。集中动力式是指两端为动力车，或一端为动力车，另一端为控制车。

CR400系列衍生型号:“－A”表示16编组的长编组列车;“－B”表示17编组的超长编组列车;“－C”表示智能动车组，“－G”表示高寒动车组等。如CR400BF-C型动车组已在京张高速铁路运用。

2. 铁路电力牵引动力的工作原理

(1)SS(韶山)系列电力机车工作原理

韶山型电力机车的额定电压为25 kV，最高工作电压为29 kV，最低工作电压为20 kV(非正常情况下允许达到19 kV)。以SS_3型电力机车为例，其牵引电动机采用直流串励式，额定电压为1 550 V，功率为800 kW。不同类型的机车，牵引电动机的额定电压与功率有所不同。

如图2.2.7为SS“交—直”型电力机车25 kV侧(又称接触网侧)的工作原理图。该电路主要包括:受电弓、断路器、车载变压器、整流器、直流电机、辅助回路、电压互感器、电流互感器及避雷器等。

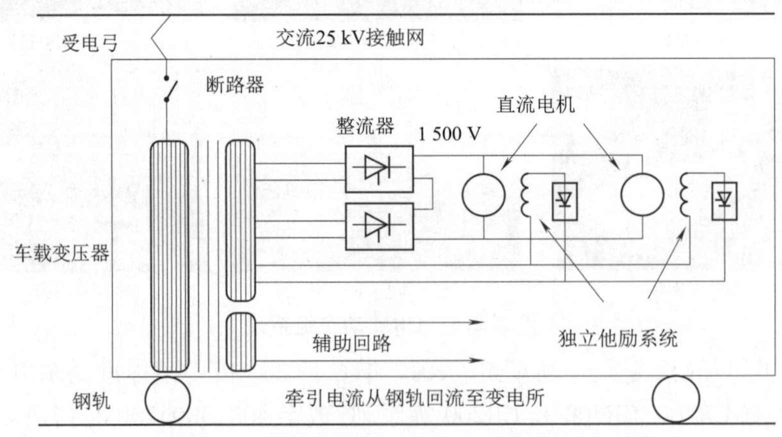

图2.2.7　SS系列“交—直”型电力机车主电路原理

①受电弓以大约(70±10)N的压力与接触网接触并获取电流。为了改善取流条件,降低弓网之间的相互磨损,受电弓上装有粉末冶金滑板或浸金属碳滑板,有的受电弓弓头上还装有固体润滑剂。电力机车上装有两个受电弓,一般升后弓,前弓备用。

②断路器接于受电弓与车载变压器之间,安装于机车车顶中部,它是电力机车电源的总开关和总保护电器。主断路器采用空气断路器,即利用灭弧性能较好的压缩空气灭弧,额定切断电流达10 kA,固有分闸时间≤30 ms,与主断路器配合动作的还有隔离开关,当主断路器切断电弧电流后,隔离开关随即打开。

③车载变压器的一次侧额定电压为25 kV,二次侧额定输出电压为低压绕组。低压绕组除包括供牵引电动机用电的牵引绕组外,还有辅助绕组,励磁绕组等。SS_4型电力机车的变压器容量为6 350 kV·A,一次侧额定电流为254 A。

④直流电动机具有调速方便的特点,SS型交—直型电力机车大多采用直流电动机牵引。接触网电压经过电力机车车载压器变压后,再经过相控整流调压电路,将电压变换为牵引电动机适用的电压,同时通过控制晶闸管的导通角来调节输出电压的大小来实现调速。

除了相控整流调压外,电力机车还采用无级磁场削弱电路进行调速。即当整流电压接近牵引电机的额定值后,利用晶闸管相控电路对电动机的励磁回路进行分流,由转速公式可知,当励磁电流减小时,磁通Φ减少,转速增加。

电压互感器用作电压测量及电度的计量,变比为25 000/100,并接在主断路器之前,只要升起受电弓,就可知网压状况。电流互感器用作变压器高压侧短路保护,保护动作时间约为0.06 s。但是当机车顶部短路时,如受电弓底架支持绝缘子短路时,则由牵引变电所馈线保护装置进行保护。避雷器则主要用以抑制操作过电压及雷击过电压。

2.2.4 "交—直"型机车工作原理

由于电力机车采用相控整流调压电路,故在牵引负荷电流中会产生大量的高次谐波,对周围弱电线路产生干扰,同时也使牵引负荷的功率因数降低。

(2)和谐系列电力机车与动车组工作原理

和谐系列电力机车和动车组均为"交—直—交"型机车,属于交流传动型机车,由逆变器供电,采用交流异步电动机做牵引动力。根据变流器结构的不同,目前"交—直—交"型机车有电压型和电流型两种基本结构。现以电压型"交—直—交"变流器供电、三相异步电动机作牵引电动机的机车为例分析,原理如图2.2.8所示。

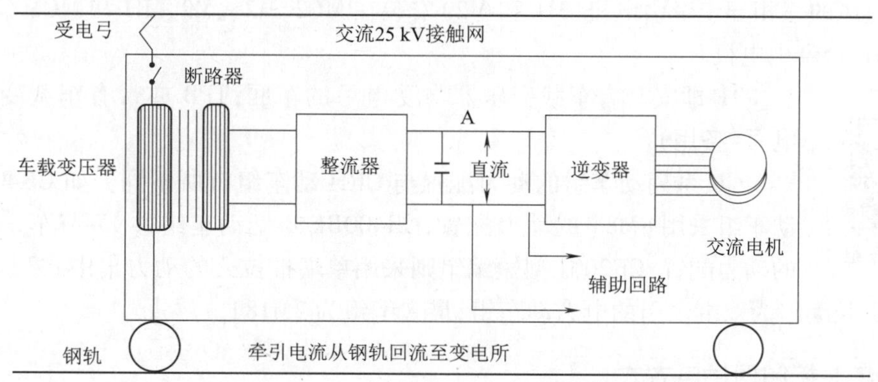

图2.2.8 "交—直—交"型机车电气原理

机车在工作时，受电弓将接触网电压引入车载变压器一次绕组，经变压器二次绕组降压后送入整流器，将交流电转换为直流电，经直流环节滤波器进行滤波减小脉动，再送入逆变器。通过逆变器将直流电逆变为电压和频率可调的三相交流电，经平波电抗器，供给三相异步牵引电动机，实现列车牵引。在这个系统中，机车先将接触网的交流电能转换为直流电能，然后进一步转换成电压和频率可调的交流电能。各装置的作用分述如下：

①整流器。基本作用是将交流电转换为直流电。具体电路可以是不可控整流桥、相控整流桥、四相限脉冲变流器。

②滤波器。基本作用是平滑图 2.2.8 中 A 处的纹波（脉动），消除或减少谐波含量，改善机车的功率因数。采用不同的整流电路，其滤波电路也不同，功能有所差别。

③逆变器。用于将直流电转换为三相交流电，同时具有较宽的调频范围和调压范围，一般采用正弦波脉宽调制（PWM）技术，或采用电压相量（VVCPWM）控制技术，减少网压波动的影响。

④平波电抗器。其有三大作用，即降低电机、电缆中的高频成分，控制噪声的传播，抑制电机启动过程中的谐波分量；保证频繁断开电机电路时不损坏变频器；通过三相霍尔电流传感器对变频器输出端采取完善的短路保护措施。

2.2.5 “交—直—交”型机车工作原理

交流传动机车具有启动牵引力大、恒功率范围宽、黏着系数高、电机维护简单、功率因数高、等效干扰电流小等诸多优点，是目前我国铁路发展的必然趋势。

3. 动车组的基本构成

动车组的基本构成如图 2.2.9 所示。

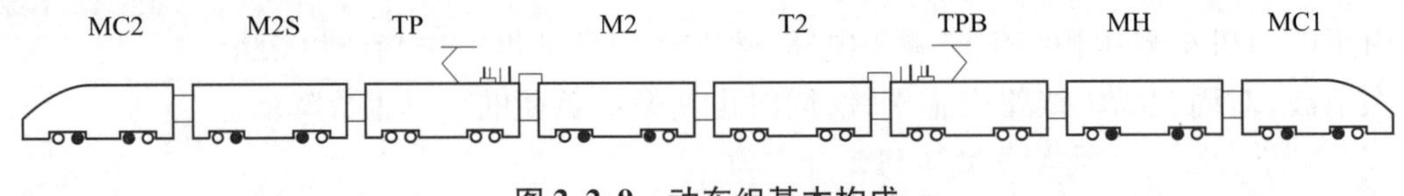

图 2.2.9　动车组基本构成

CRH 电动车组由 2 个牵引单元组成，包含 8 节车。一个牵引单元包括 3 节动车（MC2、M2S 和 M2）和 1 节拖车（TP）。另一个牵引单元包括 2 节动车（MH、MC1）和 2 节拖车（T2 和 TPB）。

每个牵引单元配有 1 台主变压器，并附相应的受电弓。每台电机均由 1 台专用逆变器供电。强制通风的三相异步牵引电机（M1 和 M2）安装在 MC2、M2S、M2、MH 和 MC1 车中。一个车组中有 10 台牵引电机。

2.2.6　动车组

TP 即安装有车载变压器与受电弓的车厢；TPB 亦带有车载变压器与受电弓（备用）。

CR 系列动车组的动力配置与 CRH 动车组有所不同。如 CR400BF-A 型动车组采用 8M8T 的动力配置，CR400BF-B 型动车组共 17 节车，采用 8M9T 的动力配置；CR200J 型短编组则采用单端推拉式的动力集中式列车，最大编组为 1M8T；长编组为双端牵引的电力动车组，最大编组为 2M18T。

知识点 3：接触网供电方式

接触网的供电方式是指牵引变电所向接触网供电的方式。牵引变电所是沿着电气化铁路线路分布,每个变电所有一定的供电范围。通常把一个变电所至其所供电的末端称为一个供电臂。一个供电臂的长度对应于线路的区间数为 2 ~5 个区间。为了识别接触网的供电方式,常常按照接触网采取的防护措施不同和接触网从变电所获得电能的不同两种方式来进行分类。这里介绍第一种分类方式。

实践证明,由于牵引网采用单相工频交流制,将对周围弱电线路尤其是通信线路产生电磁干扰。为保证弱电线路的正常工作和设备、人身安全,必须对电气化区段的弱电线路采取有效的防护措施,使沿电气化铁路邻近的弱电线路所受到的各种电磁感应影响降低到规定标准以内。

防护措施可以从产生影响的牵引供电系统和被影响的弱电线路两方面加以考虑。以通信线路为例,目前,通信线路大多由架空明线改为高屏蔽通信电缆或光缆线路,同时在通信线路中加装中和变压器、低频绝缘变压器、屏蔽变压器、横向接地变压器、陶瓷放电管、杂音抑制器等设施,在通信器械设备方面,则采用增音站、谐振短路器、谐振分路器、杂音补偿器、音响冲击限制器等措施。牵引供电系统方面则通过采取不同的供电方式来改善接触网对周围通信等弱电线路的干扰。按照采取防护措施的不同,通常将接触网供电方式主要分为以下 4 种。

1. 直接供电方式(TR 供电方式)

直接供电方式就是由牵引变电所直接将电送至接触网,不设回流线,牵引回流直接通过钢轨和大地流回变电所,如图 2.2.10 所示。这种供电方式的特点是结构最简单,但是大地回流较大,钢轨电位较高,传导电流影响较为严重。这种方式主要在电气化铁路建设的早期采用。目前,主要在车站货物线、专用线、机车进出库线或机车整备所等局部的接触网线路采用。

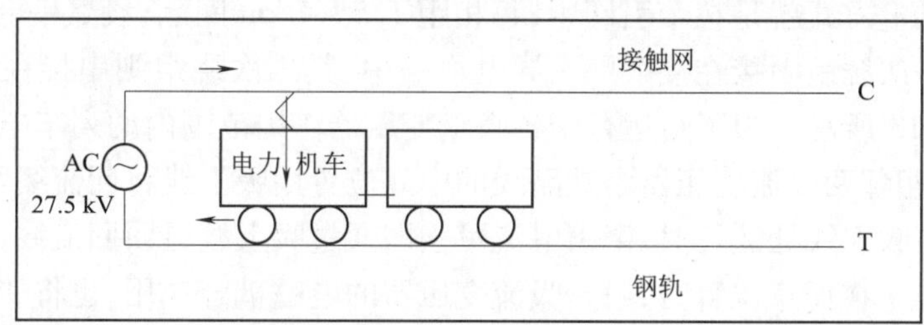

图 2.2.10 直接供电方式示意

2. 带回流线的直接供电方式(DN 供电方式)

为了保留直接供电方式的优点,克服其缺点,在其结构上增设与轨道并联的架空回流线,即成为带回流线的直接供电方式,如图 2.2.11 所示。实景如图 2.2.12 所示。

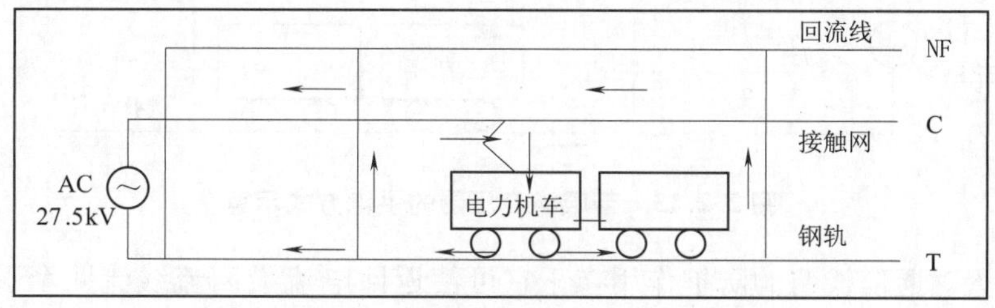

图 2.2.11 带回流线的直接供电方式示意

图 2.2.12 带回流线的直接供电方式实景

与 TR 供电方式相比，DN 供电方式性能有以下改善：

(1)原来流经轨道、大地的回流，有较大部分改由架空回流线流回牵引变电所。架空回流线与接触网距离较近，其电流方向与接触网中馈线电流方向相反，减弱了周围磁场，减小了对周围弱电线路的电磁干扰。

(2)结构简单，投资少，维护费用低；牵引网阻抗和轨道电位都有所降低，供电距离增长。

3. 吸流变压器供电方式(BT 供电方式)

交流牵引供电系统的不对称馈电方式是造成对邻近弱电线路产生感应影响的主要原因。吸流变压器—回流线装置(简称吸—回装置)就是以加强接触网和回流线间互感耦合的办法来达到比较对称供电的目的。

吸流变压器供电方式就是在牵引网中，每相距 1.5 ~ 4 km 间隔，设置一台变比为 1∶1的电力变压器。它的一次绕组串接在接触网主导电回路中，其二次绕组则串接在特设的回流线或钢轨上，如图 2.2.13 所示。为了给运行于各吸流变压器作用范围内的列车电流提供一个返回回流线的通路，在相邻两吸流变压器沿铁路线的中间位置用吸上线将回流线与钢轨连接起来，当电力机车恰好在吸上线处运行时，牵引电流可立即通过吸上线返回回流线，此时钢轨中几乎没有电流流通。机车在任意位置时，由于吸流变压器的电磁耦合作用，也将使大部分牵引电流经回流线流回牵引变电所。回流线电流将抵消因接触网电流产生的绝大部分电磁感应影响，使牵引网对通信线的影响大大减弱。

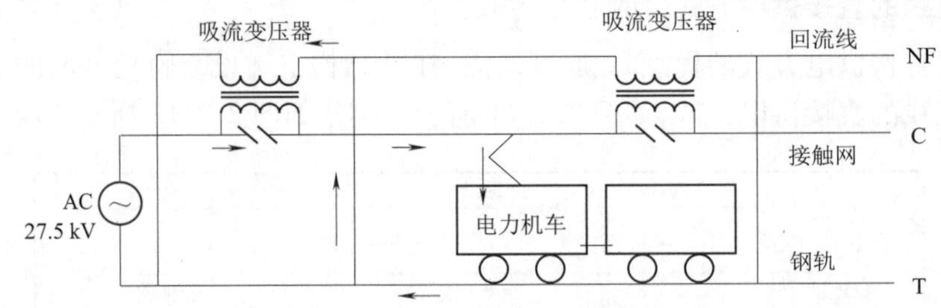

图 2.2.13 带吸流变压器的供电方式示意

吸—回装置对通信线路的防护作用在于它可使返回电流沿回流线流回牵引变电所，而基本上不经由轨道和大地，从而把本来是距离很大的接触网—轨道大地回路(返回电流经轨道和大地流回的回路)改变成距离相对很小的接触网—回流线回路(返回电流经回流线流回的回路)。由于回流线和接触网中的电流大小基本相等,方向相反,两者的交变磁场基本上可互相平衡(抵消)。这种方式使牵引电流在邻近的通信线路中的电磁感应影响大大减小。

返回电流为什么会沿上述路径流通呢?这是因为吸流变压器在接触网和回流线间集中地加强了互感耦合。设吸流变压器一次电流为 I_1,匝数为 W_1;二次电流为 I_2,匝数为 W_2。根据变压器一、二次侧的磁势平衡关系,有 $I_2W_2=I_1W_1$,又由于吸流变压器的变比为1∶1,即 $W_2=W_1$,所以 $I_2=I_1$。I_2 与 I_1 的差别在于 I_1 中含有吸流变压器的激磁电流 I_0,I_0 仍流经轨道和大地,但数值很小。

带吸流变压器的供电方式虽然防干扰效果较好,但是对牵引供电系统的运行也会带来以下主要不利影响。

(1)牵引网阻抗增大

由于每台吸流变压器是串联在接触网回路中,相对于牵引网阻抗,每台吸流变都是一个较大阻抗。在一个供电臂中串入数台吸流变压器,将大大增加了牵引网的阻抗。与TR供电方式相比较,BT供电方式的牵引网单位当量阻抗 Z' 增大约51%,其中电阻部分增大约56%,电抗部分增大约48%。

(2)牵引网电压损失增大

由于BT供电方式的牵引网单位阻抗大大增加,以致牵引网单位当量阻抗增大约51%。在相同负载电流条件下,牵引网电压损失相应地增大约51%。因此严重恶化了接触网的电压水平。在许多场合,必须采取一定的措施,才能保证供电臂末端的电压水平要求,使电力牵引列车正常运行。

(3)牵引网电能损失增大

由于BT供电方式的牵引网单位阻抗大大地增加,其中电阻部分增大约56%,所以在其余条件相同时,牵引网电能损失也相应地增大约56%。研究表明,与TR供电方式相比较,在年运量分别为1 000万、2 000万、3 000万、4 000万、5 000万t的条件下,BT供电方式下每百公里牵引网电能损失每年分别增加约55万、105万、155万、205万、255万kW·h。若每千瓦时电能的价格以0.51元计,则每百公里牵引网电能损失费用每年分别增加约28万、54万、79万、105万、130万元,这大大增加了电能损失,也增大了电气化铁路的运营成本。

(4)对接触网安全运行产生不利影响

由于吸流变压器的一次绕组是与接触网串联的,造成每一台吸流变压器处的接触网将有一个电气分段(图2.2.13)。当电力机车受电弓通过这些电气分段的绝缘间隙时,吸流变压器一次绕组瞬时被短路,从而在吸流变压器的一次绕组中产生很高的自感电势,并在电力机车受电弓与接触线间产生很强的电弧,将烧伤接触线和电力机车受电弓滑板,特别是在高速列车和大负荷电流条件下,这种伤害更为严重。

总之,BT供电方式虽然对邻近弱电线路是一种有效的防护措施,但是对牵引供电系统的供电质量产生诸多不利影响。目前,由于通信线路大多已采用了光缆,其他弱电线路大多在电气化铁路建设期间进行了迁改,电气化铁路接触网对周围弱电线路的干扰已不再是突出的问题,BT供电方式也逐渐被其他供电方式所替代,现已基本不采用。

2.2.8 BT供电方式

4. 自耦变压器供电方式(AT供电方式)

随着铁路现代化技术的发展,高速与大功率电力机车投入运行,BT供电方式更加难以适应其需要。近年来,各国开始普遍采用自耦变压器供电方式(以下简称 AT 供电方式)。实践证明,AT 供电方式不仅是电气化铁路减轻对邻近弱电线路干扰影响的有效措施,而且它能更好地满足高速与大功率电力机车运行的需要。AT 供电方式早期主要应用于北京—秦皇岛、大同—秦皇岛、郑州—武昌等重载运输的铁路干线。随着高速铁路的建设,AT 供电方式开始广泛应用于高速铁路等电气化铁路。

(1)AT 供电方式的原理接线

采用 AT 供电方式的供电系统如图 2.2.14 所示。

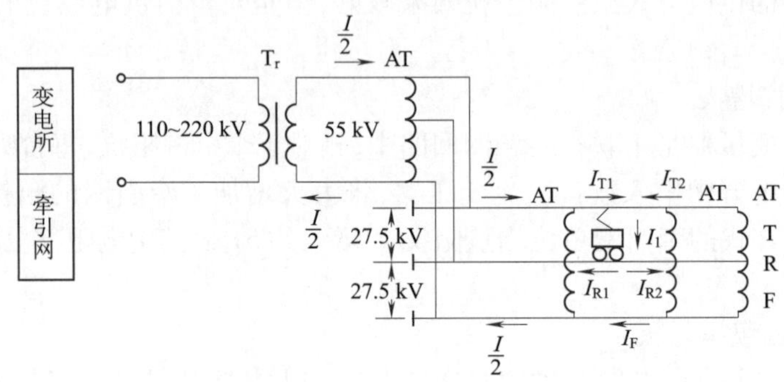

图 2.2.14　AT 供电方式示意

图中 T_r 表示牵引变电所的牵引变压器,T_r 为单相结线变压器,其低压侧绕组两端分别接至接触导线和正馈线,低压侧绕组的中点则与钢轨相连接。接触网与轨道之间的绕组匝数为 W_1,正馈线(也称 AF 线)与轨道之间的绕组匝数为 W_2,$W_1 = W_2$,绕组 W_1 与 W_2 串联接入电源,电压为 $2U$(即 2×27.5 kV)。为了尽可能地降低对通信设施产生的电磁干扰,正馈线与接触导线架设在同一支柱上,其接线如图 2.2.15 所示。一般情况下,正馈线和接触导线对钢轨具有相同电压,但相位相反,所以 AT 供电方式的馈电电压为 TR 供电方式与 BT 供电方式的两倍。

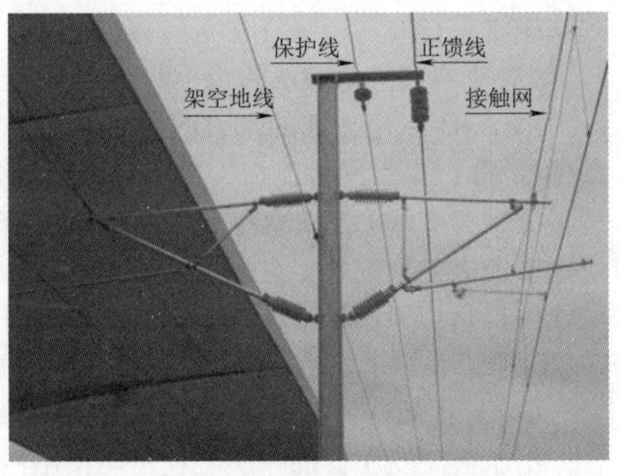

图 2.2.15　AT 供电方式悬挂示意

(2)AT 供电方式对通信线路的防护原理

交流牵引网对通信线的感应影响主要与牵引电流在回路的分布情况有关。当前我国采用 AT 供电方式的高速铁路,其牵引变电所的间距大多为 60 km 左右,牵引变电所至分区所间的距离也就是供电臂的供电范围大多在 30 km 左右。因此,一般一个供电臂大多只设 1 个 AT 所,AT 所与牵引变电所和分区所间的距离称为 AT 区间,一般在 15 km 左右。

由于 AT 变压器的漏抗很小,其短路电压多在 2% 以下,所以动车组所在 AT 区间以外的 AT 所向动车组供给的电流很小。因此,在定性分析 AT 供电方式对通信线感应影响的防护作用时,通常假设 AT 变压器的漏抗为零,即动车组所在 AT 区间以外的 AT 所向动车组供给的电流为 0,可得出理想情况下的电流分布情况,如图 2.2.16 所示。

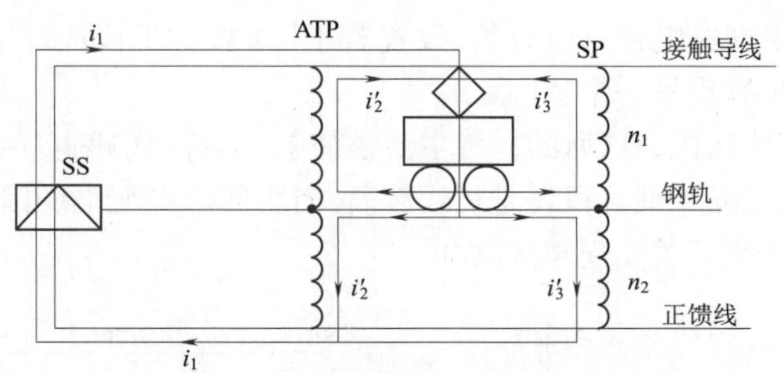

图 2.2.16 AT 供电回路理想电流分布示意

在图 2.2.16 所示的 AT 供电回路中,每个电流分量都存在着和它大小、相位近似相同的另一个电流分量;正馈线与接触导线架设在同一支柱上,相距很近,且两者电流大小近似相等、方向相反,所以它们的电磁场基本能相互平衡,从而有效地减弱了对通信线的感应影响。另外,在动车所在的 AT 区间内,动车电流总是由左右两侧双边供给的。两个方向的安培·公里数又近似相等,它们彼此又有抵消的作用。因此,这种供电方式有着更好的防干扰特性。

实际的 AT 供电回路中电流的分布是非常复杂的,在设计中用一般的计算方法来计算其感应电势是很困难的,现在各国都采用计算机计算,这里不作介绍。

(3)AT 供电方式的特点

与 BT 供电方式相比较,AT 供电方式具有以下特点:

①AT 供电方式中自耦变压器是并联连接在接触悬挂和正馈线之间的,接触网上的电气分断大大减少,提高了供电可靠性。采用 BT 供电回路时,吸流变压器的一次绕组串接在接触导线上,所以在每一个吸流变压器处接触网都必须设置电分段。这样就增加了接触网的维修工作量,提高了事故率,降低了供电可靠性。AT 供电方式是并联供电,不存在上述问题,所以特别有利于高速和大功率电力机车的运行。

②AT 供电方式的馈电电压高,供电能力大,电压下降率小。当自耦变压器绕组接至接触导线与钢轨间的匝数和接至正馈线与钢轨间的匝数相等时,AT 供电方式的馈电电压为 BT 方式的两倍。由于系统的供电能力与电压的平方成正比,所以 AT 供电方式大大提高了系统的供电能力。同时对相同的列车牵引负荷而言,AT 回路的电压下降率(电压降与馈电电压之比值)仅为 BT 回路的 1/4。从而使牵引变电所的间距可增大 4 倍。不过实际上由于供电区段的加长,区段上同时运行的列车增多,负荷将增大,因此 AT 供电回路的牵引变电所的间距只能比 BT 回路增大 2~3 倍,显然牵引变电所的数目可减少,从而能节省投资。

③AT 供电方式能有效地降低对通信线的感应影响。计算表明:对于同一电气化区段,当 AT 供电臂长度取 BT 方式的两倍时,AT 间距在 15~20 km 的防干扰特性大致与 BT 间距为 2 km的结果相当。同时由于 AT 供电方式所用的自耦变压器容量较大,在短路时不会造成自耦变压器铁芯饱和,所以在事故情况下也具有较好的防护效果。

(4)AT 牵引网

①AT 供电方式牵引网的构成。如图 2.2.17 所示,其中图 2.2.17(a)和图 2.2.17(b)为单线 AT 牵引网,图 2.2.17(c)和图 2.2.17(d)为复线 AT 牵引网;在图 2.2.17(a)和图 2.2.17(c)中,AT 牵引网仅由接触悬挂、轨道和正馈线构成;图 2.2.17(b)和图 2.2.17(d)中,AT 牵引网除了接触悬挂、轨道和正馈线之外,还有保护线、横向连接线、辅助连接线。我国的 AT 供电方式电气化铁路采用图 2.2.17(b)和 2.2.17(d)所示的 AT 牵引网构成方式。

②AT所。AT牵引网供电臂一般较长，设置若干AT段，AT段间设AT所，装设AT变压器。现在一般一个供电臂设置一个AT所。

③AT分区所。复线区段分区所的作用主要是使上、下行牵引网实现并联供电，以改善牵引供电条件。此外，无论是单线区段还是复线区段，当相邻牵引变电所因故障全所停电时，一般需要通过分区所的联络开关实现越区供电。

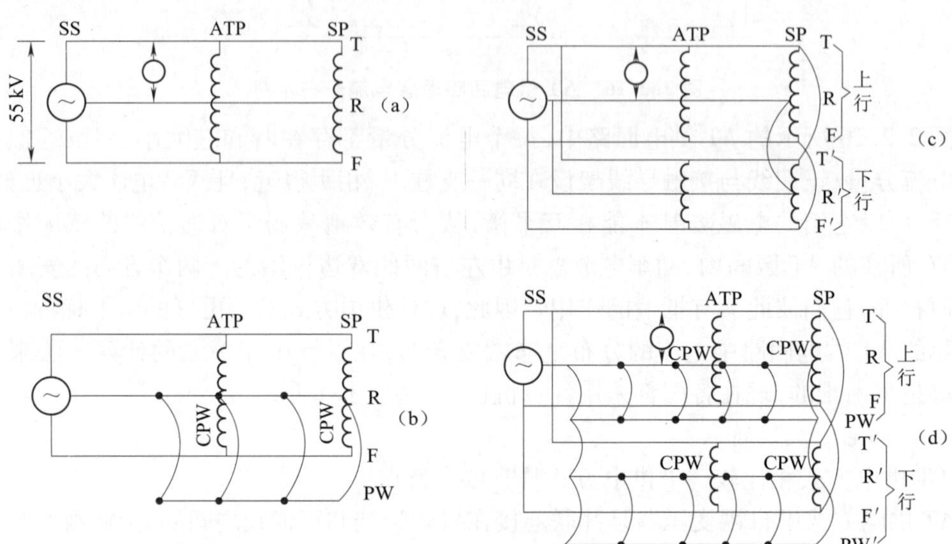

图2.2.17　AT牵引网构成示意

SS—变电所；ATP—自耦变压器所；SP—分区所；T—接触线；R—钢轨；F—正馈线；PW—保护线；CPW—钢轨和保护线间的辅助连接线

(5)AT供电方式的优缺点

AT供电方式的一个极为可贵的优点是，它无须提高牵引网的绝缘水平即可将供电电压提高一倍。在相同的牵引负荷条件下，接触悬挂和正馈线中的电流大致可减少一半。AT供电方式牵引网单位阻抗(归算至27.5 kV侧)约为BT供电方式牵引网单位阻抗的1/4左右。从而提高了牵引网的供电能力，大大减小了牵引网的电压损失和电能损失。由于AT供电方式无须在AT所处将接触悬挂实行电分段，故当牵引重载或高速列车运行时，大电流电力机车通过AT所时，受电弓上不会产生强烈电弧，能满足重载、高速列车运输的需要。同时，AT供电方式对邻近通信线的综合防护效果要优于BT供电方式。

AT供电方式的缺点主要是结构比较复杂。如除了牵引变电所结构比较复杂外，还有开闭所、分区所和自耦变压器所等。牵引网中除了接触悬挂外，还要全线架设正馈线，同时还有保护线PW、横向连接线、辅助连接线等，所以，AT供电方式的工程投资要大于BT供电方式，相应的施工、维修和运行也比较复杂。

知识点4：牵引网回流方式

如图2.2.18所示，电力机车从接触网取得电流后，首先流到钢轨，再分别以三种方式流回牵引变电所的回流箱。

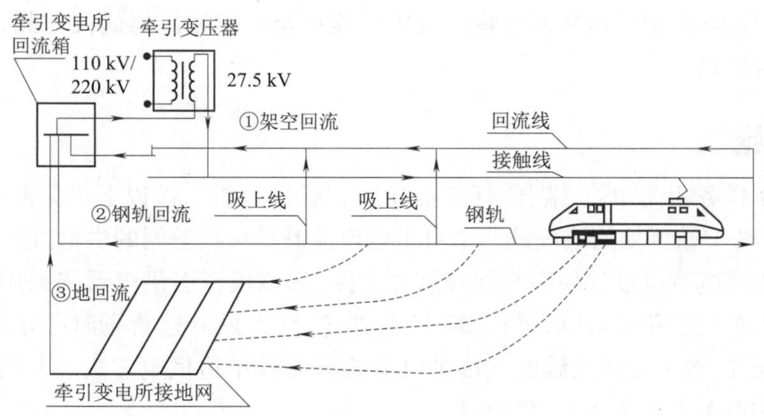

图 2.2.18　牵引变电所回流通路示意

第一种为架空回流方式:钢轨→吸上线→回流线→牵引变电所回流箱。回流线沿接触网架设,在回到牵引变电所时通过电缆引入牵引变电所,与牵引变电所回流箱中的母排相连。

第二种为钢轨回流方式:钢轨→牵引变电所所在车站的扼流变压器中性点→回流扁钢→牵引变电所回流箱。通常回流扁钢采用双根 80 mm × 8 mm 扁钢刷防锈漆后直接埋入地中,其一端与牵引变电所所在车站的扼流变压器中性点相连,另一端与牵引变电所回流箱中的母排相连。为提高回流的可靠性,也采用回流电缆替代回流扁钢。

第三种为地回流方式:钢轨→大地→牵引变电所接地网→牵引变电所回流箱。钢轨与大地之间不是完全的绝缘体,在钢轨中的电流有部分会泄漏到大地,通过大地流回牵引变电所的接地网,而接地网与牵引变电所回流箱中的母排直接相连。

这三种回流方式同时存在。因供电方式不同,三种回流方式承担的回流量不同,通常架空回流与钢轨回流分担的电流较大,地回流相对较小,但无法消除。当架空回流与钢轨回流不畅时,地回流将成为主要的回流方式。这种回流特性将对弱电线路产生传导电流影响,即由于牵引电流流过钢轨→大地时,使大地的不同点出现不同的电位。

通常将回流箱与架空回流线、钢轨、接地网及牵引变压器接地相的连接称为牵引变电所的回流装置。最常用的牵引变电所回流装置接线形式如图 2.2.19 所示。

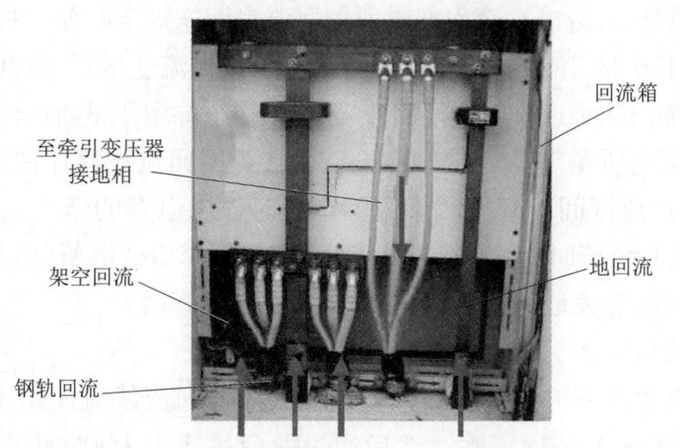

图 2.2.19　牵引变电所回流装置接线

2.2.10　牵引电流回路

上述三种回流在牵引变电所回流箱内汇集后连接至牵引变压器的接地相,形成一个完整的牵引电流闭合回路。

任务实施

通过学习本任务相关知识,结合"任务描述"与"任务分析",按以下步骤来完成本任务。

第一步:了解 A 站所处的该段铁路牵引供电电流制式和接触网的供电方式。

查该段牵引供电系统设计说明与接触网竣工图,知该段牵引供电系统采用的是工频单相交流制。早期为单线铁路接触网,采用 BT 供电方式,至 A 站新建货场时已是复线铁路,同时已拆除吸流变压器,改为带回流线的直接供电方式和复线单边供电方式。A 站货场龙门吊的位置与接触网供电关系如图 2.2.20 所示。

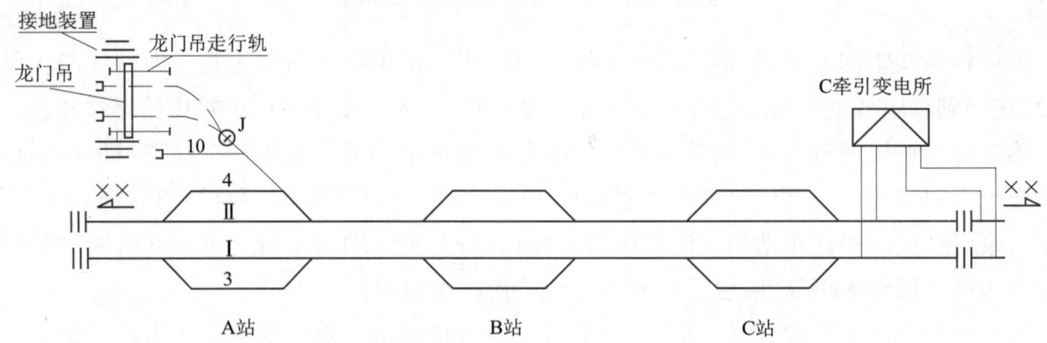

图 2.2.20　A 车站货场龙门吊位置与接触网供电示意简图

第二步:分析该段牵引电流回流方式。

由图 2.2.20 可知,采用带回流线的直接供电方式,电力机车的牵引电流经牵引变电所馈电线送至接触网,经机车的受电弓和车载变压器一次绕组至机车总接地装置后流入钢轨,然后分别经吸上线与回流线、钢轨、大地三个回路流回牵引变电所回流箱,回到牵引变压器二次绕组,构成电流闭合回路。正常情况,牵引回流主要通过架空回流线和钢轨流回。

第三步:调查牵引回流通路的完整性。

经调查,图 2.2.20 中的 C 站当时正在进行扩能改造,不仅新增加了股道,而且还延长了部分既有股道。由于 C 站股道延长,造成 C 牵引变电所的回流扁钢连接至 C 站的扼流变压器位置发生变化。施工改造时,应工务部门的要求,电务部门拆除了该扼流变压器,将其转移安装至新的位置,却未及时通知供电部门同步迁改与恢复回流扁钢的连接,导致了钢轨回流通路被断开。

同时还了解 C 牵引变电所至 A 车站这个供电臂的接触网回流线存在被盗现象,被盗回流线未及时恢复存在断点,造成区间的架空回流受阻。此时该供电臂的牵引电流将主要通过钢轨流到 C 站,经 C 站的吸上线与回流线(该处是完好的)流回牵引变电所,引起钢轨电位升高,牵引变电所监测到钢轨泄漏至大地的电流(也即大地回流)显著增大。

第四步:综合分析,找出原因。

牵引电流主要通过钢轨流回 C 站,再经 C 站的吸上线与回流线流回牵引变电所,那钢轨电流是否可能分流到新建的 A 站货场呢?然后通过龙门吊泄入大地,通过大地流回牵引变电所。

铁路货场龙门吊如图 2.2.21 所示,龙门吊的两条走行导轨因为做了良好的接地,当龙门吊的钢丝绳吊装货物且货物尚未吊离车体时,就会构成一条导电性能良好的牵引电流大地回流通路。该回流通路如图 2.2.22 所示。

图 2.2.21 铁路货场的龙门吊

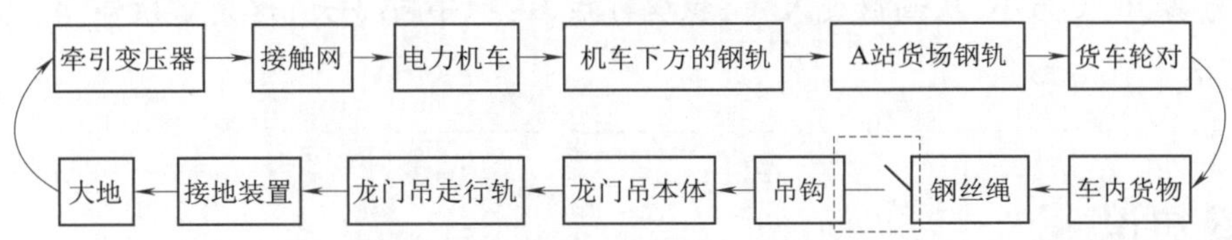

图 2.2.22 龙门吊经吊钩与钢丝绳构成牵引电流回流通路示意

当 C 牵引变电所至 A 站供电臂有列车取流时,龙门吊吊钩与钢丝绳连挂,图 2.2.22 所示的回流通路就连通,钢轨中的部分牵引电流就会通过龙门吊及其走行轨的接地装置流入大地,这比牵引电流通过钢轨下方的轨枕与道床流入大地阻抗要小得多,从而在钢丝绳与龙门吊吊钩连通的瞬间产生电火花,电流大时则形成电弧。

分析可知,产生这一问题的主要原因是 A 站新增货场的股道未与 A 站其他股道电气绝缘,致使 A 站内其他股道钢轨中的电流可以流至这一新增货场内的钢轨,而龙门吊吊装货物时又正好将货场内的钢轨与接地装置连通,形成大地回流通路。当 C 牵引变电所的钢轨回流被断开,供电臂架空回流也不畅时,将导致钢轨泄漏电流也即大地回流激增。经现场随机检测(检测时间为上午 10:00—12:00),测得该龙门吊钢丝绳与吊钩连挂时流过的电流达到 37 A。夜间行车密度较大,车内货物导电性能较好时,该电流还会更大一些。

第五步:采取的措施。

(1)在图 2.2.20 所示 J 位置处的货物线上加装一组钢轨绝缘接头,使龙门吊走行轨范围内的货物线股道与 A 站其他股道的钢轨实现电气绝缘,切断牵引电流通过龙门吊接地装置流入大地的通路。

2.2.11 车站货场龙门吊带电故障分析

(2)及时恢复 C 牵引变电所的回流扁钢与该供电臂损坏的回流线,使供电臂内的架空回流与钢轨回流畅通,从而大大减小钢轨中的电流及其泄漏电流。

(3)完善车站管理制度,明确规定禁止机车车辆跨越 J 处停放,防止通过机车车辆短接 J 处绝缘接头,再次形成牵引电流回流通路。

任务小结

请简要小结本任务的学习要点、难点与困惑，写在下面的横线上。

格言语录

"天下难事，必作于易，天下大事，必作于细。"——老子

"九层之台，起于垒土；千里之行，始于足下。"任何一件复杂困难的大事，都是由很多简单而容易的细小事情构成。万丈高楼源自一砖一瓦，精致复杂鸟巢源自一枝一叶。化繁为简，化难为易，化大为小，从细微处入手，积少可成多，积小可成大，这是解决难事，做成大事的基本方法。

拓展知识

接触网穿越电流

《高速铁路接触网安全工作规则》第 63 条规定："……应采取防止感应电及穿越电流人身伤害措施。"那什么是穿越电流呢？

在双线区段，上行线的钢轨与下行线的钢轨在车站两端及上、下行间的渡线处，通过钢轨连接线相互连通。同时，由于钢轨通过吸上线又与回流线连通，使得上行线的钢轨与回流线和下行线的钢轨与回流线都相互连通，形成牵引回流的并联支路，如图 2.2.23 所示。

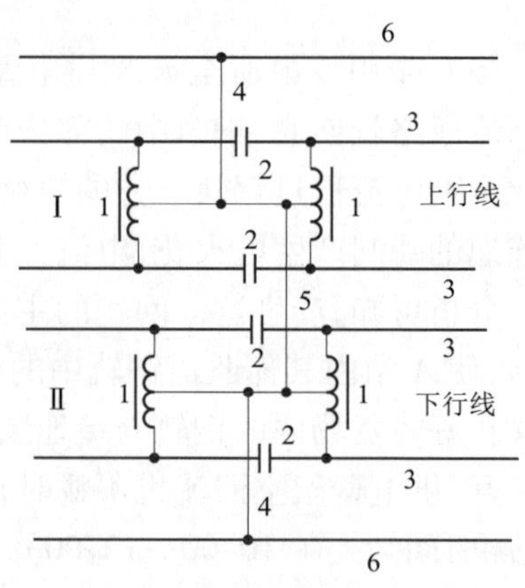

图 2.2.23　双线区段车站两端轨道连接示意

1—扼流变压器；2—钢轨绝缘节；3—钢轨；4—吸上线；5—钢轨连接线；6—回流线

当接触网采取 V 形天窗检修作业时，上（下）行线的接触网停电检修，而下（上）行线的接触网仍然带电有车运行。带电运行的接触网线路，有机车取流时，钢轨中就会形成牵引回流。此时，通常会产生两种形式的接触网穿越电流：

（1）由于上行线与下行线的钢轨、回流线都是牵引回流的并联支路，使得未停电线路钢轨中的牵引回流会有部分电流分流到已停电接触网线路的钢轨和回流线中，形成穿越电流。这种穿越电流与是否进行检修或施工、是否安装检修接地线等无关。

（2）当停电线路的接触网检修或施工作业安装了接地线（接地线通常是与钢轨相连）时，作业区两端的接地线将钢轨与接触线和承力索并联，使停电检修的接触线和承力索也成为牵

引回流的一条并联支路而在其中流过部分牵引回流。这种穿越电流与是否安装了接地线及接地线的安装位置等有关。

接触网穿越电流的产生与钢轨连接线、吸上线等的安装位置及连接状态有关，其大小则与接触网、钢轨和大地的电气参数、机车的运行位置及取流大小等有关。

练习与评价

电气化铁路区段某车站新增一货物线，如图 2.2.24 所示的 7 道。图 2.2.24 中 1、2 分别为扼流变压器与钢轨绝缘节。3 道、5 道与 7 道钢轨上方均架设了 25 kV 的接触网，为方便 7 道的货物装卸作业，在 7 道两端的钢轨绝缘节内均安装了接触网分段绝缘器，并在一端的分段绝缘器处安装了 1 台带接地刀闸的接触网隔离开关。当货物线需进行装卸作业时，将隔离开关分闸并接地。当无装卸作业或无机车进入货物线时，则将隔离开关合闸，货物线接触网带电。请分析如按图 2.2.24 所示安装扼流变压器，当机车进入货物线时会有什么问题？当货物线接触网带电且货物线上停放了车辆时，又会有什么问题？

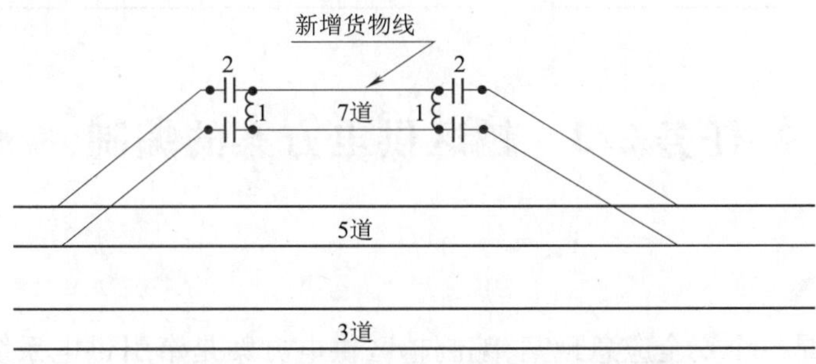

图 2.2.24　新增货物线及扼流变压器安装示意

1—扼流变压器；2—钢轨绝缘节

请结合表 2.2.1，完成本任务练习。

表 2.2.1　任务 2.2 完成情况评价表

序号	任务内容	完成记录	标准分	评分
1	当机车进入货物线时会有什么问题		15	
2	当货物线接触网带电且货物线上停放了车辆时，又会有什么问题		15	
3	简述牵引供电系统的 4 大组成部分		5	
4	简述城市轨道交通大多采用的电流制式		5	
5	简述国家铁路采用的电流制式		5	
6	举例说明 SS(韶山)系列机车有哪些类型		5	

续上表

序号	任务内容	完成记录	标准分	评分
7	举例说明 CRH 与 CR 动车组的类型		5	
8	中国铁路标准动车组被正式命名为		5	
9	按接触网采取的防护措施不同，将接触网供电方式主要分为哪 4 种		10	
10	简述高铁接触网采用的供电方式		5	
11	简述牵引网的 3 种回流方式		10	
12	“任务小结”完成情况		15	
总体评价： □好 □较好 □一般 □较差 □差				

任务 2.3　越区供电方案的编制

任务导读

越区供电方案是一个安全应急预案，编制越区供电方案是牵引供电系统运行与管理的一项重要内容。什么情况下需要编制越区供电方案，如何编制越区供电方案，什么情况下需要实施越区供电，这些都是牵引供电岗位的应知应会，也是本学习任务的主要内容。

学习目标

1. 知识目标

(1)理解接触网单边供电与双边供电原理。

(2)熟悉实施越区供电的具体情形。

(3)了解保证越区供电可靠性的措施。

2. 能力目标

(1)会编制越区供电方案。

(2)会实施越区供电。

3. 素质目标

(1)培养系统思维意识。

(2)培养严谨细实的工作习惯。

任务描述

某复线电气化铁路为东西走向，甲牵引变电所主接线如图 2.3.1 所示，已运行多年，现需对 27.5 kV 高压室设备及母排进行更新与扩容改造。由于该项工程施工组织复杂，安全隐患高，施工前应做好应急准备。请编制该牵引变电所的越区供电方案。

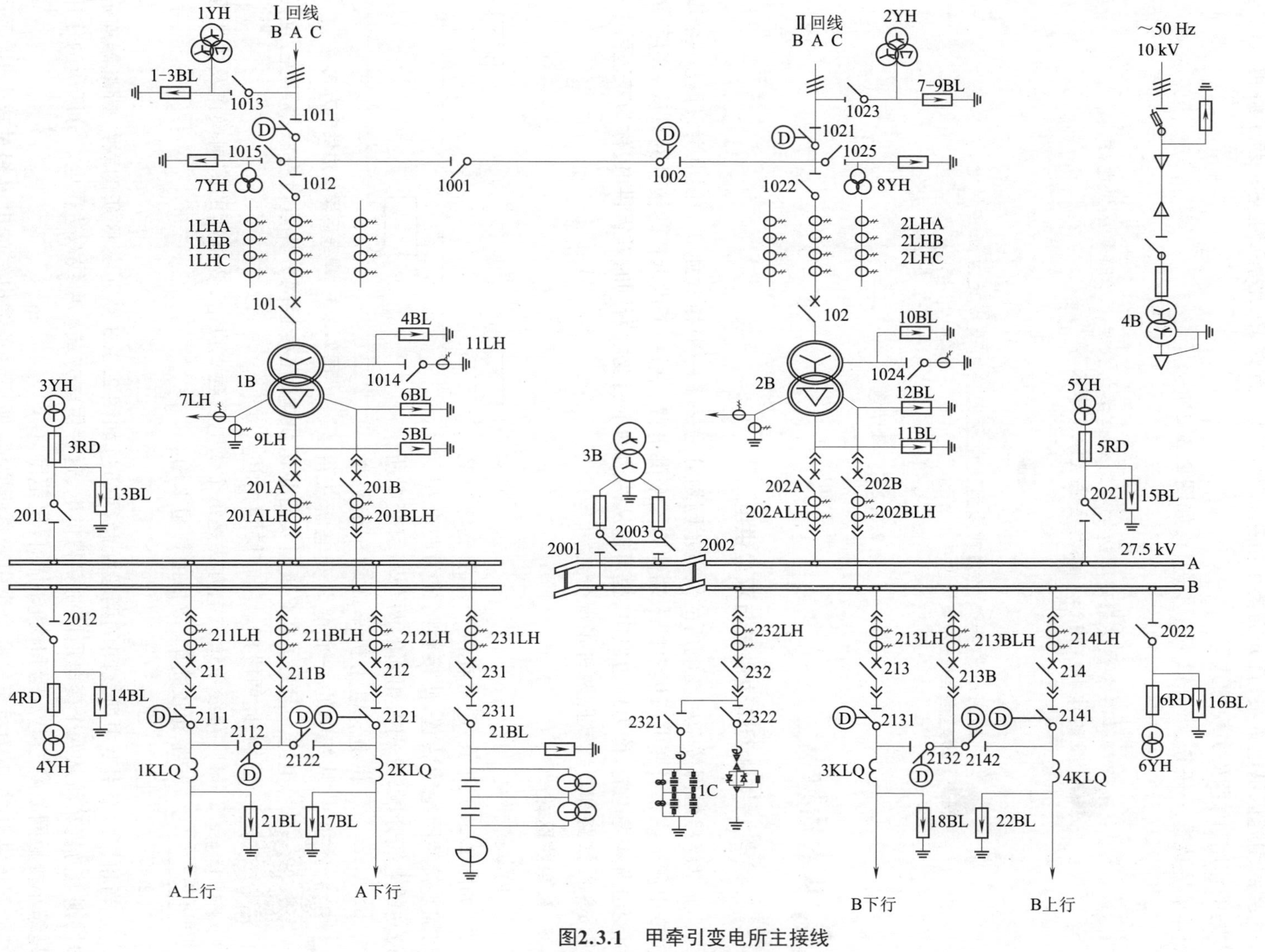

图2.3.1　甲牵引变电所主接线

任务分析

要编制越区供电方案，首先需要了解接触网的供电方式，在此基础上进一步了解越区供电方案的作用、内容及实现方式等。

要完成这一任务，可分以下几步进行，如图 2.3.2所示。

1 学习掌握接触网单边供电与双边供电原理，了解越区供电方案的作用、内容、编写方法及注意事项等

2 运用所学知识，编制牵引变电所因施工造成无法正常供电时的越区供电方案

图 2.3.2　步骤示意

基本知识

知识点 1：接触网单边供电与双边供电

通常将接触网按牵引变电所的供电范围划分为一个一个相对独立的供电臂，即把一个牵引变电所至该牵引变电所供电的末端称为一个供电臂。每一个供电臂的接触网只从一边的牵引变电所获得电能，称为单边供电，也可以从两边的牵引变电所同时获得供电，称为双边供电。现按单线铁路和复线铁路两种情况分述如下。

1. 单线区段

(1) 单边供电

如图 2.3.3 所示，通常在两个牵引变电所之间加装接触网绝缘装置，使接触网成为两个相互独立的电气分段，分别由相邻的两个牵引变电所供电。电力机车或动车组只能从其中的一个牵引变电所获得电能。但为了在必要时实行越区供电，在接触网分界点设有联络开关，且照惯例，此两段接触网宜供同相电。

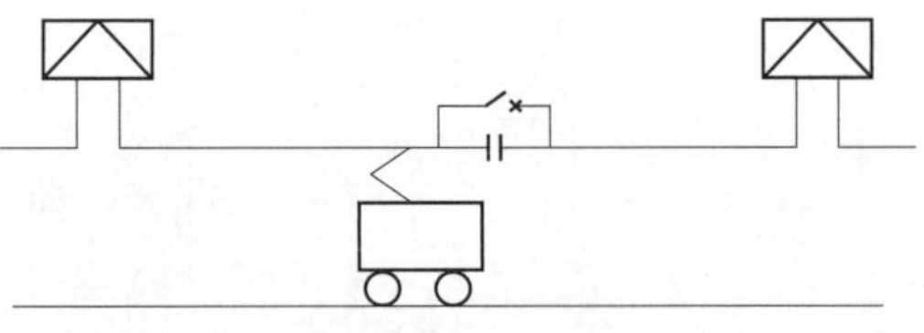

图 2.3.3　单线区段单边供电方式

2.3.1　接触网单边供电方式

单线单边供电方式是每个供电臂独立供电，变电所的倒闸操作及馈线保护都比较简单，故目前普遍采用。

(2) 双边供电

当相邻两牵引变电所之间的两段接触网通过如图 2.3.3 所示分区所的联络断路器连通时，则电力机车将从两个变电所同时获得供电，这种供电方式称单线双边供电。分区所的作用是缩小接触网故障停电范围和检修时的停电范围。

双边供电时，电力机车从两个牵引变电所取流，所以每条馈电线的电流相对减小，从而可以减小牵引网中的电压损失和电能损失，有利于改善供电臂的电压水平，降低铁路的运营成本，而且牵引变压器和接触网悬挂的负荷也较均衡。同时由于电力机车两侧的供电电流方向

相反,故可以减小对通信线路的电磁感应干扰。双边供电的主要缺点是增设了分区所中的一、二次设备,牵引变电所保护与分区所的保护相应都要复杂一些。同时,当两牵引变电所的电压有差异时,还可能出现不平衡电流,从而产生附加的电能损失等。因此,接触网双边供电方式主要在城市轨道交通牵引供电系统中采用,而在干线电气化铁路较少采用。

2. 复线区段

和单线区段一样,复线区段也可采用单边供电和双边供电。但由于复线双边供电分区所设备复杂,对接触网短路故障的保护十分困难,故目前我国干线电气化铁路只采用复线单边供电。

(1)单边末端并联供电

由于复线区段牵引变电所同一侧的上、下行接触网均供同相电,以图2.3.4所示的相序为例,故可在接触网供电臂的末端用分区所中的断路器连接起来,形成单边末端并联供电。

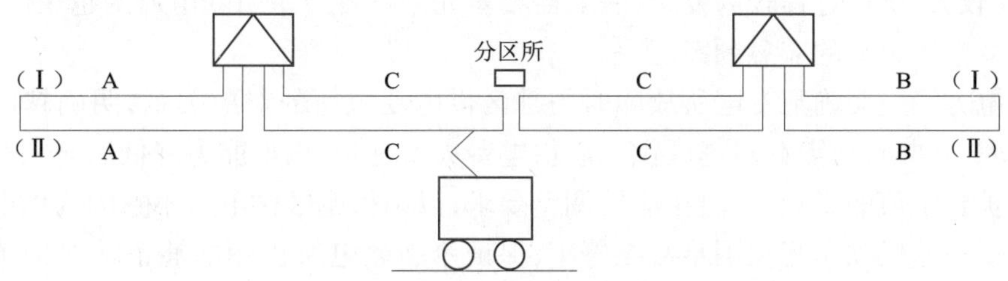

图2.3.4　复线区段的单边供电方式

单边末端并联供电时,电力机车由上、下行接触网两线路并联供电,使分配到每条接触网中的电流减小,从而使接触网中的电压损失和电能损失显著减小,故目前普遍采用此种方式。此种方式的缺点是分区所设备复杂,如果再考虑相邻变电所故障时进行越区供电等情况,分区所需增设4台开关,除两台开关作末端并联用外,另外两台开关可将相邻变电所两供电臂接触网相连,实现越区供电,如图2.3.5所示。这就增加了运营维修的工作量。尽管如此,为了减小接触网中的电压损失以提高接触网的工作电压水平,同时减小电能损失以降低能耗,在实际运行中仍然广泛采用单边末端并联供电。

(2)单边全并联供电

单边全并联供电是在每个车站利用柱上负荷开关将上、下行接触网并联,形成如图2.3.6所示的并联网络。并联负荷开关可以自动投切,也可以经设于车站的远动终端RTU由供电调度控制。

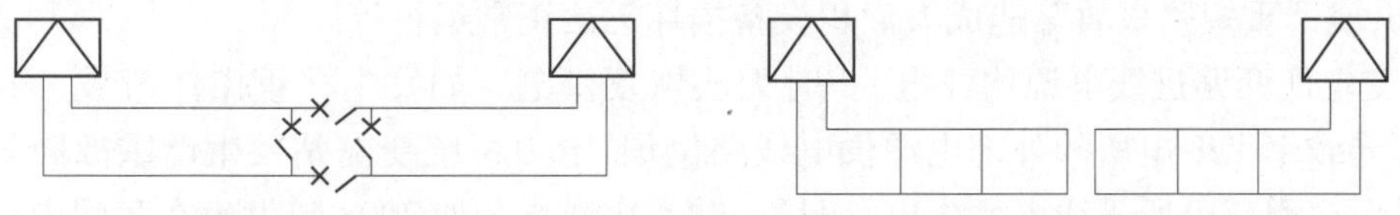

图2.3.5　复线单边末端并联供电　　　　图2.3.6　复线单边全并联供电

单边全并联供电方式比末端并联供电更能有效地减小接触网阻抗,降低接触网电压损失和电能损失;另一方面又能对接触网的短路故障进行有效的保护,即当接触网短路故障时,牵引变电所两馈线断路器自动跳闸,接触网瞬时失电,负荷开关随即自动断开,上、下行接触网分开，此时，通过变电所的故障判断装置确定其故障线路，而非故障线路即刻自动重合送电。如果是瞬时性故障，两条线路分别送电成功后，负荷开关自动重合，又恢复到全并联供电方式。

知识点 2：牵引变电所越区供电方案

牵引变电所一旦中断接触网的供电，将直接导致行车中断，造成铁路运输瘫痪，严重扰乱铁路运输正常秩序，严重影响人们的正常出行和各类物资的运输。因此，牵引负荷被确定为国家一级负荷，进线电源必须设置两路独立电源供电，以提高牵引变电所供电的可靠性。但是，当牵引变电所出现以下意外情况时，将使牵引变电所不能正常向接触网供电。此时，则需采取越区供电。

1. 需编制（或修订）越区供电方案的几种情况

越区供电是在发生严重供电故障情况下的应急措施，要求在尽可能短的时间内完成。但是越区供电的操作过程不仅涉及牵引供电多个生产部门，而且与机务、车务等部门均有直接关系，安全风险较大，操作过程较为复杂，一般需要事先制订各个牵引变电所的越区供电方案，作为每个牵引变电所重要的应急预案之一。

越区供电方案应明确某变电所故障时与越区供电变电所的对应关系，明确越区供电时的具体操作步骤。同时，还需针对越区供电后供电臂大大延长，供电能力降低后对列车密度与牵引变电所保护整定值的影响，提出相应的调整要求，以确保越区供电后不致因为供电臂末端接触网电压过低而造成列车起动困难甚至停车，保证牵引变电所仍然能够正常保护越区供电后延长的接触网线路。以下情况一般需提前编制好越区供电方案。

（1）新牵引变电所投入运行前。由于所有设备均是首次带电，设备运行尚未进入稳定期，潜在的安全隐患难以预测，发生变电所退出运行的风险相对较高，一般需要编制越区供电方案。

2.3.3 接触网越区供电方式

（2）牵引变电所内主要供变电设备型号及参数变化、接触网改造引起参数发生重要变化时，则需要对原有的越区供电方案进行修订。

（3）既有牵引变电所进行重大改造施工时。对运行中的牵引变电所进行重大改造，安全风险很高。比如更换牵引变压器，则施工期间牵引变电所只有一台变压器运行，一旦这台变压器在此期间发生故障，就会造成该牵引变电所全所停电。因此，为有效应对改造施工过程遇到意外造成无法顺利向接触网供电的风险，需要编制越区供电方案。

2. 实施越区供电的几种情形

（1）变电所设备发生严重故障造成全所退出运行，一时无法修复时。如变电所发生严重火灾、雷电或严重短路事故等造成大面积设备损坏无法正常运行等。

（2）变电所两路进线电源均停电，一时无法恢复供电。如发生严重山体滑坡、泥石流、冰雪灾害等导致牵引变电所的外部电源供电线路倒塌，电力系统变电站发生严重故障等。这些故障将导致牵引变电所进线电源失电，而且一时无法恢复。如 2008 年发生在我国南方的严重冰雪灾害，就造成了大量高压输电线路倒塌，如图 2.3.7 所示，严重影响了京广铁路湖南和广东段电气化铁路的正常供电。

（3）牵引变电所某供电臂设备故障退出运行短时间内无法恢复，导致某供电臂较长时间停电。

(4)牵引变电所直流电源故障,牵引变电所失去控制保护电源时,导致牵引变电所相应的控制装置与保护装置停止工作等。

(5)接触网分相绝缘器击穿或严重损坏短时间无法恢复时。

图 2.3.7　我国南方冰雪灾害导致大量高压输电线路倒塌

当某牵引变电所发生上述情况之一时,一般都会导致接触网长时间停电和长时间中断铁路运输,将严重影响铁路运输生产,带来重大经济损失。因此,需要立即启动越区供电方案,由相邻变电所通过分区所向故障变电所供电范围内的接触网供电,如图 2.3.8 所示。

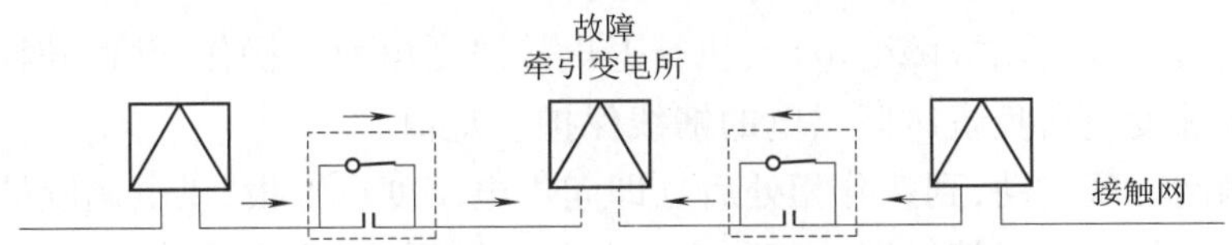

图 2.3.8　越区供电示意

3. 越区供电方案的基本内容

越区供电方案应至少包括以下基本内容。

(1)绘制越区供电示意图

以某单线牵引变电所发生故障为例,应绘制如图 2.3.9 所示的越区供电示意图,同时进行具体说明。比如:当故障所一旦停运,则该所 2 号 KX 供电臂的供电改由 ×××变电所的 1 号 KX 供电臂经 ×××— ××× 区间______号支柱的分相绝缘器处越区隔离开关 GK 合闸后供给;故障所 1 号 KX 供电臂的供电改由 ×× 变电所的 2 号 KX 供电臂经 ×××— ××× 区间______号支柱的分相绝缘器处越区隔离开关 GK 合闸后供给。

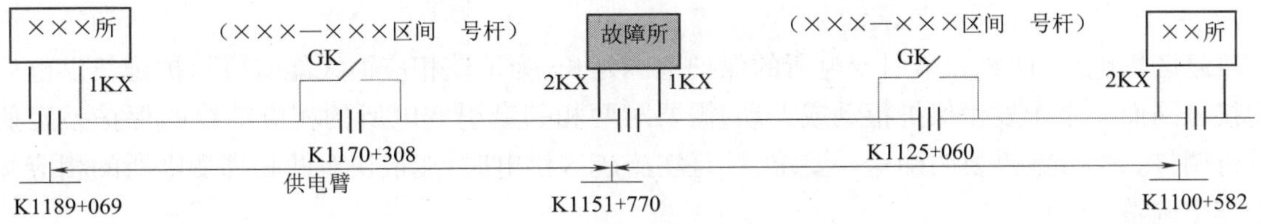

图 2.3.9　×××所故障越区供电示意

(2)操作步骤

①退出故障变电所

明确退出故障变电所的完整操作步骤。一般包括以下内容：

a.退出故障变电所的并联电容补偿装置(如无该装置则省略此内容)，将牵引变电所用变压器切换至4号B(注：非27.5 kV牵引变电所用变压器)供电。

b.断故障变电所所有馈线断路器及馈线隔离开关(注：根据变电所的倒闸操作卡片和主接线图及馈线断路器、馈线隔离开关的编号进行编写)，并将断路器拉至试验位。

c.断故障变电所201A、201B、202A、202B断路器并将其拉至试验位。

②越区供电

a.相邻×××所的1号KX停电。

b.相邻××所的2号KX停电。

c.合×××—×××区间××号杆的分相隔离开关。

d.合×××—×××区间××号杆的分相隔离开关。

e.相邻×××所的1号KX送电。

f.相邻××所的2号KX送电。

③越区操作程序

a.×××接触网工区定期做好×××—×××区间、×××—×××区间的分相隔离开关检调工作，确保隔离开关状态良好，操作正常。

b.供电调度员下令退出故障变电所，执行退出故障变电所的操作，并通知检修车间调整或远程控制调整相邻变电所负责越区供电的馈线保护整定值。

c.通知接触网工区出动，到达分相处后立即向供电调度员汇报，供电调度员再下令停相邻两变电所的相应馈线。如果接触网分相隔离开关可远动操作，则不需通知接触网工区出动。

d.供电调度员下令合分相处隔离开关，接触网工区完成后向供电调度员汇报。

e.供电调度员下令送相邻两变电所的相应馈线，完成对故障变电所供电范围内接触网的越区供电。

(3)列车对数调整要求

由于实施越区供电后，与故障变电所相邻的两个牵引变电所的供电范围大大延长，牵引网阻抗增大，在相同负荷电流情况下牵引网电压损失随之大大增加。因此，为保证实施越区供电后的供电臂总电流不超过最大允许值，同时保证接触网末端电压不低于机车的最低工作电压，需要对越区供电后的供电臂最大负荷电流和接触网末端最低电压进行核算，并确定越区供电后供电臂内允许同时运行的列车对数和列车类型(货车或客车)等。这是行车调度员调整列车对数的直接依据。

(4)保护定值的调整要求

越区供电后，两相邻牵引变电所的保护范围延长，为了使相应馈线能有效保护延长供电后的接触网而不至于发生保护拒动或误动，需要对两相邻牵引变电所的相应馈线的保护整定值进行调整。本方案需要明确这一要求，一旦实施越区供电时，能最快对两相邻变电所的相应保护作出调整。

(5)其他措施

越区供电属于非正常运行状态，本方案除明确以上内容外，一般还需明确以下措施。

①实行越区供电后,应明确机车通过越区分相绝缘装置处时的操作要求。

②实行越区供电后,应明确加强对变电所运行监视方面的要求。

③明确检查配置好变电所事故抢修料的要求,做好发生次生故障的应急措施。

4. 如何编写越区供电方案

要顺利地完成越区供电方案的编写,需要做好以下准备。

(1)完整理解越区供电方案的作用

编制越区供电方案的作用之一是要指导相关人员正确完整地完成越区供电操作。因此,需要告知越区供电的示意图和完整的操作步骤等内容。作用之二是要指导相关人员如何确保越区供电后的安全与可靠。因此,需要告知如何调整保护整定值、调整列车对数,以及其他安全注意事项等。

(2)了解开关的操作顺序与正常生产流程

要正确编制完整的操作步骤,需要熟悉变电所开关的操作顺序与操作卡片的编写方法等;同时了解生产流程及各环节中相关部门如接触网工区、牵引变电所、变电检修车间、供电调度员等的职能。

(3)需要掌握必要的理论计算知识

需要掌握接触网电压损失的相关知识与计算方法,掌握馈线保护整定值的计算方法等。这些需在相关项目或课程中学习。

任务实施

通过学习本任务知识点可知,当甲变电所由于施工等原因未能正常供电时,将由其两侧相邻的变电所并通过相应的分区所来实现越区供电。因此,首先需要得知与甲变电所相邻的两侧牵引变电所及分区所的主接线图,再按越区供电方案的编制方法来完成本任务。

第一步:查阅主接线图。

与甲变电所东侧相邻的为乙变电所和A分区所,其主接线分别如图2.3.10和图2.3.11所示;其西侧相邻的为丙变电所和B分区所,其主接线分别如图2.3.12和图2.3.13所示。

第二步:绘制越区供电示意图。

乙变电所与A分区所在甲变电所的东侧,丙变电所与B分区所则在甲变电所的西侧。按照左侧为东,右侧为西,参照图2.3.9绘制甲所故障全所退出时的越区供电示意图,并用文字加以辅助说明。(此处略)

第三步:编写越区供电的操作步骤。

1. 退出甲变电所

(1)分231、232断路器(甲变电所电容补偿装置),将交流配电屏所用电源切换至4号B供电。

(2)分甲变电所211、211B、212断路器及2111、2112、2121、2122隔离开关,将211、211B、212DL拉至试验位。

(3)分甲变电所213、213B、214断路器及2131、2132、2141、2142隔离开关,将213、213B、214DL拉至试验位。

(4)分甲变电所201A、201B、202A、202B断路器并将其拉至试验位。

(5)断101DL、102DL。

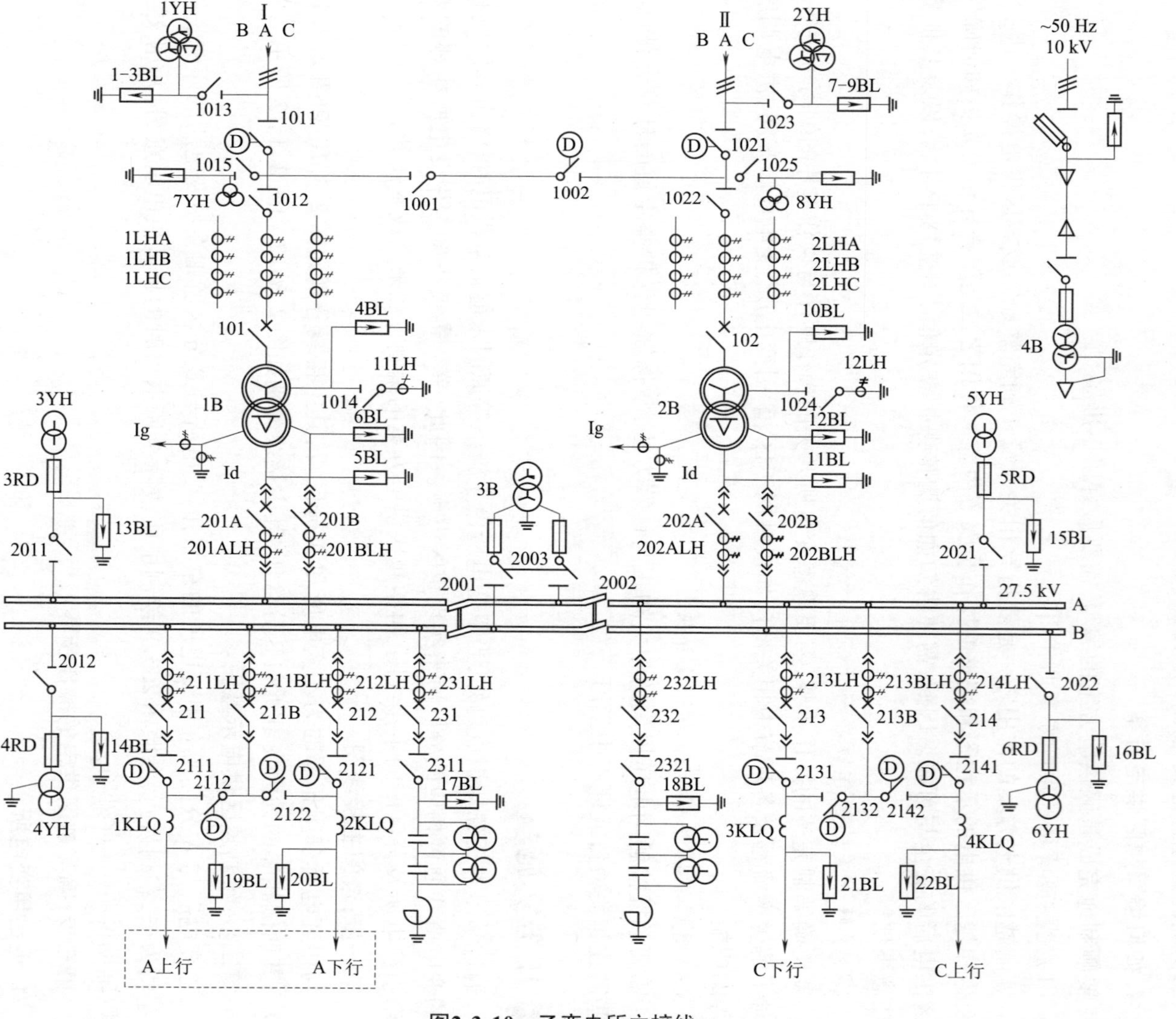

图2.3.10　乙变电所主接线

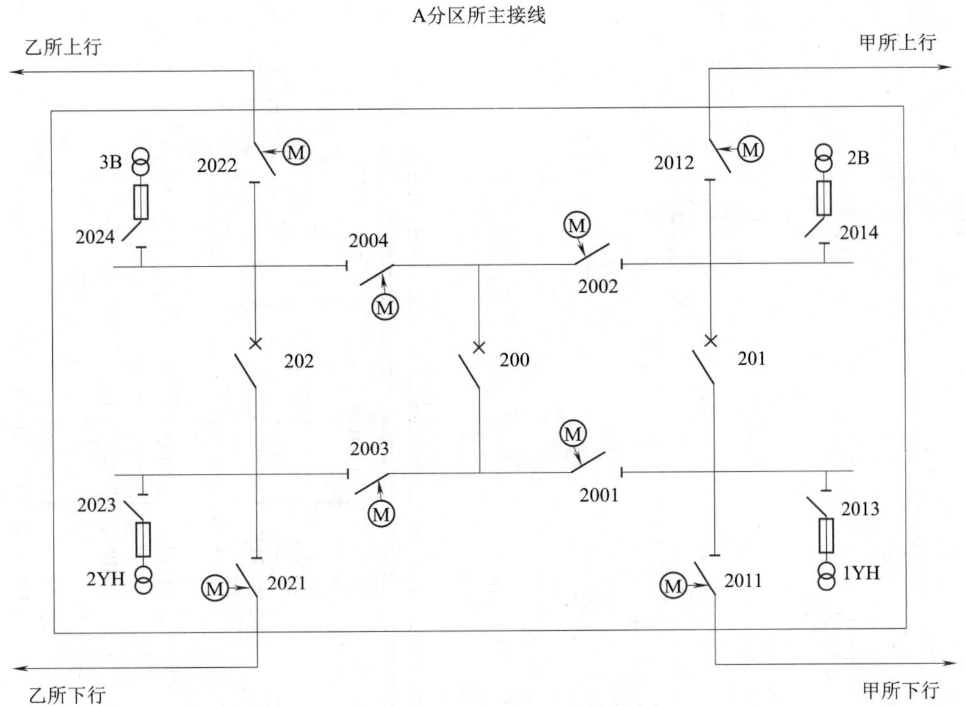

图 2.3.11　A 分区所主接线

2. 越区供电

(1)乙变电所 1 号、2 号馈线停电。

(2)丙变电所 1 号、2 号馈线停电。

(3)合 A 分区所 2011、2012、2021、2022 隔离开关和 201、202、200 断路器。

(4)合 B 分区所 2011、2012、2021、2022 隔离开关和 201、202、200 断路器。

(5)乙变电所 1 号、2 号馈线送电。

(6)丙变电所 1 号、2 号馈线送电。

3. 越区操作程序

(1)电气检修车间定期做好 A 分区所和 B 分区所设备的检修维护,确保设备状态良好,操作正常。

(2)退出故障变电所,执行退出故障变电所的相应操作。

(3)乙变电所 1 号、2 号馈线停电,并下令调整乙变电所 1 号、2 号馈线保护整定值。

(4)丙变电所 1 号、2 号馈线停电,并下令调整丙变电所 1 号、2 号馈线保护整定值。

(5)合 A 分区所馈线隔离开关和相应断路器。

(6)合 B 分区所馈线隔离开关和相应断路器。

(7)乙变电所 1 号、2 号馈线送电。

(8)丙变电所 1 号、2 号馈线送电。

第四步:确定越区供电后的列车运行密度要求。

实施上述越区供电,为保证乙变电所 1 号、2 号馈线和丙变电所 1 号、2 号馈线负荷电流不超过最大允许值和供电臂末端的接触网最低工作电压,经设计核算,对区间列车运行密度做出如下要求:

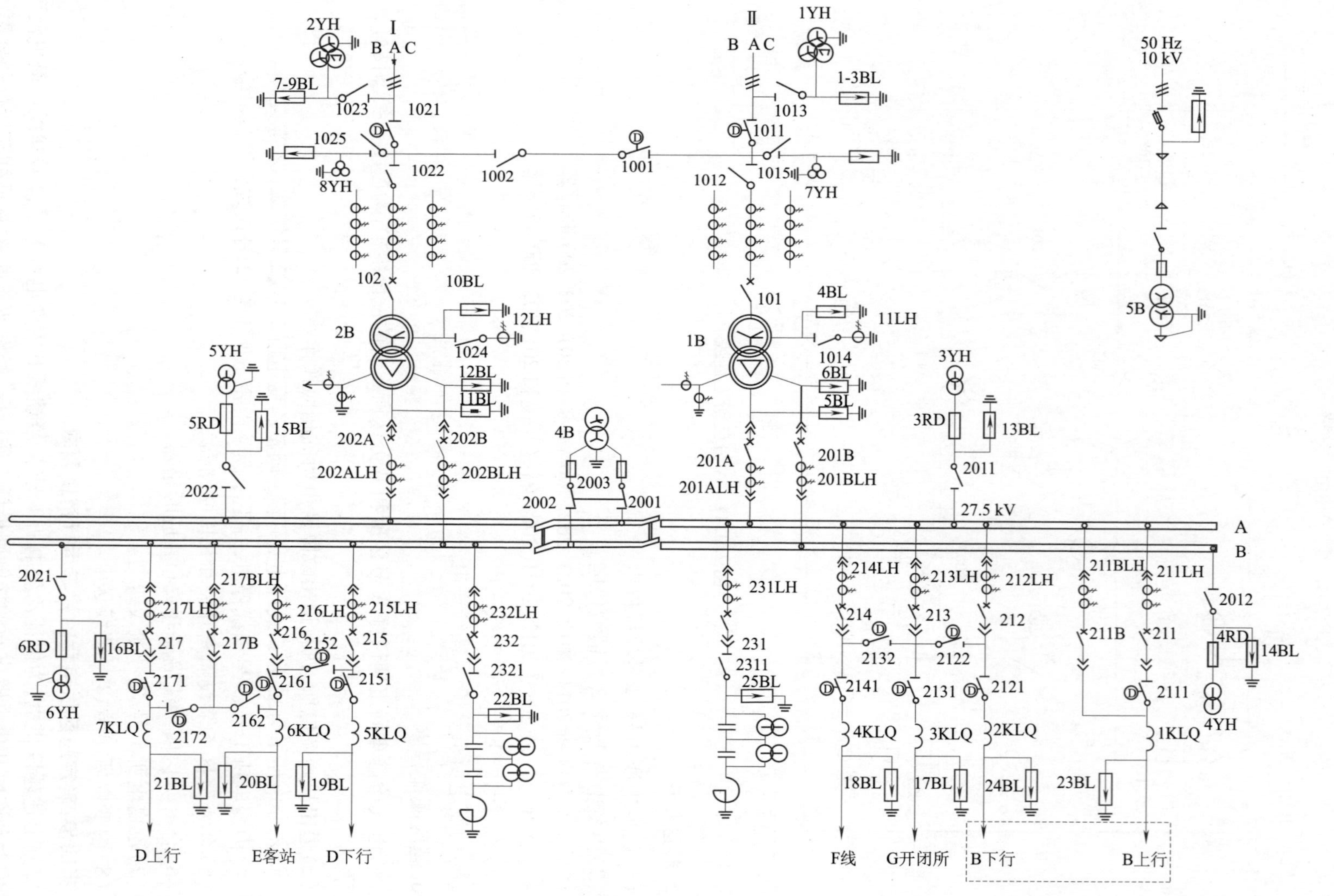

图2.3.12　丙变电所主接线

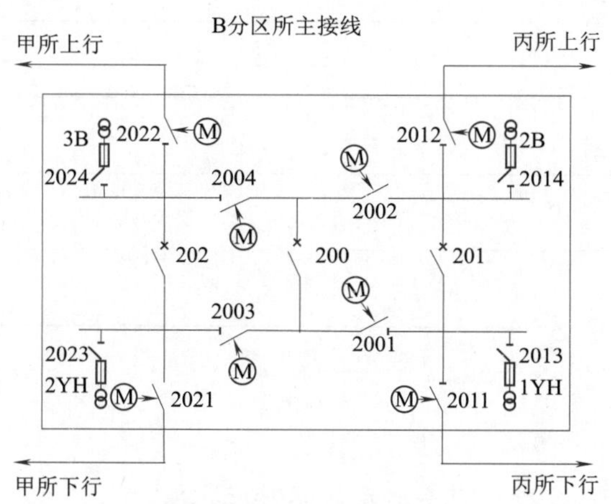

图 2.3.13 B 分区所主接线图

(1)乙变电所—甲变电所(具体写×××车站—×××车站)区段,允许同时开行的最大列车对数为:货车____对+客车____对或客车____对+货车____对。

(2)丙变电所—甲变电所(具体写×××车站—×××车站)区段,允许同时开行的最大列车对数为:货车____对+客车____对或客车____对+货车____对。

第五步:确定实施越区供电的其他措施。

(1)甲所施工前应做好乙、丙两所主变压器和201A、201B、202A、202B断路器,以及相应馈线断路器等关键设备的检查维护,同时做好A分区所和B分区所设备的检查维护,确保设备状态良好。

(2)乙、丙两变电所馈线断路器采用主断路器供电,同时应确保备用断路器状态良好,并检查乙、丙两变电所事故抢修料齐全完好。

(3)越区供电期间,应特别加强对乙、丙两变电所主变压器及馈电主回路的运行监视,应加强值班与指导等,确保及时发现异常与处理。

第六步:确定实施越区供电的相关注意事项。

(1)调整乙、丙两变电所1号、2号馈线保护整定值时应以设计提供的越区供电保护整定值为准,见附表(略)。

(2)实施越区供电后的列车运行密度要求也应以设计提供的数据为准,以确保越区供电后的供电能力能满足机车最低工作电压的要求,同时也能满足乙丙两所馈线最大负荷电流的要求。

(3)所有越区供电操作均必须有供电调度员的正式命令。

任务小结

请简要小结本任务的学习要点、难点与困惑,写在下面的横线上。

____

____

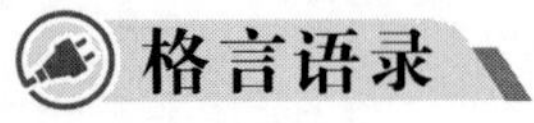

“不患无策，就怕无心。”

牵引变电所全所不能正常供电，这是非常严重的故障。但只要用心研究，就一定能找到解决问题的办法。俗话说：办法总比困难多。学习也一样，总会遇到这样或那样的困难，但只要有决心，就可以想出很多办法。如遇到困难时可以通过文献检索来查阅学习，通过图书馆来查找资料解答未知，也可以同学相互研讨学习，还可以通过各种平台向老师请教或当面请教等等来帮助自己克服学习道路上遇到的困难，不断取得新的进步。

拓展知识

应急预案

应急预案是应急救援准备工作的核心内容。应急预案又称应急计划，是针对可能的重大事故（件）或灾害，为保证迅速、有序、有效地开展应急救援行动而预先制订的有关计划或方案。它是在辨识和评估潜在的重大危险、事故类型、发生的可能性及发生过程、事故后果及影响程度的基础上，为应急机构、人员、技术、装备、设施（备）、行动方案，以及救援行动的指挥与协调等方面预先做出的具体安排，它明确了在突发事件发生之前、发生过程中，以及之后，谁负责做什么、何时做，以及相应的策略和资源准备等。

应急预案在应急管理中的重要作用和地位主要体现在以下几方面：

（1）明确了应急救援的范围和体系，使应急准备和应急管理，尤其是培训和演习工作的开展有据可依、有章可循。

（2）有利于及时做出应急响应，降低事故危害和损失程度。

（3）成为各类突发事故的应急基础。通过编制基本应急预案，可对那些事先无法预料的突发事件或事故起到基本的应急指导作用；针对特定危害编制专项应急预案，有针对性地制订应急措施，为专项应急演练提供保障。

（4）当发生超过应急能力的重大事故时，便于与上级应急部门协调。

（5）有利于提高各级人员的风险防范意识。

《安全生产法》第五章“生产安全事故的应急救援与调查处理”中说明，事故应急救援预案、应急救援体系对发生事故后及时组织抢救、防止事故扩大、减少人员伤亡和财产损失具有十分重要的作用。

练习与评价

1. 请绘制本任务中甲变电所的越区供电示意图,绘制在以下空白区域。
(绘制越区供电示意图空白区)

2. 完成表2.3.1中的内容。

表2.3.1 任务2.3完成情况评价表

序号	任务内容	完成记录	标准分	评分
1	绘制甲变电所的越区供电示意图	(见上述空白区域)	30	
2	我国电气化铁路接触网采用的是单边还是双边供电		5	
3	接触网采用单边供电时,分相处的越区开关正常应该处于分位还是合位		5	
4	复线单边供电有哪3种形式		15	
5	实施越区供电后,为什么要调整两相邻变电所对应的馈线保护整定值		10	
6	实施越区供电后,为什么要调整越区供电区段内的列车对数		10	
7	“任务小结”完成情况		25	
总体评价: □好 □较好 □一般 □较差 □差				

项目 3 牵引变压器容量分析

项目描述

牵引变压器容量大小对系统的供电能力起决定性作用,关系到能否满足完成预定运输任务的要求,同时也直接影响系统的运营成本。从安全运行和经济效益分析,容量过小会使变压器长期过载,造成变压器寿命缩短甚至烧损变压器,同时还会引起变压器电压损失增大,使接触网工作电压水平降低;反之,容量过大将使变压器长期欠载运行,损耗增加,造成变压器容量浪费,增大基本电费,提高运营成本,降低经济效益。因此,需要学习掌握与牵引变压器容量相关的知识,提高牵引变压器安全与经济运行水平。

项目导读

牵引变压器容量不仅决定了其额定电流的大小和过负荷保护的设置,而且与变压器电压损失、电能损失,以及基本电费等相关参数指标也密切相关。需要理解容量与过负荷、容量与供电质量及经济性能的相关知识,并学会分析。

本项目任务与知识导图如图 3.0 所示。

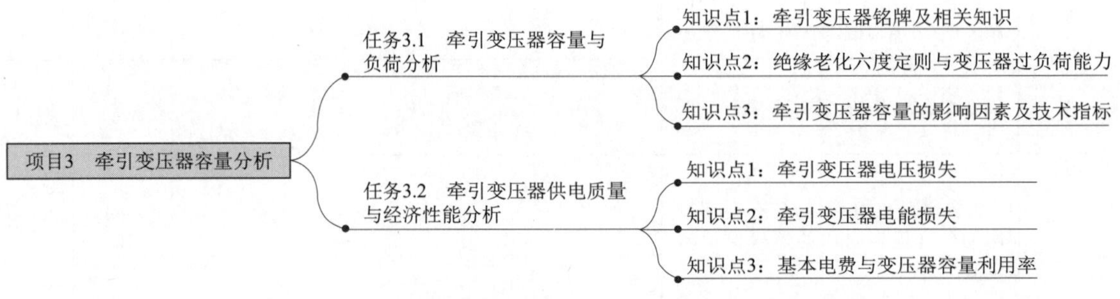

图 3.0　牵引变压器容量分析的任务与知识点构成图

任务 3.1　牵引变压器容量与过负荷分析

任务导读

牵引变压器通常被称作牵引变电所的“心脏”,要深入认识牵引变压器,首先要能读懂其铭牌所列参数的含义。容量是牵引变压器铭牌上的重要参数，也是其核心指标。牵引变压器容量直接关系到变压器的运行安全，需要了解影响牵引变压器容量的相关因素，理解绝缘老化六度定则与变压器过负荷能力，学会分析牵引变压器容量与过负荷运行的相关问题。

学习目标

1. 知识目标

(1)理解变压器接线方式与铭牌参数。

(2)理解变压器过负荷的危害与保护措施。

(3)熟悉绝缘老化六度定则。

(4)了解变压器容量的影响因素及技术指标。

2. 能力目标

(1)会根据变压器铭牌分析电流与容量等参数。

(2)会分析变压器容量与过负荷关系。

3. 素质目标

(1)养成认真严谨与求真务实的科学态度。

(2)培养独立思考的习惯。

任务描述

某 110 kV 三相牵引变电所，1995 年投运时安装的是 YNd 型牵引变压器，安装容量为 25 000 kV · A，运行至 1998 年时，日平均过负荷次数达到 20 次，因过负荷跳闸一日内超过 5 次，严重干扰了正常的运输秩序。遂于 1999 年进行增容改造，将此变压器更换为容量 31 500 kV · A 的同类型变压器，2006 年再次更换为 32 000 kV · A 的三相 Vv 接线变压器。更换为三相 Vv 接线变压器后，至 2009 年的某日发生了一次过负荷报警和过负荷跳闸，显示馈线电流分别为 912 A 和 1 260 A。

请分析：(1)相比 1999 年更换的变压器，2006 年更换后的变压器其实际可输出容量增加多少 kV · A？(2)请分析 2009 年发生的两次过负荷的实际过负荷倍数是多少？

任务分析

牵引变压器容量过小，易引起过负荷。容量过大，则易导致运营成本增加。第一个问题是牵引变压器增容改造时，如何考虑变压器容量利用率的问题。

为避免牵引变压器因长时间过负荷而受损，一般设置了两段过负荷保护，Ⅰ段过负荷保护给出报警信号，Ⅱ段过负荷保护给出跳闸信号。要分析第二个问题，就要能根据变压器的接线方式与额定容量，计算出变压器的额定电流即可得知。

要完成这一任务，可分以下两步进行，如图 3.3.1 所示。

1 学会识读变压器铭牌，了解绝缘老化六度定则与变压器过负荷能力，以及牵引变压器容量的影响因素及技术指标等知识

2 运用所学知识，分别计算两变压器的实际输出容量，即可分析问题一；计算变压器的额定电流，即可分析问题二

图 3.1.1　步骤示意

基本知识

知识点 1：牵引变压器铭牌及相关知识

如图 3.1.2 所示为某牵引变压器的铭牌。通过读懂铭牌，可以了解牵引变压器的基本情况和相关重要信息。因此，变压器铭牌也是人们了解与认识牵引变压器的重要窗口。

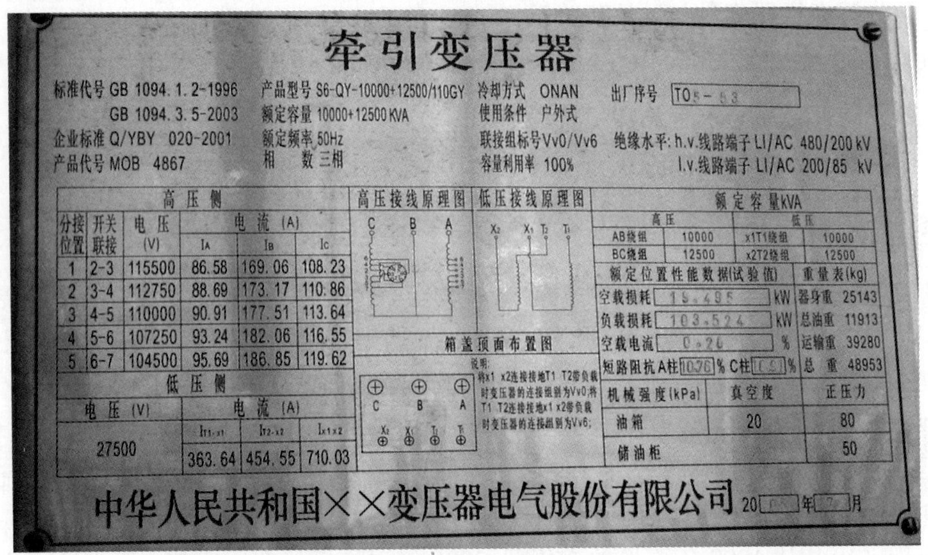

图 3.1.2　牵引变压器铭牌

1. 产品型号

产品型号 S6-QY-10000 + 12500/110GY。

从图 3.1.2 所示的牵引变压器铭牌知，该变压器产品型号为 S6-QY-10000 + 12500/110GY。要读懂变压器产品型号，需要掌握其组成规则与代号含义。从左至右依次为：

S——三相(注：S 其后如有 F 或 W，则表示变压器为油浸风冷或油浸水冷，此处未标注则表示该变压器为油浸自冷)；

6——代表产品的标准系列序号；

QY——代表牵引变压器；10000 + 12500 分别代表牵引变压器两个不同绕组的容量(单位：kV · A)；

110——代表牵引变压器一次侧额定电压(单位:kV);

GY——代表高原地区。

另外,还有一些信息属于默认不标注的,但却可以根据牵引变压器产品型号的组成规则而得知。比如,该变压器为油浸绝缘(不标注),当采用成型固体绝缘时,则在S后标注C,如采用空气绝缘,则在S后标注K;该变压器为双绕组变压器(不标注),只有当变压器为三绕组时,则标注S;该变压器同时还是无载调压(不标注),当变压器是有载调压时,则会标注为Z。

由此可见,通过读懂变压器铭牌上的产品型号,就可以知道该变压器的相数、绝缘方式、冷却方式、绕组数、调压方式、变压器容量、额定电压,以及相关的特殊属性(如牵引特性、高原特性等)。

2. 接线方式与连接组别

连接组标号 Vv0 和 Vv6。

(1)接线方式

由连接组标号与接线原理图可知,该变压器为三相 Vv 接线变压器,是当前较为常用的一种接线方式,其原理接线图如图 3.1.3 所示,图 3.1.3(a)为 Vv0 接线;图 3.1.3(b)为 Vv6 接线。

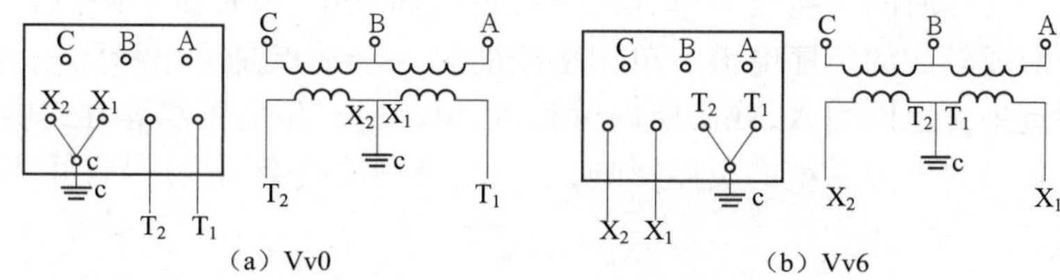

图 3.1.3　三相 Vv 牵引压器原理接线

Vv 接线变压器最大的优点是结构简单,由两台单相变压器连接成开口三角形,容量利用率为 100%。

牵引变压器接线类型较多,早期应用较多的接线形式为 YNd 接线,其原理接线如图 3.1.4 所示。

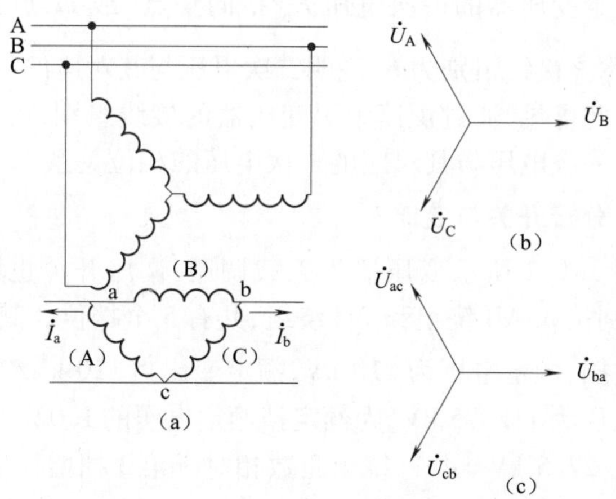

图 3.1.4　三相 YNd11 牵引变压器原理接线

①采用 Vv 这种接线的变压器，主要有以下优点：

a. 变压器一次侧采用 YN 接线，中性点引出接地方式与高压电网相适应。

b. 变压器结构相对简单，又因中性点接地，绕组可采取分级绝缘，因此变压器造价较低。

c. 运用技术成熟，供电安全可靠性好。

d. 变电所有三相电源，不但所内自用电可靠，而且必要时还可向地方负荷供电。

②YNd 接线变压器的主要缺点是：

a. 变压器的容量不能充分利用，输出容量只能达到其额定容量的 75.6%，引入温度系数后，也只能达到 84%。使得这种变压器的运行成本大大增加。

b. 和单相接线牵引变电所相比，主接线比较复杂，设备多，占地面积大，工程投资大，而且维护检修的工作量和费用也相应增加。

为提高变压器容量利用率，在电力系统容量较大，地方电网较发达的地区，如我国的哈(尔滨)—大(连)线、武(昌)—广(州)线广东省境内牵引变电所则采用单相接线的变压器，其原理接线图如图 3.1.5 所示。

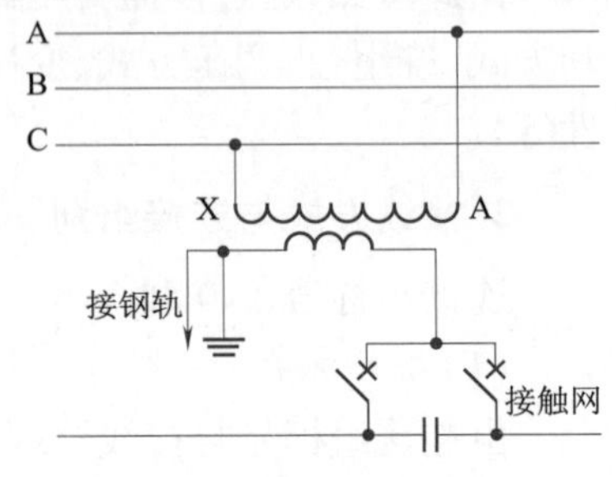

图 3.1.5　单相接线牵引压器原理接线

单相接线的主要优点是变压器的容量可以充分利用，容量利用率为 100%，且变电所的主接线简单、设备少、占地面积小、投资少。缺点是不对称系数为 1，在三相系统中形成较大的负序电流。单相接线的另一个缺点是变电所无三相电源，变电所的所用电需由附近地方电网引入，或由所内劈相机、单相—三相变压器等方式供给。

为改善牵引负荷对电力系统的负序影响，还有平衡型接线牵引变压器(本书任务 5.2 中详细介绍)。

(2)接线组别

该变压器有两种接线组别，分别是 0 和 6。

接线组别就是表示变压器的一次电压和二次电压相位相对关系的一种工程表示法。它是以时钟的形式进行排列为 0 到 11，共 12 个组别。假定变压器的一次电压 $\dot{E}_A$ 指向 0 点(也即 12 点)，则与其对应的二次电压 $\dot{E}_a$ 也指向 0 点时，则称该接线组别为 0，说明二次电压与其对应的一次电压同相位；假定变压器的一次电压 $\dot{E}_A$ 指向 0 点(或 12 点)，则当与其对应的二次电压 $\dot{E}_a$ 指向 6 点时，则称该接线组别为 6，说明二次电压与其对应的一次电压反相位。

3.1.1　接线组别

由此可见，通过识读牵引变压器的接线组别，可以非常简易快捷地得知变压器一次电压与其对应的二次电压的相位关系。

3. 分接开关与变比

图 3.1.2 所示变压器为无载调压，调压开关也即分接开关安装在高压侧，分别接入 AB 绕组和 BC 绕组，共有 5 个挡位。其中：

第 3 挡(4-5)为额定挡，额定电压为 110 kV，额定变比为 110 kV/27.5 kV＝4。

第 2 挡(3-4)额定电压为 112.75 kV，为额定挡额定电压的 1.025 倍，也即额定电压升高了 2.5%，变比为 112.75 kV/27.5 kV＝4.1，绕组匝数相对于第 3 挡增加了 2.5%。

第 1 挡(2-3)额定电压为 115.5 kV，为额定挡额定电压的 1.05 倍，也即额定电压升高了 5%，变比为 115.5 kV/27.5 kV＝4.2，绕组匝数相对于第 3 挡增加了 5%。

第 4 挡(5-6)额定电压为 107.25 kV,为额定挡额定电压的 0.975 倍,也即额定电压降低了 2.5%,变比为 107.25 kV/27.5 kV = 3.9,绕组匝数相对于第 3 挡减少了 2.5%。

第 5 挡(6-7)额定电压为 104.45 kV,为额定挡额定电压的 0.95 倍,也即额定电压降低了 5%,变比为 104.45 kV/27.5 kV = 3.8,绕组匝数相对于第 3 挡减少了 5%。

变压器铭牌或参数有时还会标注高压侧额定电压为 110 kV ±2 ×2.5%。其含义就是该变压器额定输出电压可调节的范围为 ±5%。

4. 额定容量与额定电流

(1)额定容量

从产品型号可以得知变压器的额定容量为(10 000 + 12 500) kV · A,分开描述表示该变压器的两个绕组容量是不等容量的,为了更准确地表述,铭牌也单独标明了各绕组的额定容量,如图 3.1.6 所示。

由图 3.1.6 可知,牵引变压器高压侧 AB 绕组的额定容量为 10 000 kV · A,BC 绕组的额定容量为 12 500 kV · A。忽略变压器内部损耗,低压侧 x1T1 绕组对应高压侧 AB 绕组,其额定容量为 10 000 kV · A;低压侧 x2T2 绕组对应高压侧 BC 绕组,其额定容量为 12 500 kV · A。

(2)额定电流

由于变压器高压侧与低压侧额定电压不同,其额定电流也就不同。变压器铭牌分别标明了高压侧与低压侧的额定电流,如图 3.1.7 所示。由于高压侧有分接开关,可以进行调压。当分接开关处在不同位置(挡位)时,其额定电压不同,额定电流也就不同,因此需要列出对应不同分接位置时的额定电流。

额定容量kVA			
高压		低压	
AB绕组	10000	x1T1绕组	10000
BC绕组	12500	x2T2绕组	12500

图 3.1.6　牵引变压器铭牌—额定容量

高压侧					
分接位置	开关联接	电压(V)	电流(A)		
			I_A	I_B	I_C
1	2-3	115500	86.58	169.06	108.23
2	3-4	112750	88.69	173.17	110.86
3	4-5	110000	90.91	177.51	113.64
4	5-6	107250	93.24	182.06	116.55
5	6-7	104500	95.69	186.85	119.62
低压侧					
电压(V)			电流(A)		
27500			$I_{T1\text{-}x1}$	$I_{T2\text{-}x2}$	I_{x1x2}
			363.64	454.55	710.03

图 3.1.7　牵引变压器铭牌—额定电流

变压器的额定电流不仅与变压器的额定容量和额定电压有关,而且与变压器的接线方式有关。不同的接线方式,额定容量与额定电流的关系式不同。因此,复核变压器额定电流时,首先要确认变压器的接线方式,正确选择相应的计算公式。本变压器为 Vv 接线,AB 与 CB 两个绕组是相互独立的,相当于两个单相变压器。故额定容量与额定电流满足公式 $S = UI$。

①高压侧:

当分接开关处于 4-5 挡时,额定电压为 110 kV。

则 AB 绕组的电流 I_A 值为

$$I_A = 10\ 000\ \text{kV} \cdot \text{A} / 110\ \text{kV} = 90.91\ \text{A}$$

CB 绕组的电流 I_C 值为

$$I_C = 12\ 500\ \text{kV} \cdot \text{A} / 110\ \text{kV} = 113.64\ \text{A}$$

而 $\dot{I}_B$ 则等于 $\dot{I}_A$ 与 $\dot{I}_C$ 的相量和，二者相量关系如图 3.1.8 所示。

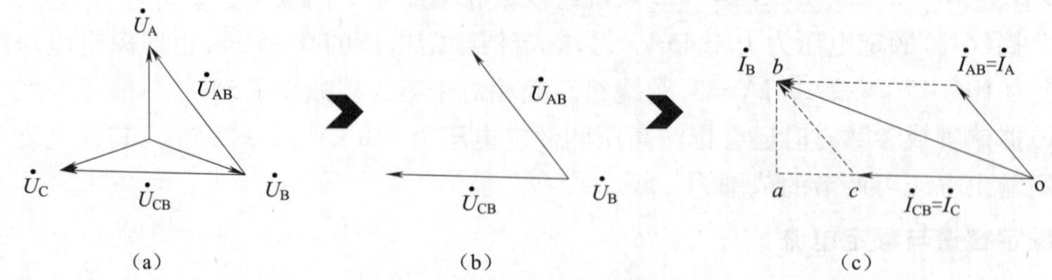

图 3.1.8　电压与电流相位关系

图 3.1.8(a)所示为三相电压及线电压的相位关系图，图 3.1.8(b)所示为 AB 相绕组与 CB 相绕组两线电压的相位关系，相差 60°，两绕组的电流相位关系与其电压关系相对应，两绕组电流的相量和如图 3.1.8(c)所示，则

$$ab = bc \times \sin 60° = I_A \times \sin 60° = 90.91\ \text{A} \times 0.866 = 78.73\ \text{A}$$

$$ac = bc \times \sin 30° = I_A \times \sin 30° = 90.91\ \text{A} \times 0.5 = 45.46\ \text{A}$$

$$I_B = \sqrt{ab^2 + (ac + oc)^2} = \sqrt{78.73^2\ \text{A} + (45.46 + 113.64)^2\ \text{A}} = 177.51\ \text{A}$$

同理，当分接开关处于不同挡位时，其额定电压不同，但求解额定电流的方法一致，此处不再重复。

②低压侧：

低压侧无分接开关，额定电压为一固定值，等于 27.5 kV，当采用 Vv0 接线方式时，x1x2 连接并接地。

则 T1x1 绕组电流为

$$I_{T1x1} = 10\ 000\ \text{kV}\cdot\text{A}/27.5\ \text{kV} = 363.64\ \text{A}$$

则 T2x2 绕组电流为

$$I_{T2x2} = 12\ 500\ \text{kV}\cdot\text{A}/27.5\ \text{kV} = 454.55\ \text{A}$$

x1x2 间的电流则等于两电流的相量和，计算方法与高压侧计算 I_B 的方法相同，可得结果为 710.03 A。

知识点 2：绝缘老化六度定则与变压器过负荷能力

1. 变压器寿命与绝缘老化六度定则

(1)变压器正常寿命

变压器正常寿命通常是指变压器的正常使用年限，是由绝缘材料的老化程度决定的。绝缘材料的老化则主要取决于运行温度、绝缘材料结构中的氧气含量、含潮率（绝缘材料中的水分）。其中运行温度是引起绝缘老化的最主要的因素。因此，温度对变压器的寿命起着决定性的作用。

(2)绝缘老化六度定则

温度和绝缘材料的寿命（即变压器的寿命），相互间有一定的关系，这可查阅不同等级绝缘材料的寿命曲线。油浸式变压器绕组用的电缆纸是 A 级绝缘，电缆纸在 80 ~ 140 ℃范围内，温度比 98 ℃每增加 6 ℃其老化速度增加一倍；反之，比 98 ℃每降低 6 ℃其老化速度降低一半,即所谓绝缘老化六度定则。

按六度定则标准规定,变压器在额定负载下运行,绕组允许平均温升为65 ℃。通常,绕组最热点温升比平均温升高13 ℃。若变压器在额定负载和环境温度为20 ℃条件下连续运行,则绕组最热点的温度为98 ℃,电缆纸在98 ℃时使用,其老化寿命在20年以上。在该运行条件下的老化寿命称为正常老化寿命。

实际运行中,变压器的负荷和环境温度是经常变化的,特别是电气化铁路牵引负荷不断变化且变化剧烈,有时过载,有时轻载;夏季环境温度高,冬季环境温度低。因此,引起变压器寿命损失增加与减少的因素是经常变化的。当变压器过载时,使变压器寿命损失加速,而在轻载和冬季额定负荷运行时,寿命损失则可减缓。如上所述的各种因素引起的变压器寿命损失增加与减少是可以相互补偿的,即变压器在允许过负荷条件下不会降低正常使用寿命。但是,在事故过负荷时,它将使变压器的正常寿命减少。一般规定,事故过负荷造成的额外损失以不超过年寿命损失的1%为限。变压器的寿命损失率 V 是反映变压器在不同温度下的寿命损失情况。变压器绕组的热点温度在80～140 ℃范围内的相对寿命损失见表3.1.1,变压器在绕组的热点温度98～140 ℃下允许运行的持续时间见表3.1.2。

表3.1.1　变压器绕组的热点温度在80～140 ℃范围内的相对寿命损失率 V

Q_h(℃)	80	86	92	98	104	110	116	122	128	134	140
V	0.125	0.25	0.5	1	2	4	8	16	32	64	128

表3.1.2　变压器绕组的热点温度在98～140 ℃下允许的持续时间　　单位:h

Q_h(℃)	98	101.5	104	107.5	110	113.5	116	119.5	122	125.5	128	131.5	134	137.5	140
T_h	24	16	12	8	6	4	3	2	1.5	1	0.75	0.5	0.735	0.25	0.187

通过以上分析可知:

①当 Q_h 低于80 ℃时,变压器的寿命损失可以忽略不计。

②当 Q_h 高于98 ℃时所增加的寿命损失可由 Q_h 低于98 ℃时所减少的寿命损失补偿。

③负载大于额定容量所增加的寿命损失可由负载小于额定容量所减少的寿命损失补偿。

④当一年内或一日内冷却介质温度按自然规律变化时,高于年平均温度所增加的寿命损失可由低于年平均温度所减少的寿命损失补偿。

⑤在负载周期内,如果变化的负载系数所引起的相对寿命损失率等于1,则变压器具有正常寿命。

2. 牵引变压器过负荷能力

变压器具有过负荷能力,是指在保证变压器正常寿命(一般是20年)的前提下,可以供比额定值大的负荷运行一段时间的能力。由此可见允许变压器过负荷的主要条件,是不损害变压器的正常使用期限。以此为依据,对过负荷的大小和允许的运行时间作相应规定。

3.1.2　绝缘老化六度定则

(1)正常负荷率

《电气化铁路牵引变压器》(TB/T 3159)第5.2.8条明确了牵引变压器的典型负荷曲线图,如图3.1.9所示。图3.1.9中 K 为相对负载(K=变压器负载电流/变压器额定电流),也称为负荷率。当忽略牵引网电压变化时，分子分母同时乘以牵引网额定电压即为变压器负荷容量与变压器额定容量之比（负荷率）。《电气化铁路牵引变压器》（TB/T 3159）规定常速单线铁路 K_1 取 0.5，常速复线铁路 K_1 取 0.6，客运专线、城际铁路或重载铁路 K_1 取 0.7 ~0.8。K_1 是根据不同线路牵引负荷的特点，设定反映牵引变压器持续运行的平均负荷水平，并以此为基础，确定牵引变压器的正常过负荷能力。K_1 被称为牵引变压器的"正常负荷率"。

（2）正常过负荷能力

《电气化铁路牵引变压器》（TB/T 3159）中的牵引变压器正常过负荷能力是指"牵引变压器按图 3.1.9 所示的典型负荷曲线运行（负载周期约为6.0 h），并按环境温度 30 ℃，绕组最热点温度不超过 140 ℃，顶层油温不超过 105 ℃的能力。"按图 3.1.9 所示，K_1 为正常负荷率，K_2 = 2.0、K_3 =3.0 称为过负荷倍数。当牵引变压器在一个周期内按 2 倍额定负荷持续运行 60 min，3 倍额定负荷持续运行 2 min，其余时间按正常负荷率 K_1 运行，24 h 连续运行 3 个周期时，牵引变压器的绕组最热点温度与顶层油温均不超过规定限值，就称为该牵引变压器在正常负荷率运行条件下具备 2 倍的过负荷能力，通常将 K_2 值作为牵引变压器容量设计时的过负荷倍数取值，用 k 表示。

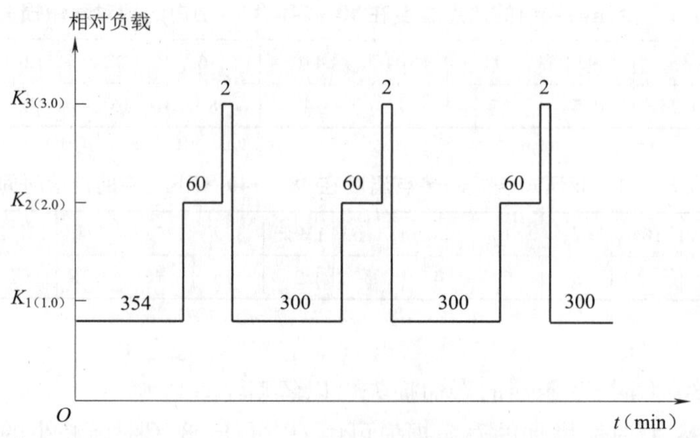

图 3.1.9　牵引变压器典型负荷曲线图

一般牵引变压器属于自然油循环冷却（ON）中型变压器。牵引变压器的过负荷按以下几种情况来考虑：

①正常运行时，变压器的日平均负荷不会超过变压器容量。然而，牵引负荷的剧烈变化，可能造成经常性的过负荷，但这种过负荷一般不大且作用时间短。至于牵引负荷电流的短时（1 ~2 min 以下）起伏与尖峰可以不考虑。这是因为负载引起的绕组温度变化需要约 15 min 才能达到稳定值，且绕组的短时允许温度可达 140 ℃，变压器油达到稳定温度所需要的时间更长。

②紧密运行时，牵引变压器可能出现短时（几分钟）的较大过负荷。这种过负荷可使绕组绝缘温度较快上升，大大增加了变压器的相对寿命损失。但由于其他诸多因素（如轻载、冬季等）又可减少变压器的相对寿命损失，使变压器寿命损失的增加与减少可以相互补偿。因此，设计规范规定，在正常负荷率条件下，三相 YNd 接线和平衡型的牵引变压器，允许短时过负荷能力为 50%，单相变压器允许短时过负荷为 75%，斯特科变压器短时允许过负荷不得超过 100%。

(3)低负荷率运行条件下的过负荷能力

牵引变压器的主要负荷是电力机车或动车组,列车在牵引运行过程中,如起动、加速或上坡时,牵引电流较大;而当列车减速、下坡或停车时,则牵引电流较小甚至没有。因此,牵引负荷随列车的运行状态在不断变化,具有很大的随机性与陡变性等特点,短时负荷较大,而日均负荷较小。日均负荷率通常远远小于《电气化铁路牵引变压器》(TB/T 3159)中对 K_1 的规定,称为低负荷率运行条件。在低负荷率运行条件下的牵引变压器,其过负荷能力和持续允许时间均可以增加,具体需要根据《电力变压器　第7部分:油浸式电力变压器负载导则》(GB/T 1094.7),通过对变压器进行温度限值、寿命损失及电流限值进行校验来确定。

3. 安装直接测温装置的牵引变压器的过负荷

随着铁路运量迅速发展,许多线路的实际容量已超过设计值,导致牵引变压器过负荷运行,因而牵引变压器的实际过负荷能力成为一个十分现实的问题。同样,新建电气化铁路所需的牵引变压器容量也涉及变压器的过负荷能力,特别是当前国家对牵引变压器实行两步电价制(实际用电电价和安装容量基本电价),容量的合理选择是关系到运营费用的重大经济问题。变压器过负荷能力的利用是否充分、合理,变压器过负荷运行是否安全、可靠,归根结底要由变压器各部温升来验证。而变压器各部温升的获得,除了通过计算方法以外,比较理想的方法就是用直接测温装置实时测量。

直接测温装置是通过敷设在变压器高低压绕组、铁芯、绝缘油、箱壁的铂电阻等测温传感器,它将测得的各处温度通过传感器引出线、传输光纤、传输电缆,输送到计算机测温系统(采样、计算、显示、打印)。其埋设的测温点能检测随负荷剧烈变化的绕组、铁芯及绝缘油的温度,特别是绕组最热点温度。温升试验与计算分析结果表明,不管变压器采用何种冷却方式,绕组顶部区的线饼为热点区。因此,只要将测点均匀分布在热点区,就可测热点温度。掌握热点温度就可以掌握变压器负载能力和绕组绝缘老化规律,进而掌握变压器运行寿命。因此,该装置完全不同于依靠测量油温来判别变压器内部温度情况。变压器油的热时间常数较大,故由负荷电流变化引起绕组、铁芯等发热变化,通过油的温升反映出来就需要较长一段时间,即油的温升不能直接及时地反映牵引负荷的变化。

安装有直接测温装置的牵引变压器,能经常承受在负荷率为0.5的条件下,过负荷倍数为额定电流3倍的尖峰牵引负荷,一次不超过2 min,每次发生间隔不少于30 min。当变压器在环境温度 θ_h 为20 ℃时,应能承受表3.1.3所列的短时过负荷倍数,此时,绕组最热点温度不得超过140 ℃。

表3.1.3　安装直接测温装置的牵引变压器过负荷倍数

负荷率	持续时间(h)			
	0.5	1	2	4
0.5	2.00	1.80	1.53	1.31
0.7	1.95	1.70	1.46	1.27

变压器内部测温装置对充分利用其过载能力,提高牵引变压器的使用寿命,保证供电可靠性、稳定性,减小变压器的安装容量,实现对牵引变压器的科学管理和随时地指导状态维修都有着十分重要的意义。

3.1.3 牵引变压器过负荷能力

4. 牵引变压器过负荷保护与温度保护

牵引变压器过负荷会引起变压器绕组和变压器油温度升高，当温度超过一定值时，会影响变压器的正常使用寿命。如果长时间严重过负荷，则有可能导致变压器运行故障。为此，一般均设置了牵引变压器过负荷保护与温度保护。

(1)过负荷保护

一般设置两段过负荷保护。Ⅰ段过负荷保护动作时，给出过负荷报警信号。如果负荷仍然持续增大，达到Ⅱ段过负荷保护动作值时，则Ⅱ段过负荷保护动作，经延时给出牵引变压器跳闸信号，将变压器退出运行，从而保护变压器的运行安全。过负荷保护整定值与延时整定值的大小由设计单位根据牵引变压器的接线方式与过负荷能力等的不同确定。

(2)温度保护

当环境温度较高且负荷持续时间较长时，即使负荷没有达到牵引变压器过负荷动作值，仍然可能引起变压器过热，对变压器的正常使用寿命甚至运行安全产生威胁。因此，除设置过负荷保护外，还设置了牵引变压器温度保护。通常也设两段温度保护。当变压器油温达到Ⅰ段温度保护动作值时，启动风机加快变压器散热，降低变压器内部运行温度；如果温度仍然持续上升，达到Ⅱ段温度保护动作值时，则给出牵引变压器跳闸信号，将变压器退出运行，从而保护变压器的运行安全。

知识点3：牵引变压器容量的影响因素及技术指标

要确定牵引变压器的容量，基本原则是牵引变压器的供电能力要能够保证完成预定的运输任务，以此为前提合理确定变压器的容量。一是容量不宜过大，容量过大，就会造成占用供电系统的资源增大，相应的运营成本增加，同时损耗也会增大，就如大马拉小车，牵引变压器容量得不到合理利用，不经济。二是容量也不能过小，过小就会造成牵引变压器经常过负荷，影响供电质量，同时也易缩短变压器正常使用寿命甚至损坏，就如小马拉大车。因此，合理确定牵引变压器容量，不仅是一个重要的技术问题，也是一个重要的经济问题。

1. 影响牵引变压器容量的主要因素

牵引变压器容量应保证其供电能力满足完成预定运输任务的要求。要完成预定的运输任务，需要足够数量牵引一定重量的列车。在铁路运输企业，每日开行的列车数量通常表述为行车密度或“列车对数”，列车牵引重量表述为“牵引定数”。而影响供电臂负荷电流的因素主要有电力机车类型、牵引定数、牵引方式、线路坡道、行车量和线路通过能力等。在线路条件一定的情况下，列车的牵引定数决定了单列列车的能耗，而能耗决定了列车的电流大小。牵引定数与行车对数共同决定了牵引变电所供电臂的电流大小。因此，在这些因素中，当线路断面确定后，年运输量是确定供电臂负荷也即确定牵引变压器容量的关键因素。

2. 列车对数

在确定牵引变压器容量时，通常可按以下3种情况确定列车对数 N：

(1)采用近期年运量时

$$N=\frac{K_1K_2\Gamma\times10^4}{2\times365G\gamma}\text{(对/日)} \tag{3-1}$$

式中　K_1——波动系数(取1.2)；

K_2——储备系数(单线取1.2,复线取1.15);

Γ——年运量,10^4 t;

G——列车牵引质量,t/列;

γ——货物列车净载重系数。

(2)需要输送能力接近线路输送能力时

$$N=\frac{\Gamma_{输}\times 10^4}{2\times 365G\gamma}(对/日) \tag{3-2}$$

式中　$\Gamma_{输}$——线路输送能力,10^4 t。

(3)需要输送能力低于线路输送能力一半时

$$N=\frac{\Gamma_{输}\times 10^4}{365G\gamma}(对/日) \tag{3-3}$$

牵引变压器容量应和铁路运输量的大小及其增长速度相适应。运输量越大,运行的列车越多,从牵引变电所获取的电流就越大,相应的要求牵引变压器的容量也越大。在确定列车对数时,要考虑留有一定的储备能力。考虑储备能力的原因是因为有时会发生由于线路维护,港口卸货及自然灾害等引起的列车密集运行情况。其储备系数一般单线取用20%,复线取用15%。若近期按调查运量计算,还需要考虑货运量的波动性,波动系数一般采用20%。远期按国家年输送能力计算时,则不考虑波动系数,仅考虑储备能力。

若国家规定的年输送能力已接近线路输送能力时,可按线路输送能力计算。若低于线路输送能力的一半时,可按2倍需要输送能力计算。在这两种情况下,都不再考虑波动系数和储备系数。

举例:已知某单线铁路近期的年运输量 $\Gamma=3\ 500$ 万 t,牵引定数 $G=4\ 000$ t,试确定其该铁路每天要运行的列车对数 N。

由于是近期年运量,且是单线,故波动系数与储备系数均取1.2,运用公式(3-1)可得

$$N=\frac{K_1K_2\Gamma\times 10^4}{2\times 365G\gamma}=\frac{1.2\times 1.2\times 3\ 500\times 10^4}{2\times 365\times 4\ 000\times 0.736}=23.5(对/日)$$

取 $N=24$ 对/日。

3. 列车能耗与列车电流

在铁路运输中,除了满载的直通货物列车(重车)外,还有零担列车、摘挂列车、不满载列车和旅客列车,另外当两个方向货运量不一致时,会出现一部分空载列车。牵引变压器的容量必须满足各类电力牵引列车的用电需要。一般对于不同类型的列车,均按满载货物列车考虑。

电力机车在运行中消耗的能量是电能,通常称之为列车能耗。列车能耗决定了列车电流的大小。

在电力牵引中,列车的运行状态有三种:牵引状态、惰行状态、制动状态,具体采用哪种状态取决于线路的情况。如:列车起动、加速或上坡时,需克服运行阻力而加大或保持一定的牵引力,列车需要从接触网获取电能。反之,列车停车、减速或下坡时,列车不需要牵引力,因此就可少用电或不用电。

在牵引计算中,根据线路状况和列车的运行状态可以通过作图得到列车电流曲线,列车电流曲线是列车取流与走行路程(或时间)的关系曲线,即 $i=f(s)$ 或 $i=f(t)$,在机车上装设记录

式仪表也可记录机车的电流曲线，如图 3.1.10 为武广高铁某变电所实测的电压—电流曲线。

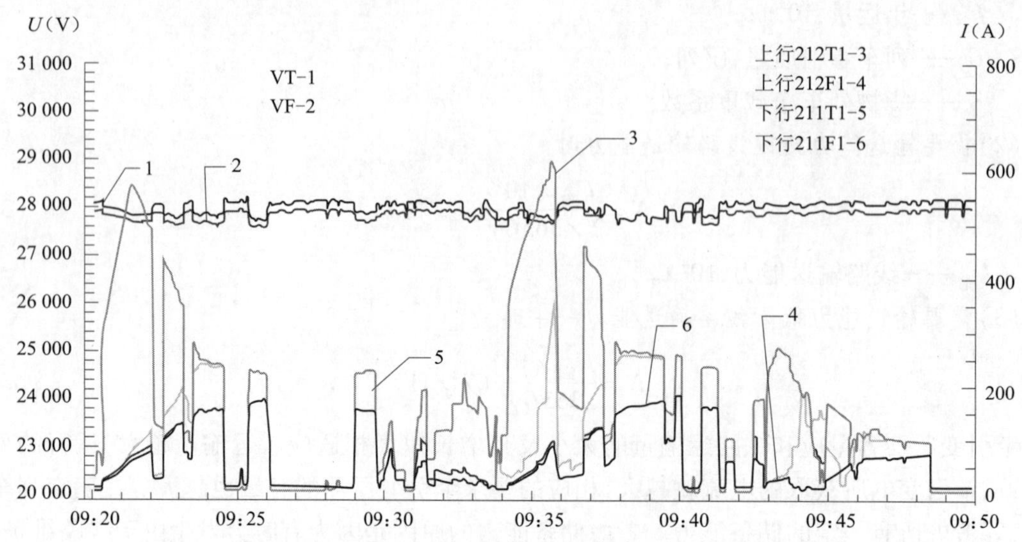

图 3.1.10　武广高铁某牵引变电所电压—电流曲线

由图 3.1.10 可知，牵引列车的电流大小总是不断在变化的。在求得列车电流曲线后要进行列车能耗的计算，一般是将该曲线积分，再乘以电压 U，便得到列车能耗，如图 3.1.11 所示。积分时：将时间坐标划为若干等份 Δt，例如 $\Delta t = 1$ min。每隔 1 min 从曲线读出对应的列车电流 $i_0, i_1, i_2, \cdots, i_n$。设列车在牵引变电所供电分区的时间共可分为 n 个时间等份，由此得出 $n+1$个对应的 i 值，于是列车通过供电分区的能耗为

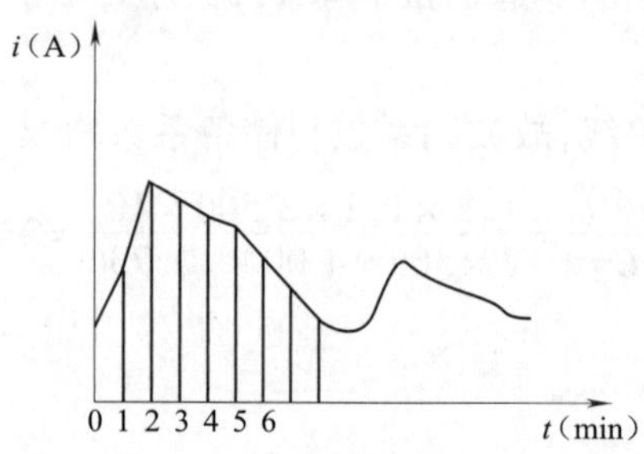

图 3.1.11　列车电流曲线 $i = f(t)$

$$A = \frac{\Delta t \cdot n}{60} \cdot \frac{U}{n+1} \sum_{t=0}^{n} i_n \quad (\text{kV} \cdot \text{A} \cdot \text{h}) \tag{3-4}$$

计算条件是计算变压器容量的前提，列车能耗是计算变压器容量的基础，有了列车能耗就可以计算列车电流、馈线有效电流，进而计算牵引变压器容量。

3.1.4　确定牵引变压器容量计算条件

4. 牵引变压器计算容量

牵引变压器计算容量是指满足正常运行时的列车对数 N 和带电运行时间 $\sum t_{gi}$ 等条件时牵引变压器所必需的最小容量。

变压器单相绕组容量的计算公式为

$$S = UI$$

式中　U——变压器绕组的额定电压；

I——变压器绕组的有效电流。

对不同接线方式的变压器，负荷电流（也即馈线电流）与变压器绕组有效电流间的对应关系不同。因此，要确定牵引变压器的计算容量，首先要掌握不同接线方式的变压器，如何将馈线电流转换为变压器绕组的有效电流。

计算变压器绕组有效电流，首先要明确供电臂负荷在变压器采用不同接线方式时在变压器绕组中的分配关系，这样就可用供电臂有效电流和平均电流求得变压器绕组的有效电流。因此，不同接线的牵引变压器，其容量计算式也就不同。

（1）三相 YNd 接线牵引变压器

由于供电臂电流在三相变压器三角侧各相绕组中的负荷电流分配不均，如果三相负荷均按最大负荷相来确定三相变压器容量，将使变压器的温升低于额定值，也即变压器油的温升尚有裕量。为考虑这一过负荷能力，引入一个温度系数（也称不均匀系数）K_t，一般取 $K_t=0.9$。

设 $I_{e1}>I_{e2}$（供电臂1为重负荷臂，供电臂2为轻负荷臂），则牵引变压器容量 S 为

$$S=3K_tU\frac{\sqrt{4I_{e1}^2+4I_{e2}^2+2I_{av1}I_{av2}}}{3}=K_tU\sqrt{4I_{e1}^2+4I_{e2}^2+2I_{av1}I_{av2}}\quad(\text{kV}\cdot\text{A})\tag{3-5}$$

式中　I_{e1}，I_{av1}——重负荷臂有效电流和平均电流，A；

I_{e2}，I_{av2}——轻负荷臂有效电流和平均电流，A；

K_t——三相变压器的温度系数；

U——牵引变压器输出额定电压，即27.5 kV。

用近似公式简化计算，即

$$S=K_tU(2I_{e1}+0.65I_{e2})\quad(\text{kV}\cdot\text{A})\tag{3-6}$$

3.1.5　三相YNd接线变压器计算容量

（2）单相接线牵引变压器

①当单相牵引变压器只给一个供电臂供电时，其计算容量为

$$S=U\sum I_e\quad(\text{kV}\cdot\text{A})\tag{3-7}$$

式中　$\sum I_e$——牵引变电所母线有效电流。当母线上只有一条馈线时，母线有效电流即为馈线有效电流。

②当单相变压器供两个供电臂时，其计算容量 S 为

$$S=U\sqrt{I_{e1}^2+I_{e2}^2+2I_{av1}I_{av2}}\quad(\text{kV}\cdot\text{A})\tag{3-8}$$

（3）Vv 接线变压器

Vv 接线变压器，已知由两台单相变压器连接成开口三角形，其两台变压器容量分别为

$$\left.\begin{aligned}S_1&=UI_{e1}\\S_2&=UI_{e2}\end{aligned}\right\}\quad(\text{kV}\cdot\text{A})\tag{3-9}$$

（4）斯科特变压器（Scott 变压器）

已知斯科特变压器二次绕组的有效电流分别为

$$I_{Te}=I_{e1}$$

$$I_{Me}=I_{e2}$$

且当 $I_{Te} > I_{Me}$ 时，则其容量 S 为

$$S = 2UI_{Te} \quad (kV \cdot A) \tag{3-10}$$

当 $I_{Me} > I_{Te}$ 时，其容量 S 可按式(3-11)计算

$$S = \sqrt{3I_{Me}^2 + I_{Te}^2} \quad (kV \cdot A) \tag{3-11}$$

(5)平衡型变压器

平衡型变压器的容量计算可用简便计算式确定其容量，即

$$S = 2K_t UI_{e1} \tag{3-12}$$

式中 S——平衡型变压器计算容量，kV · A；

K_t——温度系数，一般取 $K_t = 0.9$；

U——27.5 kV；

I_{e1}——重负荷臂有效电流，A。

5. 牵引变压器校核容量

牵引变压器的校核容量是以列车紧密运行时的要求为条件所确定的牵引变压器最大容量，结合变压器的过负荷能力而确定的牵引变压器容量，即

$$S_{校} = \frac{牵引变压器最大容量}{牵引变压器的负荷倍数} \tag{3-13}$$

对牵引变压器进行容量校核，要达到两方面的目的，一方面是要满足列车紧密运行的要求；另一方面是要保证变压器在充分利用过负荷能力的情况下能安全地运行。

按照紧密运行条件所得出的变压器的容量，称为变压器的最大容量，但它不是校核容量，因为尚没有考虑变压器的过负荷能力。变压器的过负荷能力以过负荷倍数 K 来表示。例如已知过负荷倍数 $K = 150\%$，变压器最大容量 S_{max} 为 32 000 kV · A，考虑变压器的过负荷能力后，牵引变压器的校核容量为 $S_{校} = 32\ 000/1.5 \approx 21\ 333$ kV · A，虽然 $S_{校}$ 比 S_{max} 要小，但却可以充分利用变压器的过负荷能力满足 S_{max} 的需要。即校核容量既可满足列车紧密运行的要求，又可充分利用变压器过负荷能力而安全运行。

3.1.6 牵引变压器校核容量

6. 牵引变压器安装容量

牵引变压器的安装容量也即牵引变压器最后安装时的实际容量。确定安装容量不仅要以计算容量和校核容量为基础，还要考虑牵引变压器的备用方式，最后再按变压器的产品规格确定变压器实际安装容量与安装台数。

牵引供电负荷属国家一级负荷，当牵引变压器在检修或发生故障时，都需有备用变压器及时投入，以确保铁路运输供电的不间断。对于大运量复线铁路，变压器一旦出现故障，快速投入备用变压器显得尤为重要。备用变压器投入的快慢，将影响到恢复正常供电的时间，并且与采用的备用方式有关。备用方式有移动备用和固定备用两种方式。电气化铁路发展的早期，少数牵引变电所采用移动备用方式。但是，当前移动备用方式已很少采用，而是基本采用固定备用方式。采用固定备用方式的电气化铁路，每个牵引变电所均按 100% 备用牵引变压器，即正常运行时是 1 台运行，另 1 台备用。每台牵引变压器容量应能承担全所最大负荷，满足铁路正常运输的要求。

当牵引变压器的计算容量和校核容量已确定，变压器备用方式也确定以后，即可按图 3.1.12所示的步骤确定牵引变压器的实际安装容量。

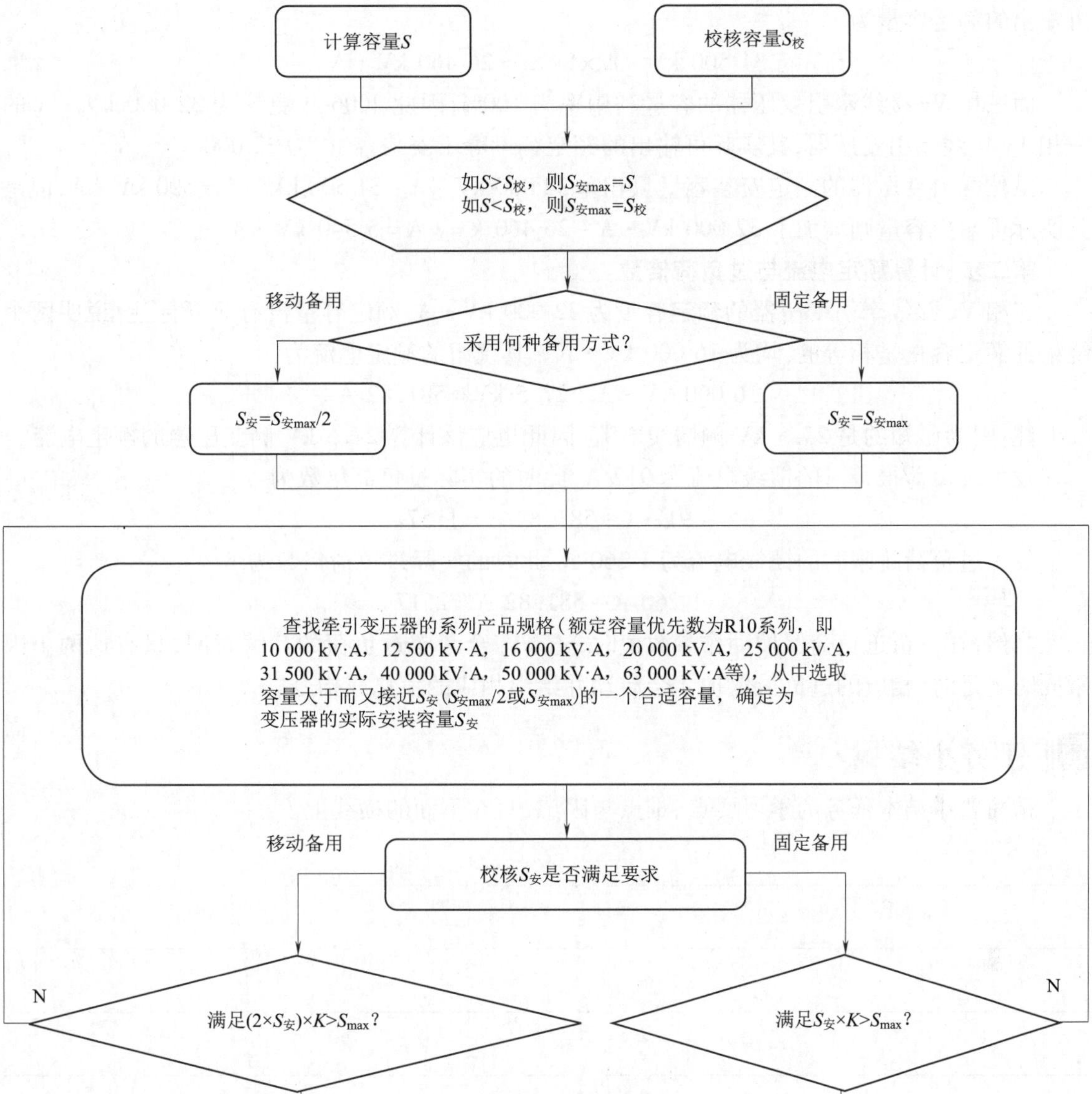

计算容量S

校核容量$S_{校}$

如$S>S_{校}$，则$S_{安max}=S$
如$S<S_{校}$，则$S_{安max}=S_{校}$

移动备用　　采用何种备用方式？　　固定备用

$S_{安}=S_{安max}/2$

$S_{安}=S_{安max}$

查找牵引变压器的系列产品规格（额定容量优先数为R10系列，即10 000 kV·A，12 500 kV·A，16 000 kV·A，20 000 kV·A，25 000 kV·A，31 500 kV·A，40 000 kV·A，50 000 kV·A，63 000 kV·A等），从中选取容量大于而又接近$S_{安}$（$S_{安max}/2$或$S_{安max}$）的一个合适容量，确定为变压器的实际安装容量$S_{安}$

移动备用　　校核$S_{安}$是否满足要求　　固定备用

满足$(2\times S_{安})\times K>S_{max}$？　N　Y

满足$S_{安}\times K>S_{max}$？　N　Y

$S_{安}$为最终实际安装容量

图 3.1.12　牵引变压器安装容量确定流程

任务实施

通过学习本任务知识点，结合“任务描述”与“任务分析”，按以下步骤来完成本任务。

3.1.7　牵引变压器安装容量

第一步：计算两台变压器的实际输出容量。

由知识点 1 可知，YNd11 型牵引变压器的容量利用率在考虑温度系数的情况下为 84%，因此额定容量为 31 500 kV · A 的 YNd 型牵引变压器，其实际

可输出的额定容量为

$$31\ 500\ \text{kV}\cdot\text{A}\times 84\% = 26\ 460\ \text{kV}\cdot\text{A}$$

而三相Vv接线牵引变压器的容量利用率为100%，因此2006年更换为32 000 kV·A的三相Vv接线牵引变压器，其实际可输出的额定容量等于安装容量，为32 000 kV·A。

虽然两台变压器的额定安装容量只相差32 000 kV·A－31 500 kV·A＝500 kV·A，但是其实际可输出容量则增加了32 000 kV·A－26 460 kV·A＝5 540 kV·A。

第二步：计算额定电流与过负荷倍数。

三相Vv接线牵引变压器的额定容量为32 000 kV·A，额定容量没有分开标注，说明两个绕组的额定容量是相等的，均为16 000 kV·A。其绕组的额定电流为

$$16\ 000\ \text{kV}\cdot\text{A}\div 27.5\ \text{kV} = 581.82\ \text{A}$$

注：因为已知的是27.5 kV侧馈线电流，因此也应该计算27.5 kV侧变压器的额定电流。

发生过负荷报警时的馈线电流为912 A，此时的实际过负荷倍数为

$$912\ \text{A}\div 581.82\ \text{A} = 1.57$$

发生过负荷跳闸时的馈线电流为1 260 A，此时的实际过负荷倍数为

$$1\ 260\ \text{A}\div 581.82\ \text{A} = 2.17$$

当然，在分析过负荷保护动作参数值时，还需综合考虑过负荷的持续时间，只有这两个因素同时满足时，相应的过负荷保护才会启动并给出相应的信息或指令。

任务小结

请简要小结本任务的学习要点、难点与困惑，写在下面的横线上。

____

____

____

____

____

____

格言语录

“学而不思则罔，思而不学则殆。”——孔子

既要鼓励学习，更要鼓励基于有思考的学习。不加思索，囫囵吞枣式的学习，即使学习了很多，依旧会感到迷茫，甚至还有可能越学越糊涂。没有经过思考的学习，就如没有消化的食物，终究无法被吸收，无法成为自己的知识。

思考固然非常重要，但也不能只有思考而不学习，则思考也就成了无源之水，无本之木，最终只是空想而已，依旧思无所得。故学思要一体，知其然亦要知其所以然，乃为学之道！

练习与评价

看图 3.1.13,请回答表 3.1.4 中的问题 1 ~ 问题 4,同时完成表 3.1.4 中的其他内容。

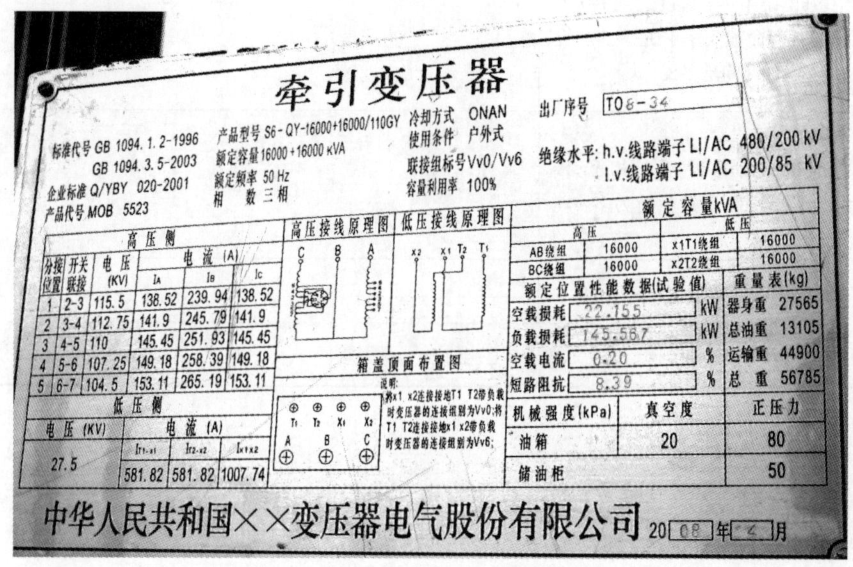

图 3.1.13 某牵引变压器铭牌

表 3.1.4 任务 3.1 完成情况评价表

序号	任务内容	完成记录	标准分	评分
1	问题 1:高压侧 I_A 额定电流是多少(请列出计算式)		15	
2	问题 2:低压侧 I_{x1x2} 额定电流是多少(请列出计算式)		25	
3	问题 3:当 T1T2 连接接地,x1x2 带负载时,变压器的连接组别是什么?此时,高压侧电压与其对应的低压侧电压相位关系是什么		15	
4	问题 4:假设该变压器 I 段过负荷保护整定值为其额定值的 1.4 倍,则当实际负荷电流为 900 A 时,I 段过负荷保护会否启动?列出算式说明		10	

续上表

序号	任务内容	完成记录	标准分	评分
5	当变压器绕组热点温度达到 140 ℃时，其相对寿命损失率 V 是多少？允许持续运行的时间是多久		10	
6	单相接线变压器和（含三相 Vv 接线变压器）允许短时过负荷为多少		5	
7	“任务小结”完成情况		20	
总体评价： □好 □较好 □一般 □较差 □差				

任务 3.2 牵引变压器供电质量与经济性能分析

任务导读

牵引变压器在传输电能的过程中，不仅会产生电压损失，也会产生电能损失，如果处理不好会影响供电质量，同时还会影响电费的构成，影响供电系统的总体经济性能。这些都与牵引变压器的容量相关。通过本任务的学习，可以掌握牵引变压器容量与变压器电压损失、电能损失，以及电费支出的关系，并学会分析相关的问题。

学习目标

1. 知识目标

（1）理解变压器电压损失的原理。

（2）理解变压器电能损失的原理。

（3）了解基本电费相关知识。

2. 能力目标

（1）会分析变压器的电压损失。

（2）会分析变压器经济性能。

3. 素质目标

（1）养成认真严谨与求真务实的科学态度。

（2）树立优质供电意识与节能意识。

任务描述

某牵引变压器相关参数如图 3.1.13 所示，请分析以下问题：

（1）两供电臂均为额定负载时该变压器所产生的电压损失是多少？

(2)当供电臂1日均有效电流为400 A,供电臂2日均有效电流为450 A·时,试分析该变压器一年的电能损耗是多少。如果按0.7元/(kW·h)计费,将损失多少电费?

(3)如果按该变压器安装容量来收取基本电费,单价标准为25元/(月·kVA),则该变压器一年应缴纳多少基本电费?

任务分析

运用任务3.1所掌握的知识,学会看牵引变压器的铭牌,同时通过本任务的学习掌握变压器电压损失、电能损失与基本电费的计算方法,就可以完成本任务。

基本知识

知识点1:牵引变压器电压损失

1. 变压器电压损失的产生原理

图3.2.1为变压器短路试验接线图。将变压器的输出端(a-x)短接,在电源侧输入一个额定电流,此时电源所加的电压即为变压器的短路电压 U_k。因输出端是短路的,没有负载电压,因此,该电压的实质就是一个额定电流在变压器内部产生的电压损失。该电压的大小与变压器阻抗大小成正比。在工程实际应用中,通常用短路电压 U_k 与变压器的额定电压 U_N 之比的百分值来表示,该值又称为变压器短路阻抗百分值,常用 $U_k\%$ 表示,一般在变压器铭牌上均有标注。

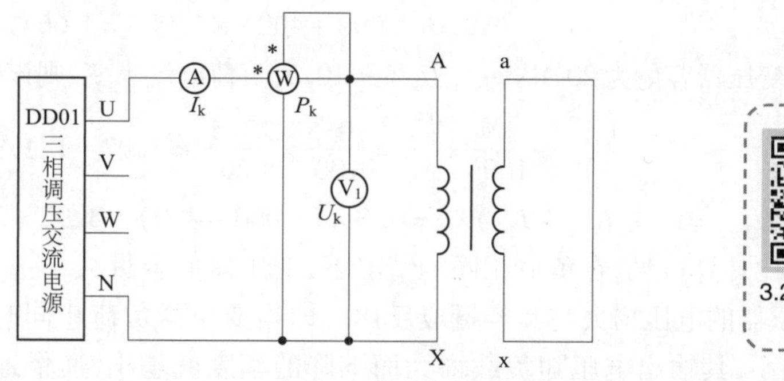

3.2.1 变压器短路试验

图3.2.1　变压器短路试验接线图

变压器的阻抗既包括变压器的电阻分量 R_T,也包括变压器的电抗分量 X_T。由于牵引变压器的容量一般均较大,对大容量变压器,$R_T \ll X_T$,在实际工程计算时,可认为 $X_T \approx Z_T$。若变压器为Y/y接线,则可用 X_T 代表变压器的每相阻抗。

如此可得

$$X_T \approx Z_T = \frac{U_k\%}{100} \times \frac{U_N}{\sqrt{3} I_N} = \frac{U_k\%}{100} \times \frac{U_N^2}{S_N} \tag{3-14}$$

对于YNd型接线的牵引变压器,由于其27.5 kV侧绕组为三角形接线。因此,可先按Y接求出每相绕组的 X_T,再用三角形接线时每相绕组阻抗为等值Y接每相阻抗的3倍。这时三角形接线的变压器绕组的阻抗为

$$X_{T\triangle} = 3X_T \tag{3-15}$$

变压器的电压损失等于变压器的绕组电流与相阻抗的乘积。在实际计算中,由于已知数

据往往是供电臂电流。因此，计算变压器电压损失时，需要将供电臂电流转换为变压器绕组的电流。而供电臂电流与变压器绕组电流的关系取决于变压器的接线方式。

计算变压器的电压损失，需根据变压器的接线方式，对应不同的计算式进行求解，详见任务5.1。

2. 变压器电压损失与容量的关系

以某牵引变电所为例，设2台220 kV/27.5 kV的单相牵引变压器，固定备用，容量为40 MV·A，$U_k\%=10.5$，重负荷臂最大电流为1 000 A，轻负荷臂平均电流为400 A，各供电臂功率因数均为0.8。试求该变压器的最大电压损失。

单相接线变压器两侧供电臂属于同相，且 $\cos\varphi=0.8$ 时该变压器最大电压损失计算式为

$$\Delta U_{\mathrm{Tmax}}=0.6(I_{1\max}+I_{2\mathrm{av}})X_{\mathrm{T}}\quad(\mathrm{V})\tag{3-16}$$

式中 $I_{1\max}$——重负荷供电臂最大电流，A；

$I_{2\mathrm{av}}$——轻负荷供电臂平均电流，A；

X_{T}——变压器电抗，Ω。

根据式(3-14)求变压器绕组电抗 X_{T}（归算至27.5 kV侧）

$$X_{\mathrm{T}}=\frac{U_k\%}{100}\times\frac{U_{\mathrm{N}}^2}{S_{\mathrm{N}}}=\frac{10.5}{100}\times\frac{27.5^2}{40}=1.985\quad(\Omega)$$

将 X_{T} 代入式(3-16)，求得变压器的最大电压损失为

$$\begin{aligned}\Delta U_{\mathrm{Tmax}}&=0.6(I_{1\max}+I_{2\mathrm{av}})X_{\mathrm{T}}\\&=0.6(1\,000+400)\times1.985=1\,667.4\quad(\mathrm{V})\end{aligned}$$

如果该变压器容量为20 MV·A，$U_k\%=10.5$，负荷电流不变，则该变压器的最大电压损失为

$$X_{\mathrm{T}}=\frac{U_k\%}{100}\times\frac{U_{\mathrm{N}}^2}{S_{\mathrm{N}}}=\frac{10.5}{100}\times\frac{27.5^2}{20}=3.97\quad(\Omega)$$

$$\Delta U_{\mathrm{Tmax}}=0.6(I_{1\max}+I_{2\mathrm{av}})X_{\mathrm{T}}=0.6\times(1\,000+400)\times3.97=3\,334.8\quad(\mathrm{V})$$

通过对比计算可见，在负荷相同的情况下，变压器的容量减小一半时，其电压损失就增大了一倍，变压器的电压损失与其容量成反比。即当变压器负荷相同时，变压器容量越大，其电压损失就越小，其输出电压随负载增大而下降的幅度就越小，通俗地讲就是带负荷能力就越强。因此，当牵引变压器容量过小时，就会直接影响牵引网末端电压水平，进而影响供电质量。

知识点2：牵引变压器电能损失

1. 牵引变压器电能损失的概念

牵引变压器的电能损失，是指变压器的铜耗和铁耗两部分损耗。铜耗和铁耗可分别通过变压器的短路试验与空载试验而得到。在每台变压器的铭牌上也都有负载损耗（也称为铜耗）和空载损耗（也称为铁耗，主要是涡流与磁滞在铁芯中产生的热量引起），如图3.2.2所示。现将部分牵引变压器的额定损耗列于表3.2.1，方便电能损失计算时参考（实际应用时一般以厂家的出厂试验值或运行中的实测值为准），表3.2.1中的 ΔP_0

图3.2.2 变压器铭牌参数

为空载损耗，ΔP_k 为负载损耗。

表 3.2.1　牵引变压器额定损耗　　单位:kW

容量（kV·A）	类型									
	三相 YNd		单相		斯科特		平衡型		三相 Vv	
	ΔP_0	ΔP_k	ΔP_0	ΔP_k	ΔP_0	ΔP_k	ΔP_0	ΔP_k	ΔP_0	ΔP_k
10 000	12.85	76.2	10.2	69.2			14.0	59.0	12.0	63.5
12 500							14.25	68.9	14.0	75.5
16 000							19.0	86.0	16.9	91.0
20 000	24.9	143.0					22.68	122.7	19.5	110.0
25 000	21.0	106.5					25.0	123.0	19.25	135.4
31 500	38.5	148.0			21.8	178.9	29.5	148.0	27.5	155.0
40 000	23.9	138.5			56.0	206.0	34.0	174.0	33.0	185.0
50 000	28.1	156.3			35.3	224.7	41.0	216.0		
63 000					39.8	260.0	49.0	260.0		
75 000					56.0	281.0				

牵引负荷变化剧烈，极不均衡。计算牵引变压器的实际负载损耗时需按负载率进行换算（注：变压器的负载率是二次负载电流与其额定电流之比）。变压器的实际负载损耗等于负载率的二次方与额定短路损耗的乘积。对变压器进行电能损失和经济运行计算时，有关其损耗数据应按其实际铭牌数据取值。

下面介绍几种接线方式的牵引变压器电能损失计算方法。

2. 几种不同接线牵引变压器电能损耗计算

（1）三相 YNd 接线牵引变压器

对于三相 YNd 接线牵引变压器，已知供电臂有效电流 I_{e1} 与△绕组中的电流关系式为

$$I_{ac}^2=\left(\frac{2}{3}I_{e1}\right)^2+\left(\frac{1}{3}I_{e2}\right)^2+\frac{2}{9}I_{av1}I_{av2}$$

$$I_{bc}^2=\left(\frac{2}{3}I_{e2}\right)^2+\left(\frac{1}{3}I_{e1}\right)^2+\frac{2}{9}I_{av1}I_{av2}$$

$$I_{ab}^2=\left(\frac{2}{3}I_{e1}\right)^2+\left(\frac{1}{3}I_{e2}\right)^2-\frac{1}{9}I_{av1}I_{av2} \tag{3-17}$$

式中　I_{e1}，I_{e2}——两个供电臂的有效电流，A；

I_{av1}，I_{av2}——两个供电臂的平均电流，A。

在牵引变电所中，一台变压器运行时的全年实际负载损耗（铜耗）为

$$\Delta A_k=0.876\times\frac{\Delta A_k(I_{ac}^2+I_{bc}^2+I_{ab}^2)}{3I_N^2}\quad(10^4\ \mathrm{kW\cdot h}) \tag{3-18}$$

式中　ΔP_k——每台变压器的额定负载损耗，kW；

I_N——每台变压器 27.5 kV 侧额定电流，A。

全年额定空载损耗（铁耗）为

$$\Delta A_0=0.876\Delta P_0\quad(10^4\ \mathrm{kW\cdot h}) \tag{3-19}$$

式中　ΔP_0——每台变压器的额定空载损耗，kW。

全年牵引变压器的实际总能耗为

$$\Delta A_T=(\Delta A_k+\Delta A_0)\quad (10^4\ kW\cdot h) \tag{3-20}$$

若改为两台并联运行，则每台通过一半电流，铜耗只是运行时的$\frac{1}{4}$，所以两台运行时总铜耗只有单台运行时的$\frac{1}{2}$。其全年实际铜耗为

$$\Delta A_k=2\Delta P_k\frac{I_{ab}^2+I_{bc}^2+I_{ac}^2}{3(2I_N)^2}\times 0.876=0.146\times\frac{\Delta P_k(I_{ab}^2+I_{bc}^2+I_{ac}^2)}{I_N^2}\quad (10^4\ kW\cdot h) \tag{3-21}$$

两台运行时全年的铁耗为

$$\Delta A_0=2\Delta P_0\times 0.876=1.752\Delta P_0\quad (10^4\ kW\cdot h) \tag{3-22}$$

$$\Delta A_T=(\Delta A_K+\Delta A_0)\quad (10^4\ kW\cdot h) \tag{3-23}$$

(2)三相Vv接线变压器

按两台变压器分别计算时，每台变压器全年实际能耗为

$$\left.\begin{aligned}&\Delta A_k=0.876\Delta P_k\frac{I_e^2}{I_N^2}\quad (10^4\ kW\cdot h)\\&\Delta A_0=0.876\Delta P_0\quad (10^4\ kW\cdot h)\\&\Delta A_T=(\Delta A_k+\Delta A_0)\quad (10^4\ kW\cdot h)\end{aligned}\right\} \tag{3-24}$$

(3)单相接线变压器

已知同相两个供电臂负荷在变压器绕组中引起的有效电流为

$$I_e^2=(I_{e1}^2+I_{e2}^2+I_{av1}I_{av2})\quad (A)$$

故单相变电所两台单相接线变压器全年的能耗为

$$\left.\begin{aligned}&\Delta A_k=0.438\Delta P_k\frac{I_e^2}{I_N^2}\\&\Delta A_0=1.75\Delta P_0\\&\Delta A_T=(\Delta A_k+\Delta A_0)\end{aligned}\right\}\quad (10^4\ kW\cdot h) \tag{3-25}$$

(4)平衡型变压器

平衡型变压器的能耗计算用一次侧的电流计算比较简单，因为一次侧比二次侧简单。一台平衡型变压器的全年铜耗为

$$\Delta A_k=0.876\Delta P_k\frac{(I_{1A}^2+I_{1B}^2+I_{1C}^2)}{3I_{1N}^2}\quad (10^4\ kW\cdot h) \tag{3-26}$$

式中　I_{1N}——一次侧额定电流，A；

I_{1A}、I_{1B}、I_{1C}——一次侧A、B、C三相负荷电流，A。

平衡型变压器的全年实际铁耗为ΔA_0为

$$\Delta A_0=0.876\Delta P_0\quad (10^4\ kW\cdot h) \tag{3-27}$$

全年变压器的实际总能耗ΔA_T为

$$\Delta A_T=(\Delta A_K+\Delta A_0)\quad (10^4\ kW\cdot h) \tag{3-28}$$

在牵引变电所中如果是两台阻抗平衡变压器并联运行，则全年的铜耗、铁耗和总能耗分别为

$$\Delta A_{k}=0.876\times(2\Delta P_{k})\frac{I_{Ae}^{2}+I_{Be}^{2}+I_{Ce}^{2}}{3\times(2I_{1N})^{2}}$$

$$=0.146\Delta P_{k}\frac{I_{Ae}^{2}+I_{Be}^{2}+I_{Ce}^{2}}{I_{1N}^{2}}\quad(10^{4}\ kW\cdot h)\qquad(3\text{-}29)$$

$$\Delta A_{0}=0.876\times(2\Delta P_{0})=1.752\Delta P_{0}\quad(10^{4}\ kW\cdot h)\qquad(3\text{-}30)$$

$$\Delta A_{T}=(\Delta A_{k}+\Delta A_{0})\quad(10^{4}\ kW\cdot h)\qquad(3\text{-}31)$$

3.2.2 牵引变压器电能损失

例3.1 某三相YNd接线的牵引变电所，变压器容量为2×15 000 kV·A，$\Delta P_k=120$ kW，$\Delta P_0=20.2$ kW，两供电臂有效电流分别为337 A和237 A，平均电流分别为276 A和192 A。试求这两台变压器采取并联运行和单台运行两种方式时，该牵引变电所全年总的实际能耗是多少？

【解】由式(3-17)可得

$$I_{ac}^{2}=\left(\frac{2}{3}I_{e1}\right)^{2}+\left(\frac{1}{3}I_{e2}\right)^{2}+\frac{2}{9}I_{av1}I_{av2}$$

$$=\left(\frac{2}{3}\times337\right)^{2}+\left(\frac{1}{3}\times237\right)^{2}+\frac{2}{9}\times276\times192=6.849\ 2\times10^{4}\quad(A^{2})$$

$$I_{bc}^{2}=\left(\frac{2}{3}I_{e2}\right)^{2}+\left(\frac{1}{3}I_{e1}\right)^{2}+\frac{2}{9}I_{av1}I_{av2}$$

$$=\left(\frac{2}{3}\times237\right)^{2}+\left(\frac{1}{3}\times337\right)^{2}+\frac{2}{9}\times276\times192=4.935\ 9\times10^{4}\quad(A^{2})$$

$$I_{ab}^{2}=\left(\frac{1}{3}I_{e1}\right)^{2}+\left(\frac{1}{3}I_{e2}\right)^{2}-\frac{1}{9}I_{av1}I_{av2}$$

$$=\left(\frac{1}{3}\times337\right)^{2}+\left(\frac{1}{3}\times237\right)^{2}-\frac{1}{9}\times276\times192=1.297\ 2\times10^{4}\quad(A^{2})$$

$$I_{N}^{2}=\left(\frac{P_{N}}{\sqrt{3}U_{N}}\right)^{2}=\left(\frac{15\ 000}{\sqrt{3}\times27.5}\right)^{2}=315^{2}=9.922\ 5\times10^{4}\quad(A^{2})$$

当两台变压器采取并联运行时，由式(3-21)、式(3-22)可得

$$\Delta A_{k}=0.146\times\frac{\Delta P_{k}(I_{ac}^{2}+I_{bc}^{2}+I_{ab}^{2})}{I_{N}^{2}}$$

$$=0.146\times120\times\frac{(6.849\ 2+4.935\ 9+1.297\ 2)\times10^{4}}{9.922\ 5\times10^{4}}=23.1\quad(10^{4}\ kW\cdot h)$$

$$\Delta A_{0}=2\times\Delta P_{0}\times0.876=1.752\Delta P_{0}=1.752\times20.2=35.4\quad(10^{4}\ kW\cdot h)$$

由式(3-23)得

$$\Delta A=\Delta A_{k}+\Delta A_{0}=23.1+35.4=58.5\quad(10^{4}\ kW\cdot h)$$

当变压器采取单台运行时，则由式(3-18)、式(3-19)可得

$$\Delta A_{k}=0.873\frac{\Delta P_{k}(I_{ac}^{2}+I_{bc}^{2}+I_{ab}^{2})}{3I_{N}^{2}}$$

$$=0.876\times120\times\frac{(6.849\ 2+4.935\ 9+1.297\ 2)\times10^{4}}{3\times9.922\ 5\times10^{4}}$$

$$=105.12\times0.439=46.2\quad(10^{4}\ kW\cdot h)$$

$$\Delta A_{0}=\Delta P_{0}\times0.876=0.876\times20.2=17.7\quad(10^{4}\ kW\cdot h)$$

由式(3-20)得

$$\Delta A=\Delta A_k+\Delta A_0=46.2+17.7=63.9 \quad (10^4\ \text{kW}\cdot\text{h})$$

结论：由计算结果知，当两变压器并联运行时，该变电所全年总的实际能耗为58.5万kW·h，当采取单台变压器运行时，则该变电所全年总的实际能耗为63.9万kW·h。由此可见，当牵引变压器采取并联运行时，变压器总的电能损耗有所降低，但是也会降低变压器的容量利用率，增大变压器的基本电费支出。因此，干线电气化铁路较少采用两台变压器并联运行的方式。

知识点3：基本电费与变压器容量利用率

1. 基本电费

所谓基本电费是指除收取实际用电的费用外，还需按牵引变压器的额定安装容量（反映牵引变压器占用电力系统资源的大小）收取的那部分电费。牵引用电属于大工业用电，国家采用两部电价制收费，收取基本电费的标准一般为20～30元/（月·kVA）。这对铁路企业来说，基本电费是一笔非常巨大的开支。

比如某铁路供电段共有牵引变电所25座，总的牵引变压器安装容量（注：备用变压器容量不计）为80万kV·A。该段每月除应按实际用电量支付电力部门的电费外，还需要支付电力部门80万kV·A×25元/kV·A=2 000万元的基本电费，一年要缴纳基本电费2 000万元/月×12月=24 000万元=2.4亿元。

据不完全统计，全国铁路现有60余个供电段，按平均每个供电段牵引变压器总安装容量为60万kV·A计算，一年需缴纳的基本电费可超百亿元。随着电气化铁路的不断发展，全路牵引变压器总的安装容量还在不断增大。因此，基本电费是铁路运营企业一笔巨大的成本支出，提高牵引变压器的容量利用率，降低安装容量，减少对电力系统资源的占用，这对降低基本电费，提高供电系统的经济性能就显得尤为必要。

2. 变压器容量利用率

所谓变压器的容量利用率是指变压器的额定输出容量与其额定容量之比，即

$$K=\frac{\text{额定输出容量}}{\text{额定容量}} \tag{3-32}$$

由于不同接线的牵引变压器其容量利用率不同，具体利用率见表3.2.2。

表3.2.2　不同接线牵引变压器容量利用率

接线型式	YNd	单相	Vv接线	斯科特接线	平衡型变压器
容量利用率	75.6%	100%	100%	92.8%	100%

当变压器的容量利用率较低时，在相同额定容量下，其实际的额定输出容量也就较低，要满足牵引负荷的要求就必须加大牵引变压器的额定容量，从而增加了对电力系统资源的占用，导致运营成本上升。因此，变压器的容量利用率是牵引变电所运行的一项重要经济技术指标，变压器的容量利用率也成为选用变压器接线形式时必须考虑的一项非常重要的技术参数。

3.2.3　变压器容量利用率

近年来，经过铁路部门与供电部门的协商，基本电费正开始逐步采取按

最大需求量计费的方式。采取这种方式可有效降低基本电费的支出。

任务实施

第一步:完成“任务描述”中的问题1。

看变压器铭牌可知该牵引变压器两供电臂均为额定负载时的负荷电流为581.82 A,则该变压器所产生的电压损失与额定电压之比即为其短路电压百分比(也即短路阻抗百分比)。

看变压器铭牌可知该牵引变压器短路阻抗百分比为8.39%,由此可得当两供电臂均为额定负载时该变压器所产生的电压损失为

$$\Delta U_{\mathrm{T}} = U_{\mathrm{N}} \times \frac{U_{\mathrm{k}}\%}{100} = 27\ 500 \times \frac{8.39}{100} = 2\ 307.25 \quad (\mathrm{V})$$

第二步:完成“任务描述”中的问题2。

看变压器铭牌可知该牵引变压器为Vv接线变压器,且为两台等容量的单相变压器连接成Vv型,容量均为16 000 kV · A,该牵引变压器总的空载损耗为22.155 kW,总的负载损耗为145.567 kW。则单台变压器的空载损耗为11.078 kW,总的负载损耗为72.784 kW。

根据式(3-24)分别计算两台单相变压器一年的负载损耗分别为

$$\Delta A_{\mathrm{k1}} = 0.876 \times \Delta P_{\mathrm{k}} \times \frac{I_{\mathrm{e1}}^2}{I_{\mathrm{N1}}^2} = 0.876 \times 72.784 \times \frac{400^2}{581.82^2} = 30.14 \quad (10^4\ \mathrm{kW \cdot h})$$

$$\Delta A_{\mathrm{k2}} = 0.876 \times \Delta P_{\mathrm{k2}} \times \frac{I_{\mathrm{e2}}^2}{I_{\mathrm{N2}}^2} = 0.876 \times 72.784 \times \frac{450^2}{581.82^2} = 38.14 \quad (10^4\ \mathrm{kW \cdot h})$$

一年总的空载损耗为

$$\Delta A_0 = 0.876 \times \Delta P_0 = 0.876 \times 22.155 = 19.41 \quad (10^4\ \mathrm{kW \cdot h})$$

该变压器一年产生的电能损耗为

$$\Delta A_{\mathrm{T}} = \Delta A_0 + \Delta A_{\mathrm{k1}} + \Delta A_{\mathrm{k2}} = 19.41 + 30.14 + 38.14 = 87.69 \quad (10^4\ \mathrm{kW \cdot h})$$

由此可知该变压器一年产生的电能损耗为87.69万kW · h,按0.7元/(kW · h)计费,则该变压器一年的电能损失费为

$$87.69 \times 0.7 = 61.38(\text{万元})$$

第三步:完成“任务描述”中的问题3。

看变压器铭牌可知该牵引变压器的安装容量为16 000 + 16 000 = 32 000(kV · A),按该变压器安装容量来收取基本电费,当计费标准为25元/(月 · kVA)时,则该变压器一年应缴纳的基本电费为

$$32\ 000\ \mathrm{kV \cdot A} \times 25\ \text{元}/(\text{月} \cdot \mathrm{kVA}) \times 12\ \text{月} = 9\ 600\ 000\ \text{元} = 960\ \text{万元}$$

任务小结

请简要小结本任务的学习要点、难点与困惑,写在下面的横线上。

____

____

____

格言语录

“纸上得来终觉浅，绝知此事要躬行。”——陆游

只是通过书本学习得来的知识，这种体会与认识是很难深刻的。要真正弄明白其中的深意，往往还需要来自真实的体验与实践。要想知道梨子是什么味道，最有效的方法就是自己亲口尝尝。实践出真知！因此，不仅要学而思，而且也要学而练，要注重练习，注重学以致用！

拓展知识

功率因数与力调电费

用电负荷的功率因数低，不但使变压器等供电设备的容量不能充分利用，而且对电力系统还将产生以下不利影响：

（1）降低发电机组的输出能力和输变电设备的供电能力，使电气设备的效率降低，发电和输变电的成本提高。电气设备的视在功率为

$$\cos\varphi = \frac{P}{S} = \frac{P}{\sqrt{P^2 + Q^2}} \tag{3-33}$$

式中　S——电气设备输送的视在功率；

P——电气设备输送的有功功率；

Q——电气设备输送的无功功率；

$\cos\varphi$——用电负荷的功率因数。

由上式可见，电气设备如果低于额定或规定的功率因数运行，当视在功率 S 不变时，输送的有功功率 P 就要减少。

例如：$S = 60$ kV · A，$\cos\varphi = 1$，则 $P = 60$ kV · A，如 $\cos\varphi = 0.8$，则 $P = 48$ kV · A。视在功率不变时，功率因数低，输送的有功功率降低了，系统容量得不到充分利用，从而降低了发电设备的输出能力和输变电设备的供电能力，使电气设备的效率降低，发电和输变电的成本提高。

（2）增加输电网络中的电能损失。当电流流过输电网络时，产生的有功功率损失为

$$\Delta P = 3I^2R \times 10^{-3} \quad (\text{kW})$$

$$\Delta P = 3\left(\frac{P}{U\cos\varphi}\right)^2 \times R \times 10^{-3} = 3 \times \frac{P^2R}{U^2\cos^2\varphi} \times 10^{-3} \quad (\text{kW}) \tag{3-34}$$

式中　ΔP——输电线路有功损耗,kW;

I——输电线路中的相电流,A;

R——线路每相的电阻,Ω;

U——线路的相电压,kV;

P——电力负荷每相有功功率,kW;

$\cos\varphi$——用电负荷的功率因数。

由式(3-34)可知,有功功率损失与功率因数的平方成反比。功率因数低,将引起输电网络中的电能损失大大增加。

(3)增加输电网络中的电压损失,往往引起电力用户的供电电压不足。电压损失与电流成正比。如果功率因数低于规定值,在输送同样的有功功率情况下,视在功率要增大,与此相应的电流随之增大,从而输电网络中的电压损失增大。

综上所述,用电设备功率因数低,将降低系统容量的利用率,增大电能损失。因此,当用电设备功率因数低于规定的标准值时,电力部门将额外征收力率调整电费(简称力调电费,也即功率因数调整电费),从而增大了企业的运营成本,这也促使企业要主动采取措施,提高用电设备的功率因数。调整标准见表3.2.3,即电气化铁路牵引变压器高压侧的月平均功率因数应达到0.90以上,高则获奖,低则受罚。根据计算的月平均功率因数,高于或低于规定标准,在按照规定的电价计算出其当月电费后,再按照表3.2.3所规定的百分数增加或减少电费。当功率因数低于0.90时,每低0.01,需增加电费的0.5%,以补偿功率因数偏低引起电力系统增加的电能损失。当功率因数大于0.90时,每高0.01电费减少0.15%。

表3.2.3　以0.9为标准值的功率因数调整电费表

减收电费	实际功率因数	0.90		0.91		0.92		0.93		0.94		0.95~1.00		
	月电费减少(%)	0.0		0.15		0.30		0.45		0.60		0.75		
增收电费	实际功率因数	0.89	0.88	0.87	0.86	0.85	0.84	0.83	0.82	0.81	0.80	0.79	0.78	0.77
	月电费增加(%)	0.5	1.0	1.5	2.0	2.5	3.0	3.5	4.0	4.5	5.0	5.5	6.0	6.5
增收电费	实际功率因数	0.76	0.75	0.74	0.73	0.72	0.71	0.70	0.69	0.68	0.67	0.66	0.65	功率因素是0.64及以下,每降低0.01
	月电费增加(%)	7.0	7.5	8.0	8.5	9.0	9.5	10.0	11.0	12.0	13.0	14.0	15.0	电费增加2%

练习与评价

3.2.4　功率因数

已知某单相接线的牵引变压器,其空载损耗、负载损耗和短路阻抗如图3.2.2所示,电费单价为0.7元/(kW·h)。请根据图3.2.2所示参数完成表3.2.4中的问题1~问题2,同时完成表3.2.4中的其他内容。

表 3.2.4　任务 3.2 完成情况评价表

序号	任务内容	完成记录	标准分	评分
1	问题 1:该牵引变压器在其额定负载情况下全年的电能损耗与电费损失是多少(请列出计算式)		25	
2	问题 2:该牵引变压器在其额定负载情况下的电压损失是多少(请列出计算式)		15	
3	在负荷相同的情况下,简述变压器的电压损失与其容量的关系		5	
4	变压器负载损耗又称为________。变压器负载损耗主要是负载电流在________产生的损耗		10	
5	变压器空载损耗又称为________。变压器空载损耗主要是空载电流在铁芯中产生________引起,与有无负载电流无关		10	
6	变压器的实际负载损耗等于________的二次方与额定短路损耗的乘积		5	
7	变压器的容量利用率是指变压器的________与其额定容量之比;说明 Vv 接线变压器的容量利用率		10	
8	“任务小结”完成情况		20	

总体评价:　☐ 好　☐ 较好　☐ 一般　☐ 较差　☐ 差

项目4 牵引网阻抗分析与短路计算

项目描述

牵引网是电气化铁路供电系统的重要组成部分,由供电线、接触网、轨道和大地回路等构成。不同结构、不同供电方式的牵引网具有不同的阻抗值。当新建或改建的电气化铁路在送电投入运行前,应设置该段牵引网的相关保护定值,核算该段牵引网的最大电压损失和最小短路电流、调整其故障点标定参数,以及计算牵引网的能耗等,这些影响牵引供电系统运行质量的关键指标均与牵引网阻抗密切相关。牵引供电系统短路既是一种常见的故障,也是一种严重的故障。短路产生的巨大电流将对供电系统及其系统中的电气设备产生巨大危害,严重威胁系统与设备的运行安全,一旦发生应以最快速度进行处理与恢复。因此,需要具备较强的系统分析能力与故障判断处置能力,这是学习本项目的主要目标。

项目导读

牵引网阻抗是计算牵引网的电压损失、电能损失、短路电流等所必需的基本参数。要进行牵引供电系统电能损失、电压损失分析与短路电流计算,首先需要了解什么是牵引网阻抗及其特点,在此基础上学习短路计算的有关知识及短路计算的方法等,通过一定的实践练习构建牵引网阻抗与牵引网短路计算的知识体系,形成能够综合分析牵引供电系统运行质量与故障的能力。

本项目任务与知识导图如图4.0所示。

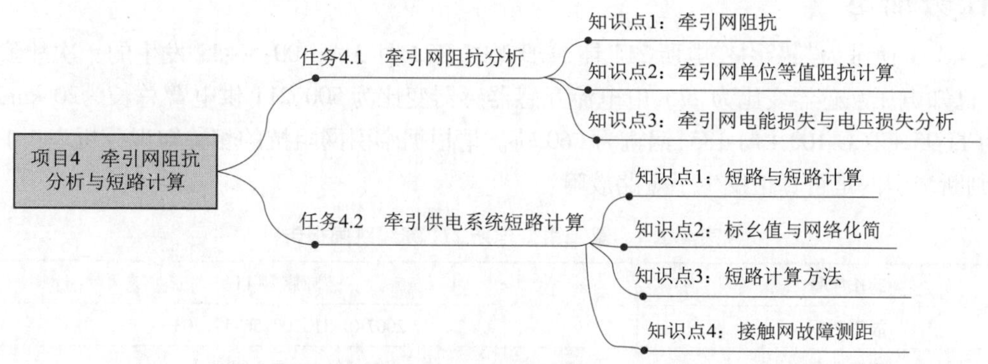

图4.0 牵引网阻抗分析与短路计算的任务与知识点构成图

任务4.1　牵引网阻抗分析

任务导读

牵引网是电气化铁路供电系统的重要组成，牵引网阻抗是计算牵引网电压损失、电能损失和短路电流所必需的基本参数。学习牵引网阻抗相关知识，有助于分析牵引网最大电压损失和最小短路电流，也有助于理解降低牵引网电能损失与电压损失的措施，并学会分析与判断牵引网短路故障的真假等。

学习目标

1. 知识目标

（1）了解牵引电流主回路的构成。

（2）理解牵引网阻抗大小的主要影响因素。

（3）了解牵引网阻抗的基本计算方法。

（4）理解牵引网电能损失、电压损失与牵引网阻抗的关系。

2. 能力目标

（1）会分析牵引网电能损失。

（2）会分析牵引网电压损失。

（3）会分析牵引网故障数据。

3. 素质目标

（1）养成认真严谨与求真务实的科学态度。

（2）树立优质供电意识与节能意识。

任务描述

表4.1.1所示为某牵引变电所211馈线于2007年1月31日00:56:17发生的一次故障跳闸数据。已知电压互感器变比为275，电电流互感器感器变比为500，211供电臂总长为20 km，导线类型为TJ-95 + TCG-100 + LJ-185，钢轨为P60轨。请根据牵引网阻抗的相关知识分析表4.1.1中数据，判断牵引网是否真正发生了短路故障？

表4.1.1　某牵引变电所211馈线跳闸报告

动作序号	故障序号45
故障时间	2007-01-31　00:56:17.203
断路器号	211跳闸　重合闸成功
故障测距	20.30 km
动作信息	电流增量元件动作
母线电压	94.12 V

续上表

馈线电流	1.21 A
阻抗与阻抗角	77.78 Ω∠37°
启动	1 ms 电流增量启动！I=1.21 A
事件	1 ms 低压闭锁
出口	101 ms 电流增量启动！I=1.21 A
返回	175 ms 电流增量启动！I=0.64 A
出口	2 100 ms 重合闸出口

任务分析

牵引网阻抗保护实际上是测量保护装置安装处至故障点之间的阻抗大小，用整定阻抗值与被保护线路的测量阻抗值进行比较，当短路点在保护范围内时，即$|Z_k|<|Z_{set}|$时保护动作。要判断牵引网是真短路故障还是假短路故障，首先需要了解牵引网及牵引网阻抗的特点，并可按照图4.1.1所示步骤进行分析。

1　理解牵引网、牵引网阻抗及等效电路等概念，了解牵引网单位等值阻抗的计算方法，理解牵引网阻抗的特点等

2　运用所学知识，分析正常运行和牵引网短路故障时，保护装置所测量阻抗的差异

3　据此分析与判断牵引网是真短路故障还是假短路故障

图4.1.1　步骤示意

基本知识

知识点1：牵引网阻抗

1. 牵引网

如图4.1.2所示，牵引变电所经供电线把电送至接触网，接触网将电供给电力机车或动车组后电流经由钢轨、大地、吸上线与回流线等流回牵引变电所，这个完整的电流回路称之为牵引网。因此，牵引网主要包括供电线、接触网、吸上线与回流线、钢轨与大地等。对于AT供电方式，还包括自耦变压器、正馈线、回流线与保护线。

2. 牵引网阻抗

如图4.1.2所示，牵引网阻抗是指反映电流从牵引变电所流经供电线至接触网，经电力机车或动车组的车载变压器一次绕组后流至钢轨，经钢轨、大地、吸上线与回流线后流回变电所的全部过程中所遇到的阻碍大小，它包括牵引网电阻与电抗两部分。因此，牵引网阻抗不仅与接触悬

挂的类型和导线（接触导线、承力索、加强线、回流线、供电线等）的规格型号有关，而且与钢轨的型号、数量及大地导电率等因素有关。

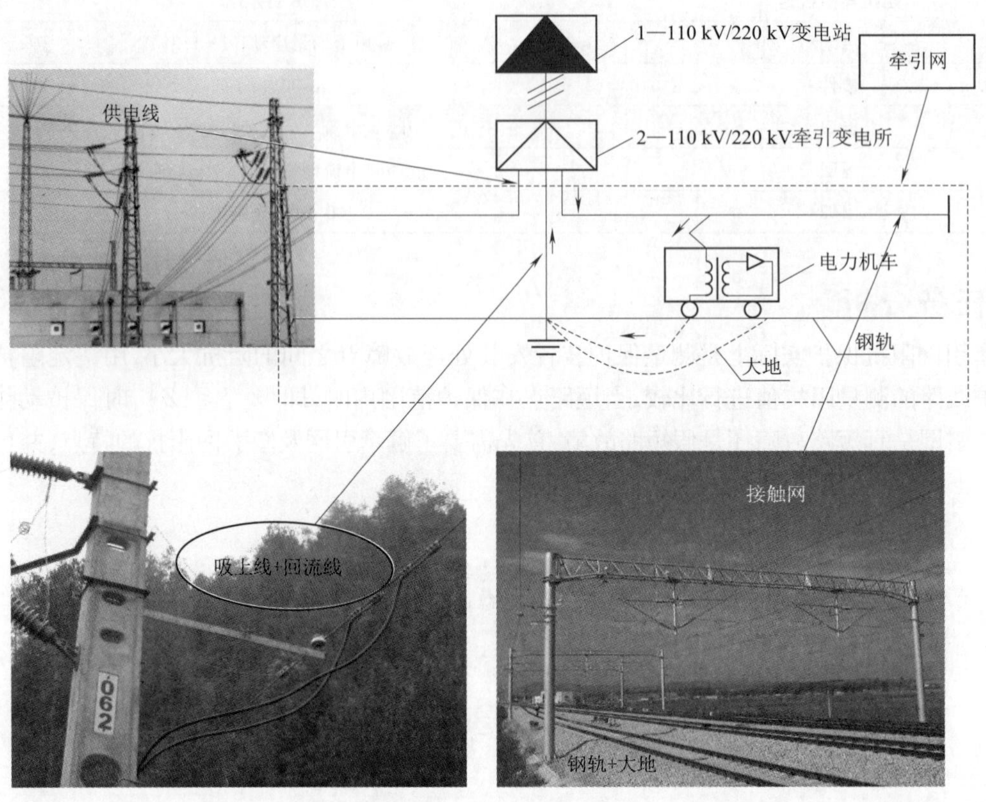

图 4.1.2　牵引网组成示意

（1）牵引网电阻

牵引网的电阻主要包括供电线的电阻、接触网的电阻、钢轨的电阻，以及大地回路的电阻。

4.1.1　牵引网阻抗概述

交流牵引网的电阻值比直流电阻值要大，主要是交变电流的趋表效应（也称集肤效应）所致，使导线的实际有效截面减少，等效电阻增加。同时交变电流在铁磁材料中的磁滞及涡流损失，需由电路中的有功电能来供给，相应的也增加了导线的电阻。

导线对交变电流的电阻称有效电阻。有效电阻 r 是由直流电阻 r_0 和大于 1 的系数的乘积表示，即

$$r = \xi r_0 \tag{4-1}$$

式中　r_0——导线的直流电阻，又称欧姆电阻；

ξ——有效系数。

系数 ξ 的值，随交变电流的频率和导线截面的增大而显著增大。一般在工频条件下，且导线的截面不大，材料是非磁性的铜铝导线，其趋表效应可以忽略不计。因此在实际计算中，牵引网导线的交流电阻一般就取其直流电阻。

我国电气化铁路常用的接触导线、承力索、加强导线和回流线、正馈线，以及钢轨的类型和主要参数见表 4.1.2 ~ 表 4.1.4。

表 4.1.2 接触导线类型及基本参数

名称	规格	标称截面（mm^2）	断面尺寸 A(mm)	断面尺寸 B(mm)	单位质量（kg/km）	直流电阻（Ω/km）	计算半径（mm）	等效半径（mm）	持续载流量（A）
铜接触线	TCG-100	100	10.8	12.81	890	0.179	5.9	4.6	600
	TCG-85	85	10.8	11.76	760	0.211	5.64	4.4	500
铜合金接触线	CTAH-110	110	12.34	12.34	993.2	0.162	6.17	4.81	620
	CTAH-120	120	12.9	12.9	1 082	0.148	6.45	5.03	680
	CTAH-150	150	14.4	14.4	1 350	0.118	7.13	5.56	780
	CTMH-110	110	12.34	12.34	993.2	0.241	6.17	4.81	520
	CTMH-120	120	12.9	12.9	1 082	0.221	6.45	5.03	560
	CTMH-150	150	14.4	14.4	1 350	0.177	7.13	5.56	650

注：计算半径 $R=\frac{A+B}{4}$(mm)。

表 4.1.3 回流线、加强线及正馈线类型及参数

名称	型号	计算截面（mm^2）		根数×单线直径(mm)		单位质量（kg/km）	计算半径（mm）	等效半径（mm）	直流电阻（Ω/km）	持续载流量(A)
铝绞线	LJ-95	93.27		19×2.50		257	6.25	4.74	0.317	325
	LJ-120	116.99		19×2.80		323	7.00	5.31	0.253	375
	LJ-150	148.07		19×3.15		409	7.87	5.97	0.200	440
	LJ-185	182.80		19×3.50		504	8.75	6.63	0.162	500
钢芯铝绞线		铝	钢	铝	钢					
	LGJ-95	94.23	17.81	28×2.07	7×1.8	401	6.84	6.50	0.315	335
	LGJ-120	116.34	21.99	28×2.30	7×2.00	495	7.60	7.22	0.255	380
	LGJ-150	140.76	26.61	28×2.53	7×2.20	599	8.36	7.94	0.211	445
	LGJ-185	182.40	34.36	28×2.88	7×2.50	774	9.51	9.03	0.163	515
	LGJ-240	238.0	43.1	28×3.29	7×2.8	997	10.8	10.26	0.121	610

表 4.1.4 承力索类型及基本参数

名称	型号	计算截面（mm^2）	根数×单线直径(mm)	单位质量（kg/km）	计算半径（mm）	等效半径（mm）	直流电阻（Ω/km）	持续载流量（A）
硬铜绞线	TJ-70	68.8	19×2.14	618	5.35	4.055	0.28	340
	TJ-95	92.50	19×2.49	839	6.25	4.74	0.20	415
	TJ-120	117	19×2.80	1 057	7.00	5.31	0.158	485

续上表

名称	型号	计算截面(mm^2)	根数×单线直径(mm)	单位质量(kg/km)	计算半径(mm)	等效半径(mm)	直流电阻(Ω/km)	持续载流量(A)
铜镁合金(0.2% Mg)	JTM-70	65.81	19×2.10	599	5.25	3.98	0.346	420
	JTM-95	93.27	19×2.50	849	6.25	4.74	0.244	525
	JTM-120	116.99	19×2.80	1065	7.0	5.31	0.195	610
	JTM-150	147.11	37×2.25	1 342	7.9	5.99	0.155	705
铜镁合金(0.5% Mg)	JTMH-70	65.81	19×2.10	599	5.25	3.98	0.430	380
	JTMH-95	93.27	19×2.50	849	6.25	4.74	0.303	475
	JTMH-120	116.99	19×2.80	1065	7.0	5.31	0.242	545
	JTMH-150	147.11	37×2.25	1 342	7.9	5.99	0.193	635

轨道网一般是由一组或数组轨距为1 435 mm 的钢轨组成。单条钢轨的类型及基本参数见表4.1.5。

表4.1.5　单条钢轨的类型及参数(100A)

名称	规格(kg/m)	钢轨质量(kg/m)	钢轨截面(cm^2)	钢轨周长 L(mm)	计算半径 R(mm)	有效电阻 r_g(Ω/km)	内电抗 x(Ω/km)	等效半径 R_{gr}(mm)
钢轨	43	44.653	57.0	558	88.9	0.22	0.22	2.69
	50	51.514	65.8	606	96.6	0.18	0.18	5.54
	60	60.35	77.08	685	109.1	0.135	0.135	12.79

注：$R=\dfrac{L}{2\pi}$。

由表4.1.5可知，钢轨系铁磁性材料且其截面形状复杂，其有效电阻除了与钢轨截面、单位重量，以及钢轨材料成分等有关外，还与工作时的频率和通过电流有关。因此，其有效电阻值通常由试验测得。

4.1.2　牵引网阻抗计算基础数据

(2)牵引网电抗

电流在牵引回路中流入大地的电流值与钢轨大地间的过渡电阻有关，也与列车距馈电点的距离有关。钢轨大地间的过渡电阻又随线路的构造、土壤的性质、地区的气候条件，以及列车情况而变化，从而导致在轨道中流过的电流沿线路分布是不均匀的。因此，牵引网中的有效电阻和电抗的计算是比较复杂的，只能采用近似的计算方法，再应用实测数据对计算结果加以修正。在实际应用中通常引入牵引网等效电路的方法进行计算。

①牵引网等效电路

牵引网的等效电路与电力线路相似，可看作沿牵引网线路均匀分布的无穷个电阻和电抗组成。由于牵引网的供电线路不长(供电臂长度一般为20～30 km)，额定工作电压不高(25 kV)，且为工频频率，因此，实际工程计算中可以忽略分布电容与电导的影响，只需计算牵引网的有效电阻与感抗。

当电力机车或动车组位于供电臂某一位置时，其牵引电流从负荷点流回牵引变电所时分成了两条支路，一部分从钢轨与回流线中流回，一部分从大地流回，所以在计算感抗时是不方便的。

为了简化计算，通常将并联的轨道回路与大地回路分开，分成两个等效电路，如图4.1.3所示。一条是“接触网—地回路”，由牵引变电所→接触网→电力机车或动车组→大地回路→牵引变电所组成。这是一条有源回路，其有源电压为牵引变电所的母线电压。另一条是“轨道—地回路”。这是一条无源回路，它可以看作是由“接触网—地回路”的互感作用形成的。这种互感作用在轨道中所产生的电流与实际在轨道中流过的电流相等，这样在大地回路中便有两个方向相反流动的电流，其总电流必然就是牵引电流流入大地的部分。分成这样两个回路后，给感抗计算带来很大的方便。

②“接触网—地回路”自感

采用上述两个等效电路后，便可应用已有的“导线—地回路”电抗的计算方法来计算牵引网的电感与感抗。计算“导线—地回路”电感与感抗的方法是将大地回路用一条等效地回线来替代，如图4.1.4所示的一个虚线圆导体。这样便可用一条单导线的等效电路代替“接触网—地回路”。

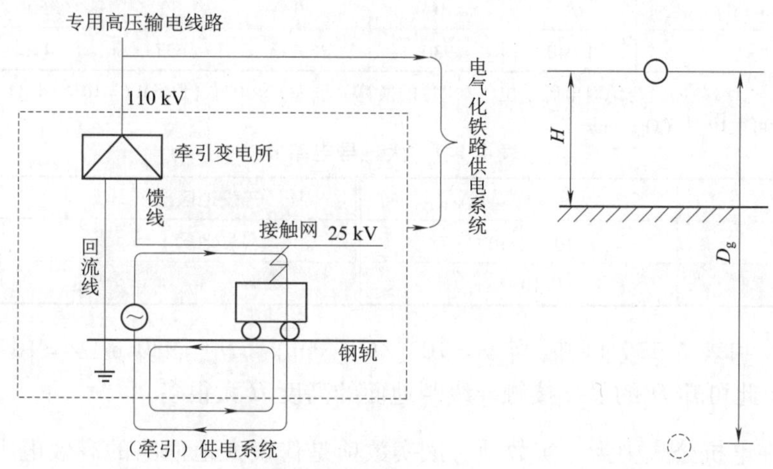

图4.1.3 牵引网等效电路　　图4.1.4 等效地回线

图4.1.4中假定导线平直，大地表面平坦无边，导线距地为接触网接触导线安装高度（H）且等高，长度无限，土壤导电率均匀分布，电流从一端流入导线，沿导线经另一端由大地流回，则“接触网—地回路”的电感可以证明为

$$L=(4.6\lg\frac{D_g}{R_\xi}-\mathrm{j}\frac{\pi}{2})\times 10^{-4}\qquad (\mathrm{H/km})\tag{4-2}$$

式(4-2)中D_g、$-\mathrm{j}\frac{\pi}{2}$、R_ξ的意义如下：

a. D_g：接触网与大地回路的等值导线之间的距离，这个距离可近似地看作地回路等值导线在地下的深度。按Carson公式计算D_g为

$$D_g=\frac{0.2085}{\sqrt{f\sigma\times 10^{-9}}}\qquad (\mathrm{cm})\tag{4-3}$$

式中 f——电流的频率，Hz；

σ——大地导电率，$\frac{1}{\Omega\cdot\mathrm{cm}}$。

由式(4-3)可知，等效地回路深度 D_g 仅与电流的频率 f 及大地的导电率 σ 有关，而与导线距地面的高度无关。这是因为交变电流的趋表效应，距地面愈近，地中电流密度愈大。因而此处等效地回路的深度，仅与 f 与 σ 的平方根成反比。f 与 σ 的值愈大，趋表效应愈显著，D_g 的值也就愈小。反之 f 与 σ 愈小，电流的趋表效应愈弱，D_g 的值愈大。由于接触导线安装高度 H 相对接触线长度和大地尺寸而言是很小的，因此在上述理想情况之下，接触导线的高度 H 值并不影响 D_g 的值。

对于工频电流，$f=50$ Hz，大地导电率 σ 主要取决于几百米深度内的地质情况。其数据可直接测量得出。现将 $D_g=f(\sigma)$ 关系及大地导电率 σ 分别列表 4.1.6 及表 4.1.7，以便计算时查阅。

表 4.1.6　等效地回路深度 D_g

σ ($\times10^{-14}$ CGSM)	0.1	0.5	1	2	4	6
D_g (m)	9 300	4 175	2 950	2 085	1 450	1 200
σ ($\times10^{-14}$ CGSM)	8	10	20	30	50	100
D_g (m)	1 040	930	657	537	417	205

注：大地导电率 σ ($1/\Omega\cdot$cm) 与绝对电磁单位 (CGSM) 的换算关系为 1×10^{-14} (CGSM) $=10^{-5}$ ($1/\Omega\cdot$cm)；在缺乏资料的情况下 σ 可取 $10^{-4}/(\Omega\cdot$cm)。

表 4.1.7　大地导电率 σ

地质情况	σ ($1/\Omega\cdot$cm)	干燥地区	10^{-3}
潮湿土壤	$10^{-2}\sim10^{-1}$	多岩地质	10^{-4} 以下
平均情况	10^{-4}		

由表 4.1.6 和表 4.1.7 可知，当 $\sigma=10^{-4}/\Omega\cdot$cm 时，$D_g=930$ m，$\sigma=10^{-5}/\Omega\cdot$cm 时，$D_g=2\ 590$ m，由此可知 D_g 的值比接触导线距地面的高度 H 大很多。

b. $-\mathrm{j}\dfrac{\pi}{2}$：在电抗公式中为一实数项。该实数项是代表大地回路的有效电阻或功率损失。它仅与 f 有关而与 σ 无关。因为，当 σ 增大时，一方面是使欧姆电阻减小，但另一方面使电流趋表效应加剧，从而使大地有效电阻增大，这样恰好相互抵消。

c. R_ε：导线的等效半径。交变电流通入导线后所产生的磁场，有一部分是导线外部磁场，另一部分是导线内部磁场。相应的电抗分别为外电抗与内电抗。外电抗 $X_{外}$ 的计算式为

$$X_{外}=0.145\lg\frac{D_g}{R} \tag{4-4}$$

式中　R——导线的实际计算半径。由式(4-4)可知 $X_{外}$ 值取决于 D_g 及导线的截面。

内电抗 $X_{内}$ 其值只与导线的导磁率有关。$X_{内}$ 一般可从有关产品目录或手册中查得。

由上述可知导线的电抗应为 $X_{外}$ 与 $X_{内}$ 之和，即

$$X=X_{内}+0.145\lg\frac{D_g}{R} \tag{4-5}$$

为计算方便，在上式中用 R_ε 取代 R，另 X 为

$$X=0.145\lg\frac{D_g}{R_\xi}=X_{内}+0.145\lg\frac{D_g}{R} \tag{4-6}$$

用 R_ε 替代 R 后，计算导线的电抗 X 就不需计算 $X_{内}$，这样给计算带来了很大的方便。此

时半径 R_ε 就称为导线的等效半径。

因为导线的等效半径 R_ε 与导线的导磁率有关，不同材质的导线导磁率不同，R_ε 也不同。几种常用导线的当量系数 α 见表 4.1.8。

表 4.1.8 导线的当量系数 α

导线种类	铜、铝接触线	铜、铝绞线	钢轨、钢索	钢铝电车线、钢芯铝绞线
当量系数	0.78	0.758	0.16	0.95

实际运用中，导线的等效半径就等于导线实际半径乘以导线的当量系数 α。

$$R_\varepsilon = \alpha R \tag{4-7}$$

等值导线与实际导线的截面如图 4.1.5 所示，可知 $R_\varepsilon < R$。

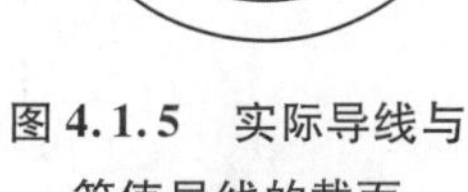

图 4.1.5 实际导线与等值导线的截面

③“接触网—地回路”与“轨道—地回路”的互感

按照求自感 L 的方法，两个导线—地回路间的互感可以证明为

$$M = \left(4.6\lg\frac{D_g}{d} - j\frac{\pi}{2}\right)\times 10^{-4} \quad (\mathrm{H/km}) \tag{4-8}$$

式中 d——两个导线—地回路之间的距离，cm。

④“接触网—地回路”的自阻抗和互阻抗

明确了接触网—地回路自感 L 的计算式和式中的 D_g、$-j\dfrac{\pi}{2}$、R_ε 的意义后，很容易就得出了接触网—地回路的自阻抗 $Z_自$ 和两个回路的互阻抗 $Z_互$ 的计算式。$Z_自$ 和 $Z_互$ 的计算式是计算牵引网阻抗最基本的公式。

a.“接触网—地回路”的自阻抗 $Z_自$ 计算式为

$$Z_自 = r + j\omega\left(4.6\lg\frac{D_g}{R_\varepsilon} - j\frac{\pi}{2}\right)\times 10^{-4} \tag{4-9}$$

4.1.3 “导线—地回路”的自感与自阻抗

当 $f=50$ Hz 时，$Z_自$ 为

$$Z_自 = r + 0.05 + j0.145\lg\frac{D_g}{R_\varepsilon} \quad (\Omega/\mathrm{km}) \tag{4-10}$$

b.“接触网—地回路”与“轨道—地回路”互阻抗计算式

$$Z_互 = j\omega\left(4.6\lg\frac{D_g}{d} - j\frac{\pi}{2}\right)\times 10^{-4} \tag{4-11}$$

当 $f=50$ Hz 时，$Z_互$ 为

$$Z_互 = 0.05 + j0.145\lg\frac{D_g}{d} \quad (\Omega/\mathrm{km}) \tag{4-12}$$

4.1.4 “导线—地回路”的互感与互阻抗

知识点 2：牵引网单位等值阻抗计算

1. 单线牵引网等值电路

单线电气化铁路接触网的悬挂类型有简单悬挂、单链型悬挂和单链型悬挂加设加强导线等几种。除简单悬挂外，接触网单链型悬挂等均有接触导线和承力索且相互并联供电，牵引电流在接触导线与承力索中所产生的电压降相同，而且各导线间的电流分布有相对固定的比例。

根据这一特点,可以把单线牵引网的有源回路转换成一条"导线—地回路",即把接触网中的各并联导线归算成一条等值回路,而"轨道—地回路"合并为单一的"导线—地回路",如图4.1.6所示。只要求出每个回路的单位电阻和单位感抗,以及两个回路的互阻抗后,就可求出牵引网的单位等值阻抗。

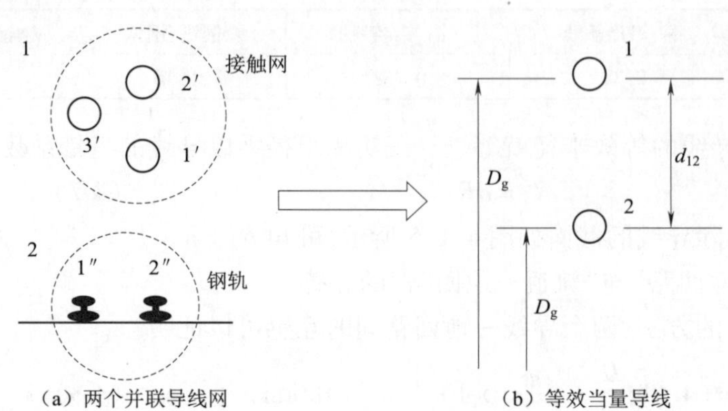

图4.1.6　接触网并联导线等效过程

两条等值导线的布置如图4.1.7所示。图4.1.7中的等值轨道在地面,接触网等值导线处于距地面较高位置。考虑"接触网—地回路"之间的外加电压(牵引变电所电压与机车受电弓电压的相量差),实际上是牵引网的阻抗压降。对于每公里的牵引网,外加电压就等于1 km牵引网中的电压降。因此,在实际工程计算中,都是计算每公里牵引网的单位等值阻抗值,等效电路如图4.1.8所示,其计算式为式(4-13)。其中 Z_1、Z_2、Z_{12} 分别表示Ⅰ回路和Ⅱ回路的自阻抗和两个回路间的互阻抗,其值取决于各等值导线的参数和相互间的距离。

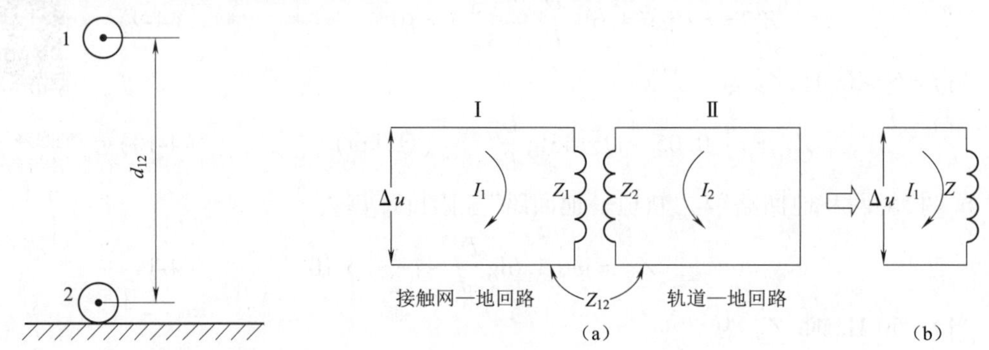

图4.1.7　等值导线布置图

1—接触网等值导线;2—等值轨道

图4.1.8　单线每公里牵引网等效电路

牵引网单位等值阻抗Z等于其外加电压和其相应回路的电流之比,即

$$Z = \frac{\Delta u}{I_1} = Z_1 - \frac{Z_{12}^2}{Z_2} \tag{4-13}$$

式中　Z_1——接触网—地回路的单位自阻抗,Ω/km;

Z_1——轨道—地回路单位自阻抗,Ω/km;

Z_{12}——接触网—地回路与轨道—地回路的单位互阻抗,Ω/km。

由式(4-13)可知,要求出牵引网单位等值阻抗,就要分别求得接触网—

地回路的单位自阻抗 Z_1、轨道—地回路的单位自阻抗 Z_2 和接触网—地回路与轨道—地回路的互阻抗 Z_{12}。

2.“接触网—地回路”的单位自阻抗 Z_1

对于单链型悬挂的牵引网，其布置图如图4.1.9所示。图4.1.9中承力索 m 与接触导线 c 相互并联，需要分别先计算“接触导线—地回路”和“承力索—地回路”的自阻抗及二者之间的互阻抗，再根据两个回路的关系求出“接触网—地回路”的单位自阻抗 Z_1。

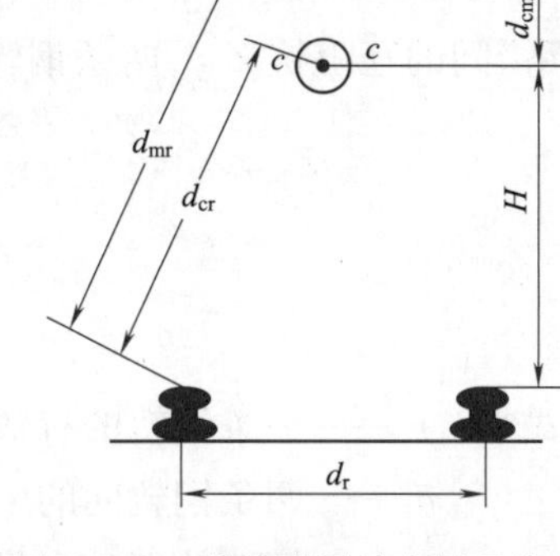

图4.1.9　单链型悬挂布置示意

(1)“接触导线—地回路”的自阻抗 Z_c

$$Z_c = r_c + 0.05 + j0.145\lg\frac{D_g}{R_{\xi c}} \quad (\Omega/\text{km}) \tag{4-14}$$

式中　r_c——接触导线的有效电阻，Ω/km；

$R_{\xi c}$——接触导线的等效半径，mm。

(2)“承力索—地回路”的自阻抗 Z_m

$$Z_m = r_m + 0.05 + j0.145\lg\frac{D_g}{R_{\xi m}} \quad (\Omega/\text{km}) \tag{4-15}$$

式中　r_m——承力索的有效电阻，Ω/km；

$R_{\xi m}$——承力索的等效半径，mm。

(3)“接触导线—地回路”与“承力索—地回路”间的互阻抗 Z_{cm}

$$Z_{cm} = 0.05 + j0.145\lg\frac{D_g}{d_{cm}} \quad (\Omega/\text{km}) \tag{4-16}$$

式中　d_{cm}——接触导线与承力索的平均中心距离。

由于承力索与接触导线间的距离是变化的，需要确定两者间的平均距离 d_{cm}。图4.1.10为在一个跨距内单链型悬挂布置图。图4.1.10中 h 是接触悬挂的结构高度(取1 100～1 500 mm)，f 是跨距内承力索的最大弛度(取600～700 mm)。

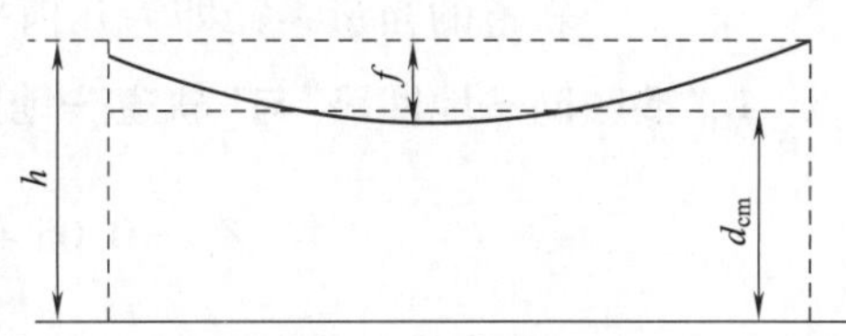

图4.1.10　单链型悬挂示意

在实际计算中，假定承力索在跨距内为抛物线形状分布，并将抛物线近似的用一直线来代替，而该直线位于最大弛度 f 的2/3处。因此，承力索对接触导线的平均中心距离为

$$d_{cm} = h - \frac{2}{3}f \tag{4-17}$$

“接触导线—地回路”与“承力索—地回路”具有相同的外加电压，两个回路间存在互感作用，则两个回路的等值电路可用图4.1.11(a)、图4.1.11(b)和图4.1.11(c)表示。

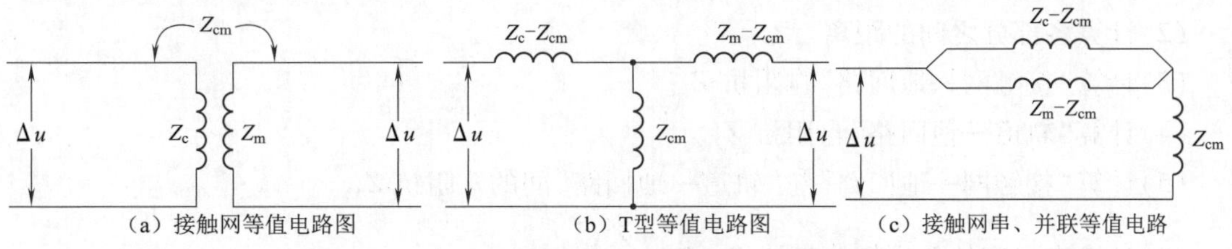

图4.1.11　单线路单链型悬挂接触网等效电路

图4.1.11中(a)与图4.1.11(b)因电压平衡方程式相同而等效为承力索与接触线并联，如图4.1.11(c)表示。可得接触网—地回路自阻抗 Z_1 为

$$Z_1 = Z_{cm} + \frac{1}{\frac{1}{Z_c - Z_{cm}} + \frac{1}{Z_m - Z_{cm}}} \tag{4-18}$$

3.“轨道—地回路”的单位自阻抗 Z_2

“轨道—地回路”的单位自阻抗 Z_2 包括钢轨与大地回路的自阻抗 $Z_{r自}$ 和两条“钢轨—地回路”间的互阻抗 $Z_{r互}$，两条钢轨是相互并联的，则

$$\begin{aligned} Z_2 = Z_r = \frac{Z_{r自} + Z_{r互}}{2} &= \frac{1}{2}\left(r_r + 0.05 + j0.145\lg\frac{D_g}{R_{\xi r}} + 0.05 + j0.145\lg\frac{D_g}{d_r}\right) \\ &= \frac{r_r}{2} + 0.05 + j0.145\lg\frac{D_g}{\sqrt{R_{\xi r} d_r}} \end{aligned} \tag{4-19}$$

式中 r_r——一条钢轨的有效电阻，Ω/km；

d_r——两条钢轨间的中心距离，mm；

$R_{\xi r}$——钢轨的等效半径，mm；

$\frac{r_r}{2}$——两条钢轨并联时等值轨道的有效电阻，Ω/km；

$\sqrt{R_{\xi r} d_r}$——等值轨道的等效半径，等于每条轨道的当量半径与两条轨道的中心距离 d_r 的几何平均值。$\sqrt{R_{\xi r} d_r}$ 也可直接应用几何均距法求得，即 $\sqrt[4]{R_{\xi r}^2 d_r^2} = \sqrt{R_{\xi r} d_r}$，所以等值轨道的当量半径即为几何平均半径。

4.“接触网—地回路”与“轨道—地回路”间的互阻抗 Z_{12}

$$Z_{12} = 0.05 + j0.145\lg\frac{D_g}{d_{\omega r}} \quad (\Omega/\text{km}) \tag{4-20}$$

式中 $d_{\omega r}$——接触网的等值导线与等值轨道回路间的距离。可直接应用几何均距法求得，即

$$d_{\omega r} = \sqrt[4]{d_{cr}^2 d_{mr}^2} = \sqrt[4]{\left[\left(\frac{d_r}{2}\right)^2 + H^2\right] \times \left[\left(\frac{d_r}{2}\right)^2 + (H + d_{cm})^2\right]} \tag{4-21}$$

其中 d_{cr}——接触导线与钢轨中心距离，mm；

H——接触导线到钢轨的平均高度，mm；

d_{mr}——承力索与钢轨的中心距离，mm。

5.单线牵引网单位等值阻抗计算的一般步骤

(1)查表(资料)或通过计算确定导线、钢轨等相关基础数据。

(2)计算各部分之间的距离。

(3)计算“接触网—地回路”自阻抗 Z_1。

(4)计算“轨道—地回路”自阻抗 Z_2。

(5)计算“接触网—地回路”与“轨道—地回路”间的互阻抗 Z_{12}。

(6)计算牵引网的单位等值阻抗 $Z = Z_1 - \frac{Z_{12}^2}{Z_2}$。

例4.1　已知某单线单链型悬挂牵引网：接触网悬挂导线类型为 TJ-95 + CTAH-110，接触悬挂的结构高度为 1 500 mm，钢轨形式为 60 kg/m，大地导电率 $\sigma = 10 \times 10^{-14}$(CGSM)，导线、钢轨各部分间的距离如图 4.1.12 所示。计算该牵引网的单位等值阻抗。

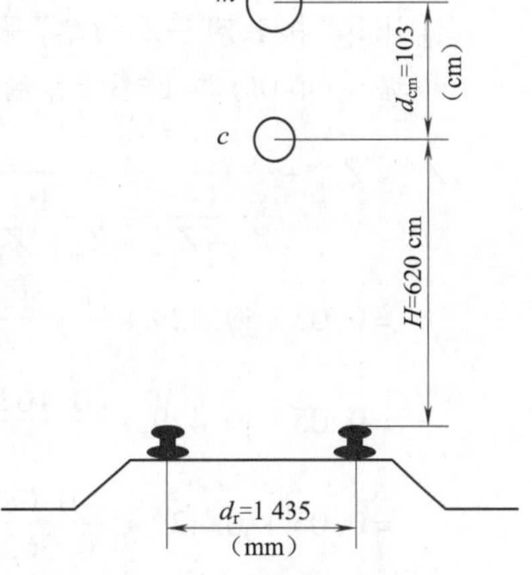

图 4.1.12　单链型悬挂布置示意

【解】

(1)查表(资料)确定相关基础数据

查表 4.1.1，确定 CTAH-110 型接触导线的参数如下：有效电阻即为直流电阻：$r_c = 0.162\ \Omega/\text{km}$，等效半径：$R_{\xi c} = 4.81$ mm。

查表 4.1.4，确定 TJ-95 型承力索的参数如下：有效电阻：$r_m = 0.2\ \Omega/\text{km}$，等效半径：$R_{\xi m} = 4.74$ mm。

查表 4.1.5，确定 P60 钢轨的参数如下：有效电阻：$r_r = 0.135\ \Omega/\text{km}$，等效半径：$R_{\xi g} = 12.79$ mm。

(2)计算各部分间距离

接触导线与钢轨顶部中心的距离 d_{cr}

$$d_{cr} = \sqrt{6\,200^2 + \left(\frac{1\,435}{2}\right)^2} = 6\,241(\text{mm})$$

接触导线与承力索间的平均距离 d_{cm}

$$d_{cm} = h - \frac{2}{3}f = 1\,500 - \frac{2}{3} \times 700 = 1\,033(\text{mm})$$

承力索与钢轨顶部中心的距离 d_{mr}

$$d_{mr} = \sqrt{(6\,200 + 1\,033)^2 + \left(\frac{1\,435}{2}\right)^2} = 7\,268(\text{mm})$$

地回路的等值深度 D_g

$$D_g = \frac{0.208\,5}{\sqrt{f\sigma \times 10^{-9}}} = \frac{0.208\,5}{\sqrt{50 \times 10^{-4} \times 10^{-9}}} = 932 \times 10^3(\text{mm})$$

(3)“接触网—地回路”等值阻抗

①计算“接触导线—地回路”单位自阻抗 Z_c

4.1.6　计算“接触线—地回路”单位自阻抗

根据公式(4-14)结果得

$$Z_c = r_c + 0.05 + \text{j}0.145\lg\frac{D_g}{R_{\xi c}} = 0.162 + 0.05 + \text{j}0.145\lg\frac{932 \times 10^3}{4.81}$$
$$= (0.212 + \text{j}0.767)\quad(\Omega/\text{km})$$

4.1.7　计算“承力索—地回路”单位自阻抗

②计算“承力索—地回路”的自阻抗 Z_m

根据式(4-15)得

$$Z_m = r_m + 0.05 + \text{j}0.145\lg\frac{D_g}{R_{\xi m}} = 0.2 + 0.05 + \text{j}0.145\lg\frac{932 \times 10^3}{4.74}$$
$$= (0.25 + \text{j}0.768)(\Omega/\text{km})$$

4.1.8　接触线承力索两地回路的单位互阻抗

③计算“承力索—地回路”与“接触线—地回路”间的互阻抗 Z_{cm}

根据式(4-16)结果得

$$Z_{cm}=0.05+j0.145\lg\frac{D_g}{d_{cm}}=0.05+j0.145\lg\frac{932\times10^3}{1\ 033}$$
$$=(0.05+j0.429)(\Omega/km)$$

④计算"接触网—地回路"等值阻抗 Z_1

根据式(4-18)与上述计算结果得

$$Z_1=Z_{cm}+\frac{1}{\dfrac{1}{Z_c-Z_{cm}}+\dfrac{1}{Z_m-Z_{cm}}}=Z_{cm}+\frac{(Z_c-Z_{cm})(Z_m-Z_{cm})}{Z_c+Z_m-2Z_{cm}}$$
$$=0.05+j0.429+\frac{(0.212+j0.767-0.05-j0.429)(0.25+j0.768-0.05-j0.429)}{0.212+j0.767+0.25+j0.768-2\times(0.05+j0.429)}$$
$$=0.05+j0.429+\frac{(0.162+j0.338)(0.2+j0.339)}{0.362+j0.677}$$
$$=0.05+j0.429+\frac{-0.082+j0.123}{0.362+j0.677}$$
$$=0.05+j0.429+\frac{0.054+j0.1}{0.589}=(0.142+j0.599)(\Omega/km)$$

4.1.9 "接触网—地回路"等值阻抗

(4)计算"轨道—地回路"自阻抗 Z_2

应用式(4-19),得

$$Z_2=\frac{r_r}{2}+0.05+j0.145\lg\frac{D_g}{\sqrt{R_{\xi r}d_r}}$$
$$=\frac{0.135}{2}+0.05+j0.145\lg\frac{932\times10^3}{\sqrt{12.79\times1\ 435}}=(0.118+j0.556)(\Omega/km)$$

4.1.10 "轨道—地回路"自阻抗

(5)计算"接触网—地回路"与"轨道—地回路"间的互阻抗 Z_{12}

$$d_{\omega r}=\sqrt{d_{cr}\times d_{mr}}=\sqrt{6\ 241\times7\ 268}=6\ 735(mm)$$

应用式(4-20),得

$$Z_{12}=0.05+j0.145\lg\frac{D_g}{d_{\omega r}}=0.05+j0.145\lg\frac{932\times10^3}{6\ 735}$$
$$=(0.05+j0.31)(\Omega/km)$$

4.1.11 计算"接触网—地回路"与"轨道—地回路"互阻抗

(6)计算单线牵引网单位等值阻抗 Z

$$Z=Z_1-\frac{Z_{12}^2}{Z_2}=0.145+j0.599-\frac{(0.05+j0.31)^2}{0.118+j0.556}$$
$$=0.142+0.j599-\frac{(-0.094+j0.031)(0.118-j0.556)}{0.323}$$
$$=0.123+j0.426=0.443\angle73.89°(\Omega/km)$$

4.1.12 计算单线牵引网等值单位阻抗

知识点3:牵引网电能损失与电压损失分析

牵引网阻抗是计算牵引网电能损失和电压损失的重要基础参数,同时也是计算牵引网短路电流,确定牵引网保护整定值和分析牵引网短路的重要依据。学习牵引网阻抗知识,就要掌握牵引网阻抗与牵引网电能损失、电压损失和牵引网保护的关系。

1. 牵引网电能损失

(1)牵引网电能损失与牵引网单位电阻

牵引网电能损失主要是牵引电流从牵引变电所传输至电力机车或动车组并流回牵引变电所的过程中,因电流流经牵引网阻抗而产生的损耗。牵引网电能损失一般采用平均运量法进行计算。

以单线区段一供电臂牵引网电能损失计算为例,m 列列车在一牵引网供电臂产生的平均有功功率损失总和为

$$\Delta P = m \cdot L \cdot r \cdot I_t^2 \left[\frac{1.1\alpha}{2} + \frac{1}{3}(m-1) \right] \times 10^{-3} \quad (\mathrm{kW}) \tag{4-22}$$

式中 m——供电臂中平均列车数,$m = \frac{N\sum t_i}{T}$;

L——供电臂长度,km;

r——牵引网单位电阻,Ω/km;

I_t——牵引供电臂列车平均电流,A;

α——列车电流间断系数,$\alpha = \frac{\sum t_i}{\sum t_{gi}}$。

每年(24 h/d×365 d=8 760 h)的电能损失为

$$\Delta A = 8.76 \cdot m \cdot L \cdot r \cdot I_t^2 \left[\frac{1.1\alpha}{2} + \frac{1}{3}(m-1) \right] \times 10^{-4} \quad (10^4\ \mathrm{kW \cdot h}) \tag{4-23}$$

显然,牵引网的电能损失主要与供电臂牵引负荷电流、牵引网单位电阻、车流密度(列车用电平均概率)和供电臂长度等有关。一般来说,供电臂的长度是相对固定的,当车流密度与牵引负荷电流也一定时,则牵引网的电能损失与牵引网单位电阻成正比。即牵引网单位电阻越大,则牵引网的电能损失也就越大。

(2)降低牵引网电能损失的措施

为了降低牵引网的电能损失,通常采取如下措施:

①限制供电臂的长度。供电臂过长不仅增大了牵引负荷电流,同时也使牵引网阻抗增大,从而导致牵引网电能损失大增。因此,对供电臂的长度要适当限制。

②加设加强导线。从经济上考虑,增设加强导线的一次性投资,可以在近期内被减少的牵引网能耗费用所补偿,这样增设加强导线就是有意义的。

③当电气化铁路有较大的迂回区段时,应设置捷接线。

④应采用牵引网阻抗更低的直接供电方式或 AT 供电方式。

⑤对牵引网结构布置、材质、导线及截面进行优选,以降低牵引网阻抗。

⑥因负荷要求,需对接触悬挂实行分段采用不同截面导线时,在单线区段应由近电源点开始依次由大到小采用不同截面的导线。在复线区段则宜将大截面导线均匀置于近电源侧的上、下行接触悬挂内。即加设加强导线一般应设于变电所端。

⑦当牵引供电系统功率因数较低时,应在牵引变电所装设并联电容补偿装置,以提高功率因数,减少电能损失。

⑧在复线区段,应采用上、下行线路在供电臂末端并联供电方式,见表 4.1.9。

表 4.1.9　某供电臂末端并联供电与分开供电时牵引网的电能损失对照表

某供电臂电能损失		末端并联供电（万 kW · h/年）	末端分开供电（万 kW · h/年）	末端并联比末端分开供电的年能耗降幅
左侧供电臂	上行线	67.4	87.3	22.8%
	下行线	23.5	24.1	2.5%
	合计	90.9	111.4	18.4%
右侧供电臂	上行线	47.6	55.8	14.7%
	下行线	47.8	55.9	14.5%
	合计	95.4	111.7	14.6%
两供电臂能耗合计		186.3	223.1	16.5%

从表 4.1.9 中可知，并联供电的能耗比分开供电的能耗要小，其中左侧供电臂可减少 18.4%，右侧供电臂可减少 14.6%。当两个供电臂均采取并联供电时，全年总计可减少电能损失 36.8 万度。由此可见，供电臂采取末端并联供电可显著地降低牵引网的电能损失，具有可观的经济效益。

2. 牵引网电压损失

(1) 牵引网电压损失与牵引网单位阻抗

牵引电流经牵引变电所流出，经过牵引网（供电线和接触网）到达电力机车。由于牵引网存在阻抗，牵引电流同样会在牵引网阻抗上产生电压损失，致使牵引变电所的馈线电压与电力机车受电弓处的电压存在差异。这一段电压损失称为牵引网电压损失，用 ΔU 表示，即

$$\Delta U = U - U'$$

牵引网中的电压损失，等于牵引变电所馈出母线电压 U 与电力机车受电弓上电压 U' 的算术差。它不同于牵引网中的电压降。牵引网中的电压降等于牵引网电流与牵引网阻抗的乘积，也就是牵引变电所馈出母线电压与电力机车受电弓电压的相量差。例如若牵引变电所母线电压为 25 kV，而电力机车受电弓电压为 22 kV，则从牵引变电所到这个电力机车该区段牵引网的电压损失为

$$25 - 22 = 3(\text{kV})$$

而这段牵引网中的电压降一般要大于此值。

为了方便电压损失的计算，目前在供电计算中一般都采用简化计算法。

设牵引变电所牵引侧母线电压为 $\dot{U}$，电力机车受电弓电压为 $\dot{U}'$，牵引网电流为 $\dot{I}$，牵引网阻抗为 $Z = R + \mathrm{j}X$，如图 4.1.13 所示。其相量关系如图 4.1.14 所示。

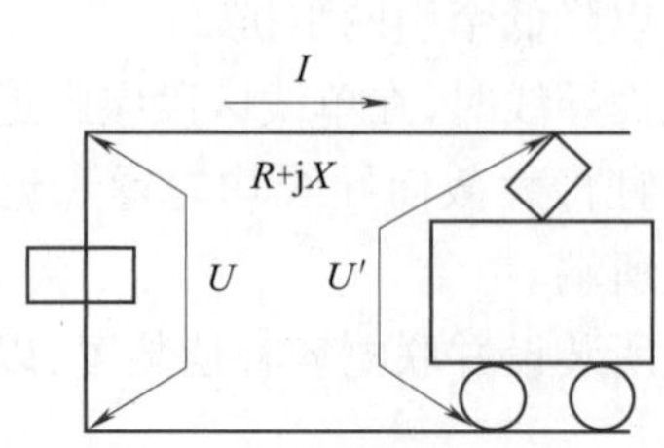

图 4.1.13　牵引网电压损失示意

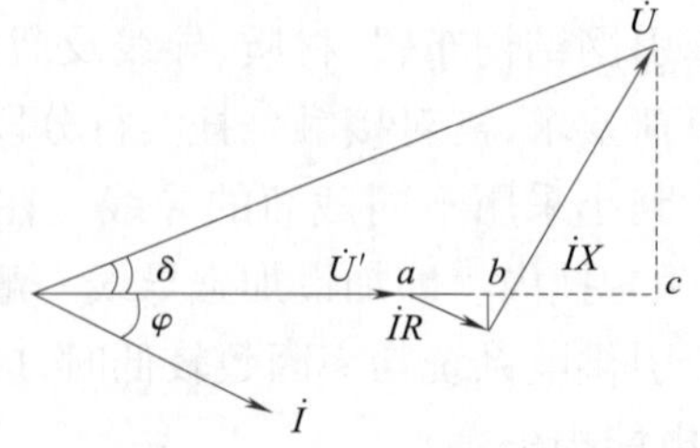

图 4.1.14　牵引网电压损失相量图

定义:电压降 $\Delta\dot{U}$ 为阻抗 Z 首端电压 $\dot{U}$ 和末端电压 $\dot{U}'$的相量差,而电压损失 $\Delta\dot{U}$ 则为 $\dot{U}$ 和 $\dot{U}'$的模值算术差,即

$$电压降:\Delta\dot{U} = \dot{U} - \dot{U}'$$

$$电压损失:\Delta U = |\dot{U}| - |\dot{U}'| = U - U'$$

$\dot{U}$ 和 $\dot{U}'$之间的夹角一般不大,可近似为 $U \approx U\cos\delta$,即 U 在数值等于相量 $\dot{U}$ 在其轴线上的投影。则电压损失 $\Delta U = U\cos\delta - U'$,其数值上等于线段 ac。

由图 4.1.14 可知

$$\overline{ab} = \dot{I}R\cos\varphi$$

$$\overline{bc} = \dot{I}X\sin\varphi$$

所以

$$\Delta U = I(R\cos\varphi + X\sin\varphi) \tag{4-24}$$

这就是简化后的牵引网电压损失的计算公式,其主要的优点就在于避免了复杂的复数运算。当把式(4-24)括号中的值看作一个参数时,则可称为牵引网的等效阻抗,用 z'代表。等效阻抗 z'只与牵引网长度有关,而与牵引电流无关。写成单位值(每公里值)为

$$z' = r\cos\varphi + x\sin\varphi \tag{4-25}$$

z'即为牵引网的等效单位阻抗。其特点是不再是复数形式。由此可得出以下结论;牵引网中的电压损失等于牵引网的电流(绝对值)与牵引网等效阻抗的乘积。这就大大简化了牵引网电压损失的计算。z'值可从《电气化铁道设计手册　牵引供电系统》查得或者由设计单位提供。

(2)牵引网电压损失计算

在供电计算中,一般只需计算最严重运行条件下的最大电压损失。所以首先应确定计算条件,然后再分析计算方法。有牵引负荷时,单线区段牵引网的最大电压损失发生在牵引网末端。单线牵引网中电压损失的计算条件可按表 4.1.10 所列条件进行考虑(这是根据概率计算的结果得出,已在有关规程上列出)。

表 4.1.10　单线牵引网区段电压损失的计算条件一览表

区间数	列车位置
1	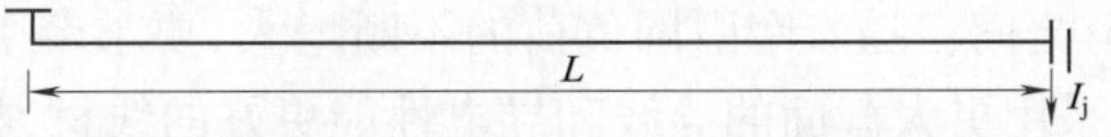 L; I_j
2	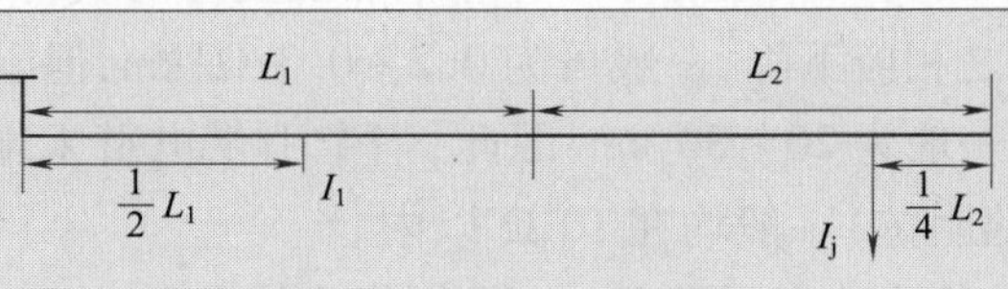 L_1, L_2; $\frac{1}{2}L_1$, I_1; $\frac{1}{4}L_2$, I_j
3	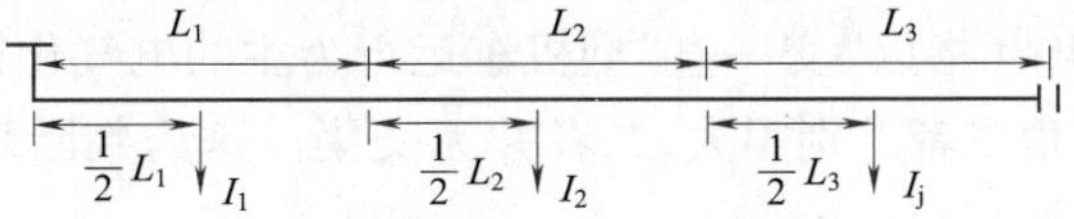 L_1, L_2, L_3; $\frac{1}{2}L_1$, I_1; $\frac{1}{2}L_2$, I_2; $\frac{1}{2}L_3$, I_j

续上表

区间数	列车位置
4	L_1　L_2　L_3　L_4 $\frac{1}{2}L_1$　I_1　$\frac{1}{2}L_3$　I_3　$\frac{1}{2}L_4$　I_j

注：(1)当供电臂列车带电概率较小(3 个区间 $P \leqslant 0.35$,4 个区间 $P \leqslant 0.25$),则表中 3、4 两项中 I_1 可取消；

(2)供电臂列车带电概率取对应于线路非平行能力的列车对数进行计算；

(3)列车电流取对应位置的区间带电平均电流。

计算列车 I_j处的最大电压损失应为

$$\Delta U_j = z' \sum_{i=1}^{j} I_i L_i \quad (\text{V}) \tag{4-26}$$

式中　I_i——供电臂中对应位置的区间带电平均电流，A；

L_i——各取流列车与牵引变电所的距离，km；

z'——牵引网单位等效阻抗，Ω/km。

由式(4-26)可知，当牵引负荷电流一定时，牵引网电压损失的大小与牵引网的单位阻抗成正比。因此，可以采取降低牵引网等效阻抗的方式改善牵引网电压水平。改善牵引网电压水平的具体措施详见本教材项目 5 的任务 5.1。

3. 牵引网阻抗特点

常见牵引网等效单位阻抗见表 4.1.11(钢轨为 P60 轨)。

表 4.1.11　常见牵引网等效单位阻抗表

导线类型	单线	复线	
	Z' (Ω/km)	自阻抗 (Z'_{I}, Z'_{II})(Ω/km)	互阻抗 ($Z'_{\text{I}\cdot\text{II}}$)(Ω/km)
GJ-100 + TCG-100 + LJ-185	$0.5157\angle\underline{66.46^\circ}$		
TJ-95 + TCG-100 + LJ-185	$0.3991\angle\underline{72.06^\circ}$		
TJ-120 + TCG-100 + LJ-185	$0.3942\angle\underline{73.45^\circ}$		
GJ-70 + TCG-100		$0.538\angle\underline{67.25^\circ}$	$0.119\angle\underline{79.82^\circ}$
GJ-70 + TCG-100 + LGJ-185		$0.403\angle\underline{74.62^\circ}$	$0.120\angle\underline{79.51^\circ}$

由表 4.1.11 可知，单线或复线单链型悬挂牵引网的单位阻抗值均在 0.4 ~ 0.5 Ω/km，阻抗角一般为 66° ~ 75°之间。随着牵引网负荷的不断增大，要求牵引网的供电能力也应随之不断提高。因此，通常采用更大截面的导线和导电性能更好的线材，与表 4.1.11 所列参数相比，牵引网单阻抗值也随之相应下降，一般可为 0.2 ~ 0.3 Ω/km，但阻抗角不会有太大变化。牵引变电所供电臂的长度一般为 20 ~ 30 km，因此，当牵引供电臂末端发生短路时，牵引网短路阻抗值(也即牵引网线路阻抗)一般均在 10 Ω 以内。

通常，电力系统的负荷功率因数角，亦即负荷阻抗角约为 25°左右，而牵引网的负荷功率因数角一般为 30° ~ 40°(指以“交—直”型机车运行为主的电气化铁路)。因此，牵引负荷阻抗角与牵引网线路阻抗角二者差别很大，二者并无交集。这为判断牵引网保护跳闸是否真的发生短路提供了重要依据。

任务实施

通过学习本任务知识点，结合“任务描述”与“任务分析”，按以下步骤来完成本任务。

第一步：确定短路故障测量内容。

当有列车在线路上正常运行时，由牵引变电所馈线保护装置测得的阻抗既包括牵引网阻抗，同时也包括负荷阻抗，而且负荷阻抗占主要部分。假设牵引网发生了短路故障，则负荷阻抗被短接，牵引变电所馈线保护装置测量的阻抗即为牵引网阻抗（也称为线路阻抗）。

第二步：测量阻抗与阻抗角。

已知 211 供电臂总长为 20 km，导线类型为 TJ-95 + TCG-100 + LJ-185，查表 4.1.11 可知该牵引网的等效单位阻抗 $Z'=0.399\,1\angle 72.06°(\Omega/\text{km})$，则当短路点发生在供电臂末端时所测得的牵引网阻抗值为最大，此时最大牵引网阻抗值为：$Z_{max}=0.399\,1\times 20=7.982(\Omega)$，阻抗角为 72.06°。根据表 4.1.1 知由保护装置测得的阻抗与阻抗角分别为 77.78 Ω 与 37°。阻抗值近似为该牵引网末端最大阻抗值的 10 倍。说明保护装置所测得的阻抗不是牵引网阻抗而是负荷阻抗；牵引网线路阻抗角大多在 60°至 75°之间，实际测得的阻抗角为 37°，$\cos 37°\approx 0.8$，正好与“交—直”型电力机车固有功率因数值相同，说明保护装置所测得的阻抗角也是负荷阻抗角。这两点均可说明，并非牵引网真正短路引起 211 馈线跳闸。可初步判断本次跳闸为误跳闸。

第三步：分析对比得出结论。

由牵引网短路分析可知，短路故障发生时，短路电流瞬间增大，而牵引网电压急剧下降。但是，从保护装置测量 211 馈线跳闸时的电流为 $1.21\times 500=605(\text{A})$，而母线电压为 $94.12\ \text{V}\times 275$（压互变比）$=25\,883\ \text{V}$，馈线电流与母线电压均完全是牵引变电所馈线电流与母线电压的正常工作范围。

4.1.13 分析牵引网阻抗参数识别真假跳闸

综上所述，可以确定本次跳闸，牵引网并没有真正发生短路故障。后对多次跳闸数据进行分析确定为过电流保护整定值设置不合理引起的误跳闸。

任务小结

请简要小结本任务的学习要点、难点与困惑，写在下面的横线上。

格言语录

"日事日毕，日清日高。"——海尔集团

"日事日毕"是指今天的任务必须今天完成，"日清日高"是指今天要完成的事情相比昨天必须要有提高，而明天要达成的目标必须比今天更高。

坚持"日事日毕，日清日高"这一准则，不仅对企业员工很重要，而且对在校学生也非常值得借鉴与学习。很多人计划做得很好，却因为拖延，总想着明天再做，结果是美好的计划成为泡影，雄心壮志沦为空想。光阴似箭，转瞬即逝。失去了今日，终将落得两手空空，一事无成。"我生待明日，万事成蹉跎"即是很多人的真实写照。"若言姑待明朝至，明朝又有明朝事。"今日又不为，此事何时了？若想做成事，请从今日始！

拓展知识

复线牵引网等值阻抗与工程实测

复线电气化铁路上、下行线路的接触网可以相互并联，也可以分开供电。我国复线电气化铁路大多采用两线路的接触网在末端并联的供电方式。因此，复线接触网应划分为两个接触网—地回路，并按单线的方法分别将其归算成平行的两条等值导线。要注意的是这两条等值导线只有在两线路的接触网完全并联的条件下，才能像单线区段中那样，将其合为一条等值导线，并组成单一的"导线—地回路"。复线区段两线路的轨道是相互并联的，因此所有并联轨道可归算成一条等值轨道导线，且与大地组成一个"轨道—地回路"。由此可知，复线牵引网有3个基本回路：上行"接触网—地回路"，下行"接触网—地回路"，"轨道—地回路"。不但每个线路的"接触网—地回路"与"轨道—地回路"之间存在互阻抗，而且复线的两"接触网—地回路"之间也存在互阻抗。如图4.1.15和图4.1.16所示为复线牵引网示意图与这3个回路所组成的复线牵引网等效电路图。其中Z_1、Z_2与Z_3分别为3个等值导线—地回路1、2、3中的自阻抗，Z_{12}、Z_{23}与Z_{13}表示对应回路间的互阻抗。

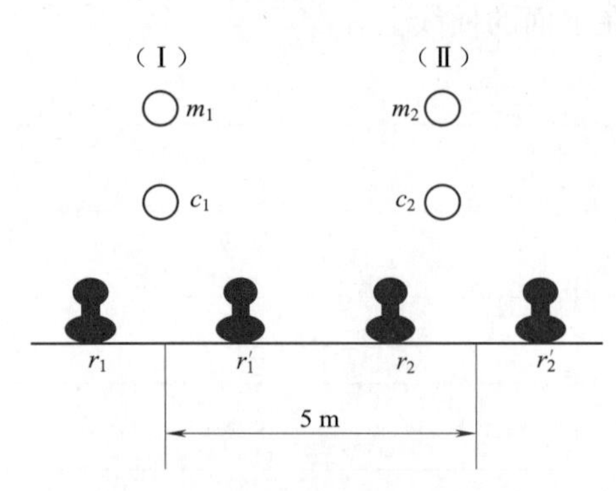

图4.1.15 复线牵引网示意

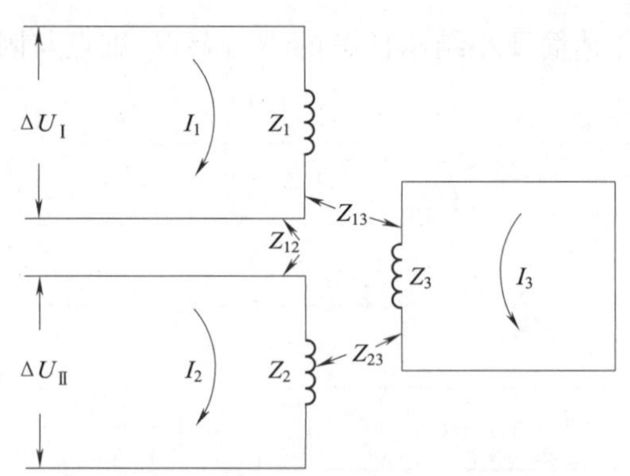

图4.1.16 复线牵引网等效电路

我国电气化铁路采用单边供电方式。在单边供电方式下，复线牵引网上、下行两条线路又有两条线路分开供电、个别点并联供电和完全并联供电3种方式。3种供电方式的牵引网阻抗与负荷位置的关系曲线（当牵引网中只有一列车时）如图4.1.17所示。由此可见，全并联供电比分开供电和个别点并联(如末端并联)供电更有效地降低了牵引网阻抗,有助于降低接触网电压损失和电能损失(详见本节知识点2、3)。

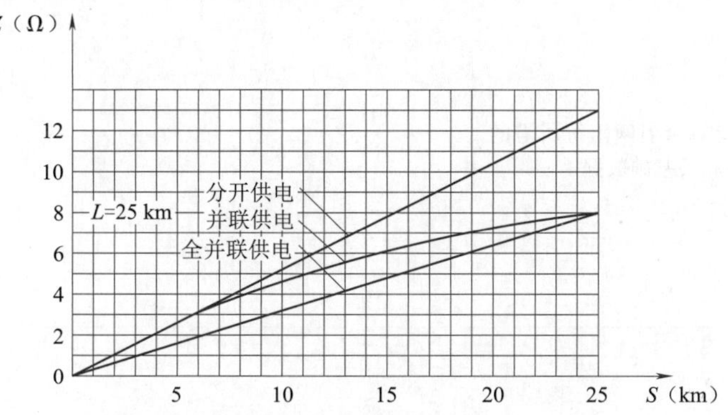

图4.1.17　复线区段直供方式等值阻抗

牵引网阻抗是计算供电臂电压损失、电能损失和短路电流的基本参数。除通过理论计算确定其值外,通常还通过工程试验的方法对理论计算值进行校正,提高牵引网阻抗计算的精确度,从而进一步提高牵引网保护的可靠性。如图4.1.18所示为电气化工程开通前测试牵引网阻抗的电路原理图。

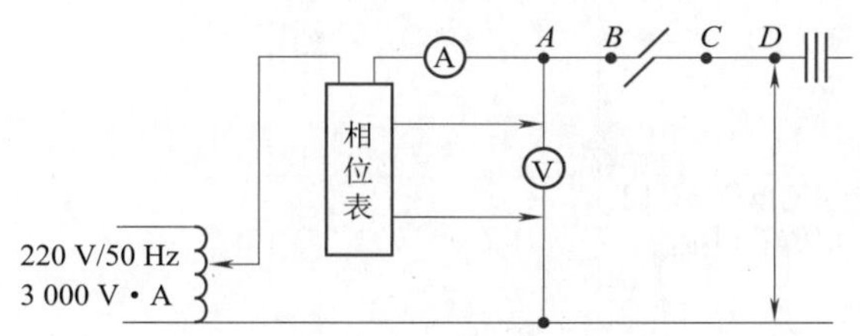

图4.1.18　牵引网阻抗测试原理

测试时,在供电臂的末端用测试线将接触网和钢轨短接,在供电臂始端调节测试电压,记录达到测试电流值时的对应电压值和相位角。根据计算式就可算出牵引网阻抗值。也可以通过改变接触网短接点位置的不同,来测试供电臂不同位置的牵引网阻抗。通常在工程设计中,牵引网阻抗可查阅牵引供电系统的设计手册或通过计算机系统计算得到。

4.1.14　牵引网阻抗测试

练习与评价

已知某单线牵引网,其接触网悬挂类型为TJ-120+TCG-100+LJ-185,钢轨型式为60 kg/m。大地导电率 $\sigma=10\times10^{-14}$(CGSM),导线、钢轨各部分间的距离如图4.1.12所示,请完成任务评价表4.1.12。

表4.1.12　任务4.1完成情况评价表

序号	任务内容	完成记录	标准分	评分
1	说明接触网的悬挂类型		5	

续上表

序号	任务内容	完成记录	标准分	评分
2	查表确定计算牵引网阻抗所需的导线、钢轨的相关基础数据		15	
3	计算牵引网阻抗所需的各部分之间的距离和地回路的等值深度 D_g		20	
4	查表求得该线路牵引网单位等值阻抗,并计算其单位电阻与单位电抗值		20	
5	牵引网主要包括供电线、____________、吸上线与回流线、____________________等		10	
6	牵引网等效电路一般分为“接触网—地回路”和“________—地回路”,其中________为有源回路		10	
7	“任务小结”完成情况		20	
总体评价： □好 □较好 □一般 □较差 □差				

任务4.2 牵引供电系统短路计算

任务导读

短路是牵引供电系统最常见的故障。当发生短路故障时,牵引变电所相应的继电保护装置应该迅速准确动作,当没有发生故障时,继电保护装置则不应动作。然而牵引供电系统在实际运行中也会发生保护装置该动作时拒动,不该动作时误动的现象,因此需要对故障跳闸数据进行分析,以判断跳闸是否因为真正的短路故障引起;当电气设备发生烧损或机械损坏时,就需要分析电气设备的动稳定性与热稳定性是否能满足系统最大短路电流的冲击……这些都需要掌握与牵引供电系统短路相关的知识,以提高短路故障的分析与处理能力。

学习目标

1. 知识目标

(1)了解短路类型与短路原因。

(2)了解短路的危害。

(3)理解短路计算目的与条件。

(4)熟悉标幺值与网络化简。

(5)理解对称短路与不对称短路计算方法。

(6)理解短路故障点标定方法与原理。

2. 能力目标

(1)会计算与分析短路参数。

(2)会分析短路故障点。

3. 素质目标

(1)培养供电安全意识。

(2)培养供电人的责任意识。

任务描述

20××年××月××日12时33分10秒702毫秒,某铁路WC变电所213断路器跳闸,自动重合闸成功,12时33分10秒717毫秒,WC变电所214断路器跳闸,自动重合闸成功。跳闸区段天气:雷雨,影响范围:WXC站(不含)至TXZ站(含)。详细跳闸数据见表4.2.1。请根据表中的数据,对本次故障进行调查分析,并提出相应的改进建议。

表 4.2.1　跳闸数据表

编号	故障时间	被控站	设备名称	故障描述
1	20××-××-×× 12:33:10.702	WC 变电所	213 馈线保护测控装置	距离Ⅱ段 重合闸成功 母线电压=17.09 kV 保护电流=1 608.4 A 电阻:4.27 Ω 电抗:9.75 Ω 阻抗角=66.2° T 线故障距离:5.69 km 公里标:427.98 km
2	20××-××-×× 12:33:10.717	WC 变电所	214 馈线保护测控装置	距离Ⅱ段 重合闸成功 母线电压=17.02 kV 保护电流=1 337.6 A 电阻:6.49 Ω 电抗:10.97 Ω 阻抗角=59.3° T 线故障距离:6.14 km 公里标:428.43 km

任务分析

从“任务描述”可知，WC 变电所跳闸后自动重合闸成功，跳闸区段为雷雨天气。这些信息和表 4.2.1 中的跳闸数据都是开展分析的非常重要的依据。要完成本任务，一方面要完成本任务知识点的学习，并根据所学知识对跳闸数据进行相应的分析；一方面需要进一步了解故障发生后的排查情况，为跳闸数据的分析收集更充足的实证材料。以此为基础，方可提出有针对性的改进建议并完成本任务。

要完成这一任务，可按如图 4.2.1 所示步骤进行。

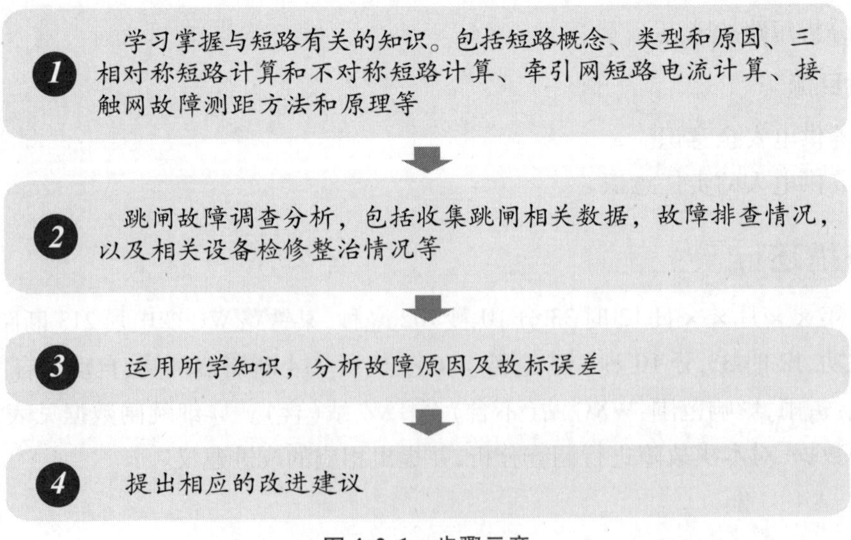

1. 学习掌握与短路有关的知识。包括短路概念、类型和原因、三相对称短路计算和不对称短路计算、牵引网短路电流计算、接触网故障测距方法和原理等
2. 跳闸故障调查分析，包括收集跳闸相关数据，故障排查情况，以及相关设备检修整治情况等
3. 运用所学知识，分析故障原因及故标误差
4. 提出相应的改进建议

图 4.2.1　步骤示意

基本知识

知识点1:短路与短路计算

电气化铁路供电系统的主要任务是保证安全可靠地向电力机车或动车组供电。根据运行经验,短路故障是影响供电系统正常供电的主要原因。要分析短路故障参数,识别短路故障,需要先认识和了解短路及其发生原因。

1. 短路类型及原因

(1)短路的定义

所谓短路就是不同电位导电部分之间的短接,例如一切相与相间、在大电流接地系统中相与地间的直接短接等。短路是供电系统中最常见的故障,也是最严重的一种故障。

通常,多数短路点都存在一定的过渡电阻,此种短路称为非金属性短路。由于过渡电阻的值受多种因素的影响,为简化分析,都将过渡电阻的值忽略,即按金属性短路考虑。在本书中所讨论的短路,凡无特殊申明者,均指金属性短路。

(2)短路的类型

短路有三相短路、两相短路、单相接地短路、两相短路接地等多种类型。其中三相短路为对称性短路,其余皆为不对称短路。显然,单相接地短路和两相短路接地只会在大电流接地系统中发生。表4.2.2列出了各种短路的表示符号及发生概率。可见单相接地发生的概率最高,三相短路发生的概率最低。

表4.2.2　短路类型

短路种类	示意图	符号	某电力网故障统计(%)
三相短路		$k^{(3)}$	2.2
两相短路		$k^{(2)}$	2.2
单相接地短路		$k^{(1)}$	88.4
两相短路接地		$k^{(1,1)}$	6.7 (断线0.5)

(3)短路的原因

引起短路的原因主要有以下几种:

4.2.1　短路类型

①因自然灾害引起。例如带电部分遭受雷击,或因风雪引起的倒杆断线等均属此类。

②因恶劣的工作环境引起。例如变电所位于污染严重地区,绝缘子因受污染而闪络、击穿等。

③因设备维护不善引起。例如设备绝缘已老化而未及时更换造成击穿。

④由于工作人员违章误操作引起。例如接触网作业带电挂接地线及未撤接地线而误送电、带负荷分闸隔离开关、误将低电压设备接入高电压系统等均属此类。

⑤鸟兽跨越导线的裸露部分或损坏设备的绝缘。

2. 短路的危害及防范措施

(1)短路的危害

当供电系统发生短路时，由于系统总的阻抗急剧减小，电流急剧增加，系统电压降低。短路时电流值可达到额定值的几倍至几十倍，有时电流达几万到十几万安培。如此大的短路电流对电力系统将产生极大的危害。主要的危害有以下几个方面：

①短路电流的热效应和电动效应产生的危害。当巨大的短路电流通过电气设备和导体时，将产生巨大热量，如持续时间过长，将危害设备的绝缘或直接使绝缘损坏甚至造成电气火灾。如图 4.2.2 所示为变压器因内部短路故障而引发严重的电气火灾，图 4.2.3 则为接触网分段绝缘器做短路试验时产生强烈的短路电弧，图 4.2.4 为配电箱内短路发生电气烧损。系统发生短路故障时的短路电流同时会产生巨大的电动力，将使导体及其支持装置产生变形，遭受机械破坏，如图 4.2.5 所示为变压器绕组受短路电流机械力的作用而严重变形。

图 4.2.2　短路引发变压器电气火灾

图 4.2.3　接触网分段绝缘器短路试验

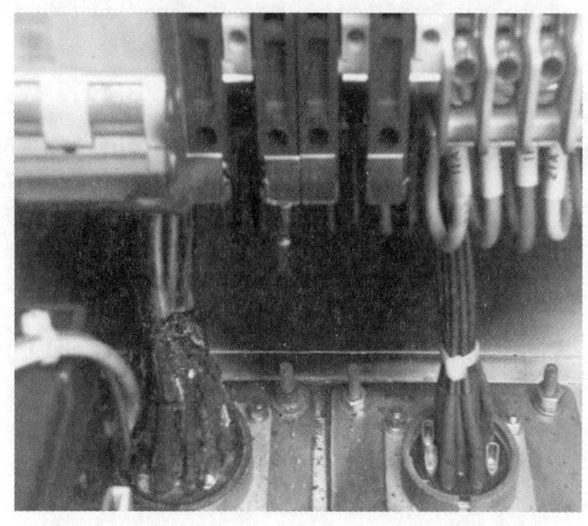

图 4.2.4　配电箱内短路发生电气烧损

图 4.2.5　变压器线圈因短路故障而严重变形

②低电压影响用电设备正常运行和引起设备损坏。短路时,由于系统电压急剧下降,严重危及用户电气设备的正常运行,造成产品报废及设备损坏。当牵引供电系统短路时,电压下降到允许最低工作电压(19 kV)以下时,供电区段内的电力机车就难以起动而使运输中断。

③不平衡电流干扰通信系统,可危及人身安全。接地短路时,将引起不平衡电流。这一不平衡电流产生的不平衡磁通,将在平行邻近的通信等弱电线路上感应出附加电势,干扰通信系统及其他弱电设备,严重时将危及通信等弱电设备及人身安全。

④短路最严重的后果是引起电力系统解列,导致大范围停电。因为电力系统发生短路后,并列运行的各电厂电压下降程度和功率输出不同,如持续时间较长,则可导致各系统间失去同步,造成大面积停电,使生产和人民生活受到严重影响。

(2)减少短路危害的措施

4.2.2　短路危害

为了减少短路故障的危害,主要采取以下措施:

①减少短路发生的可能,根除短路危害。通常做法是正确设计与高质量地安装,做好维护与检修,定期进行绝缘预防性试验,及时消除设备缺陷;同时严格管理,规范操作等。

②限制短路电流,减少危害程度。通常的做法是在线路上接电抗器等。

③限制短路电流的危害时间和范围。通常的做法是在供电系统中装设性能良好的继电保护装置,能在短路发生时,快速地将短路部分有选择地从系统中切除,将故障部分与正常部分隔离,使非故障部分正常工作,故障部分及时脱离电源。

④提高发电机性能,增强系统稳定性。通常的做法是在发电机上装设自动调压装置。

3. 短路计算的目的及条件

(1)短路计算的目的

在整个供电系统的设计和运行工作中,除了考虑正常的最大长期工作电流与容许电压波动外,还必须计算短路条件下的参数并进行相关的校验等。短路计算的目的主要有:

①对电气设备进行热稳定性和动稳定性的校验。

②为变电所等供电装置的电气主接线及电气设备选择、比较提供必要的数据。

③为供电系统继电保护与自动装置的设计、动作参数整定提供必要的数据。

④为保护接地装置的设计及运行过程中的事故分析提供必要的数据。

(2)短路计算的假设条件及计算步骤

在分析研究供电系统的短路过程中,通常在保证满足一定精度要求的前提下,采用一些基本假设,忽略一些次要因素,突出主要因素,使计算和分析大大简化。

①在一般情况下,对于各种类型的短路和系统中的电气元件,采用如下的基本假设:

a. 电力系统中所有发电机电势相角都相同,发电机间无交换电流。

b. 电力系统中元件的磁路不饱和,即系统中元件参数恒定不变,为线性电路。在计算中就可以应用叠加原理。

c. 一般电气元件的电阻略去不计。对高压网络来说,在整个短路回路中,元件总电阻 R_{Σ} 与总电抗 X_{Σ} 的值,一般总能满足 $R_{\Sigma} \leqslant \frac{1}{3} X_{\Sigma}$,略去电阻后求得的短路电流仅增大5%左右。这在实际工程中是允许的。

d. 电压等级为330 kV及以下输电线路的电容略去不计。

e. 变压器的激磁电流略去不计。

4.2.3 短路计算目的与假设条件

f. 电力系统是对称的三相系统。

g. 短路点没有任何阻抗，即发生"金属性短路"。

②依照假设条件进行短路计算的一般步骤是：

a. 按已知条件、要求和系统接线图，编制计算所必需的等效网络。

b. 变换和化简等效网络至最简网络。

c. 根据选定的短路计算方法，进行分析和计算。

知识点2：标幺值与网络化简

1. 标幺值及其应用

在供电系统的短路故障分析计算中，由于故障点的电压等级和系统各元件所处地点的电压等级不同，使元件参数换算比较麻烦。为了简化计算，通常供电系统的各种参数和物理量均采用标幺值进行计算。

（1）标幺值的定义

标幺值是电路计算中的无量纲体制。在标幺值中，任何物理量的标幺值是该物理量的实际有名值与一预先选定的同一类物理量基准值的比值，即

$$\text{标幺值}=\frac{\text{实际有名值(任意单位)}}{\text{基准值(与实际有名值同单位)}} \tag{4-27}$$

（2）标幺值的表示法

①符号表示法

标幺值的表示符号，通常是在表示该量文字符号的右下角加标注"＊"号。例如，电抗的标幺值表示为X_*，容量的标幺量表示为S_*。

②数值表示法

标幺值的数值通常采用两种方法表示。一种是用实际比值表示，这个数可以表示成小数，也可以表示成百分数。例如某同步发电机的次暂态电抗标幺值为0.105时，可将此种形式表示为$X''_{k*}=0.105$或$X''_{k*}=10.5\%$。另一种是采用百分数值表示，即以比值百分数的分子数表示。如某变压器的短路电压标幺值为0.05时，用百分值形式表示为$U_k\%=5$。

显然，同一标幺，分别表示成以上两种不同的形式，在数值上相差100倍，因而有以下换算关系

$$F_*=\frac{F\%}{100} \quad \text{或} \quad F\%=100F_* \tag{4-28}$$

式中 F_*——任意电气量（可代表电压、电流、容量、阻抗）的标幺值；

$F\%$——任意电气量标幺值的百分值。

由于标幺值是两个同类量的比值，是一个无量纲的相对量，所以当一个电气量被表示为标幺值时，必须指出其对应的基准值，否则用标幺值表示将无任何意义。

（3）基准值的选择原则及方法

选择基准值的基本原则，应使由其所得的标幺值符合电路基本定律。为此要求所选择的4个电气量（电压、电流、容量、阻抗）的基准值满足电路基本定律，即

对于三相系统

$$U_d = \sqrt{3} I_d Z_d \quad S_d = \sqrt{3} U_d I_d$$

对于单相系统

$$U_d = I_d Z_d \quad S_d = U_d I_d$$

式中　U_d——基准电压,V 或 kV;

I_d——基准电流,A 或 kA;

S_d——基准容量,kV · A;

Z_d——基准阻抗,Ω。

由线性理论知,一组 4 个基准值有两个制约方程限制,故可任意选取两个,而另两个则由方程导出。

通常总是习惯将电压 U_d 和容量 S_d 作为基准值,而 Z_d 和 I_d 由下式导出。

对于三相系统

$$I_d = \frac{S_d}{\sqrt{3} U_d} \tag{4-29}$$

$$Z_d = \frac{U_d}{\sqrt{3} I_d} = \frac{U_d^2}{S_d} \tag{4-30}$$

对于单相系统

$$I_d = \frac{S_d}{U_d} \tag{4-31}$$

$$Z_d = \frac{U_d}{I_d} = \frac{U_d^2}{S_d} \tag{4-32}$$

实际应用中,电力系统存在多个电压等级,为避免混淆,基准电压取短路计算元件所在电网的平均额定电压(或称短路计算电压),即

$$U_d = U_{av} \tag{4-33}$$

基准电压比短路计算元件所在电网的额定电压 U_N 高出约 5%,即 $U_d \approx 1.05 U_N$。按照我国的标准,基准电压主要有 3. 15 kV、6. 3 kV、10. 5 kV、37 kV、115 kV、230 kV、345 kV、525 kV。例如图 4. 2. 6 所示电网,三段的额定电压如图 4. 2. 5 所示,三段电网的基准电压分别为

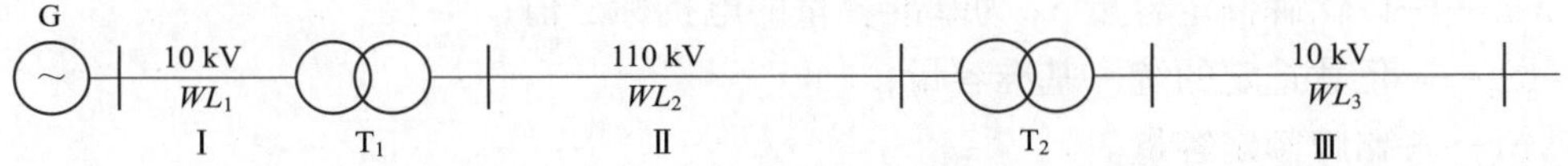

图 4. 2. 6　基准电压举例

$$U_{d\text{I}} = 10.5\ \text{kV} \quad U_{d\text{II}} = 115\ \text{kV} \quad U_{d\text{III}} = 10.5\ \text{kV}$$

当选定基准电压为所在电网的平均额定电压时,基准容量可自由选取。实际选取时,有两种方法。一种是选取发电机额定容量 S_N 为基准容量,即 $S_d = S_N$;另一种是选取 $S_d = 100$ MV · A。本教材在分析计算中选用后者。

(4)电抗标幺值的换算

①实际值与标幺值的互换

若已知实际电抗 X,选取了基准电压 $U_d = U_{av}$,基准容量为 S_d,则由标幺值定义式得

$$X_* = \frac{X}{X_d} = X\frac{S_d}{U_d^2} = X\frac{S_d}{U_{av}^2} \tag{4-34}$$

同理，已知标幺电抗 X_* 及所对应的基准电压 $U_d = U_{av}$，基准容量 S_d，则实际电抗为

$$X = X_* X_d = X_*\frac{U_d^2}{S_d} = X_*\frac{U_{av}^2}{S_d} \tag{4-35}$$

式(4-34)与式(4-35)为标幺电抗值与实际电抗值互换公式。

②选取不同基准值时标幺值的换算

在实际计算中，对于同一个实际电抗值，由于在不同场合选用了不同的基准值，因而得到了两个不等的标幺值。例如同步发电机、变压器、电抗器在其铭牌数据中，往往都给出了以本身额定容量为基准的标幺值。而在电力系统分析计算中，选取的统一基准值不大可能为铭牌上的额定值。这就存在一个换算问题。假定两组基准量分别为 $U_{d①}$、$S_{d①}$、$I_{d①}$、$X_{d①}$ 和 $U_{d②}$、$S_{d②}$、$I_{d②}$、$X_{d②}$，则两个对应的标幺电抗 $X_{*①}$ 和 $X_{*②}$ 为

$$X_{*①} = \frac{X}{X_{d①}} = X\frac{S_{d①}}{U_{d①}^2} \tag{4-36}$$

$$X_{*②} = \frac{X}{X_{d②}} = X\frac{S_{d②}}{U_{d②}^2} \tag{4-37}$$

将式(4-36)与式(4-37)联立，消去 X，得

$$X_{*①} = X_{*②}\frac{U_{d②}^2}{S_{d②}} \cdot \frac{S_{d①}}{U_{d①}^2} \tag{4-38}$$

实用中，当取 $U_d = U_{av}$ 时，两组基准值中，$U_{d①} = U_{d②}$，此时式(4-38)可化简为

$$X_{*①} = X_{*②}\frac{S_{d①}}{S_{d②}} \tag{4-39}$$

即电抗标幺值与其对应的基准容量成正比。

若其中一组基准容量选为设备铭牌额定容量 S_N，另一组选为统一基准容量 S_d，由式(4-39)可得如下换算公式

$$X_{*d} = X_{*N}\frac{S_d}{S_N} \tag{4-40}$$

式中 X_{*d}——以 S_d 为基准容量的电抗标幺值；

X_{*N}——以铭牌额定容量 S_N 为基准容量的电抗标幺值；

S_d——任意选定的统一基准容量；

S_N——铭牌额定容量。

4.2.4 标幺值及应用

2. 供电系统元件的电抗及其标幺值

供电系统中有变压器、架空输电线、电抗器、同步发电机等元件。它们分别表现出不同的特性和阻抗。进行供电系统短路故障分析和计算时，必须计算各元件的阻抗及其标幺值。下面从各元件的已知数据出发，讨论架空输电线、变压器、同步发电机等元件的阻抗及其标幺值的计算方法（注：电阻略去不计时直接用电抗代替）。

(1)输电线

为了分析方便，认为输电线的电抗是按长度均匀分布的。有关手册直接给出输电线单位

公里的电抗值(Ω/km)。输电线的标幺电抗计算的基本方法是,先按长度算出其总的实际电抗,再应用式(4-34)将其换算成标幺值,计算公式归纳为

$$X_{L*}=\frac{X_L}{X_d}=XL\frac{S_d}{U_{av}^2} \tag{4-41}$$

式中　X_{L*}——长度为 L 的输电线标幺电抗;

X_L——长度为 L 的输电线实际电抗,Ω;

X_d——基准电抗,Ω;

X——单位公里输电线电抗,Ω/km;

L——输电线长度,km;

S_d——基准容量,MV·A;

U_{av}——输电线所在电网平均电压,kV。

常用的输电线单位公里电抗见表4.2.3。

表4.2.3　输电线平均电抗

输电线类型		X_1 或 X_2(Ω/km)	X_0(Ω/km)	备注
1 kV 三芯电缆		0.06	0.7	
1 kV 四芯电缆		0.066	0.17	
6~10 kV 三芯电缆		0.08	$X_0=3.5$　$X_1=0.28$	
20 kV 三芯电缆		0.11	$X_0=3.5$　$X_1=0.38$	
35 kV 三芯电缆		0.12	$X_0=3.5$　$X_1=0.42$	
无避雷线的架空输电线	单回路	0.4	$X_0=3.5$　$X_1=1.4$	
	双回路		$X_0=5.5$　$X_1=2.2$	每回路值
有钢质避雷线的架空输电线	单回路		$X_0=3$　$X_1=1.2$	
	双回路		$X_0=5$　$X_1=2.0$	每回路值
有良导体避雷线的架空输电线	单回路		$X_0=2$　$X_1=0.8$	
	双回路		$X_0=3$　$X_1=1.2$	每回路值

(2)变压器

在供电系统分析中,变压器相当于一个电抗,其值为变压器的短路电抗。

4.2.5　输电线电抗标幺值计算

变压器通常给出的参数是额定容量 S_{TN}、额定电压 U_{TN} 以及短路电压百分值 $U_k\%$,现以三相双绕组变压器为例,讨论电抗计算方法。

由电机学知,三相变压器的 $U_k\%$ 由下式得到

$$U_k\%=\frac{\sqrt{3}I_{TN}X_T}{U_{TN}}\times 100=X_T\frac{S_{TN}}{U_{TN}^2}\times 100 \tag{4-42}$$

式中　I_{TN}——变压器额定电流,A 或 kA;

U_{TN}——变压器的额定电压,V 或 kV;

S_{TN}——变压器的额定容量,kV·A 或 MV·A;

X_T——变压器每相绕组的有名电抗,Ω。

由式(4-42),得

$$X_T=\frac{U_k\%}{100}\cdot\frac{U_{TN}^2}{S_{TN}} \tag{4-43}$$

应用式(4-34)将 X_T 换算成标幺值,则可得出相应于基准容量 S_d 的标幺电抗为

$$X_{T*}=\frac{X_T}{X_d}=\frac{U_k\%}{100}\cdot\frac{U_{TN}^2}{S_{TN}}\cdot\frac{S_d}{U_{av}^2}=\frac{U_k\%}{100}\cdot\frac{S_d}{S_{TN}}\cdot\frac{U_{TN}^2}{U_{av}^2}$$

当忽略了 U_{av} 与 U_{TN} 的差别时,上式简化为

$$X_{T*}=\frac{U_k\%}{100}\cdot\frac{S_d}{S_{TN}} \tag{4-44}$$

式中 X_{T*}——统一基准 S_d 对应的变压器标幺电抗;

S_d——统一基准容量,MV · A。

4.2.6 变压器电抗标幺值计算

式(4-44)是供电系统计算变压器电抗的常用公式。

(3)同步发电机

同步发电机的电抗,在稳态时为同步电抗 X_k,在次暂态和暂态时,分别为次暂态电抗 X''_k 和暂态电抗 X'_k。由电机学知 $X_k>X'_k>X''_k$。在供电系统短路计算中关心的是较大的短路电流值,所以总是用次暂态电抗作为同步发电机的电抗进行分析计算。

同步发电机已知的参数是额定容量 S_{GN}、额定电压 U_{GN}、以额定容量为基准时的次暂态电抗(或暂态电抗)标幺值 $X''_{k(N)*}$[或 $X'_{k(N)*}$]。

由式(4-35)得次暂态电抗有名值为

$$X''_k=X''_{k(N)*}X_N=X''_{k(N)*}\frac{U_{GN}^2}{S_{GN}} \tag{4-45}$$

当统一基准容量为 S_d、基准电压为 $U_d=U_{av}$、且忽略 U_{av} 与 U_{GN} 差别时,由式(4-40)得,统一基准值对应的电抗标幺值 $X''_{k(d)*}$ 为

$$X''_{k(d)*}=X''_{k(N)*}\frac{S_d}{S_{GN}} \tag{4-46}$$

由式(4-46)可看出,统一基准下电抗标幺值的大小与所选基准容量 S_d 成正比。值得注意的是,有的发电机已知参数是额定功率 P_{GN} 而不是 S_{GN},此种情况时,一定要利用以下功率关系式将额定功率换算成额定容量

$$S_{GN}=\frac{P_{GN}}{\cos\varphi_N} \tag{4-47}$$

4.2.7 同步发电机电抗标幺值计算

式中 $\cos\varphi_N$——发电机额定功率因数。

(4)电抗器

供电系统中所采取的电抗器有串联电抗器和并联电抗器。其中,串联电抗器主要用来限制短路电流。电抗器通常给出的参数是额定线电压 U_{LN}、额定电流 I_{LN} 和电抗百分值 $X_L\%$,$X_L\%$ 由下式确定

$$X_L\%=\frac{X_LI_{LN}}{U_{LN}/\sqrt{3}}\times100=\frac{\sqrt{3}I_{LN}X_L}{U_{LN}}\times100 \tag{4-48}$$

式中 X_L——电抗器电抗有名值,Ω。

由式(4-48)不难得出电抗有名值表达式为

$$X_L=\frac{X_L\%}{100}\cdot\frac{U_{LN}}{\sqrt{3}I_{LN}} \tag{4-49}$$

将这一电抗利用定义式(4-28)可得统一基准下的标幺值为

$$X_{L(d)*}=\frac{X_L}{X_d}=\frac{X_L\%}{100}\cdot\frac{U_{LN}}{\sqrt{3}I_{LN}}\cdot\frac{S_d}{U_{av}^2} \tag{4-50}$$

值得注意的是,在式(4-50)计算中,$U_{LN}\neq U_{av}$,这是电抗器与其他元件不同之处。若错将 U_{LN} 作 U_d 处理,将造成很大偏差。

3. 网络变换与化简

4.2.8　电抗器电抗标幺值计算

进行短路故障分析和计算时,按各电气元件等值电路做出等效网络后,还必须利用网络变换和化简的方法,将网络最终化简为每个等效电源与短路点间只有一条支路直接相连的最简形式,再依据选定的方法进行短路电流的分析和计算。因而网络变换和化简是进行供电系统短路故障分析计算重要的一环。

(1)网络变换和化简的基本概念

网络变换和化简,必须在等值的条件下进行。所谓等值,是指网络在变换前后就其外特性而言是等效的。

网络变换与化简是以线性理论为基础的,因而要求网络必须是线性地无互感网络。否则不适于进行变换。

(2)网络变换和化简的基本方法

①串联、并联电抗化简

当一个供电系统网络中是由几个电抗串联而成时,如图4.2.7所示,这个网络可以应用电工原理中电抗串联等效化简的方法,将其用一个等效值的电抗 X_{Σ} 来代替,如图4.2.7(c)所示。

其中

$$X_{\Sigma}=\sum X=X_G+X_T+X_{WL} \tag{4-51}$$

(a)系统接线图

(b)等效网络

(c)等效化简网络

图4.2.7　网络化简例图

当一个供电系统网络是由多个电抗并联而成时,如图4.2.8所示,这个网络可以应用电工原理中电抗并联等效化简的方法,将其用一个等值电抗 X_{Σ} 来代替,如图4.2.8(c)所示。其中

$$X_{\Sigma}=\frac{1}{\sum\limits_{i=1}^{n}\frac{1}{X_i}}=\frac{1}{\frac{1}{X_1}+\frac{1}{X_2}+\frac{1}{X_3}} \tag{4-52}$$

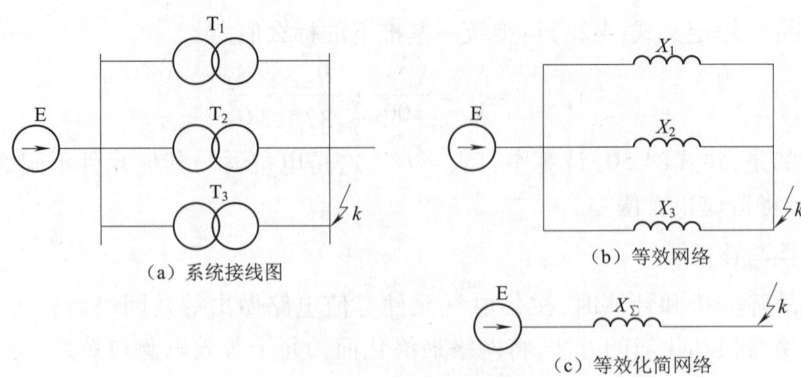

图 4.2.8　网络化简例

②Y/△互换

在供电系统等效网络中，常会包含有Y形网络或△形网络。在进行网络化简时，往往需要将Y形网络化为△形网络或将△形网络化为Y形网络。进行Y/△变换，需要使变换前后两个网络对外的3个节点的外特性完全相同。设变换前后Y形网络和△形网络如图4.2.9所示。由电工原理可知，当Y形网络化为△形网络时，有以下换算关系

$$
\begin{aligned}
X_{12} &= \frac{X_1X_2 + X_1X_3 + X_2X_3}{X_3} \\
X_{13} &= \frac{X_1X_2 + X_1X_3 + X_2X_3}{X_2} \\
X_{23} &= \frac{X_1X_2 + X_1X_3 + X_2X_3}{X_1}
\end{aligned}
\tag{4-53}
$$

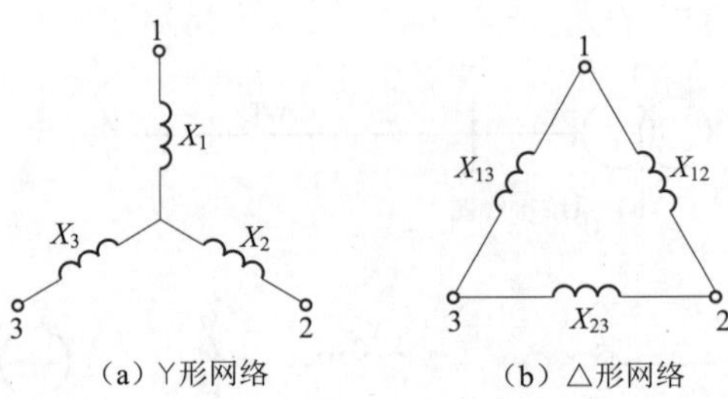

图 4.2.9　Y/△变换例图

当将△形网络化为Y形网络时，有以下换算关系

$$
\begin{aligned}
X_1 &= \frac{X_{12}X_{13}}{X_{12} + X_{13} + X_{23}} \\
X_2 &= \frac{X_{12}X_{23}}{X_{12} + X_{13} + X_{23}} \\
X_3 &= \frac{X_{13}X_{23}}{X_{12} + X_{13} + X_{23}}
\end{aligned}
\tag{4-54}
$$

③有源网络的等效变换

在供电系统中，总有多台发电机并网运行。当系统发生短路后，就有多个电源向短路点供给电流。这种系统的等效网络是一个含有多个电源的网络。例如图 4.2.10 所示的等效网络。

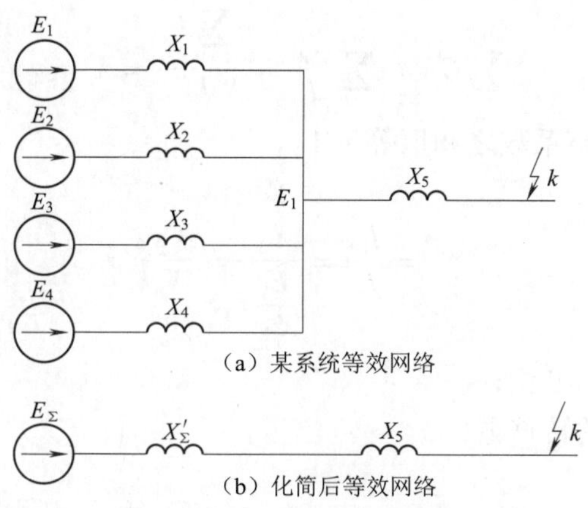

图 4.2.10　有源网络化简

有源网络的简化方法，仍应用戴维南定律，即有源网络可以化简为一个等效电势源和一个等效电抗串联的支路，这个等效电势源的综合电势 $\dot{E}_\Sigma$ 等于网络的开路电压 U_Σ，这个等效的综合电抗 X_Σ 为变换部分的输入端电抗。应用电工原理知识，得

$$\dot{E}_\Sigma = \frac{\sum_{i=1}^{n}\dot{E}_i/X_i}{\sum_{i=1}^{n}1/X_i} = \frac{\frac{\dot{E}_1}{X_1}+\frac{\dot{E}_2}{X_2}+\cdots+\frac{\dot{E}_n}{X_n}}{\frac{1}{X_1}+\frac{1}{X_2}+\cdots+\frac{1}{X_n}} \tag{4-55}$$

$$X_\Sigma = \frac{1}{\sum_{i=1}^{n}\frac{1}{X_i}} = \frac{1}{\frac{1}{X_1}+\frac{1}{X_2}+\cdots+\frac{1}{X_n}} \tag{4-56}$$

式中　$\dot{E}_i$——第 i 个电源电势（$i=1,2,\cdots,n$）；

　　X_i——第 i 个电源支路电抗。

式(4-55)中，若 $\dot{E}_1=\dot{E}_2=\cdots=\dot{E}_n$ 时，有

$$\dot{E}_\Sigma = \dot{E}_1$$

进行供电系统短路计算时，往往需要分开考虑各电源对短路点的作用。这就需要计算某一电源对短路点的转移电抗。

一个供电系统的等效网络，经化简后，每一个等效电源与短路点有一条且只有一条支路相连时，此网络称为最简网络。所谓某一电源与短路点间的转移电抗是指最简网络中，该电源和短路点之间直接相连的电抗。转移电抗记为 X_{ik}。

4.2.11　有源网络的等效化简

求转移电抗采用的方法是电流分布系数法。

电源支路的电流 I_{ik} 与短路点的总电流 I_k 之比称为电流分布系数 C_i。即

$$C_i = \frac{I_{ik}}{I_k} \tag{4-57}$$

由于短路点总电流为各个电源电流之和，因而有

$$\sum_{i=1}^{n} C_i = \sum_{i=1}^{n} \frac{I_{ik}}{I_k} = \frac{\sum_{i=1}^{n} I_{ik}}{I_k} = 1 \tag{4-58}$$

即各电源支路电流分布系数之和恒等于1。

$$C_i = \frac{I_{ik}}{I_k} = \frac{\dfrac{E_k}{X_{ik}}}{\dfrac{E_k}{X_{\Sigma}}} = \frac{X_{\Sigma}}{X_{ik}} \tag{4-59}$$

式中 I_{ik}——第 i 个支路的电流；

X_{ik}——第 i 个支路的转移电抗；

E_k——电源电势；

X_{Σ}——综合电抗。

应用电流分布系数法求转移电抗有两种方法。一种是将公共电抗按分布系数分开到各支路，按支路求出转移电抗。另一种方法是先计算出总的综合电抗，再应用式(4-59)计算出各转移电抗。

例 4.1 用标幺值计算图4.2.11(a)所示在网络 k 点短路的等效网络总阻抗，各元件参数如图4.2.11所示。

【解】画等效网络如图4.2.11(b)所示，各元件阻抗标幺值按次序编号。

取 $S_d = 100$ MV·A，基准电压 $U_d = U_{av}$，则各元件在统一基准下的标幺值为

发电机 $$X_{1*} = X''_{k(N)*}\frac{S_d}{S_{GN}} = 0.125 \times \frac{100}{30} = 0.417$$

$$X_{2*} = X_{3*} = \frac{U_k\%}{100} \cdot \frac{S_d}{S_{TN}} = \frac{10.5}{100} \times \frac{100}{15} = 0.70$$

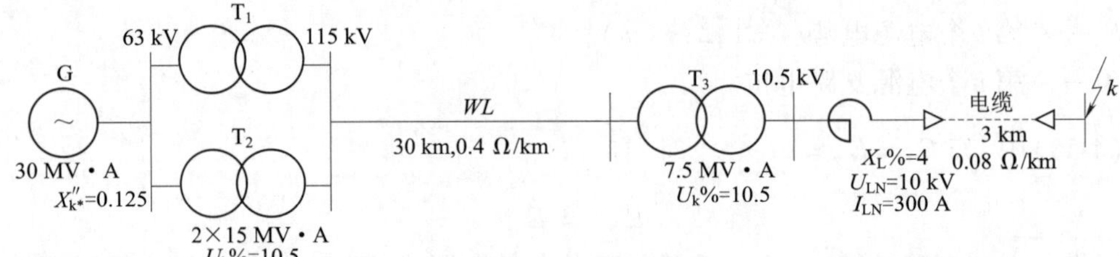

(a) 系统电路

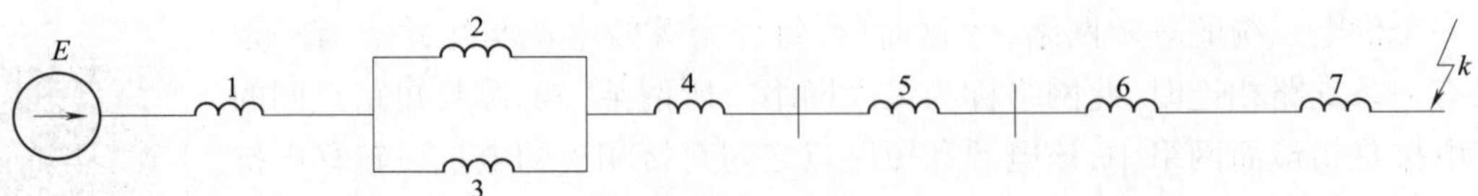

(b) 等效网络

图4.2.11 系统电路和等效网络图

$$\frac{1}{2}X_{2*}=\frac{1}{2}\times0.7=0.35$$

输电线 $$X_{4*}=XL\cdot\frac{S_d}{U_{av}^2}=0.4\times30\times\frac{100}{115^2}=0.091$$

变压器 T_3 $$X_{5*}=\frac{U_k\%}{100}\cdot\frac{S_d}{S_{TN}}=\frac{10.5}{100}\times\frac{100}{7.5}=1.4$$

电抗器 $$X_{6*}=\frac{X_L\%}{100}\cdot\frac{U_{LN}}{\sqrt{3}I_{LN}}\cdot\frac{S_d}{U_{av}^2}=\frac{4}{100}\times\frac{10\ 000}{\sqrt{3}\times300}\times\frac{100}{10.5^2}\approx0.7$$

4.2.12　电抗标幺值计算实例

电缆 $$X_{7*}=Xl\cdot\frac{S_d}{U_{av}^2}=0.08\times3\times\frac{100}{10.5^2}=0.22$$

总电抗标幺值为

$$X_{\Sigma*}=0.417+0.35+0.091+1.4+0.7+0.22=3.18$$

知识点3:短路计算方法

由表4.2.2可知,短路有三相短路、两相短路、单相接地短路、两相短路接地等多种类型。其中三相短路为对称性短路,其余皆为不对称短路。供电系统的短路计算通常划分为三相对称短路计算和不对称短路计算两种类型。对称短路的分析计算是其他不对称短路分析计算的基础。

1. 三相对称短路计算

牵引供电系统是由电力系统提供电能,是电力系统的负荷。一般电力系统电源的容量很大,而且距离牵引供电系统较远。为了简便分析,认为向牵引供电系统供电的电源容量是无限大的。

(1)无限大容量电源的特点与应用

无限大容量电力系统是指其容量相对于单个用户的容量大得多的电力系统,以至于馈电给用户的线路上无论负荷如何变动甚至发生短路时,系统变电站的馈电母线上的电压能始终维持基本不变。即无限大容量电源是理想的电势源。这种电势源输出电压不随供出的电流而变化,是一恒定电压。

由于电源电势是固定的,当输出电流任意变化,亦即负载电流任意变化时,电压不变,则其电源内阻抗必然为零。综上所述,无限大容量系统具有以下4个特征:

$$\begin{gathered}E=U=\text{常量}\\Z_s=0\quad S_s=\infty\end{gathered}\tag{4-60}$$

式中　E——电源电势;

U——电源输出端电压,系统电压;

Z_s——系统内阻抗;

S_s——系统容量。

实际上,无限大容量系统是不存在的。因为任何电力系统的总容量不可能为无限大,且总有一定的系统内阻抗。但在实际应用时,如果系统的容量大于用户容量的50倍,或等效电源内阻抗(系统阻抗)不超过系统总阻抗5%~10%,即可将此系统当作无限大容量系统处理。一般来说,牵引供电系统的用电容量相对于现代大型电力系统来说是很小的。这样近似处理后,所得的短路电流将较实际值偏大一些，不会影响电器设备的选择结果。

(2)无限大容量系统三相短路的过渡过程

图4.2.12表示无限大容量系统三相短路的三相电路示意图。其中r_k、L_k为系统至短路点的线路电阻和电感，r'、L'分别为负载电阻和电感。

由于这一系统在短路前后均为对称系统，所以只需分析其中一相即可。单相表示如图4.2.13所示。

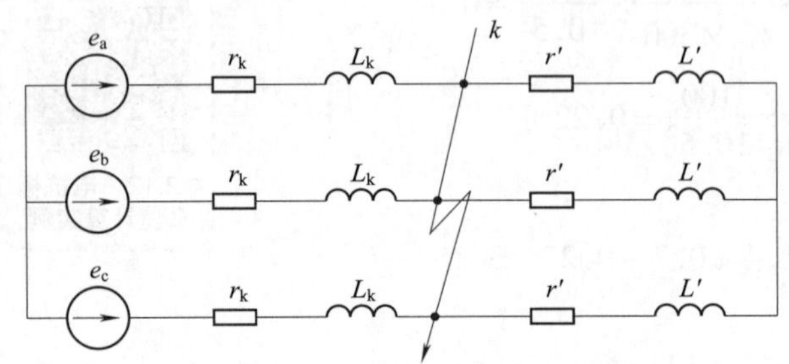

图4.2.12　无限大容量系统三相短路

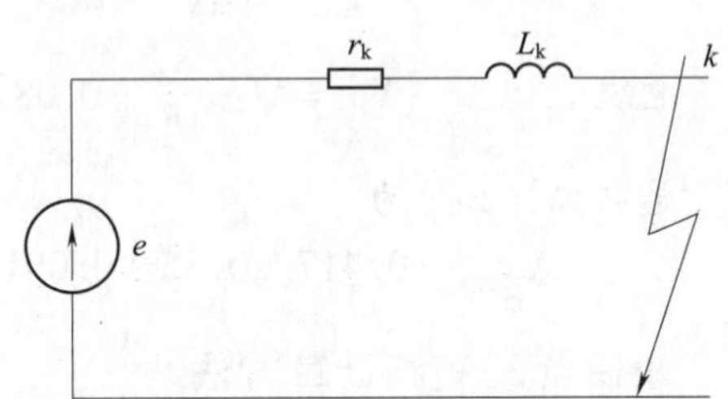

图4.2.13　系统三相短路的单相表示

系统在发生短路前，是稳定运行于负载状态。短路以后，系统将要从稳态负载运行状态过渡到另一稳定短路状态。设在$t=0$时发生三相短路，此时相位角为α，短路电流为i_k，根据电工原理中一阶电路的过渡过程分析求得i_k为

$$i_k = I_{pm}\sin(\omega t+\alpha-90°) - [I_{Lm}\sin(\alpha-\varphi) - I_{pm}\sin(\alpha-\varphi_k)]e^{-\frac{t}{\tau f}} \tag{4-61}$$

式中　I_{pm}——周期分量电流最大值，其值为$I_{pm}=\dfrac{\sqrt{2}E}{\sqrt{r_k^2+(\omega L_k)^2}}$；

φ_k——短路阻抗角，（注：一般的电网中，$r\leqslant\dfrac{1}{3}X$，电阻可以忽略不计，故取$\varphi_k\approx 90°$）；

I_{Lm}——负载电流幅值，其值为$I_{Lm}=\dfrac{\sqrt{2}E}{\sqrt{(r_k+r')^2+(\omega L_k+\omega L')^2}}$；

φ——负载阻抗角，$\varphi=\arctan\dfrac{\omega(L_k+L')}{r_k+r'}$；

τ——时间常数。

在实际应用中，由于负载电流和短路电流相比甚小，常将其忽略。故实用中的短路电流为

$$\begin{aligned} i_k &= I_{pm}\sin(\omega t+\alpha-90°) - I_{pm}\sin(\alpha-90°)e^{-\frac{t}{\tau f}} \\ &= i_p + i_{np0}e^{-\frac{t}{\tau f}} = i_p + i_{np} \end{aligned} \tag{4-62}$$

式中　i_p——短路电流周期分量，其值为$i_p=I_{pm}\sin(\omega t+\alpha-90°)$；

i_{np}——短路电流非周期分量，其值为$i_{np}=i_{np0}e^{-\frac{t}{\tau f}}=-I_{pm}\sin(\alpha-90°)e^{-\frac{t}{\tau f}}$；

i_{np0}——短路电流非周期分量电流初始值，其值为$i_{np0}=-I_{pm}\sin(\alpha-90°)$。

由以上分析可知，短路电流由周期分量和非周期分量两部分组成。短路电流周期分量完全由电网参数（E、r_k、L_k）决定，且三相幅值大小相等。非周期分量除与电网参数有关外，主要与短路发生时刻有关，即和发生短路时电源电压初相角α有关。以下分析两种极端情况下的短路电流。

当 $t=0$ 时,$u=\pm U_m$,$\alpha=\pm 90°$,则 $i_{np0}=-I_{pm}\sin(\alpha-90°)=0$。

即在这种情况下,一开始非周期分量就为零,短路电流只有周期分量。从短路一开始就进入稳态运行。

当 $t=0$ 时,$u=0$,$\alpha=0°$或$180°$,则 $i_{p0}=\pm I_{pm}$,$i_{np0}=\pm I_{pm}$。

即当周期分量为最大值时发生短路。此种情况非周期分量电流幅值为最大,情况最为严重。对应的电流波形如图 4.2.14 所示。

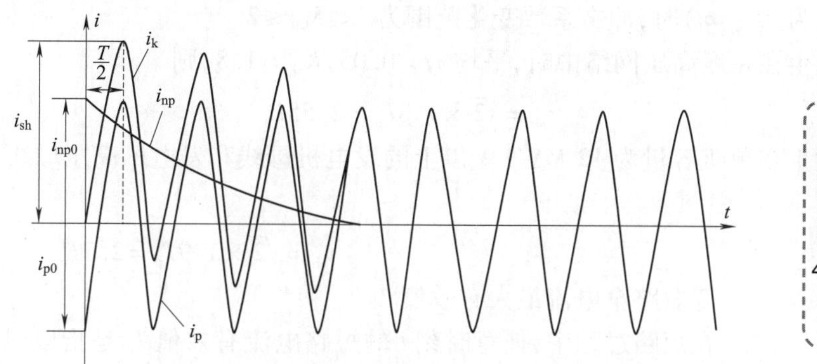

图 4.2.14 非周期分量为最大值时的短路电流波形

4.2.13 无限大容量系统三相短路过渡过程

(3)三相短路时有关电气量的计算

①短路电流周期分量有效值

无限大容量电源供电下,三相短路后,周期分量电流的幅值是不衰减的,即短路初始时和任意时刻均相等,都等于稳态时的值,即存在以下关系

$$I''_p=I_{pt}=I_\infty \tag{4-63}$$

式中 I''_p——短路电流次暂态电流(初始电流)有效值;

I_{pt}——t 时刻短路周期分量电流有效值;

I_∞——稳态时短路周期分量电流有效值(也是稳态时短路电流有效值)。

因无限大容量电源电压恒定,内阻抗为零,依据基本假设,取短路点处电网平均电压为 U_{av},且 $E=\frac{U_{av}}{\sqrt{3}}$(线相变换而得),则短路电流周期分量有效值为

$$I_p=I''_p=\frac{U_{av}}{\sqrt{3}X_\Sigma}=I_{p*}I_d=\frac{1}{X_{\Sigma*}}\cdot I_d \tag{4-64}$$

式中 X_Σ、$X_{\Sigma*}$——短路回路综合电抗有名值、标幺值;

I_d——基准电流;

I_p、I_{p*}——短路电流周期分量有效值的有名值、标幺值。

②冲击电流

4.2.14 三相短路电流周期分量有效值计算

短路电流可能出现的最大瞬时值,称为短路冲击电流,以 i_{sh} 表示。

由前述分析可知,短路电流周期分量幅值恒定,非周期分量是按指数规律单调衰减的。所以非周期分量初始值越大,过渡过程中,短路电流可能的最大瞬时值也越大。显然,当 $t=0$ 时,$\alpha=0°$或$180°$的情况下,短路后经过约半个周期,即 $t=0.01$ s($f=50$ Hz)时,短路电流 i_k 出现最大瞬时值,即冲击电流 i_{sh},其值为

$$i_{sh}=I_{pm}+i_{np0}e^{-\frac{0.01}{\tau f}}=I_{pm}(1+e^{-\frac{0.01}{\tau f}})$$
$$=K_{sh}I_{pm}=\sqrt{2}K_{sh}I''_p \tag{4-65}$$

式中 K_{sh}——冲击系数，表示冲击电流与周期分量电流幅值的比值，其值为

$$K_{sh}=\frac{i_{sh}}{I_{pm}}=(1+e^{-\frac{0.01}{\tau f}})$$

I''_p——短路电流次暂态电流有效值

当τ取值为$(0\sim\infty)$时，冲击系数变化范围为$1\leqslant K_{sh}\leqslant 2$。

当短路发生在一般高压网络中时，平均$\tau f=0.05$，$K_{sh}=1.8$，则

$$i_{sh}=\sqrt{2}\times 1.8I''_p=2.55I''_p \tag{4-66}$$

当短路发生在单机容量为12 MV·A以上的发电机母线和发电厂高压母线上时，取$K_{sh}=1.9$，则

$$i_{sh}=\sqrt{2}\times 1.9I''_p=2.7I''_p \tag{4-67}$$

4.2.15 三相短路冲击电流计算

③短路全电流最大有效值

在短路过程中，任意时刻t的短路电流有效值I_{kt}是指以时刻t为中心的一周期内，瞬时电流的均方根值。显然，在短路后第一周期内短路全电流有效值是短路电流的最大有效值。最大有效值常以I_{sh}表示。由于非周期分量电流是随时间逐步衰减的，精确计算以$t=0.01$ s为中心的一周期内瞬时电流均方根值比较复杂。因此，实用计算中，一般都假定非周期分量在以t为中心的一个周期内恒定不变，并且恒等于时间为t的瞬时值。这样，第一周期内非周期分量有效值为$i_{np,t=0.01}$，故得

$$I_{sh}=\sqrt{I''^2_p+i^2_{np,t=0.01}} \tag{4-68}$$

式中 $i_{np,t=0.01}$——$t=0.01$ s时非周期分量电流瞬时值

由式(4-65)得，$t=0.01$ s时，非周期分量电流为

$$i_{np,t=0.01}=I_{pm}e^{-\frac{0.01}{\tau f}}=i_{sh}-I_{pm}=\sqrt{2}(K_{ab}-1)I''_p \tag{4-69}$$

将上式代入式(4-68)，得短路全电流最大有效值为

$$\begin{aligned}I_{sh}&=\sqrt{I''^2_p+[\sqrt{2}(K_{sh}-1)I''_p]^2}\\&=I''_p\sqrt{1+2(K_{sh}-1)^2}\end{aligned} \tag{4-70}$$

当短路发生在高压电网时，$K_{sh}=1.8$，则

$$I_{sh}=1.52I''_p \tag{4-71}$$

当短路点位于发电厂母线时，$K_{sh}=1.9$，则

$$I_{sh}=1.62I''_p \tag{4-72}$$

4.2.16 短路全电流最大有效值计算

④三相短路功率

三相短路时，任意时刻t的短路功率定义为

$$S_{kt}=\sqrt{3}U_{av}I_{kt} \tag{4-73}$$

式中 U_{av}——短路点所处电网平均额定电压，kV；

I_{kt}——短路后t时刻，短路全电流有效值，kA；

S_{kt}——短路后t时刻的短路功率，MV·A。

若以标幺值表示，取 $U_d = U_{av}$，则得

$$S_{kt*} = \frac{S_{kt}}{S_d} = \frac{\sqrt{3}U_{av}I_{kt}}{\sqrt{3}U_d I_d} = I_{kt*} \tag{4-74}$$

由式(4-74)也可得出

$$S_{kt} = I_{kt*}S_d \tag{4-75}$$

在选择电气设备上的开断容量时，需要计算出短路功率与之比较。对于低速断开的断路器，往往需要计算 $t=0.2$ s 的短路功率，此时非周期分量已衰减到很小，可以忽略，短路电流中就只有周期分量电流了。则

$$S_{k,t=0.2} = \sqrt{3}U_{av}I_p \tag{4-76}$$

4.2.17 三相短路功率计算

2. 不对称短路分析计算概况

对于不对称短路的分析计算，主要采用对称分量法。

(1)对称分量法的基本概念

根据电路分析原理可知，对于三相系统，任意一组不对称的三相量(电流、电压等) $\dot{F}_A$、$\dot{F}_B$、$\dot{F}_C$，都可以分解为具有下列特性的3组分量：

一组正序分量，3个相量大小相等，相位差各为120°，其相序为顺时针，如图4.2.15(a)所示；一组负序分量，3个相量大小相等，相位差各为120°，其相序为逆时针，如图4.2.15(b)所示；一组零序分量，3个相量大小相等，相位相同，如图4.2.15(c)所示。

各序分量的表达式为

$$\begin{aligned}\dot{F}_{A1} &= \frac{1}{3}(\dot{F}_A + \alpha\dot{F}_B + \alpha^2\dot{F}_C)\\ \dot{F}_{A2} &= \frac{1}{3}(\dot{F}_A + \alpha^2\dot{F}_B + \alpha\dot{F}_C)\\ \dot{F}_{A0} &= \frac{1}{3}(\dot{F}_A + \dot{F}_B + \dot{F}_C)\end{aligned} \tag{4-77}$$

式中 α——单位相量算子，$\alpha = e^{j120^\circ}$，$\alpha^2 = e^{j240^\circ}$。

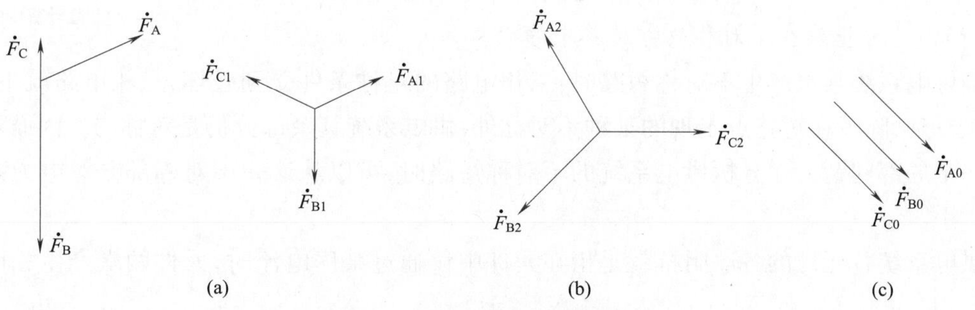

图4.2.15 对称分量法示意

每相相量是由正序、负序、零序3个分量组成，其表达式为

$$\begin{aligned}\dot{F}_A &= \dot{F}_{A1} + \dot{F}_{A2} + \dot{F}_{A0}\\ \dot{F}_B &= \dot{F}_{B1} + \dot{F}_{B2} + \dot{F}_{B0}\\ \dot{F}_C &= \dot{F}_{C1} + \dot{F}_{C2} + \dot{F}_{C0}\end{aligned} \tag{4-78}$$

式(4-77)和式(4-78)分别是分解和合成三相不对称量的基本公式。

因为在各相序中,分量都是对称的,所以在分析的时候只需求解一相,其余的量可由其对称关系列出。

只含有正序分量的系统称为对称系统,否则称为不对称系统。负序分量数值的大小表示了不对称程度的强弱。不对称程度的强弱常用不对称系数表示。不对称系数 K_2 为

$$K_2 = \frac{F_2}{F_1} \tag{4-79}$$

不含有零序分量的系统称为平衡系统,否则称为不平衡系统。零序分量数值的大小,表示了不平衡程度的强弱。不平衡程度的强弱常用不平衡系数表示。不平衡系数 K_0 为

$$K_0 = \frac{F_0}{F_1} \tag{4-80}$$

在三相参数相同的对称线性电路中,通以某一相序的对称分量电流,只产生同一相序分量的电压降。反过来,若施以三相某一相序的对称分量电压,也只产生同一相序的对称分量电流。这一特性称为三相对称电路的相序分量独立性。根据对称电路的这一特性,就可以对正序、负序和零序分量进行计算,最后再作叠加。任一相序的对称分量电压和电流之间完全适合欧姆定律的关系,即

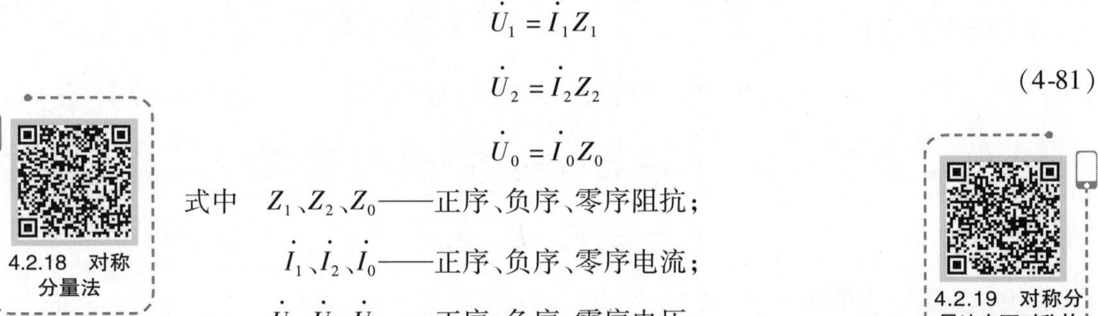

$$\begin{cases} \dot{U}_1 = \dot{I}_1 Z_1 \\ \dot{U}_2 = \dot{I}_2 Z_2 \\ \dot{U}_0 = \dot{I}_0 Z_0 \end{cases} \tag{4-81}$$

式中 Z_1、Z_2、Z_0——正序、负序、零序阻抗;

$\dot{I}_1$、$\dot{I}_2$、$\dot{I}_0$——正序、负序、零序电流;

$\dot{U}_1$、$\dot{U}_2$、$\dot{U}_0$——正序、负序、零序电压。

(2)对称分量法在不对称故障计算中的应用

当供电系统某点产生不对称短路时,三相电路的对称条件受到破坏,三相电路就不对称。但应该看到,除了在短路点出现的某种不对称外,供电系统其余部分仍是对称的。因而不对称只是一个局部问题。在分析供电系统的不对称短路时,可以从这一不对称部分对电力系统的影响入手。

供电系统各元件的各序阻抗就是指在元件中仅通过某序电流时,元件两端产生相应的电压降与该序电流的比值。例如正序电流 $\dot{I}_1$ 通过某元件时,两端压降为 $\Delta\dot{U}_1$,则正序阻抗表达式为 $Z_1 = \frac{\Delta\dot{U}_1}{\dot{I}_1}$;同理,负序阻抗和零序阻抗的表达式为 $Z_2 = \frac{\Delta\dot{U}_2}{\dot{I}_2}$ 和 $Z_0 = \frac{\Delta\dot{U}_0}{\dot{I}_0}$。

电气元件按工作方式可分为静止元件和旋转元件两类。对变压器、输电线路、电抗器等静止元件,分别通以正序或负序电流时,三相的电磁关系是相同的,故正序阻抗和负序阻抗相等,即 $Z_1 = Z_2$;对发电机与电动机等旋转元件分别通以正序和负序电流时,三相电流的电磁关系

是不同的,故正序阻抗和负序阻抗不等,即 $Z_1 \neq Z_2$。无论是静止元件还是旋转元件,零序电流与正序、负序电流通过元件引起的电磁过程是截然不同的,所以,一般元件零序阻抗 Z_0 总与正序、负序阻抗不同。

应用对称分量法求解不对称短路,需将不对称系统分解为三组对称系统,再分析求解。表示各序对称三相系统的网络,分别称为正序、负序和零序网络。各序网络是由各序的电势和阻抗根据供电系统的接线图而构成的等效电路,因为对称分量系统是三相对称的,因此各序网络可用单相图表示。

由于各序分量本身特性不同,所以各序的等效网络也不一样。在绘制各序网络时,必须先了解系统的接线,接地中性点的分布情况,以及各元件的规格型号和各序参数。

在各序网络中,习惯上总认为短路点为首端,记以 k,地点为末端,记以 N。则短路点处各序电压总是由首端指向末端。各序网络的绘制方法与步骤如下:

①正序网络

正序网络就是图 4.2.12 所对应的网络。因为在对称短路时,网络中只有正序分量。网络中各元件的阻抗均采用正序阻抗。正序电势就是发电机电势或综合电势。应该指出的是,不对称短路时短路点的正序电压 $\dot{U}_{ka1}$、$\dot{U}_{kb1}$、$\dot{U}_{kc1}$ 不一定等于零。所以短路点不能和零电位线短路。一般正序网络总是从电源电势零电位点开始绘制,也就是正序网络通常从末端向首端绘制。

②负序网络

由于负序电流与正序电流同样满足关系 $\dot{I}_a + \dot{I}_b + \dot{I}_c = 0$,故负序网络的组成元件与正序网络相同,但网络中各元件的阻抗为负序阻抗。其中旋转电机的负序电抗一般与正序电抗不同,而其他静止元件的正序、负序电抗是相等的。

因为发电机不产生负序电势,反映在网络中负序电势为零,故网络中负序阻抗端点不接电势而与零电位线连接作为负序网络的末端。一般负序网络也是从末端开始绘制。

③零序网络

零序网络中的组成元件,只包含零序电流能流通的元件。各组成的元件阻抗应采用零序电抗,由于发电机零序电势为零,所以网络中不包括电源电势。

3. 牵引母线短路计算

牵引供电系统是联系电力机车和电力系统的中间环节,主要包括牵引变电所和牵引网。对牵引供电系统的短路分析主要分为牵引变电所短路分析和牵引网的短路分析。

牵引变电所的电源侧(也称进线侧)与三相电力系统相连,牵引负荷侧(也称牵引侧)通常有一个公共的接地端,它连接着钢轨。另有两端连接两供电臂牵引网,供电给电力机车。因而正常的工作状态相当于不对称两相运行。

牵引变电所中牵引母线发生短路时,变电所类型不同(即牵引变压器的接线方式不同),其短路电流的计算公式不同;牵引母线发生短路的形式不同,其短路电流的计算公式也不同。表 4.2.4 为不同类型的牵引变电所牵引侧发生不同类型的短路故障时的短路电流计算公式。

表 4.2.4　牵引变电所牵引侧短路电流计算公式汇总

变电所类型	短路类型		
	一相母线短路	异相母线短路	异相母线短路接地
单相变电所 Vv 接线	$I_k=\dfrac{\sqrt{3}E}{X_{1\Sigma}+X_{2\Sigma}+X_T}$	$I_k=\dfrac{\sqrt{3}E}{X_{1\Sigma}+X_{2\Sigma}+2X_T}$	$I_{kmax}=\dfrac{E}{X_{1\Sigma}+\frac{1}{3}X_T}$
三相变电所 YNd	$I_k=\dfrac{\sqrt{3}E}{X_{1\Sigma}+X_{2\Sigma}+2X_T}$	$I_k=\dfrac{\sqrt{3}E}{X_{1\Sigma}+X_{2\Sigma}+2X_T}$	$I_k=\dfrac{E}{X_{1\Sigma}+X_T}$
三相—两相变电所	$I_k=\dfrac{\sqrt{3}E}{X_{1\Sigma}+X_{2\Sigma}+X_T}$	$I_k=\dfrac{\sqrt{3}\sqrt{2}E}{2X_{1\Sigma}+2X_{2\Sigma}+2X_T}$	$I_k=\dfrac{\sqrt{3}E}{2X_{1\Sigma}+X_T}$

注：表中参数均为标幺值，其中

$\sqrt{3}E$——系统的线电压；

$X_{1\Sigma}$、$X_{2\Sigma}$——电力系统综合正序、负序电抗；

X_T——变压器电抗。

4. 牵引网短路计算

牵引网短路是指牵引变电所主变压器牵引侧出线端至接触网的任何地点所发生的一切相与相之间的不正常连接。常见的牵引网短路有：一臂牵引网接地短路、异相牵引网短路和异相牵引网短路接地等类型。其中以一臂牵引网接地短路发生概率最高。

在输电线路阻抗中，电阻值比较小，故而忽略，只计其电抗值。但在牵引网阻抗中，电阻值大于电抗值的$\dfrac{1}{3}$，故电阻一般不能忽略。实用中，为了方便计算，可以不用复阻抗，而用阻抗绝对值 $Z(Z=\sqrt{R^2+X^2})$ 进行计算。

牵引变电所中，主变压器牵引侧有一个端子工作接地，由于牵引侧无中性点也无中性线，故不存在牵引网向系统输送零序电流的通道。因此，无论采用何种类型的主变压器和接线型式，在正常运行状态或不对称短路故障状态下，牵引网都不会向电力系统传输零序电流。

牵引网由于其恶劣的工作环境，发生短路的概率比其他输电线要大得多。常见的牵引网短路以一臂牵引网接地短路为最多，其次还有复线异相牵引网短路接地等。随着电气化铁路的发展，牵引网的结构也越来越复杂和多样化。但无论其结构和型式如何，在牵引网短路时，每相牵引网的阻抗总可以化简为一个等效短路阻抗 Z_q，它和单相变压器阻抗一样，都可以看成单端口元件。对于单相变电所和三相—两相牵引变电所供电的牵引网，若以牵引供电系统的总阻抗(Z_T+Z_q)代替短路电流计算公式中的变压器电抗 jX_T，就可得到牵引网短路电流计算公式。对于三相牵引变电所供电的牵引网，把变压器电抗看成电力系统的附加部分，以牵引网阻抗 Z_q 代替单相变压器阻抗 Z_T，应用单相变电所的短路电流计算公式，就可得到三相变电所的牵引网短路电流计算公式。

各种变电所的牵引网短路电流计算公式见表 4.2.5。表中 Z_q 是每条线路牵引网的阻抗。不同形式的短路，不同结构型式的牵引网，Z_q 取值不同，Z_q 计算公式见表 4.2.6。

表 4.2.5　牵引网短路电流计算公式汇总

变电所类型	短路类型		
	一臂牵引网接地短路	异相牵引网短路	异相牵引网短路接地
单相变电所 Vv	$\dot{I}_k=\dfrac{\sqrt{3}\dot{E}}{Z_{1\Sigma}+Z_{2\Sigma}+Z_T+Z_q}$	$\dot{I}_k=\dfrac{\sqrt{3}\dot{E}}{Z_{1\Sigma}+Z_{2\Sigma}+2Z_T+2Z_q}$	$\dot{I}_k\approx\dfrac{\dot{E}}{Z_{1\Sigma}+\frac{1}{3}(Z_T+Z_q)}$
三相变电所 YNd	$\dot{I}_k=\dfrac{\sqrt{3}\dot{E}}{Z_{1\Sigma}+Z_{2\Sigma}+2Z_T+Z_q}$	$\dot{I}_k=\dfrac{\sqrt{3}\dot{E}}{Z_{1\Sigma}+Z_{2\Sigma}+2Z_T+2Z_q}$	$\dot{I}_k\approx\dfrac{\dot{E}}{Z_{1\Sigma}+Z_T+\frac{1}{3}Z_q}$
三相—两相变电所	$\dot{I}_k=\dfrac{\sqrt{3}\dot{E}}{Z_{1\Sigma}+Z_{2\Sigma}+Z_T+Z_q}$	$\dot{I}_k=\dfrac{\sqrt{3}\dot{E}}{\sqrt{2}(Z_{1\Sigma}+Z_{2\Sigma}+Z_T+Z_q)}$	$\dot{I}_k=\dfrac{\sqrt{3}\dot{E}}{2Z_{1\Sigma}+Z_T+Z_q}$

表 4.2.6　牵引网阻抗计算公式汇总

供电方式		接触网型式	牵引网总阻抗
直接供电		单线	$Z_q=Z_0l$
		复线	$Z_q=\left[Z-\frac{1}{2}(Z-Z_m)\frac{1}{L}\right]l$
BT 供电		单线	$Z_q=Z_0l$
		复线	$Z_q=Z_0\left(l-\frac{l^2}{2L}\right)$
AT 供电	接触网对地短路	单线	$Z_q=\frac{1}{2}(Z-Z_m)l+\frac{1}{2}(Z+Z_m)\frac{(L'-l')}{L}l'$
		复线	$Z_q=\frac{1}{4}(Z-Z_{m1}+Z_{m2}-Z_{m3})+\frac{1}{2}(Z+Z_{m1})\frac{(L'-l')}{L}l'+\frac{1}{4}(Z-Z_{m1}-Z_{m2}+Z_{m3})\frac{D-l}{D}l$
	接触网对正馈线短路	单线	$Z_q=\frac{1}{2}(Z-Z_m)l$
		复线	$Z_q=\frac{1}{4}(Z-Z_{m1}+Z_{m2}-Z_{m3})+\frac{1}{4}(Z-Z_{m1}-Z_{m2}+Z_{m3})\frac{D-l}{D}l$

注:表 4.2.5 和表 4.2.6 中参数均为有名值。其中:

Z——接触网或供电线自阻抗,Ω;

Z_m——接触网与供电线间的互阻抗,Ω;

Z_{m1}——上行或下行线路的接触网与供电线间的互阻抗,Ω;

Z_{m2}——上行线路的接触网与下行线路的供电线间的互阻抗,Ω;

Z_{m3}——下行线路的接触网与上行线路供电线间的互阻抗,Ω;

l——短路点到牵引网首端的距离,km;

l'——短路点到相邻所 AT 所的距离,km;

L'——与短路点相邻的两个 AT 所的间隔,km;

L——供电臂的长度,km;

D——横连线间隔,km。

例 4.2　某牵引变电所单台主变压器向复线牵引网供电(另1台备用)。牵引网采用直接供电方式,供电臂末端有横连线将上、下行接触网并联起来。相关参数及连接关系如图4.2.16所示。电力系统的短路容量为877.19 MV·A,正序电抗 $X_{1\Sigma}=0.114$,系统上、下行牵引网自阻抗和互阻抗分别为

$$Z=(0.217+\text{j}0.476)\,\Omega/\text{km}\quad Z_{\text{m}}=(0.0319+\text{j}0.118)\,\Omega/\text{km}$$

(1)求在牵引变电所牵引母线处 k_2 点分别发生一相接地短路与异相母线短路并接地时的电流值(k_2 点处母线电压为27.5 kV)。

(2)求在 k_3 点处的牵引网发生一臂接地短路时的短路电流。

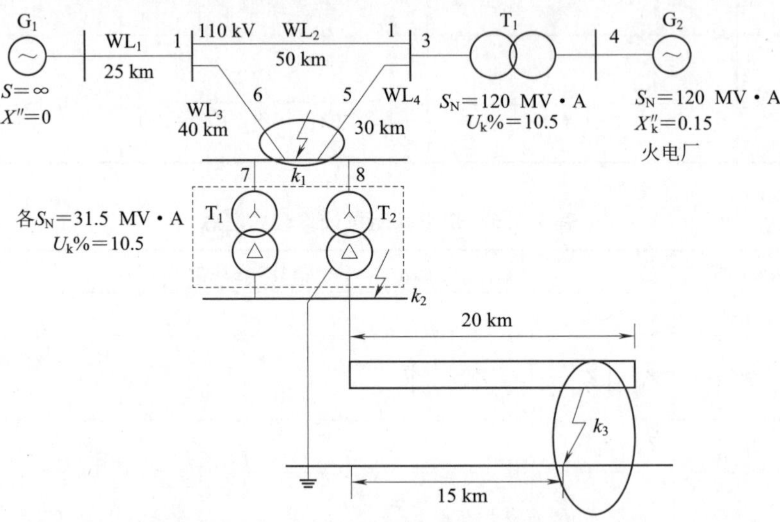

图4.2.16　牵引供电系统短路示意

【解】

第一步:求在牵引变电所牵引母线 k_2 点处发生单相接地短路与异相母线短路并接地时的电流

(1)求牵引变压器的电抗标幺值

$$X_{\text{T}}=\frac{U_{\text{k}}\%}{100}\cdot\frac{S_{\text{d}}}{S_{\text{N}}}=\frac{10.5}{100}\times\frac{100}{31.5}=0.333$$

(2)求牵引母线一相接地短路时的电流

在 k_2 点发生一相接地短路时,属于不对称短路。由图4.2.16可知,系统电气元件均为静止元件,故正序电抗与负序电抗相等,$X_{1\Sigma}=X_{2\Sigma}=X_{\Sigma}=0.114$

由图4.2.16知该牵引变压器为三相YNd接线,故从表4.2.4中选择对应的计算公式得

$$I_{\text{k*}}=\frac{\sqrt{3}E}{2(X_{1\Sigma}+X_{\text{T}})}=\frac{\sqrt{3}}{2\times(0.114+0.333)}=1.937$$

$$I_{\text{k}}=I_{\text{k*}}I_{\text{d}}=1.937\times\frac{100}{\sqrt{3}\times27.5}=4.068(\text{kA})$$

(3)求在牵引变电所牵引母线 k_2 点发生异相母线短路并接地时的电流

从表4.2.4中选择对应的计算公式得

$$I_{\text{k*}}=\frac{E}{X_{1\Sigma}+X_{\text{T}}}=\frac{1}{0.114+0.333}=2.237$$

$$I_k = I_{k*} I_d = 2.237 \times \frac{100}{\sqrt{3} \times 27.5} = 4.697(\text{kA})$$

4.2.20　牵引变电所馈线侧短路电流计算实例

4.2.21　牵引网短路电流计算实例

第二步：求在 k_3 点处的牵引网发生一臂接地短路时的短路电流

(1)求出折算至牵引侧各阻抗有名值

已知 $S_k = 877.19$ MV·A

接触网的平均电压　　$U_{av} = (27.5 + 25)/2 = 26.3(\text{kV})$

系统阻抗　　$X_{1\Sigma} = \dfrac{U_d^2}{S_k} = \dfrac{26.3^2}{877.19} = 0.789(\Omega)$

变压器阻抗　$X_T = \dfrac{U_k\%}{100} \times \dfrac{U_d^2}{S_N} = \dfrac{10.5}{100} \times \dfrac{26.3^2}{31.5} = 2.306(\Omega)$

牵引网阻抗

$$\begin{aligned} Z_q &= \left[Z - \frac{1}{2}(Z - Z_m)\frac{l}{L} \right] l \\ &= \left[0.217 + j0.476 - \frac{1}{2}(0.217 + j0.476 - 0.0139 - j0.118) \times \frac{15}{20} \right] \times 15 \\ &= (2.214 + j5.13)(\Omega) \end{aligned}$$

(2)求在 k_3 点处的牵引网发生一臂接地短路时的短路电流

代入表4.2.5中对应的短路电流计算公式，得

$$\begin{aligned} \dot{I}_k &= \frac{\sqrt{3}\dot{E}}{Z_{1\Sigma} + Z_{2\Sigma} + 2Z_T + Z_q} = \frac{\sqrt{3}\dot{E}}{j0.789 + j0.789 + 2 \times j2.306 + 2.214 + j5.13} \\ &= \frac{\sqrt{3}\dot{E}}{2.214 + j11.32} = 2.28(\text{kA}) \end{aligned}$$

知识点4：接触网故障测距

由于列车是通过受电弓与接触网的高速滑行接触取流实现电能传输，因此，接触网比通常的供电线路故障概率要高得多。接触网一旦发生故障极易造成短路，将引起牵引变电所馈线保护跳闸，从而造成相应的馈线与接触网停电中断行车，需立即抢修排除故障以恢复供电。要想在最短的时间内恢复供电，就必须以最快的时间确定短路故障点的位置。接触网故障类型按发生后持续时间长短可分为瞬时性故障和永久性故障。对于瞬时性故障，可通过自动重合闸快速恢复供电，但故障点往往是薄弱点，也需要尽快找到故障点并加以处理，以消除二次故障而危及供电系统的安全稳定运行。对于永久性故障，更需迅速查明故障并及时排除，故障查找时间越长，则故障排除与恢复的时间就越长，对铁路运输的影响也就越严重。因此，做好接触网故障测距，是提高系统供电可靠性的重要措施。

1.故障测距系统及测距方法简介

故障测距系统以一个供电臂为测距单元，包含变电所、AT所、分区所。如图4.2.17所示，每所一套故障测距系统，由故标装置、卫星同步时钟、通信通道三部分组成。其中：①故标装置用于采集馈线电压/电流、AT所吸上电流、馈线/AT变开关位置信号；②卫星同步时钟用于同步各测距装置的时钟授时，保证数据同步性；③通信通道为故标专用通道或借用综自通道，用于各所间故标装置数据传输和交换。

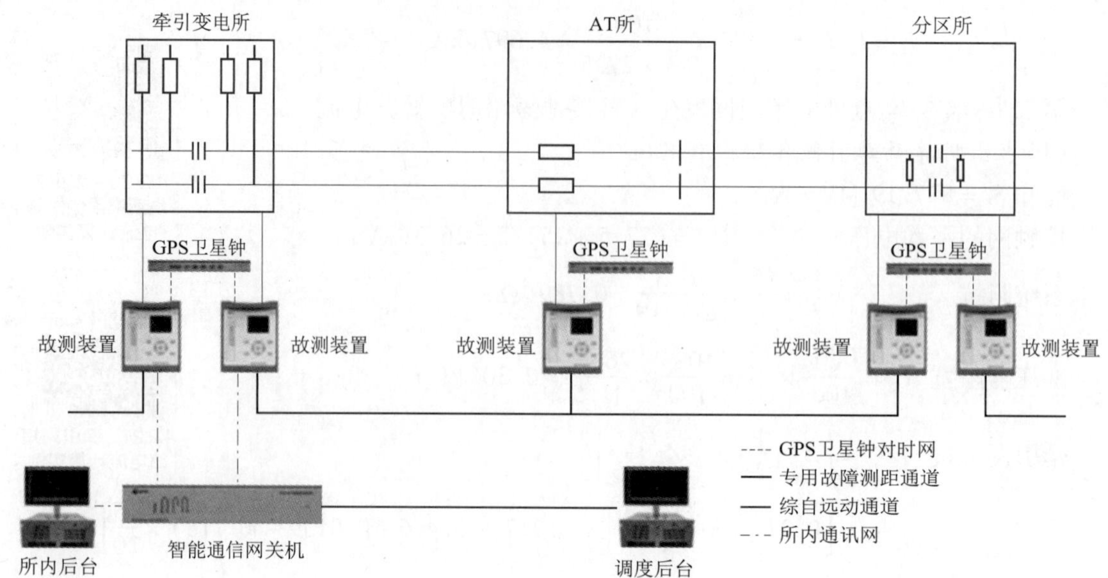

图 4.2.17 故障测距系统结构

根据接触网供电方式的不同,采用的测距方法也不同,测距方法主要包括电抗测距法、吸上电流比法、上下行电流比法、吸馈电流比法、横连线电流比法等。

(1)电抗测距法

电抗测距法的特点:①算法简单;②适用范围小,只适用于结构简单的供电结构,如直接供电方式;③测距精度不高,虽然线路参数只受导线材料、空间架构和地质土壤导电率等因素的影响,线路建成后基本参数就已经基本固定,不受供电方式和短路类型的影响,但由于采集到的短路电压 U_d 与短路电流 I_d 易受干扰,测距精度略差。

(2)吸上电流比法

吸上电流比法的特点:①只适用于全并联 AT 供电模式,且只适用于 T-R 和 F-R 短路,对于 T-F 短路类型,由于吸上电流值被旁路而无法采集,所以不适用;②全并联 AT 供电方式按原理分为以京沪高铁为代表的法国模式和以大秦铁路为代表的日本模式。京沪高铁法国模式 AT 供电方式由于牵引变电所出口处未设置自耦变压器,因此故障越接近牵引变电所,供电电流分布越接近直供方式,如继续采用吸上电流比法测距,则测距精度无法保证;③供电臂全部所亭必须建有专用通道,且各所亭都必须装有故测装置,线路可为单线和复线;④判断线路是否处于全并联 AT 供电方式的方法较多,如以吸上电流值来判别各所亭开关状态等。

(3)上下行电流比法

上下行电流比法的特点:①供电臂必须是复线,且末端必须闭环,AT 所不得闭环;②适用于各种短路形式,但测距精度一般。

(4)吸馈电流比法

吸馈电流比法的特点:①供电臂必须是单线单 AT 区段;②无须专用通道;③只适用于 T-R 和 F-R 短路类型,对 T-F 短路无法测距。

(5)横连线电流比法

横连线电流比法的特点:①故障类型不限,应用广泛,可对 T-R、F-R 和 T-F 等全部短路故障进行测距;②只适用于全并联 AT 供电方式,单线 AT 供电方式不适用;③测距原理不涉及 AT 自耦变压器漏抗和短路过渡电阻,测距精度较高。

2. 接触网故障测距精度调整

要减小故障测距误差,需减小因电流比与故障点的对应关系错误而导致的误差,因此必须通过实测数据进行校正。故障测距精度调整步骤如下:

①设计院提供详细的原始资料。该资料包括:馈出线的单位阻抗,馈出线的长度,按照变电所供电臂实际走向来详细划分区间的单位自阻抗,互阻抗,区间长度,然后是站场的单位自阻抗,互阻抗,站场长度,一直到分区所为止。

②通过上述原始资料进行定值表整定,段数按照实际情况来划分。

③通过短路试验(三次短路试验,区间起点金属性和非金属性短路试验以及该区间末端金属性短路试验)来修正 PT 和 CT 的角度误差和区间的单位阻抗,修正故障测距定值表。

④通过实际短路故障情况来修正故障测距定值表。

任务实施

通过学习本任务知识点,结合“任务描述”与“任务分析”,对跳闸故障进行调查与原因分析,并提出建议措施。

第一步:故障调查。

(1)收集历史跳闸数据

略。

(2)故障排查情况调查

经查阅本次故障处理报告,可知故障跳闸后的排查过程如下:

①跳闸发生后,12:35 分供电调度通知 ZC 高铁供电车间,WC 变电所 213、214 断路器跳闸,重合闸成功,需要进行栏栅外巡视和添乘检查。

②12:42 分 WC 变电所值守员巡视所内设备未发现异常。

③12:47 分 ZC 高铁供电车间组织人员进行栏栅外巡视,13:43 分到达故障点标定装置显示的 K428 +450 附近,重点对跨线桥、跨越线进行栏栅外巡视,未发现异常。

④13:51 添乘人员添乘巡视 ZC 至 MN 区间接触网设备,未发现异常。

⑤申报当日临时停电检修计划,进行上网检查发现 WT 343 号(K427 +830)斜腕臂绝缘子发生雷击闪络,因当时仍在下雨且临时停电时间不足,绝缘子已恢复绝缘暂不影响设备运行而未进行更换,计划次日天窗时间进行更换。

⑥9 月 24 日天窗时间对 WT 343 号(K427 +830)斜腕臂绝缘子进行更换。

(3)设备检修与防雷设施检修整治情况

经查设备检修记录,可知距离本次故障最近的一次防雷整治时间为 2020 年 02 月 17 日,对故障点附近(WT 343 号)的避雷线和接地线等设施进行了检查,接地电阻为 1.6 Ω,未发现设备异常。

距离本次故障最近的设备检修时间为 2019 年 10 月 30 日对故障点(WT343 号)接触网设备进行了平推检修,未发现设备异常,设备检修未超出检修周期。

距离本次故障最近的栅栏外巡视检查时间为 2020 年 9 月 19 日,是利用点外计划对 WT

间进行设备栏栅外巡视，未发现设备异常。

第二步：数据分析。

（1）故障跳闸数据分析。

由表4.2.1可知，213馈线故障阻抗为$\sqrt{4.27^2+9.75^2}=10.64(\Omega)$，阻抗角为66.2°，214馈线故障电抗为$\sqrt{6.49^2+10.97^2}=12.75(\Omega)$，阻抗角为59.3°，符合电弧或金属性短路特性，可初步判断为设备短路故障引起。

（2）经现场排查发现WT 343号（K427+830）斜腕臂绝缘子有雷击烧伤痕迹，可判断因雷击造成WT 343号（K427+830）斜腕臂绝缘子闪络，引起WC变电所213、214馈线跳闸。这与故障跳闸数据也是相吻合的。

（3）故障点标定数据误差分析。

故障点标定装置显示故障相对距离为5.69 km，故障公里标为K428+450，故障点对应杆号为WT间351号。实际故障点对应杆号为WT 343号，公里标为K427+830，误差620 m。

第三步：整改措施。

（1）做好跳闸数据的收集和统计，加强员工培训，提升员工的故障排查能力和排查效率。

（2）加强故障跳闸后的栏栅外、栏栅内巡视及添乘检查，及时发现与排除可能对设备造成故障的隐患。

（3）加强对接触网故障测距参数的修正与调整，提高测距精度。

（4）供电车间要随时做好应急准备，确保故障发生时人员能及时到达指定地点。

任务小结

请简要小结本任务的学习要点、难点与困惑，写在下面的横线上。

格言语录

“居安思危，思则有备，有备无患。”——《左传》

安全是相对的，当你放松警惕之时，也就是危险来临之际，故常需居安思危！意识到了可能的危险，还需采取相应的防范与应急措施。一要防止危险的发生，二要针对危险万一失控而做好应急准备。这样才能有效地降低可能的危险程度，减少甚至避免可能的伤害与损失。故安全之弦分秒不能放松。

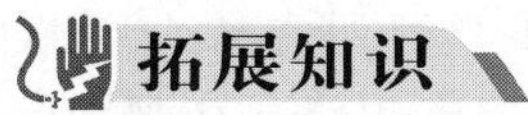

拓展知识

接触网故障测距原理

1. 电抗测距法

以阻抗作为故障测距依据的基本原理是：当牵引网发生短路故障时，保护装置所测得的短路电压 U_d 与短路电流 I_d 之比即为短路阻抗 Z_d，$Z_d=\dfrac{U_d}{I_d}$，而 Z_d 即为牵引网的固有阻抗。牵引网的固有阻抗与牵引网的单位等效阻抗 Z' 及短路点距离牵引变电所的长度成正比，即 $Z_d=Z'l$。当牵引网的导线类型等确定时，该牵引网的单位等效阻抗 Z' 也就确定。因此，短路阻抗值的大小直接能够反映短路点与牵引变电所的距离。而在实际应用中，考虑短路阻抗中的电阻分量受短路过渡电阻的影响，因此，一般都采用其中不受过渡电阻影响的电抗分量来测距，又称为 X-L 故障测距法。

目前，随着精密电子测量元件的使用，牵引变电所馈线保护装置能够精确测量短路电压 U_d 与短路电流 I_d，但要准确确定短路故障点，还需要工程技术人员根据接触网线路的具体实际制定里程与电抗对应关系表或关系图。一般将供电线与抗雷圈分为独立的一段，每个区间为独立的一段，每个站场为独立的一段，从而将牵引网分成不同的段，分别计算其单位等效阻抗 Z'，如图 4.2.18 所示。

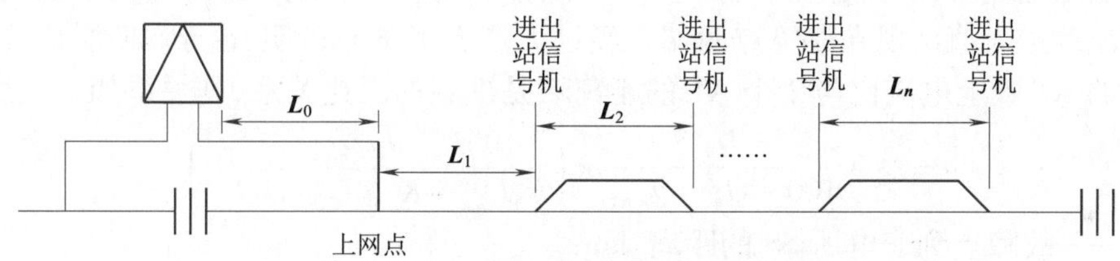

图 4.2.18　牵引网单位阻抗分段计算图

在具体应用电抗测距法时，根据供电线的长度不同常分为两种方法，如图 4.2.19 所示。当牵引变电所供电线较长时，为便于在供电线短路时查找故障，常采用图 4.2.19(a)所示方法。当故测值小于 L_1 时，为供电线短路；大于 L_1 时，为接触网短路，此时故测值减去供电线长度即为故障点距上网点的距离。

当牵引变电所供电线较短时，则采用图 4.2.19(b)所示方式。当装置所测电抗值小于 X_1 时(X_1 为变电所供电线至上网点的电抗值，含抗雷圈电抗)，故测值显示为 0，表示是供电线短路。当故测显示大于 0 时，为各馈线上网点到故障点距离。

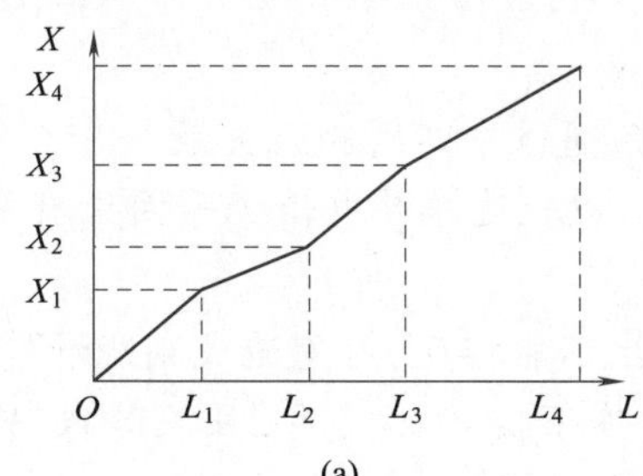

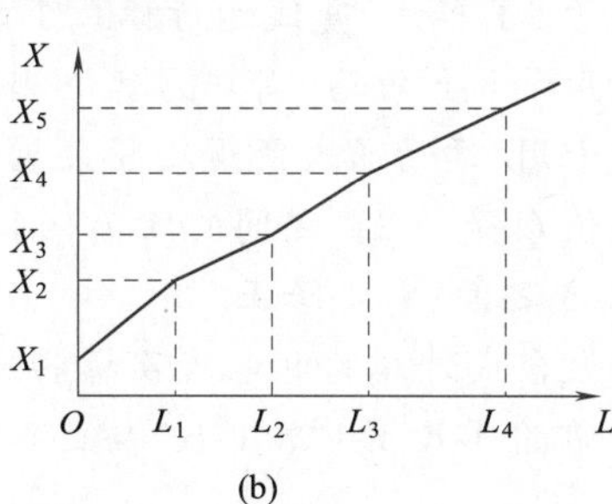

图 4.2.19　X-L 故障测距法

使用电抗测距法时有以下优点和注意事项：①适用于直供、复线、AT全解列情况；②馈线保护装置自带有电抗测距法功能，节省投资；③计算简单，对于较大站场内的短路存在判别误差较大的情况；④复线模式下，故障距离远时会受互阻抗影响较大；⑤需要对单位电抗及每段的长度距离进行核对校正，最终按点电抗、点距离输入定值；⑥若无确定的电抗值，区间线路 0.46 Ω/km、T-F线按0.16 Ω/km进行修正，每一区段至少有两次不同地点的短路数据。

2. 吸上电流比法

如图4.2.20所示，在AT供电方式下，两端的“电源”向中间供电，导致阻抗与距离非线性关系。同一数值的阻抗可能解析出多个距离。

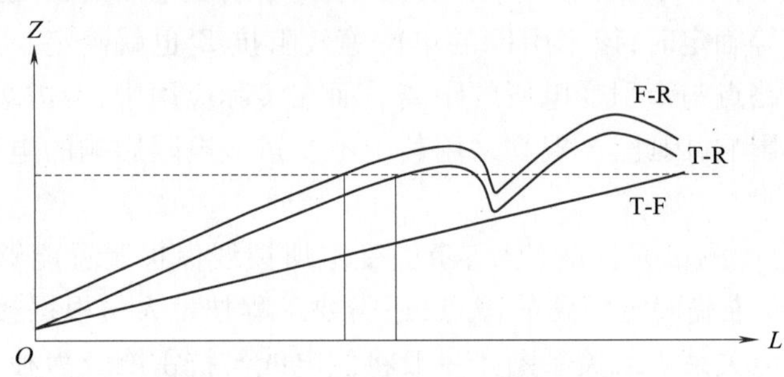

图4.2.20　AT供电方式线路阻抗

根据对AT供电方式下牵引网的理论计算，当发生T-R或F-R故障时，故障点邻近的两个AT中性点吸上电流之比与故障点离2个AT的距离是成反比关系的，而且整个供电臂上所有AT吸上电流的最大值出现在故障点两端。经过大量人工试验表明，由于AT漏抗等因素的影响，所测得的AT吸上电流比与2个AT的距离不是理想的反比关系，其关系如下式所示

$$l = L_n + \frac{D_n}{100 - Q_n - Q_{n+1}} \times \left(\frac{100K_{n+1}I_{G,n+1}}{K_n I_{G,n} + K_{n+1}I_{G,n+1}} - Q_n \right) \tag{4-81}$$

式中　l——故障点到变电所SS的距离，km；

L_n——变电所距故障点前一个，即第n个AT所距离；

D_n——故障点所在区间的长度，即第n个AT所与第$n+1$个AT所之间的距离；

$I_{G,n}$，$I_{G,n+1}$——分别为第n个AT与第$n+1$个AT中性点的吸上电流和；

Q_n，Q_{n+1}——整定值，与AT所之间的距离大小、钢轨漏抗、AT漏抗、馈线长短、钢轨连接导电情况等因素有关，经验值取5～10；

K_n，K_{n+1}——电流分布系数，范围根据站场情况可调整，对标准区间线路$K=1.0$。

使用AT吸上电流比法时有以下注意事项：

(1)适用于AT单线、复线运行模式下的T-R、F-R故障。

(2)不适用于T-F短路，需转为其他测距方法。

(3)需用专用/远动通道实现测距装置间通信，通道中断则测距失败。

(4)漏抗值Q是与AT之间的距离、钢轨漏导、钢轨连接导电情况等因素有关的系数，一般为0.05～0.3之间，需要修正。

(5)需要做合成计算的电电流互感器感器极性不能接反，以免造成测距计算误差。

(6)在通常的T-R、F-PW、F-R等短路故障条件下其各例关系，且故障段AT吸上电流最大。

练习与评价

某牵引变电所两台主变压器并联向复线牵引网供电。每台变压器：$S_N = 40$ MV·A，$U_k\% = 10.5$，电力系统短路容量为 1 200 MV·A；牵引网采用简单牵引网，供电臂末端有横连线将上、下行牵引网并联起来，上、下行牵引网间自阻抗和互阻抗分别为：$Z = (0.225 + j0.502)\ \Omega/\text{km}$，$Z_m = (0.0337 + j0.136)\ \Omega/\text{km}$，如图 4.2.21 所示，求接触网分别在首端 k_1 与末端 k_2 发生接地短路时的短路电流。

请完成任务评价表 4.2.7。

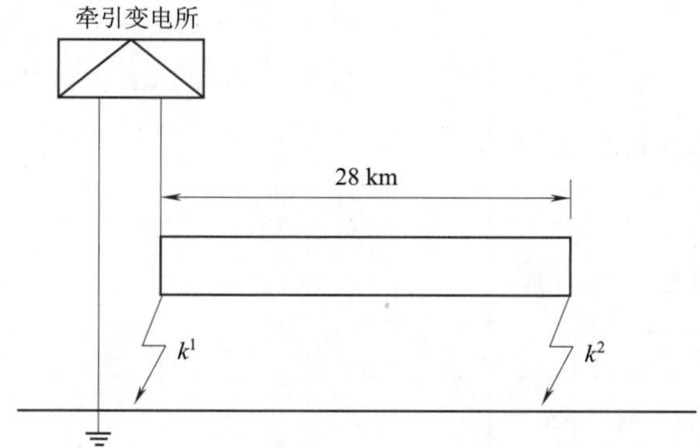

图 4.2.21 接触网发生接地短路示意

表 4.2.7 任务 4.2 完成情况评价表

序号	任务内容	完成记录	标准分	评分
1	计算接触网的平均电压 U_{av}		5	
2	折算至牵引侧的电力系统正序阻抗 $X_{1\Sigma}$		5	
3	折算至牵引侧的变压器阻抗 X_T		5	
4	k_1 处折算至牵引侧的牵引网阻抗 Z_{q1}		10	
5	k_1 处发生短路，短路电流计算公式及结果		10	

续上表

序号	任务内容	完成记录	标准分	评分
6	k_2 处折算至牵引侧的牵引网阻抗 Z_{q2}		10	
7	k_2 发生短路，短路电流计算公式及结果		10	
8	说明发生概率最高的短路类型		2	
9	短路故障时引起电气设备变形，这是短路电流的________效应		3	
10	电力系统的内阻抗不超过系统总阻抗的________时可视为无限大容量系统		5	
11	简述标幺值计算中的基准电压 U_d 的选取原则		5	
12	接触网故障按发生后持续时间可分为________故障和________故障		5	
13	简述接触网故障测距常用的主要方法		10	
14	“任务小结”完成情况		15	
总体评价：　□好　□较好　□一般　□较差　□差				

项目 5 改善牵引供电电能质量

项目描述

牵引网的电压水平直接影响电力机车的正常运行，电压过高会危及电力机车或动车组的电气绝缘安全，电压过低会影响电力机车的输出功率，造成运行速度下降，影响列车的正常运行。由于牵引负荷的非线性、单相和冲击等特性影响，在电力机车或动车组运行过程中将产生大量的谐波分量与负序分量，且电力机车或动车组沿铁路移动取流，产生的危害远比其他谐波源和负序源更为严重，如不能得到及时有效治理，将注入电力系统，影响电网电能质量。要分析与认识这些问题，需要学习牵引网电压损失的主要环节及计算方法，了解牵引负荷在电力系统中产生负序和谐波的原因，并掌握改善牵引供电质量的方法。

项目导读

牵引网电压的高低直接影响电力机车或动车组的正常运行，是牵引供电系统的一项重要技术指标。电气化铁路给电力系统带来的负序和谐波问题将影响电力系统的电能质量，严重时甚至危及相关设备的运行安全。因此，一方面需要分析牵引网电压损失的主要环节，熟悉电压损失的计算方法，掌握改善牵引网电压水平的方法，另一方面，需要分析负序和谐波的产生原因，了解负序和谐波的不利影响，并提出改善负序和谐波的方法，才能保证牵引供电系统安全、稳定运行。

本项目任务知识导图如图 5.0 所示。

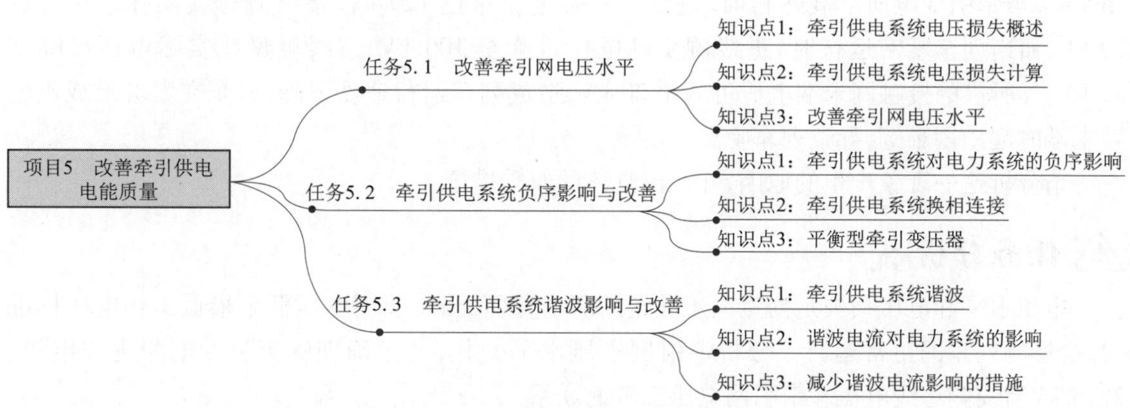

图 5.0 改善牵引供电电能质量的任务与知识点构成图

任务5.1　改善牵引网电压水平

任务导读

牵引网的电压水平是反映牵引供电电能质量的重要技术指标。牵引网电压过高会危及电力机车或动车组的运行安全，电压过低会影响电力机车或动车组的出力，严重时甚至造成中途停车。因此，要保证牵引网电压水平，需要了解牵引网电压损失的主要环节及影响因素，并学会分析与采取相关的改善措施。

学习目标

1. 知识目标

（1）熟悉牵引供电系统电压损失的主要环节。

（2）熟悉牵引供电系统各环节电压变化的分析方法。

（3）熟悉改善牵引网电压水平的方法。

2. 能力目标

（1）会分析牵引网电压水平。

（2）能理解改善牵引网电压水平的原理。

3. 素质目标

（1）培养优质供电意识。

（2）培养系统分析能力。

任务描述

某牵引变电所进线侧额定电压为110 kV，馈线侧额定电压为27.5 kV，接触网额定电压为25 kV。当牵引变电所空载运行时，进线侧实际电压可达120 kV，馈线侧母线实际电压可达30 kV，而当列车紧密运行时，进线侧实际电压可降至100 kV，馈线侧母线实际电压可降至22 kV，其所供的接触网末端电压可低于20 kV，造成列车运行速度下降，机车在大坡道或供电臂末端时起动困难等，导致列车晚点。

请分析这一现象产生的原因，并提出具体的改善措施。

任务分析

电压水平和电压损失是衡量电压质量的两个方面，当牵引网电压低于最低工作电压标准时，会影响列车的正常运行。分析牵引网电压水平变化，要正确理解牵引变电所进线电压、27.5 kV馈线侧母线电压和牵引网电压三者的联系。

要完成这一任务，可按如图5.1.1所示步骤进行。

1　熟悉牵引供电系统电压损失的主要环节；熟悉牵引变压器、牵引网电压损失的原理，了解改善牵引网电压水平的原理与方法

2　运用所学知识，分析牵引变电所进线与馈线电压变化的原因

3　提出解决问题的对策或建议

图 5.1.1　步骤示意

基本知识

知识点 1:牵引供电系统电压损失概述

1. 牵引供电系统的电压损失

电流从电力系统的变电站流出,经高压输电网到达牵引变电所,再经牵引变电所降压后输送至牵引网,最后将电能输送给电力机车或电动车组。在这个电能传输的过程中,主要在 3 个环节产生电压损失,如图 5.1.2 所示。

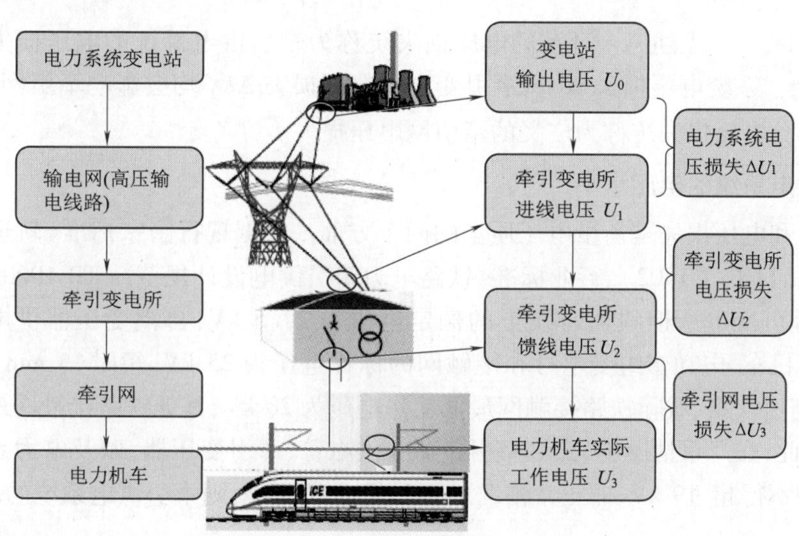

图 5.1.2　牵引供电系统电压损失示意

(1)电力系统的电压损失 ΔU_1

电力系统变电站输出电压为 U_0,牵引变电所进线电压为 U_1。牵引电流从电力系统变电站流出,并经过高压输电网远距离传输至牵引变电所。由于电力系统变电站内的变压器和高压输电网存在阻抗,因此,牵引电流将在变电站内的变压器和高压输电网上产生电压损失。这个

电压损失称为电力系统电压损失，用 ΔU_1 表示，即

$$\Delta U_1 = U_0 - U_1 \tag{5-1}$$

牵引电流在电力系统中造成的最大电压损失，一般由电力部门根据系统和牵引负荷的资料进行计算。此时应保证牵引变电所的进线电压不得超过额定电压 110 kV 或 220 kV 的 ±10%。牵引负荷按计算变压器最大电压损失的条件考虑。

(2)牵引变电所的电压损失 ΔU_2

牵引变电所进线电压为 U_1，馈线电压为 U_2。当变压器空载运行时，由于空载电流很小，可忽略变压器的空载电压损失，则 $U_1 = K_u U_2$（K_u 为变压器变比）。当负载运行时，由于变压器阻抗的存在，负载电流流经变压器时将产生电压降，$K_u U_2$ 将小于 U_1。

牵引变电所内母线很短，与牵引变压器相比阻抗很小，产生的电压损失可以忽略不计。因此，牵引变电所的电压损失实质上就是指牵引变压器上产生的电压损失，也即 U_1 与 $K_u U_2$ 二者的差值，用 ΔU_2 表示，即

$$\Delta U_2 = U_1 - K_u U_2 \tag{5-2}$$

(3)牵引网的电压损失 ΔU_3

电力机车或动车组实际工作电压为 U_3。牵引电流经牵引变电所流出，经过牵引网（供电线和接触网），到达电力机车或动车组。由于供电线和接触网存在阻抗，牵引电流同样会在牵引网中产生电压损失，致使牵引变电所的馈线电压与电力机车或动车组受电弓处的电压存在差异。这一段电压损失称为牵引网电压损失，用 ΔU_3 表示，即

5.1.1　牵引供电系统电压损失概述

$$\Delta U_3 = U_3 - U_2 \tag{5-3}$$

上述三个环节的电压损失统称为牵引供电系统的电压损失。由于电力系统电压损失 ΔU_1、牵引变电所电压损失 ΔU_2 均会影响牵引网的电压水平，故也将这两部分电压损失统称为广义的牵引网电压损失。

2. 牵引供电系统的电压水平

电压水平和电压损失是衡量电压质量的两个方面。根据现行国家标准《轨道交通　牵引供电系统电压》(GB/T 1402)、行业标准《铁路电力牵引供电设计规范》(TB 10009)的规定，铁路干线电力牵引变电所馈线侧母线上的额定电压为 27.5 kV，自耦变压器供电方式为 2×27.5 kV；电力机车、电动车组受电弓和接触网的标称电压为 25 kV，短时(5 min)最高工作电压为 29 kV；高速铁路、城际铁路接触网最低工作电压为 20 kV，其他铁路接触网最低工作电压为 19 kV。因此，在严重情况下，允许牵引负荷在供电臂、牵引变压器，以及电力系统中造成的电压损失总和不得超过9 kV，非正常情况下不得超过 10 kV。则牵引供电系统的电压水平为：

正常情况

$$\sum \Delta U = \frac{\Delta U_{1\max}}{k_u} + \frac{\Delta U_{2\max}}{k_u} + \Delta U_{3\max} \leqslant 9\ \text{kV} \tag{5-4}$$

非正常情况

$$\sum \Delta U = \frac{\Delta U_{1\max}}{k_u} + \frac{\Delta U_{2\max}}{k_u} + \Delta U_{3\max} \leqslant 10\ \text{kV} \tag{5-5}$$

式中　$\Delta U_{1\max}$——电力系统的最大电压损失，kV；

ΔU_{2max}——牵引变压器最大电压损失,kV;

ΔU_{3max}——牵引网电压损失,kV;

k_u——牵引变压器变比。

牵引供电系统的突出特点,就是其牵引负荷的大小、位置都是随时变化的,要精确计算牵引供电系统的电压变化情况是非常繁杂的,也没有必要。因为只有最低电压水平才对确保列车的正常运行有实际意义,所以只需要计算牵引供电系统的最大电压损失。

知识点2:牵引供电系统电压损失计算

1. 电力系统电压损失的估算

电力系统电压损失 ΔU_1 的大小与电力系统变电站距离牵引变电所的远近有关,也与系统容量和输电线路的阻抗,以及牵引电流的大小等有关。由于单相牵引负荷造成电力系统三相电压不平衡,其电压损失的计算不同于一般对称三相电网的情况,所以在缺乏系统资料时可进行估算,其值随牵引变电所距离电源点的远近而不同,一般为6 000~12 000 V,归算至27.5 kV侧为1 500~3 000 V。

通过对牵引变电所实际运行数据的监测,可以得出额定电压为110 kV的牵引变电所在空载运行时,其进线电压可以达到甚至超过120 kV,造成牵引变电所馈线侧母线电压偏高,而当负载运行尤其是严重过负荷运行时,因为有电力系统电压损失的存在,其进线电压可以降至100 kV甚至以下,造成牵引变电所馈线侧母线电压偏低。

在分析牵引网电压损失时,对电力系统的电压损失 ΔU_1,一般以牵引变电所空载运行时的进线平均电压减去负载运行时的实际进线电压,然后除以变压器变比的所得值作为电力系统电压损失 ΔU_1 归算至27.5 kV侧的估算值。

2. 牵引变压器电压损失

牵引变压器产生电压损失的根本原因是变压器绕组存在阻抗,电流流经绕组时会在其上产生电压降,此电压降对于负载而言则是电压损失。变压器电压损失的大小与绕组电流及绕组阻抗有关。计算变压器的电压损失,需根据变压器的接线方式对应不同的计算式进行求解。

(1)三相YNd接线变压器的电压损失

例5.1 某牵引变电所,设2台110 kV/27.5 kV的YNd接线牵引变压器,固定备用,容量为40 MV·A,$U_k\%=10.5$,引前相供电臂最大电流为1 000 A,平均电流为400 A;滞后相供电臂最大电流均为700 A,平均电流为300 A,各供电臂功率因数为0.8。

试求:①该变压器引前相与滞后相的电压损失。

②如果将重负荷臂接至滞后相上,轻负荷臂接至引前相上,变压器的电压损失又有何变化?

【解】第一步:先求变压器Y形接的每相绕组电抗 X_T(归算至27.5 kV侧)

$$X_T=\frac{U_k\%}{100}\times\frac{U_N^2}{S_N}=\frac{10.5}{100}\times\frac{27.5^2}{40}=1.985(\Omega)$$

第二步:求△形侧绕组电抗

$$X_{T\triangle}=3X_T=3\times1.985=5.96(\Omega)$$

常见几种容量的三相牵引变压器,归算到27.5 kV侧的电抗值见表5.1.1,计算时亦可直接引用。

表 5.1.1　三相接线牵引变压器归算到 27.5 kV 侧的电抗值

容量(kV·A)	有效值 $X_{T\triangle}$	标幺值 X_{T*}	容量(kV·A)	有效值 $X_{T\triangle}$	标幺值 X_{T*}
10 000	23.82	1.050	31 500	7.56	0.333
16 000	14.89	0.656	40 000	5.96	0.263
20 000	11.91	0.525	50 000	4.76	0.210
25 000	9.53	0.420	63 000	3.781	0.167

注：$U_k\% = 10.5$，$S_d = 100$ MV·A，$U_d = 27.5$ kV。

第三步：求变压器的最大电压损失

(1)区分引前相与滞后相

如图 5.1.3 所示，即二次绕组 ac 相与一次绕组 A 相同相，cb 相与 C 相同相，并在图 5.1.3 中用(A)、(C)标记。由于 A 相滞后 C 相，对应的二次侧 ac 相也滞后 cb 相，即绕组 cb 为引前相，ac 为滞后相。

由于牵引变压器的 C 端子接地，所以在牵引侧按习惯定向(电压定向从牵引网指向地)，总有一侧的电压(b 端子引出)与高压侧接入相(C 端子接入相)的电压反相位。使牵引侧引前相电压与滞后相电压的相位差总是 60°，而且在牵引侧的电压和电流的相量关系图中，牵引侧对应系统的引前相电压滞后于牵引侧对应系统的滞后相电压 60°。

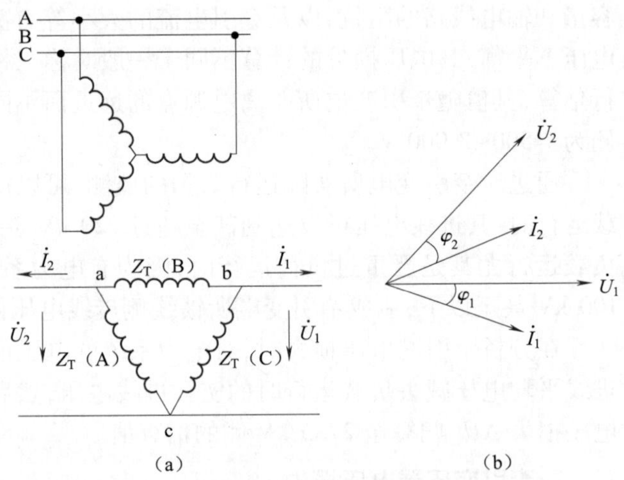

图 5.1.3　三相牵引变压器电压损失计算示意

已知两供电臂电流分别为 $\dot{I}_1$ 和 $\dot{I}_2$，两供电臂功率因数分别为 $\cos\varphi_1$ 和 $\cos\varphi_2$。设系统电压 $\dot{U}_1$ 引前 $\dot{U}_2$，在牵引侧的电压定向如图 5.1.3(a)所示，则在牵引侧的电压和电流的相量关系如图 5.1.3(b)所示。

(2)三相变压器电压损失计算方法

三相牵引变压器的电压损失等于变压器的绕组电流与相阻抗的乘积。牵引变压器归算到 27.5 kV 侧的相阻抗为 $Z_T = R_T + jX_T$，则

$$\Delta U = (I\cos\varphi)R_T + (I\sin\varphi)X_T$$

对于牵引变压器，因 $R_T \ll X_T$，忽略 R_T，故 ΔU 可写成

$$\Delta U = (I\sin\varphi)X_T \tag{5-6}$$

在式(5-6)中，I 是指变压器绕组电流。通常已知的是两供电臂的电流，因此，需要将供电臂电流转换为变压器绕组的电流。以图 5.1.3 所示，经过转换，三相变压器的电压损失计算公式如下：

①引前相电压损失 ΔU_1

$$\Delta U_1 = \frac{1}{3}[2I_1\sin\varphi_1 - I_2\sin(60° - \varphi_2)]X_T \quad (\text{V}) \tag{5-7}$$

式中　I_1 和 I_2——两供电臂的电流；

φ_1 和 φ_2——分别为 $\dot{U}_1$、$\dot{U}_2$ 和 $\dot{I}_1$、$\dot{I}_2$ 的相量夹角。

②滞后相电压损失 ΔU_2

$$\Delta U_2 = \frac{1}{3}[I_1\sin(60°+\varphi_1)+2I_2\sin\varphi_2]X_T \quad (V) \tag{5-8}$$

③ΔU_1 与 ΔU_2 的比较

由式(5-7)和式(5-8)可知，一般应有 $\Delta U_2 > \Delta U_1$，即滞后相电压损失大于引前相电压损失。所以，如牵引变电所两供电臂负荷不相等时，应把滞后相置于轻负载臂上。

两供电臂的功率因数都等于0.8，此时 $\cos\varphi_1=\cos\varphi_2=\cos\varphi=0.8$，则

$$\sin(60°-\varphi)=\sin 23.1°=0.392$$

$$\sin(60°+\varphi)=\sin 96.9°=0.99$$

牵引供电实际运行中，只需要计算三相变压器的最大电压损失，其计算条件与计算牵引网电压损失的计算条件相一致，即分别取该供电臂的最大电流和平均电流进行计算。分别代入式(5-7)和式(5-8)中，则可得引前相和滞后相的最大电压损失分别为

$$\text{当} \cos\varphi=0.8 \text{ 时，} \begin{cases}\Delta U_{T1max}=(0.4I_{1max}-0.13I_{2av})X_T \\ \Delta U_{T2max}=(0.4I_{2max}+0.33I_{1av})X_T\end{cases} \tag{5-9}$$

$$\text{当} \cos\varphi=0.82 \text{ 时，} \begin{cases}\Delta U_{T1max}=(0.38I_{1max}-0.142I_{2av})X_T \\ \Delta U_{T2max}=(0.38I_{2max}+0.332I_{1av})X_T\end{cases} \tag{5-10}$$

式中　$I_{1(2)max}$——引前(滞后)相供电臂最大电流，A；

$I_{1(2)av}$——引前(滞后)相供电臂平均电流，A。

(3)计算最大电压损失

已知 $\cos\varphi=0.8$，直接将已知数据代入式(5-9)中。

$$\Delta U_{T1max}=(0.4I_{1max}-0.13I_{2av})X_T$$
$$=(0.4\times1\,000-0.13\times300)\times5.96=2\,151.56(V)$$
$$\Delta U_{T2max}=(0.4I_{2max}+0.33I_{1av})X_T$$
$$=(0.4\times700+0.33\times400)\times5.96=2\,455.52(V)$$

从计算结果可知，变压器两绕组的电压损失基本平衡。

第四步：如果将重负荷臂接在滞后相上，轻负荷臂接在引前相上时，求变压器两绕组的最大电压损失

由于重负荷臂接在滞后相，轻负荷臂接在引前相时，$I_{1max}=700$ A，$I_{1av}=300$ A，$I_{2max}=1\,000$ A，$I_{2av}=400$ A，分别代入式(5-9)中，得

$$\Delta U_{T1max}=(0.4I_{1max}-0.13I_{2av})X_T$$
$$=(0.4\times700-0.13\times400)\times5.96=1\,358.88(V)$$
$$\Delta U_{T2max}=(0.4I_{2max}+0.33I_{1av})X_T$$
$$=(0.4\times1\,000+0.33\times300)\times5.96=2\,974.04(V)$$

5.1.2　三相Yd变压器电压损失计算

从计算结果可知，此时滞后相的最大电压损失是引前相的最大电压损失的2.19倍，造成变压器器两相绕组的电压损失严重不平衡。

(2)单相接线变压器的电压损失

例 5.2 某牵引变电所，设2台220 kV/27.5 kV的单相牵引变压器，固定备用，容量为40 MV·A，$U_k\%=10.5$，重负荷臂最大电流为1 000 A，轻负荷臂平均电流为400 A，各供电臂功率因数均为0.8。试求该变压器的最大电压损失。

【解】第一步：确定单相变压器最大电压损失计算公式

单相接线变压器两侧供电臂属于同相，因此，变压器最大电压损失计算式为

当 $\cos\varphi=0.8$ 时，$\Delta U_{\mathrm{Tmax}}=0.6(I_{1\max}+I_{2\mathrm{av}})X_{\mathrm{T}}$ (V) (5-11)

当 $\cos\varphi=0.82$ 时，$\Delta U_{\mathrm{Tmax}}=0.57(I_{1\max}+I_{2\mathrm{av}})X_{\mathrm{T}}$ (V) (5-12)

式中 $I_{1\max}$——重负荷供电臂最大电流，A；

$I_{2\mathrm{av}}$——轻负荷供电臂平均电流，A；

X_{T}——变压器电抗，Ω。

第二步：求变压器绕组电抗 X_{T}（归算至27.5 kV侧）

$$X_{\mathrm{T}}=\frac{U_k\%}{100}\times\frac{U_{\mathrm{N}}^2}{S_{\mathrm{N}}}=\frac{10.5}{100}\times\frac{27.5^2}{40}=1.985\ (\Omega)$$

第三步：求变压器的最大电压损失

$$\begin{aligned}\Delta U_{\mathrm{Tmax}}&=0.6(I_{1\max}+I_{2\mathrm{av}})X_{\mathrm{T}}\\&=0.6\times(1\ 000+400)\times1.985=1\ 667.4\ (\mathrm{V})\end{aligned}$$

(3)单相Vv接线变压器的电压损失

例 5.3 某牵引变电所，设2台110 kV/27.5 kV容量相等的单相Vv接线牵引变压器，2台总容量为40 MV·A，$U_k\%=10.5$，供电臂1最大电流为1 000 A，供电臂2最大电流为800 A，各供电臂功率因数均为0.8。试求该变压器的最大电压损失。

【解】第一步：分析Vv接线牵引变压器的特点，引用相应的计算式

Vv接线牵引变压器的牵引侧供电臂分别由各自的变压器供电，其最大电压损失应分别计算。计算式为

当 $\cos\varphi=0.8$ 时

$$\Delta U_{\mathrm{Tmax}}=I_{\mathrm{Tmax}}\times Z'=I_{\mathrm{Tmax}}\times(0.8R_{\mathrm{T}}+0.6X_{\mathrm{T}})\quad(\mathrm{V})$$

忽略电阻 R_{T}

$$\Delta U_{\mathrm{Tmax}}=0.6X_{\mathrm{T}}I_{\mathrm{Tmax}}\quad(\mathrm{V})\tag{5-13}$$

当 $\cos\varphi=0.82$ 时

$$\Delta U_{\mathrm{Tmax}}=0.57X_{\mathrm{T}}I_{\mathrm{Tmax}}\quad(\mathrm{V})\tag{5-14}$$

式中 I_{Tmax}——供电臂最大电流(A)，计算条件与牵引网电压损失的计算条件相同；

X_{T}——变压器电抗，Ω。

第二步：求变压器绕组电抗 X_{T}（归算至27.5 kV侧）

$$X_{\mathrm{T}}=\frac{U_k\%}{100}\times\frac{U_{\mathrm{N}}^2}{S_{\mathrm{N}}}=\frac{10.5}{100}\times\frac{27.5^2}{20}=3.97\ (\Omega)$$

第三步：求变压器的最大电压损失

供电臂1的最大电压损失为

$$\Delta U_{\mathrm{T1max}}=0.6X_{\mathrm{T}}I_{1\max}=0.6\times3.97\times1\ 000=2\ 382\ (\mathrm{V})$$

供电臂2的最大电压损失为

$$\Delta U_{\mathrm{T2max}}=0.6X_{\mathrm{T}}I_{2\max}=0.6\times3.97\times800=1\ 905.6\ (\mathrm{V})$$

(4)斯科特接线牵引变压器电压损失

例5.4 某牵引变电所设2台110 kV/27.5 kV斯科特接线牵引变压器,单台总容量为40 MV·A,M座和T座变压器容量均为20 MV·A,$U_k\%=10.5$,M座供电臂最大负荷电流为1 000 A,T座供电臂的最大负荷电流为800 A,各供电臂功率因数均为0.8。求该变压器的最大电压损失。

【解】第一步:分析斯科特接线牵引变压器的特点

对于斯科特接线的牵引变压器,变电所两侧供电臂分别由M座变压器和T座变压器供电,其最大电压损失为

$$\begin{aligned}\Delta U_{M} &= I_{Mmax}X_{T_2}\sin\varphi_{M} \quad (V)\\ \Delta U_{T} &= I_{Tmax}X_{T_2}\sin\varphi_{T} \quad (V)\end{aligned} \tag{5-15}$$

式中 I_{Mmax}、I_{Tmax}——分别为M座、T座供电臂的最大负荷电流,A;

φ_M、φ_T——分别为M座、T座供电臂的功率因数角;

X_{T_2}——归算到斯科特接线变压器二次侧每相绕组的电抗,Ω。

$$X_{T_2}=\frac{U_k\%}{100}\cdot\frac{U_{2N}}{I_{2N}}=\frac{U_k\%}{100}\cdot\frac{2U_{2N}^2}{S_N} \quad (\Omega) \tag{5-16}$$

第二步:求变压器绕组电抗X_{T_2}(归算至27.5 kV侧)

$$X_{T_2}=\frac{U_k\%}{100}\cdot\frac{2U_{2N}^2}{S_N}=\frac{10.5}{100}\times\frac{2\times27.5}{40}=3.97\ (\Omega)$$

第三步:求变压器的最大电压损失

已知$\cos\varphi_M=\cos\varphi_T=0.8$,故$\sin\varphi_M=\sin\varphi_T=0.6$

M座供电臂的最大电压损失

$$\Delta U_M=I_{Mmax}X_{T_2}\sin\varphi_M=1\ 000\times3.97\times0.6=2\ 382\ (V)$$

T座供电臂的最大电压损失

$$\Delta U_T=I_{Tmax}X_{T_2}\sin\varphi_T=800\times3.97\times0.6=1\ 905.6\ (V)$$

(5)阻抗匹配平衡变压器电压损失

例5.5 某牵引变电所设2台110 kV/27.5 kV阻抗匹配平衡牵引变压器,容量为40 MV·A,$U_k\%=10.5$,α供电臂最大负荷电流为1 000 A,β供电臂的最大负荷电流为800 A,各供电臂功率因数均为0.8。求该变压器的最大电压损失。

【解】第一步:分析阻抗平衡型变压器的特点,引用电压损失计算式

由阻抗匹配平衡变压器原理可知,$\dot{U}_\alpha$与$\dot{U}_\beta$相互垂直。$\dot{I}_\alpha$与$\dot{I}_\beta$分别滞后$\dot{U}_\alpha$、$\dot{U}_\beta$的相位角为φ_α与φ_β。当两输出端口的电流$I_\alpha=I_\beta$,功率因数$\cos\varphi_\alpha=\cos\varphi_\beta$时,可求得阻抗匹配平衡型变压器电压损失为

$$\begin{aligned}\Delta U_\alpha &= X_T(I_\alpha\sin\varphi_\alpha-0.211\ 3\ I_\beta\cos\varphi_\beta) \quad (V)\\ \Delta U_\beta &= X_T(I_\beta\sin\varphi_\beta+0.211\ 3\ I_\alpha\cos\varphi_\alpha) \quad (V)\end{aligned} \tag{5-17}$$

在实际设计和运行中,应按供电臂最大电流,$I_{\alpha max}$、$I_{\beta max}$计算最大电压损失。

第二步:求变压器绕组电抗X_T(归算至27.5 kV侧)

阻抗匹配平衡型变压器的容量计算近似等于$S_N=2U_NI_N$,故X_T为

$$X_T=\frac{U_k\%}{100}\cdot\frac{U_{2N}}{I_{2N}}=\frac{U_k\%}{100}\cdot\frac{2U_{2N}^2}{S_N} \quad (\Omega) \tag{5-18}$$

代入式(5-18)中，得

$$X_{\mathrm{T}}=\frac{U_{\mathrm{k}}\%}{100}\cdot\frac{2U_{2\mathrm{N}}^{2}}{S_{\mathrm{N}}}=\frac{10.5}{100}\cdot\frac{2\times27.5^{2}}{40}=3.97\ (\Omega)$$

第三步：求变压器的最大电压损失

已知 $\cos\varphi_{\alpha}=\cos\varphi_{\beta}=0.8$，故 $\sin\varphi_{\alpha}=\sin\varphi_{\beta}=0.6$

α 供电臂的最大电压损失为

$$\begin{aligned}\Delta U_{\alpha}&=X_{\mathrm{T}}(I_{\alpha\max}\sin\varphi_{\alpha}-0.211\,3I_{\beta\max}\cos\varphi_{\beta})\\&=3.97\times(1\,000\times0.6-0.211\,3\times800\times0.8)=1\,845(\mathrm{V})\end{aligned}$$

β 供电臂的最大电压损失为

$$\begin{aligned}\Delta U_{\beta}&=X_{\mathrm{T}}(I_{\beta\max}\sin\varphi_{\beta}+0.211\,3I_{\alpha\max}\cos\varphi_{\alpha})\\&=3.97\times(800\times0.6+0.211\,3\times1\,000\times0.8)=2\,577(\mathrm{V})\end{aligned}$$

3. 牵引网电压损失分析

牵引网的电压损失等于牵引变电所馈线侧母线额定电压与电力机车受电弓上电压的算术差。当牵引网单位等值阻抗一定时，牵引网的电压损失不仅与列车数量及取流大小有关，而且和列车取流点与变电所的距离有关。在供电计算中，一般只需计算最严重运行条件下的最大电压损失，计算方法详见任务 4.1。

知识点 3：改善牵引网电压水平

铁路运量的增长，使牵引负荷电流增大，造成电力系统、牵引变电所和牵引网的电压损失相应增大，严重时可能出现牵引网电压低于电力机车最低允许工作电压的情况，影响列车的正常运行。因此，牵引供电系统需要采取措施改善牵引网电压水平。本知识点主要介绍目前常用的几种改善牵引网电压水平的方法。

1. 合理设置供电臂长度

供电臂设置过长，一是会增大供电臂的最大负荷电流，二是会增大供电臂的末端阻抗，造成供电臂电压损失过大而使供电臂末端工作电压过低。供电臂长度是牵引供电系统设计的一项重要指标，需综合考虑接触网供电方式、接触网的悬挂类型、牵引负荷大小、行车组织、线路坡度、变电所设置等诸多因素。考虑牵引负荷呈逐年快速增长趋势，为确保在最大负荷时，供电臂末端电压水平能满足电力机车最低工作电压的要求，在实际应用中，供电臂的长度设置一般都比理论值要偏短。京广铁路与武广高铁南段部分区段供电臂设置见表 5.1.2。

表 5.1.2　京广铁路与武广高铁南段部分区段供电臂设置

供电线路名称	京广铁路乌石至涟江口段牵引供电示意图(DN 供电方式)					
牵引变电所	乌石		河头		涟江口	
分相里程 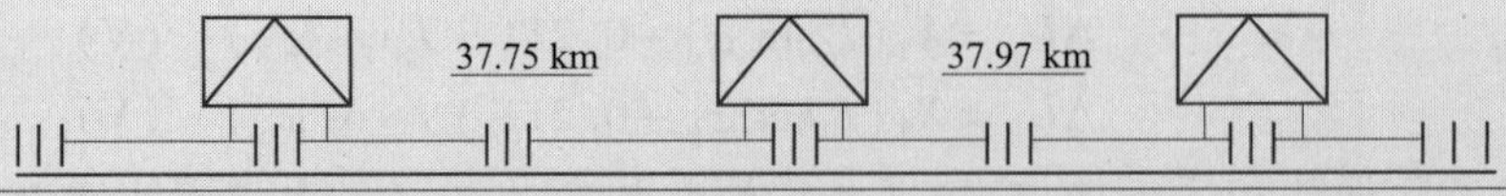	37.75 km			37.97 km		
	K2058 + 300	K2078 + 740	K2098 + 609	K2116 + 485	K2132 + 620	K2154 + 447	K2175 + 770
供电臂长度(km)	20.44	19.87	17.88	16.14	21.83	22.32
供电线路名称	武广高铁韶关(不含)至广州(不含)段牵引供电示意图(AT 供电方式)					
牵引变电所	老堂屋		大石古		广州北	

续上表

分相里程	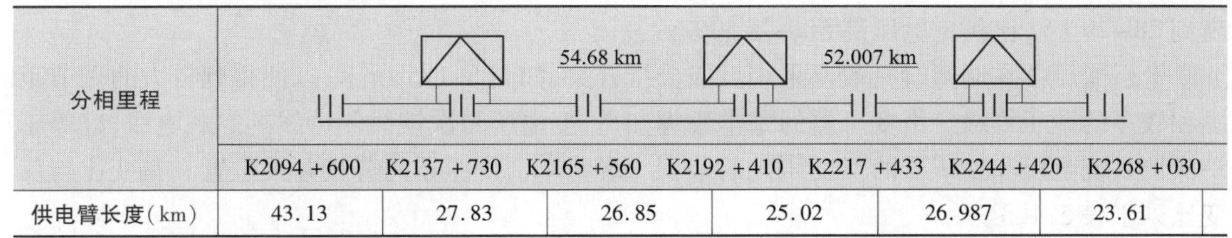						
	K2094 + 600	K2137 + 730	K2165 + 560	K2192 + 410	K2217 + 433	K2244 + 420	K2268 + 030
供电臂长度(km)	43.13	27.83	26.85	25.02	26.987	23.61	

2. 采用载流承力索或加强导线

采用载流承力索或加强导线可以降低牵引网阻抗。因此当牵引负荷一定时,电压损失也就随之降低,一般可降低25%以上。目前,载流承力索一般均采用硬铜绞线或合金铜绞线,较少采用铝覆钢绞线。同时还采取了进一步改善接触导线导流性能的措施,如采用银铜合金导线并加大导线截面积等措施。加强导线一般采用铝绞线或钢芯铝绞线。由于靠近牵引变电所的供电臂电流最大,因而在靠近牵引变电所的区段加设加强导线效果最好。

3. 采用合理的牵引网供电方式

在单线区段负荷不是很均匀的情况下,双边供电方式比单边供电方式有较小的电压损失。因此,如果条件许可,可考虑采用双边供电方式。双边供电时,要求牵引变电所的主变压器一次侧中性点接地(YNd 接线三相变压器),并且继电保护要与电力系统协调配合。

在复线区段,目前常采用的是单边末端并联供电,当上、下行行车量很不均匀或线路出现单方向坡道的情况下,采用这种方法降低电压损失的效果很显著,并使上、下行接触悬挂的载流能力得到充分利用。

4. 加设捷接线

在一些特殊情况下,例如山区电气化铁路有较大的迂回区段时,可加设捷接线,如图 5.1.4 所示。其中实线代表铁路线路,虚线表示拟加设的捷接线。加设这种捷接线实际上就是在原接触网 abc 区段上并联导线 ac。此并联导线自阻抗却仅为原接触网自阻抗的$\frac{l_{ac}}{l_{abc}}$,这里 l_{abc} 代表原接触网的实际的长度,l_{ac} 代表捷接线的长度,而 $l_{ac} \ll l_{abc}$。所以加设捷接线大大降低了牵引网间的平行距离,可近似取为图 5.1.3 中虚线形成的闭环所包含的面积与虚线长度 l_{ac} 之商的一半。加设捷接线后,接触网等于增加了一个与它并联的捷接线—地回路,这样就可以容易地计算出这段牵引网的新的阻抗值。实践证明,在山区电气化铁路有较明显的迂回线路时,增加捷接线对降低牵引网阻抗,改善牵引网电压有很显著的效果。不过增设捷接线也会影响接触网故障点标定装置的准确性和保护整定值的设置。

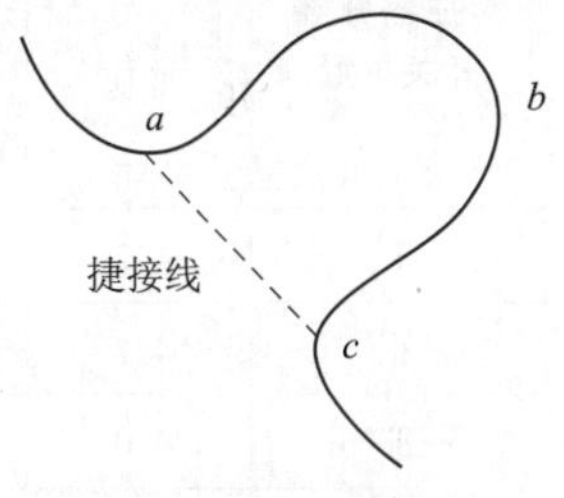

图 5.1.4 加设捷接线情况示意

5. 提高牵引变电所母线电压

(1)无载调压

牵引网电压的最高值是由牵引变电所馈线侧母线电压决定。用改变主变压器分接开关的位置来提高牵引网的空载电压,是改善牵引网电压最简便,应用最广的一种方法。目前普遍采用的方法是通过调整变压器分接开关

5.1.3 提高牵引变电所母线电压

的位置来调整变电所馈线侧母线的空载电压。一般牵引变电所馈线侧母线电压在空载时被提高到28~29 kV，比额定电压高500~1 500 V。

牵引变压器在制造时一般都采用五级分接开关，如图5.1.5所示，以便得到较大的调节范围和较多的调压等级。由变压器的基本原理知道，变电所二次馈线侧母线的空载电压，应等于一次侧系统电压和变压器的反变压比的乘积。现将牵引变压器的分接开关位置和其变比与反变比列于表5.1.3。

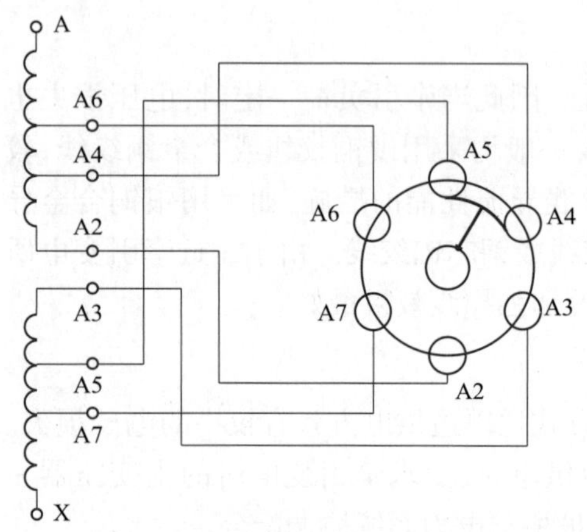

图5.1.5　变压器无载调压开关接线图

表5.1.3　牵引变压器的变比与反变压比对照表

变压器分接开关位置	±2×2.5%分接开关			$^{+1}_{-3}$×2.5%分接开关		
	调整额度	变比	反变比	调整额度	变比	反变比
Ⅰ	+5.0%	4.2	0.238	+2.5%	4.1	0.244
Ⅱ	+2.5%	4.1	0.244	+0%	4.0	0.250
Ⅲ	+0%	4.0	0.250	-2.5%	3.9	0.257
Ⅳ	-2.5%	3.9	0.257	-5.0%	3.8	0.263
Ⅴ	-5.0%	3.8	0.263	-7.5%	3.7	0.270

如系统电压为110 kV与115 kV时，对应不同挡位的馈线侧母线空载电压见表5.1.4。

表5.1.4　牵引变压器的不同挡位二次牵引侧电压对照表

变压器分接开关位置	±2×2.5%分接开关			$^{+1}_{-3}$×2.5%分接开关		
	变比	系统电压110 kV时馈线侧母线空载电压	系统电压115 kV时馈线侧母线空载电压	变比	系统电压110 kV时馈线侧母线空载电压	系统电压115 kV时馈线侧母线空载电压
Ⅰ	4.2	26.18	27.38	4.1	26.83	28.06
Ⅱ	4.1	26.84	28.05	4.0	27.50	28.75
Ⅲ	4.0	27.5	28.75	3.9	28.21	29.56
Ⅳ	3.9	28.27	29.49	3.8	28.95	30.25
Ⅴ	3.8	28.93	30.26	3.7	29.73	31.05

这种调压方法虽然简单方便，但只能进行无载调节，并且当电力系统电压波动量较大时，难以满足要求。这种方法适用于高压侧系统电压虽然偏低（或偏高），但比较稳定的情况。

（2）有载调压

另一种方法是采用带有载分接开关的牵引变压器。这种变压器可以在系统电压变化时带负载调节分接开关位置：系统电压降低时调至低位，升高时调至高位。这种方法适用于高压侧系统电压波动幅度较大、波动次数较频繁的情况。但在系统电压波动量不大，例如牵引变电所距发电厂不远的情况下，采用有载调压方式并没有独特的优点。有载调压由于系统阻抗存在，调压范围是有限的。

6. 安装串联电容补偿装置

牵引供电系统的电气元件大多是感性元件，忽略牵引网对地的分布电容，牵引供电回路可等效为一个 $R-L$ 串联电路。等效电路和相量图参见图 4.1.13 和图 4.1.14 所示，其中 $R+\mathrm{j}X$ 为牵引网阻抗，I 为牵引负荷，功率因数为 $\cos\varphi$。此时机车受电弓上的电压 $\dot{U}_2$ 为

$$\dot{U}_2=\dot{U}_1-\dot{U}_{\mathrm{R}}-\dot{U}_{\mathrm{L}} \tag{5-19}$$

式中　$\dot{U}_1$——牵引变电所馈线侧母线电压；

$\dot{U}_2$——机车受电弓上的电压；

$\dot{U}_{\mathrm{R}}$——牵引网电阻上的压降；

$\dot{U}_{\mathrm{L}}$——牵引网电抗上的压降。

5.1.4 串联电容补偿装置

由相量图 4.1.13 可得未补偿时牵引网的电压损失为

$$\Delta U=I[R\cos\varphi+X\sin\varphi] \tag{5-20}$$

为了减少牵引网上的电压损失，利用电容器上电压与电感上电压反向、相互抵消的原理，在牵引回路采用供电臂始端串入集中式电容器 C 的方法来提高牵引网的电压。此时，牵引网就等效为 *R-L-C* 串联电路，其相量关系如图 5.1.6 所示。串入电容器后，机车受电弓上的电压 $\dot{U}_2'$为

$$\dot{U}_2'=\dot{U}_1-\dot{U}_{\mathrm{R}}-\dot{U}_{\mathrm{L}}-\dot{U}_{\mathrm{C}} \tag{5-21}$$

由相量图可知，投入串联电容补偿装置时，电容器上的电压损失为

$$\Delta U_{\mathrm{C}}=-IX_{\mathrm{C}}\quad(\mathrm{V}) \tag{5-22}$$

而提高的电压为

$$\Delta U_{补}=-IX_{\mathrm{C}}\sin\varphi\quad(\mathrm{V}) \tag{5-23}$$

此时，牵引回路的电压损失为

$$\Delta U'=I[R\cos\varphi+(X_{\mathrm{L}}-X_{\mathrm{C}})\sin\varphi]\quad(\mathrm{V}) \tag{5-24}$$

比较式(5-20)和式(5-24)可知，串入电容器后，牵引电流 I 通过电容器时产生的电压损失与电感元件上产生的电压损失正好反相，实际上使牵引网的电压提高，减少了电压损失。补偿前后电压相量图如图 5.1.6 所示。因为补偿的电压与馈线的电流成正比，所以馈线电流越大，补偿的电压也就越多，馈线电流越小，补偿得也越少，馈线电流等于 0，补偿也为 0(不补偿)，实现了无惯性补偿牵引网电压。这正是改善牵引网电压水平所需要的特性，也是串联电容补偿的突出优点。

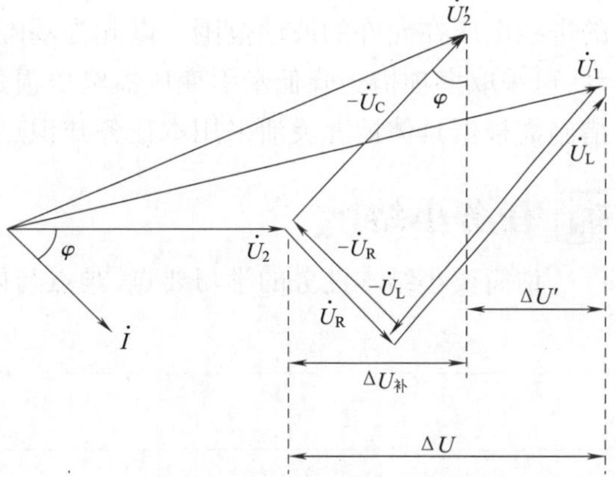

图 5.1.6　补偿前后牵引网的电压损失图

我国电气化铁路运行经验证明，在牵引变电所馈线上串联电容器是改善牵引网电压行之有效的方法之一，但是会增加变电所的复杂性和维修的工作量，也增加了工程投资。因此它只适用于需要补偿电压较多、其他改善供电臂电压水平的方法效果不佳的场合。

任务实施

第一步：分析空载运行的电压情况。

牵引变电所空载运行时，意味着供电臂上没有列车取流，空载电流非常小，因而在变压器和供电线路上产生的电压损失也可忽略不计，负载端的电压几乎等于系统电源端的电压，所以牵引变电所在空载运行时，其进线侧电压可达到 120 kV，接近电力系统电源输出的额定电压 110 kV × 1.1 = 121 kV。由于没有列车取流，牵引变压器空载运行时的电压损失也可忽略不计，120 kV 的进线电压经牵引变压器降压后，输送至馈线侧母线的实际电压即为 120 kV ÷ 4 = 30 kV。

第二步：分析列车紧密运行时牵引变电所进线侧与馈线侧的电压变化。

当列车紧密运行时，也就是牵引电流较大的时段，较大的牵引电流流经电力系统的变电站、高压输电网到达牵引变电所，在电力系统中产生了电压损失，牵引变电所进线侧电压也由空载时的 120 kV 降低至 100 kV，这意味着牵引电流在电力系统的变电站和高压输电网中产生 20 kV 的电压损失，归算至 27.5 kV 侧产生的电压损失为 20 kV ÷ 4 = 5 kV。

牵引变压器变比 110 kV ÷ 27.5 kV = 4，列车紧密运行时，进线侧电压降至 100 kV，则牵引变压器馈线侧输出电压应为 100 kV ÷ 4 = 25 kV，然而馈线侧母线实际电压并不是 25 kV，而是 22 kV，这说明牵引电流在该牵引变压器绕组上产生了 25 kV − 22 kV = 3 kV 的电压损失。导致馈线侧母线电压进一步降低。

第三步：分析列车紧密运行时牵引网的电压损失。

牵引电流从牵引变电所流经牵引网供电给列车时，由于牵引网有阻抗，牵引电流在牵引网中同样会产生电压损失。当馈线侧母线电压为 22 kV，而其所供的接触网末端电压只有 20 kV 时，说明此时牵引电流在牵引网中产生了 22 kV − 20 kV = 2 kV 的电压损失。这将会影响到列车的正常运行，尤其是列车在大坡道或供电臂末端时运行时，有可能造成列车运行速度下降甚至启动困难等，导致列车晚点。

第四步：提出改善牵引网电压水平的措施。

首先应保证电力系统有足够的容量，保证其电压损失在合理的范围，从而保证牵引变电所的进线电压在允许的波动范围。以此为基础，再根据牵引负荷的大小等，优化牵引供电系统设计，可采取多项措施降低牵引变压器电压损失和牵引网电压损失，提升牵引网电压水平。具体措施需根据具体情况灵活采用本任务知识点 3 的相关方法。

任务小结

请简要小结本任务的学习要点、难点与困惑，写在下面的横线上。

格言语录

"学贵知疑,小疑则小进,大疑则大进。"——陈献章(明)

学问学问,不懂就问。做学问贵在勤于思考、勇于质疑,小的疑问会带来小的进步,大的疑问会带来大的进步。疑问就如引导学习者进入知识宝库的指路明灯。在学习过程中,要勤于思考,敢于发问,同时努力探索与解答疑问,要有打破砂锅问到底的精神,才能更快地悟到知识的真谛。

练习与评价

某牵引变电所,设2台110 kV/27.5 kV的单相牵引变压器,固定备用,容量为20 MV·A,$U_k\%=10.5$,重负荷臂最大电流为1 000 A,轻负荷臂平均电流为400 A,各供电臂功率因数为0.8。试求该变压器的最大电压损失。请完成任务评价表5.1.5。

表5.1.5 任务5.1完成情况评价表

序号	任务内容	完成记录	标准分	评分
1	计算变压器绕组电抗 X_T(归算至27.5 kV侧),注:列出算式及过程写在完成记录栏中,以下同		15	
2	计算变压器的最大电压损失		15	
3	与【实例2】对照分析,可得出什么结论		10	
4	由于供电线和接触网均存在阻抗,牵引电流同样会在牵引网中产生________损失		5	
5	接触网最高允许工作电压为多少,高速铁路接触网最低工作电压为		10	
6	计算牵引网电压时,需要将电力系统的电压损失和牵引变压器的电压损失照片归算至________侧,并说明其具体方法		10	

续上表

序号	任务内容	完成记录	标准分	评分
7	Yd 变压器,A 相滞后于 C 相,与 A 相对应的二次绕组 ac 绕组又称为什么		5	
8	牵引变电所两供电臂负荷不相等时,三相变压器的滞后相应接__________供电臂上		5	
9	利用电容器上电压与电感上电压反相、相互抵消的原理,可在供电臂始端__________集中式电容器 C 的方法来提高牵引网的电压		5	
10	“任务小结”完成情况		20	
总体评价： □ 好 □ 较好 □ 一般 □ 较差 □ 差				

任务 5.2 牵引供电系统负序影响与改善

任务导读

牵引负荷是一种单相电力负荷,具有单相独立性和不对称性,因而会引起电力系统的三相负荷不对称,在电力系统中产生负序电流。负序电流会对发电机、异步电动机、反映负序分量的继电保护装置、电力系统主元件如变压器和输电线等均产生不良影响。为改善电能质量,提高电力系统的经济性能,牵引供电系统需要采取措施降低负序分量及其影响。因此,需要了解负序分量产生的原因和危害,熟悉降低负序影响的措施。

学习目标

1. 知识目标

（1）理解牵引供电系统产生不对称的原因。

（2）熟悉负序电流对电力系统的影响。

（3）了解牵引变电所换相连接的方法,理解其原理。

（4）了解平衡变压器的工作原理。

2. 能力目标

（1）会分析系统的负序影响。

（2）能理解改善负序影响的原理。

3. 素质目标

(1)培养安全优质供电意识。

(2)培养求真务实的科学精神。

任务描述

1985 年,×(台)—×(城)—×(同)电气化铁路×同二电厂 2 号发电机单机运行时,该机的负序电流保护动作跳闸,该电厂向××的供电中断,造成大面积停电恶性事故;受×海铁路×××牵引变电所的影响,×××水电厂曾发生发电机组负序电流反时限保护误动跳闸;1991 年×(潭)×(门)电气化铁路注入电网的负序电流使××电厂的距离保护频繁启动等;×(木)×(州)电气化铁路在 2000 年临时供电方式下正常运行时,产生的负序分量严重超标,110 kV 供电电压波形畸变达 18%,三相电压不平衡度达 13.34%,使 110 kV 电压偏差达 17% 左右,流入发电机的负序电流严重超标,电网波形畸变严重,自动装置不能正常运行。

上述故障的发生均与系统的负序分量有关,请分析产生负序电流的原因,并提出解决这一问题的相应对策或建议。

任务分析

从“任务描述”可知,负序电流会对电力系统产生诸多不良影响,尤其对旋转电器如发电机与电动机的影响更为明显。因此,需要分析牵引供电系统中负序电流产生的原因,并采取相应的改善措施。

要完成这一任务,可按如图 5.2.1 所示步骤进行。

1. 学习了解负序电流对电力系统的影响,理解单相负荷不对称性与负序电流,了解减少负序电流影响的措施
2. 运用所学知识,分析上述故障中负序电流产生的原因
3. 提出解决问题的对策或建议

图 5.2.1　步骤示意

基本知识

知识点 1:牵引供电系统对电力系统的负序影响

1. 负序电流及其影响

当三相电力系统向工频单相交流电气化铁路供电时,将会产生三相不平衡电流。根据对称分量法原理可知,任意一组三相不平衡电流都可用对称分量法分解为一组三相正序电流、一组三相负序电流和一组三相零序电流的叠

加。对牵引供电系统来说，因为牵引变压器二次侧都采用△或不完全△接线，二次侧无中性点引出，故零序电流无法流通，即牵引供电系统二次侧不会产生零序电流。所以牵引供电系统的不平衡电流对电力系统的影响问题，实质上就是负序电流对电力系统的影响。可以从电源和负载两方面进行讨论。

(1)电源方面

电源方面主要是对同步发电机的影响。制造厂生产的同步发电机，都是按三相平衡负荷运行来考虑的。此时设备可达到额定出力。同步发电机在正常的三相平衡负荷下，发电机定子绕组中产生与转子同向同速的旋转磁场，这个旋转磁场与转子间没有相对运动，所以转子中不会产生感应现象。

当同步发电机向不平衡负荷供电时，其电流除了正序电流分量外，还有负序电流分量。

当负序电流通过发电机定子绕组时，将在定子绕组中产生负序旋转磁场，该磁场的转速和转子的转速相同，而方向却与转子转向相反。所以，负序旋转磁场与转子间的相对速度为同步转速的两倍，它必将在转子的激磁绕组、阻尼绕组中感应产生两倍工频的附加电流，在转子表面感应产生涡流。这些附加电流和涡流形成附加损耗，引起额外温升。由于集肤效应影响，转子的表面温升较为明显。当负序电流达到一定值时，此额外温升将影响发电机的出力，甚至使绝缘受到损害。因此，从发电机的安全运行考虑，其每相电流均不应超过额定值。否则，电流最大的一相将超过额定的温升。当电流最大的一相达到额定电流值时，较小的两相电流却小于额定值，这就限制了发电机的出力。同时，转子绕组中感应产生的两倍同步频率的电流，会在转子中造成脉动转矩，引起两倍同步频率的振动，在电机中造成额外的机械应力。当负序电流超过一定值时，可使电机的振动超出允许的程度。

(2)负载方面

①对感应电动机的影响

牵引供电的单相负荷使三相系统中的各相线路产生不同的电压降，对接在该线路上的其他动力负荷供给一个不对称的三相电压。这个不对称的电压同样也分为正序、负序对称分量和一组零序分量。由于感应电动机一般没有中线连接，所以零序电流不能流通。其正序分量将产生正序转矩，这是使电动机转动的主转矩。负序分量将产生负序转矩，在电动机中产生制动的反力矩，直接影响电动机的出力，例如当负序电压达5%时，电动机出力将降低10%~15%；负序电压达7%时，则出力降低达20%~25%，从而降低运行效率。因此，负序电压对异步电动机的影响是很大的，可以引起电动机的额外发热、破坏其正常工作、减小出力、缩短寿命等。

②对电力变压器的影响

由于负序电流流入电力系统而使三相电流不对称，从电力变压器的安全运行考虑，其每相电流均不应超过额定值或允许过载值，当电流最大的一相达到额定电流值时或允许过载值时，较小的两相电流却小于额定值，从而使变压器的容量利用率下降。另外负序电流还造成变压器的附加能量损失并在变压器铁芯磁路中造成附加发热。

5.2.2 负序电流的影响

③对输电线路的影响

负序电流流过电力网时，负序功率实际上并不做功，而只造成电能损失，从而降低了电力网的输送能力。

④对继电保护的影响

负序电流容易使系统中由负序分量起动的继电保护及自动装置误动作，从而增加保护的复杂性。

2. 负序电流的允许值

(1)发电机

现行的电力标准《水轮发电机运行规程》(DL/T 751)规定:发电机持续允许的不平衡电流值应遵守制造厂的规定。制造厂无规定时,对于空气冷却的发电机,可依照下列规定执行。

①在按额定负荷持续运行时,对于容量为 100 MW 及以下的发电机负序电流与额定电流之比(标幺值)不得大于 12%;对于容量超过 100 MW 的水轮发电机,负序电流与额定电流之比(标幺值)不得大于 9%,同时任何一相的电流不得大于额定值。

②在低于额定负荷持续运行时,各相电流之差能够大于上面所规定的数值,但具体数值应根据实验结果确定。

发电机短时间允许的不平衡电流值,应遵守制造厂的规定。制造厂无规定时,对于空气冷却的发电机,可按式(5-25)计算

$$I_2^2 t \leqslant 40 \tag{5-25}$$

式中 I_2——负序电流的标幺值;

t——时间,s。

在做短时间的不平衡短路实验时,发电机定子绕组内的最大电流,一般不得大于额定值的 25%。不平衡负荷实验从开始到电流降至零的时刻,一般不得超过 5 min。

(2)感应电动机

我国对感应电动机定子绕组端子上允许的不对称电压数值没有明确规定。在以往的设计中,通常对 10.5 kV 母线上的允许值按 5% 考虑。这是由于感应电动机在结构上对发热有一定的储备,而不致降低其运转功率。

为了尽量减轻单相牵引负荷给电力系统造成的负序影响,必要时可对电力系统和牵引供电系统采取改善措施。

3. 电力系统采取的措施

目前从电力系统方面考虑来采取相应措施降低负序电流的方法主要有如下几种:

(1)加强地区电网与主网的网络连接,增大系统短路容量。此方法虽然可有效限制负序电流,但其投资巨大。

(2)采用同相供电系统与对称补偿技术。在变压器高压侧母线处加装对称序滤过器,使得负序电流只在对称序滤过器之间流动,不进入两端远方系统。

(3)采用调相机。可在发电厂或枢纽变电所安装特殊的同期调相机。这种同期调相机,允许承受负序电流能力较大,负序阻抗较小,而且可以吸收部分高次谐波电流而不会引起共振,是比较有效的措施,但调相机投资较大,占地较多,一般不采用。

(4)在电力系统运行方式上采取临时性的过渡措施。如果负序电流的增大是临时性或过渡性的,则电力系统可采取一些临时运行方式。如将某些线路、变压器、电抗器投入或退出,以此来改变系统中负序电流的分配,达到减少负序电流流入那些承受负序影响能力较弱和承受负序影响较重的设备。

(5)在牵引变电所装设具有降低负序电流的静止无功补偿装置。在牵引变电所低压侧两端供电臂采用静止补偿器抑制电气化铁路负序电流,不论牵引负荷如何变化,只要静止补偿器具有足够的调节容量,通过适当控制,可将负序电流补偿为零。

4. 牵引供电系统采取的措施

(1)采用牵引变电所换相连接的供电方式。

(2)牵引变电所采用斯科特接线或阻抗匹配平衡型接线的牵引变压器。

(3)安装补偿装置,如采用牵引变电所和系统侧 SVC 补偿技术、采用三相电压源补偿器(STATCOM)、采用铁路静止电能调节器等。

(4)采用同相供电技术。同相供电系统是指线路上不同变电所供电的区段接触网电压相位相同、线路上无电分相环节的牵引供电方式。这样,牵引网从三相电力系统看进去是对称负荷,不存在负序问题;同时,它可在很大程度上将牵引网和三相电力系统相互隔离,达到互不影响的效果。该方式还具有同相供电的另一优势,即可以免去分相环节,利于列车高速运行。

知识点 2:牵引供电系统换相连接

换相连接也即各相邻牵引变电所进线侧分别接入电力系统不同的相。目的是要通过这种方法改善牵引负荷在电力系统中产生的不平衡度,从而减小负序影响。

1. 牵引变电所换相连接的基本要求

(1)对称。把各牵引变电所的单相牵引负荷轮换接入电力系统不同的相,使电力系统的三相负载电流基本对称。

(2)除了纯单相接线牵引变电所,其他牵引变电所两相邻变电所的供电分区同相,以便降低电分相处的电压差,防止机车过分相时拉弧,烧断接触网线索。

(3)接触网分相绝缘器两端的电压不超过接触网的对地电压。

除了上述的基本要求之外,还应考虑相邻电气化铁路汇合处(一般指枢纽地区),如果不设牵引变电所,则考虑各供电臂为同相;三相牵引变电所换相的连接,应考虑重负荷供电臂作为引前相。

2. 供电臂相序与电力系统相序的关系

三相 YNd 接线牵引变压器的端子标志如图 5.2.2(a)所示,连接组如图 5.2.2(b)所示,其二次侧 c 端子接钢轨。供电臂相序与电力系统相序的关系如下:

在图 5.2.2(c)中,牵引变压器的一次绕组 AX 接电力系统 C 相,二次侧 ax 绕组 a 端子引接的供电臂电压 $U_{ac} = U_{ax} \Rightarrow U_c$,与电力系统 C 相同相,符号为正,标识为 +C。

牵引变压器的一次侧 BY 绕组接电力系统 B 相,二次侧 by 绕组为非接地相。

牵引变压器的一次侧 CZ 绕组接电力系统 A 相,则二次侧 cz 绕组电压 U_{cz} 与电力系统的 A 相同相,但是由于 z 端子与 b 端子相连,b 端子引接的供电臂电压为 $U_{bc} = U_{cz} = -U_{zc} \Rightarrow -U_A$,与电力系统 A 相反相,符号为负,标识为 -A。

可见,接触网供电臂的相序实际上反映了电力系统的相序。

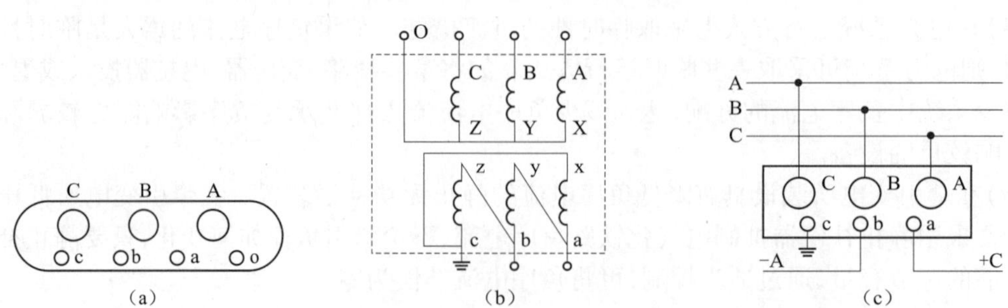

图 5.2.2　YNd 接线三相牵引变压器端子标志及连接示意

单相 Vv 接线牵引变压器的端子标志如图 5.2.3(a)所示。为使一次、二次侧电压同相,可有两种连接方式，如图5.2.3(b)和图5.2.3(c)所示。

二次侧端子 x_1、x_2 相连，接钢轨、地，供电臂相序与电力系统引入的相序一致，但符号正、负则由下列原则确定：若(A-X)依正相序，或(X-A)依逆相序，则供电臂电压为正；若(A-X)依逆相序，或(X-A)依正相序，则供电臂电压为负。其相序关系及连接示意图如图5.2.3(d)和图5.2.3(e)所示。

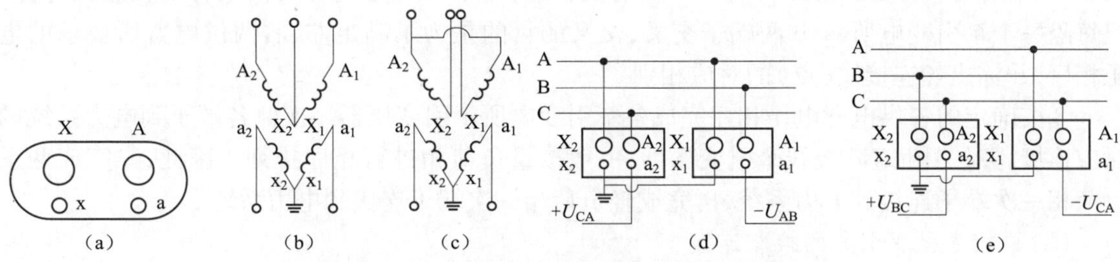

图5.2.3 单相牵引变压器端子标志及连接示意

三相Vv接线牵引变压器的端子标志和连接组如图5.2.4所示。根据设计和运行的要求，二次端子可以 X_1 与 X_2 连接接地为C相，也可以 T_1 与 T_2 连接接地为C相。

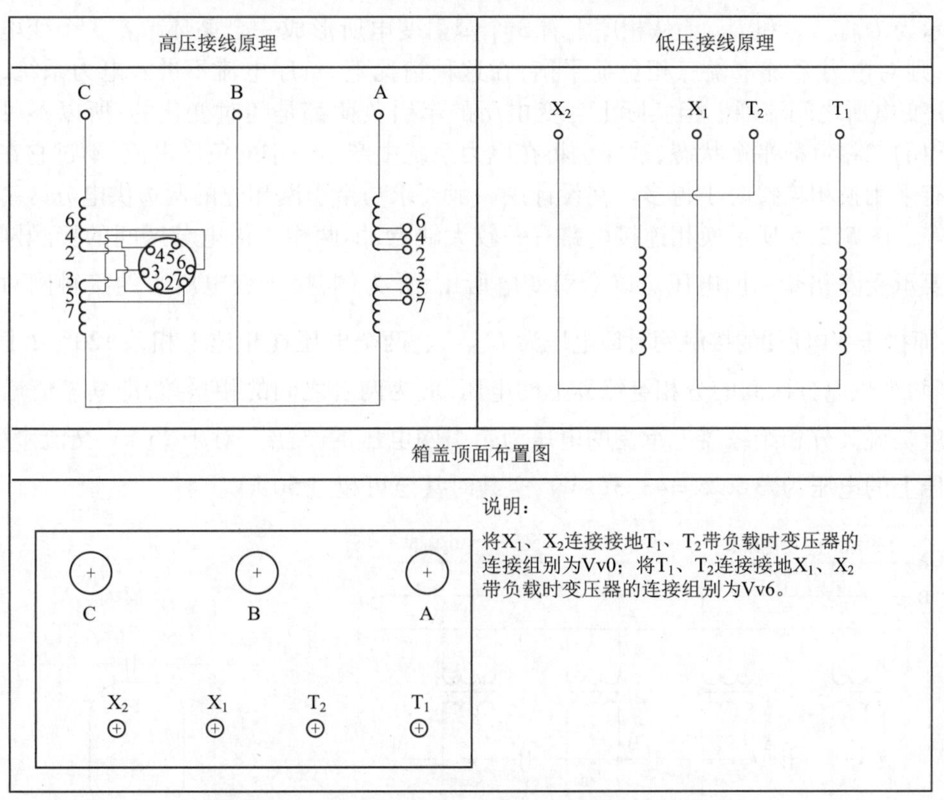

图5.2.4 三相Vv接线牵引变压器端子连接示意

3.牵引变电所换相连接

(1)牵引变电所换相连接的步骤和方法

①确定各供电臂电压相序：

单相接线依次为 $-U_{CA}$，$-U_{CA}$；U_{BC}，U_{BC}；$-U_{AB}$，$-U_{AB}$。

单相 Vv 接线依次为 U_{CA}，$-U_{AB}$；$-U_{AB}$，U_{BC}；U_{BC}，$-U_{CA}$。

三相 YNd 接线依次为 $-U_B$，U_A；U_A，$-U_C$；$-U_C$，U_B。

设置反相接线形成正、负相间电压的目的是为了使接触网分相绝缘器上的电压不超过牵引网的对地电压。

②单相接线和单相 Vv 接线，牵引变压器二次端子 x 接钢轨和地，端子 a 与接触网连接。三相 YNd 接线牵引变压器二次端子 c 接钢轨和地，端子 a、b 分别与两供电臂的接触网连接，但每隔一个牵引变电所，a、b 两端子交叉，交叉的目的是为了满足左、右两供电臂所要求的电压相序，并标出各连接线（点）的对应相别。

③按确定的各供电臂电压相序完成各牵引变电所牵引变压器一次侧各端子到电力系统的对应连接。对三相 YNd 接线牵引变压器，一般按重负荷相进行相序排列。因此，先完成两重负荷相一次端子连接到电力系统，再完成轻负荷相一次端子连接到电力系统。

（2）单相牵引变电所的换相连接

对于单相牵引变电所的换相连接就是把各牵引变电所的变压器轮换接到电力系统的不同相上。这种换相连接的接线方式如图 5.2.4 所示。

图中变电所Ⅰ、Ⅱ、Ⅲ分别接到电力系统的 CA 相、AB 相和 BC 相，因此其接触网对地电压分别表示为 $\dot{U}_{CA}$、$\dot{U}_{AB}$ 和 $\dot{U}_{BC}$。从相序上看 3 个牵引变电所形成一个循环。若 3 个变电所的负荷相等，则对电力系统来说三相负荷平衡，在这种情况下，负序电流不进入电力系统，而只在 3 个牵引变电所之间流通。但实际上各变电所的牵引负荷都是随时变化的，所以不可能达到上述理想的二相负荷平衡状态，这样仍将在电力系统中产生一定的负序电流，不过它在数值上要比没有采用换相连接时小得多。在设计中一般要求与牵引网相连的两边供电分区牵引能耗大致相等。图 5.2.5 所示换相连接电路有一较大缺点，即两相邻供电分区间的接触网分相绝缘器上要承受$\sqrt{3}$倍牵引网电压。以牵引变电所Ⅰ、Ⅱ为例，接于变电所Ⅰ的接触网对地电压为 $\dot{U}_{CA}$，而接于变电所Ⅱ的接触网对地电压为 $\dot{U}_{AB}$。这两个电压在相位上相差 120°，如图 5.2.6 所示，则两个供电分区间的分相绝缘器上的电压，应为两者之间的相量差，即其模值增加了$\sqrt{3}$倍。也就是说其分相绝缘器上承受的电压为牵引网电压的$\sqrt{3}$倍。对于 25 kV 交流牵引网，分相绝缘器上的电压为$\sqrt{3}\times25=43.3$（kV），空载时甚至可超过 50 kV。

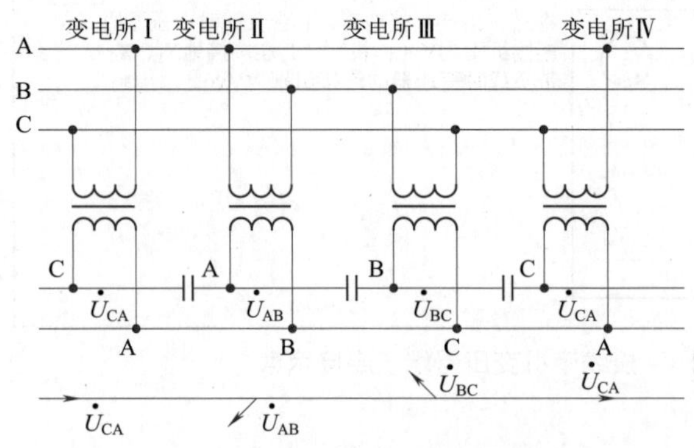

图 5.2.5　单相牵引变电所的换相连接

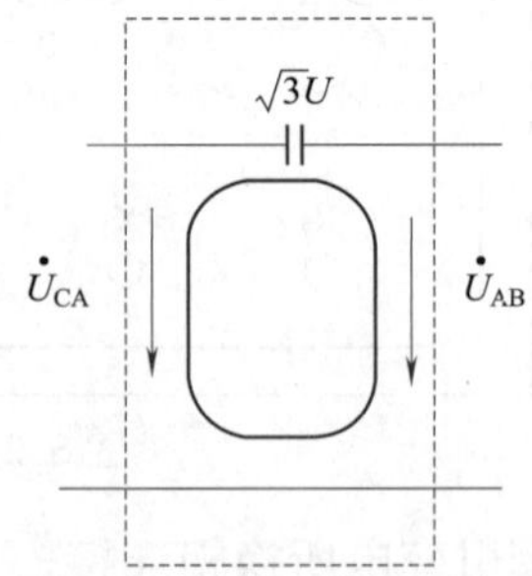

图 5.2.6　分相绝缘器电压分析

为了避免分相绝缘器承受电压过高，在实际应用中都采用相邻变电所反相接地的方法，其接线如图 5.2.7 所示。

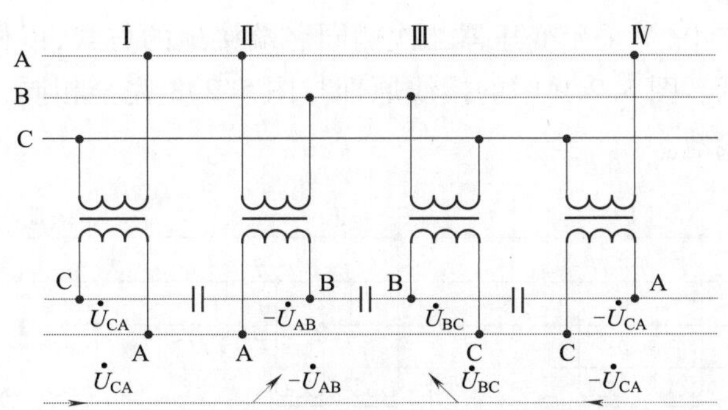

图5.2.7 相邻变电所反相接地时的单相牵引变电所换相连接

图5.2.5与图5.2.7比较，电力系统与牵引变电所一次侧接线不变，牵引变电所Ⅱ的二次侧改用A相接地，牵引变电所Ⅳ的二次侧改用C相接地。这样就使相邻两个供电分区的电压在相位上只差60°，所以接触网的分相绝缘器上承受的电压就等于牵引网电压。应当注意的是改变接地方法后，牵引网电压将是6个牵引变电所形成一个相位循环，但对于电力系统仍然是3个牵引变电所形成对称连接。

5.2.3 单相牵引变电所的换相连接

(3)单相Vv接线牵引变电所的换相连接

单相Vv接线的牵引变电所的两台单相变压器不是并联运行，而是跨接在三相系统上，分别对两个供电分区供电，所以其换相连接如图5.2.8所示。

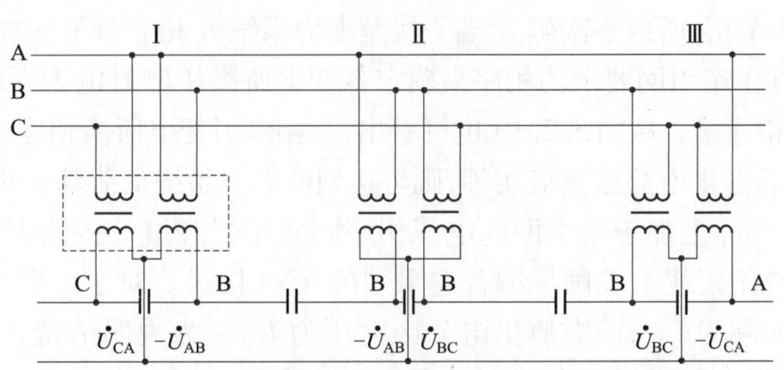

图5.2.8 单相Vv接线牵引变电所的换相连接

图5.2.8表明，3个牵引变电所正好换了3次相，所以对于电力系统也是3个牵引变电所形成一个完整循环。各变电所两边供电分区的接地方法，也和图5.2.7所示相同，即也是反相接地，而相邻两供电分区牵引网电压，在相位上只相差60°，所以其分相绝缘器上承受的电压也等于牵引网电压。

按设计的基本要求，两牵引变电所之间的对应供电分区上的电压同相，如图5.2.8所示变电所Ⅰ右侧供电分区牵引网电压为$-\dot{U}_{AB}$，则变电所Ⅱ的左侧供电分区牵引网电压也为$-\dot{U}_{AB}$。而为了三相对称，变电所Ⅱ的右侧和变电所Ⅲ的左侧供电分区牵引网电压应接入$\dot{U}_{BC}$。按图5.2.8所示，为达到使系统对称和两变电所之间同相的要求，供电分区的电压顺序应为：$\dot{U}_{CA}$、$-\dot{U}_{AB}$、$-\dot{U}_{AB}$、$\dot{U}_{BC}$ $\dot{U}_{BC}$、$-\dot{U}_{CA}$等，也是要6个牵引变电所完成一次相位循环。

在实际设计与施工中，多采用变压器二次侧同名端接地的方式，以便于运行与维护，其接线方法如图5.2.9所示。图5.2.9中的接线原理与图5.2.8完全相同，只是所有变电所的变压器馈出线都用x端接地。

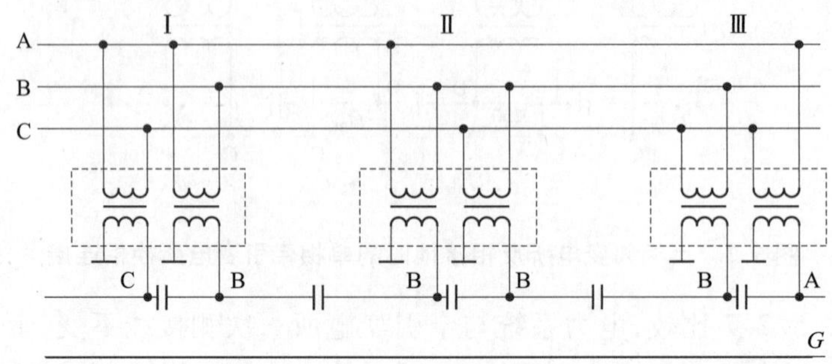

图5.2.9　同名端接地时单相Vv接线牵引变电所的换相连接

(4)三相牵引变电所的换相连接

三相牵引变电所的换相连接，系指其重负荷相的相序排列而言。其接线方式如图5.2.10所示。

牵引网电压在各供电分区的排列顺序为－B、A、A、－C、－C、B。按同名端接地的要求，各变电所以变压器二次侧的C端子接地，二次侧的其他两相端子分别接至左右两边的供电分区。如牵引变电所其左边供电分区变压器二次侧c相绕组为重负荷相，而牵引网要求B相，所以一次侧C端子应接至电力系统B相，同理其右边供电分区，变压器二次侧a相绕组为重负荷相，而牵引网要求A相，所以一次侧A端子接至电力系统A相。余下一次侧B端子就接入电力系统C相。就这样由牵引网要求的相序来确定各变电所高压侧对电力系统的接线，便可得到图5.2.10所示的换相连接。从图5.2.10也可看出，三相牵引变电所换相连接也是每3个变电所形成一次对称循环，若各供电分区负荷相等，则可达到使电力系统负荷基本对称的目的。

应当注意的是，实际上加于牵引网的电压相序同变压器绕组的接线方式有关。图5.2.10所示三相变压器的绕组接线为我国早期普遍采用的YNd接线。对于牵引网，例如变电所Ⅰ其左侧供电分区电压实际为U_{bc}，而右侧供电分区电压为U_{ac}。为说明清楚，将图5.2.10中变电所Ⅰ的接线关系表示如图5.2.11中。

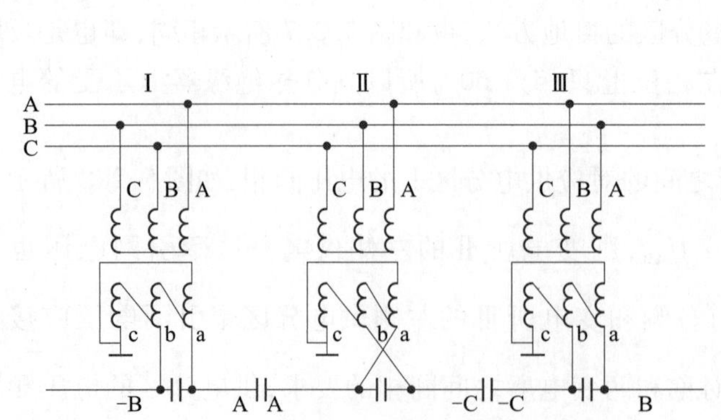

图5.2.10　三相牵引变电所的换相连接

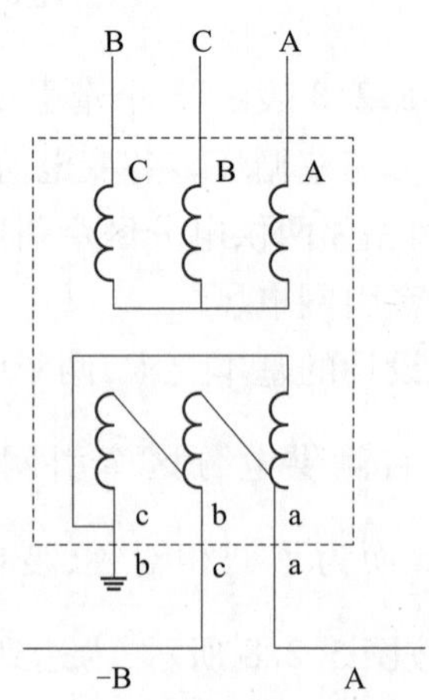

图5.2.11　三相变压器接线与相序

图 5.2.11 中把变压器实际接入的相序号同虚线框内的变压器本身端子的标相分开，表示在虚线框外面。这就显示出两边供电分区牵引网的电压分别为 U_{bc} 和 U_{ac}，U_{ac} 为正电压，同一次侧 A 相电压对应。U_{bc} 为负电压，与一次侧 B 相电压的正向相反。所以其左右两边供电分区的相序应标记为 -B 和 A。同理变电所Ⅲ的左右两供电分区应标记为 -C 和 B。这样每个变电所两边供电分区牵引网电压在相位上都是相差 60°，则接触网分相绝缘器上承受的电压也只等于牵引网电压。

知识点 3：平衡型牵引变压器

与采用纯单相变压器相比，采用平衡型变压器(阻抗平衡变压器和斯科特接线方式变压器)等特殊接线形式的变压器，在两供电臂的牵引负荷均衡时，可以减轻这种单相负荷不平衡对电力系统的负序影响。

1. 斯科特接线变压器

斯科特接线变压器是一种三相—两相平衡型变压器。由于它对电力系统所形成的负序较小，且变压器的容量利用率较高，因此，采用斯科特接线变压器是改善牵引供电系统对电力系统负序影响的措施之一。这种变压器先后在(北)京—秦(皇岛)，郑(州)—武(昌)等繁忙干线上采用。

(1) 斯科特变压器的接线图

如图 5.2.12 所示为斯科特接线变压器的原理接线图。

该变压器的接线可看作两个单相变压器组成。一台变压器的一次绕组为 W_1，接三相电源 BC 相，称为 M 座变压器，另一台变压器的一次绕组 $\frac{\sqrt{3}}{2}W_1$ 的一端引出，接到电源的 A 相，另一端接到 M 座变压器的中点 O，称为 T 座变压器；两台变压器的二次绕组匝数相等，即图中的两个 W_2 相等，并输出两个数值相等，相位相差 90° 的两个电压 $\dot{U}_{2M}$ 和 $\dot{U}_{2T}$，分别向变电所的左右两个臂供电。当两供电臂负荷电流相等时，则一次侧三相电流对称。

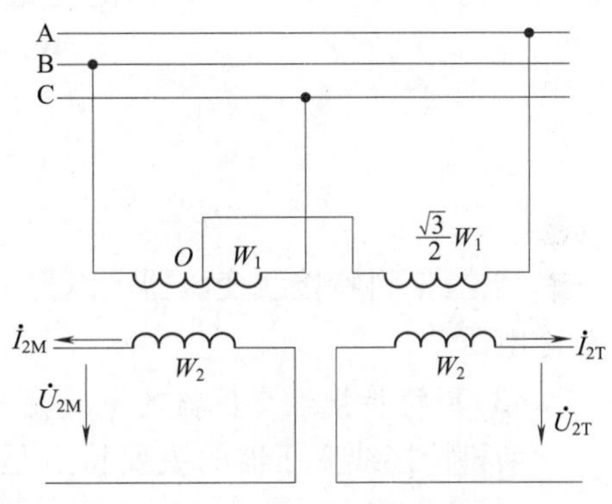

图 5.2.12　斯科特变压器接线图

和其他接线形式的变压器一样，采用斯科特接线的变电所均设两台变压器，一台运行，一台备用。

应该说明，斯科特接线变压器的两个输出电压可以根据需要取值，例如日本东海道干线的输出电压为 70 kV。我国均采用 55 kV，其目的是适应 AT 供电方式，即两个输出电压分别接两个自耦变压器的两端点，自耦变压器的中点抽头接地网和钢轨，这样就可获得 2×27.5 kV 电压，并分别接于接触网和正馈线。

(2) 斯科特接线变压器的电压关系

斯科特接线变压器一、二次电压关系可用图 5.2.13 说明。设电力系统 A、B、C 三相电压对称，即线电压 $\dot{U}_{AB}$、$\dot{U}_{BC}$ 和 $\dot{U}_{CA}$ 为等边三角形 ABC。三角形的 BC 边电压 $\dot{U}_{BC}$ 为 M 座变压器原绕组，其高 AO 为 T 座变压器原绕组的电压 $\dot{U}_{1T}$，其值为线电压 $\dot{U}_{BC}$ 的 $\frac{\sqrt{3}}{2}$ 倍，可见两变压器一次电压相互垂直，且 $\dot{U}_{1T}$ 超前 $\dot{U}_{1M}$ 90°，如图 5.2.13(b)所示。故其二次电压 $\dot{U}_{2T}$ 超前 $\dot{U}_{2M}$ 90°，如图 5.2.13(c)所示。

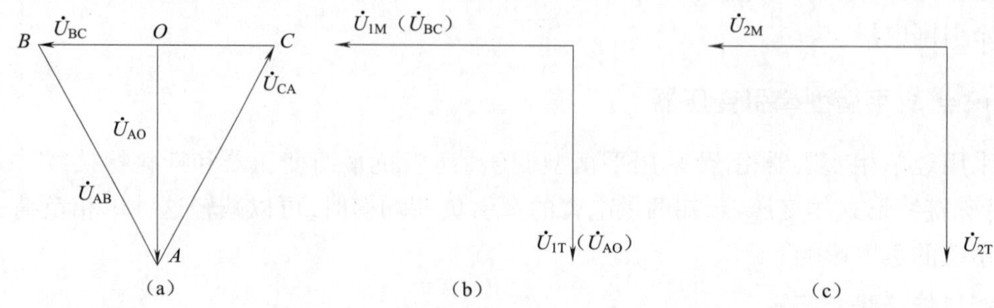

图 5.2.13　斯科特接线变压器的电压关系

由于 M 座变压器和 T 座变压器的原绕组分别对应于三角形的底和高，所以通常又称 M 座变压器为底变压器，称 T 变压器为高变压器。

U_{2T} 和 U_{2M} 的数值的关系由式(5-26)推导求出。由图 5.2.12 与图 5.2.13 可知，M 座变压器的变比 $K_M=\frac{W_1}{W_2}$，T 座变压器的变比 $K_T=\frac{\frac{\sqrt{3}}{2}W_1}{W_2}=\frac{\sqrt{3}}{2}K_M$，故可得

$$U_{2T}=\frac{U_{1T}}{K_T}=\frac{\frac{\sqrt{3}}{2}U_{BC}}{\frac{\sqrt{3}}{2}K_M}=\frac{U_{BC}}{K_M}=U_{2M} \tag{5-26}$$

结论：斯科特接线变压器可以把三相对称电压变换成两相数值相等，相位相差 90° 的两相对称电压。

(3)斯科特接线变压器的电流关系

斯科特接线变压器的主要特点是当二次侧两负荷臂电流相等时，一次侧三相电流对称。由上述分析得知，电压 $\dot{U}_{2T}$ 超前 $\dot{U}_{2M}$ 90°。当两臂功率因数相等时，显然两臂电流 $\dot{I}_T$ 超前 $\dot{I}_M$。假定两供电臂负荷电流相等，即 $I_M=I_T$ 时，有 $\dot{I}_M=-j\dot{I}_T$。根据 KCL 节点电流方程及变压器磁势平衡原理，经计算可知一次侧三相电流 $\dot{I}_A$、$\dot{I}_B$、$\dot{I}_C$ 的数值相等，其中 $\dot{I}_C$ 和 $\dot{I}_T$ 夹角为 60°，其中 $\dot{I}_B$ 和 $\dot{I}_T$ 夹角也为 60°，如图 5.2.14 所示。可见三相电流 $\dot{I}_A$、$\dot{I}_B$、$\dot{I}_C$ 不但数值相等，而且按正序相关依次相差 120°。

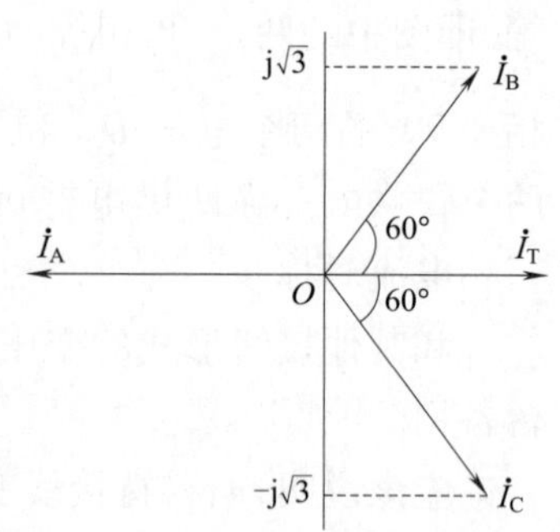

图 5.2.14　斯科特接线变压器一、二次电流关系($I_T=I_M$)

(4)斯科特接线变压器的优缺点

①斯科特接线变压器的主要优点：

a. 当 M 座和 T 座两供电臂电流相等，且功率因数相同时，一次侧三相电流对称。

b. 变压器容量利用率为92.8%。

c. 可利用逆斯科特接线变压器产生三相对称电压供牵引变电所的自用电。

②斯科特接线变压器的主要缺点:

a. 斯科特接线变压器制造难度大,绕组需按全绝缘设计,变压器造价较高。

b. 变电所主接线复杂,设备较多,工程投资较大,日常的维护、检修工作量及费用都相应增加。

c. 斯科特接线变压器的中性点难以引出,且无三角形绕组回路,电压波形较差。

d. 斯科特接线变压器原边接点 O 的电位随负载变化而产生漂移。严重时有零序电流流经电力网。零序电流不仅可能造成零序电流保护误动作,还会对邻近的平行通信线产生干扰。O 点漂移还会引起各相绕组的电压不平衡,加重绕组的绝缘负担,为此,该接线的变压器也应采取全绝缘。

e. 斯科特接线两馈线之间的电压为$\sqrt{2}\times 27.5$ kV,即分相绝缘器两端的电压较高,故应适当加强其绝缘。

斯科特接线变压器适用于中性点不要求接地,运输较繁忙,两供电臂负荷电流接近相等的牵引变电所。

5.2.4 斯科特接线变压器

2. 阻抗匹配平衡变压器

综合比较分析三相 YNd 接线变压器和斯科特接线平衡变压器的优缺点,我国于 20 世纪 90 年代前后,研究并生产出一种新型平衡变压器——阻抗匹配和非阻抗匹配平衡变压器,前者可称为具有平衡绕组的 YN▽接线变压器,后者可称为具有补偿绕组的 YN▽接线变压器。这种新型变压器是在传统 YNd 接线的基础上,通过阻抗匹配或增设补偿绕组的办法实现变压器二次侧两相对称,一次侧三相对称。既克服了一般三相牵引变压器会在电力系统产生很大负序电流,容量利用率低的缺点,又解决了斯科特接线变压器无中性接地点,不能与系统中性接地运行方式相配合的问题。

由于此种牵引变压器具有上述优点,故经现场试运行多年后,已在我国的重要铁路干线广泛应用,如图 5.2.15 所示为京广铁路广东省境内牵引变电所使用的阻抗平衡型变压器。

图 5.2.15 运行中的阻抗匹配平衡变压器

(1)阻抗匹配平衡变压器的工作原理

YN▽接线阻抗匹配平衡变压器是在三相 YNd 接线牵引变压器的基础上,通过阻抗匹配,实现三相—两相变换,使二次侧两相电压相差 90°,且和斯科特接线变压器具有相同的平衡作用,即当两馈线电流相等时牵引变压器一次侧三相电流对称。

分析三相牵引变压器不难发现,造成一次侧三相电流不对称和容量利用率低的原因是:二次侧存在轻负荷相。为此,可以采取增加轻负荷相绕组匝数的办法,并适当改变轻负荷相的阻抗值,使三相磁势平衡,实现一次侧三相电流对称。YN▽接线阻抗匹配平衡变压器正是利用此原理构成,其原理接线图如图 5.2.16 所示。

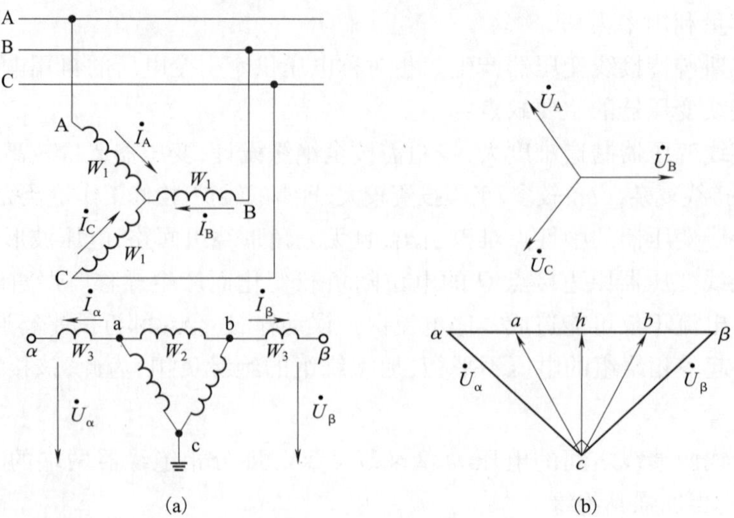

图 5.2.16　阻抗匹配平衡变压器接线原理

图 5.2.16 中变压器的三相高压绕组 W_1 与普通三相 YNd 接线牵引变压器高压绕组的接线完全相同，铁芯也是三相心式结构。低压绕组三角形内三相绕组匝数也完全一样，均为 W_2，且 C 端子与钢轨和接地网连接。不同的是：

①非接地相 ab 的阻抗增加 λ 倍，即 $Z_{ab}=\lambda Z_{bc}=\lambda Z_{ca}$，λ 称为阻抗匹配系数，其值为$\sqrt{3}+1$；

②非接地相的两端增加了两个对称的外移绕组 aα 和 bβ，其绕组匝数 W_3 为三角形内每相绕组匝数的$\frac{\sqrt{3}-1}{2}$倍，即 $W_3=\frac{\sqrt{3}-1}{2}W_2=0.366\ W_2$。

α 和 β 两端分别接到牵引侧两条母线上，并由两条母线向两侧对应的供电臂供电。牵引变电所设两台变压器，互为备用。

(2) 阻抗匹配平衡变压器的电压、电流关系及容量利用率

由图 5.2.16 可知，YN▽接线变压器可将电源的三相对称电压变换成两相对称电压，现简述如下。

①电压关系

变电所两供电臂电压 $\dot{U}_{ac}$ 和 $\dot{U}_{\beta c}$ 相位差为 90°，而且，一、二次电压之比为 $K_u=\frac{U_{1N}}{U_{2N}}=\frac{110}{27.5}=4$。

一次绕组的相电压为$\frac{110}{\sqrt{3}}$，故一次侧匝数为 W_1 与二次侧三角形内三相绕组的匝数 W_2 之比 K 为

$$K=\frac{W_1}{W_2}=\frac{U_{1N}/\sqrt{3}}{U_\triangle}=\frac{K_u}{\sqrt{2}}=2.824\ 4 \tag{5-27}$$

其中

$$U_\triangle=\frac{U_{ch}}{\frac{\sqrt{3}}{2}}=\frac{U_\beta\times\frac{\sqrt{2}}{2}}{\frac{\sqrt{3}}{2}}=\frac{\sqrt{2}\,U_{2N}}{\sqrt{3}} \tag{5-28}$$

②电流关系

和斯科特接线变压器类似,YN▽接线平衡变压器也具有当二次侧两臂电流相等时,一次侧三相电流对称,即 $\dot{I}_{\alpha}=\mathrm{j}\dot{I}_{\beta}$。当 $I_{\alpha}=I_{\beta}=I$ 时,一次侧电流 $\dot{I}_{A}$、$\dot{I}_{B}$、$\dot{I}_{C}$对称。

③容量利用率

变压器容量利用率接近100%。

采用平衡变压器,对负序分量取得较好抑制作用的前提是保证牵引变电所两供电臂负荷平衡。目前由于存在不同类型的电力机车混合运行,加上铁路调度自动化程度的限制,该条件难以满足。交流电气化铁路负荷的电力机车是一个时变负荷,在同一个区段中,可能存在牵引、惰行、制动、再生等四种运行工况,且即便在同一个工况下也可能运行在不同的条件下。相应的三相负荷的不平衡度也将不断变化,所以采用固定补偿不可能达到良好的结果。寻找一种可以跟随负荷变动自动调节各相补偿度的方法是有效地抑制电气化铁路负序分量危害的关键。

5.2.5 阻抗匹配平衡变压器

任务实施

通过学习本任务知识点,结合"任务描述"与"任务分析",按以下步骤来完成本任务。请分析产生负序电流的原因,并提出解决这一问题的相应对策或建议。

第一步:分析负序电流产生的原因。

电气化铁路牵引负荷为单相负荷,会在电力系统中产生不对称分量。根据对称分量法原理,一组不对称分量可以分解为一组正序分量、一组负序分量和一组零序分量的叠加。但因牵引变压器二次侧采用三角形或不完全三角形接线,零序电流无法流通。所以牵引供电系统的不平衡负荷对电力系统的影响实质上就是负序电流对电力系统的影响,而产生负序电流的根源则是负荷的不平衡、不对称。

第二步:分析负序电流的不利影响。

根据知识点2可知,负序分量将影响发电机的出力,其造成的额外温升甚至使绝缘受到损害,因此当负序电流超过一定限值时,将引起负序电流保护动作,造成停电事故。此外,负序电流严重超标时,也容易引起系统中相应的保护及自动装置误动作等。

第三步:提出减小负序影响的措施。

根据知识点3可知,在牵引供电系统中主要采取两项措施减小负序电流的影响:①牵引变压器采取换相连接的方式;②牵引变电所采用斯科特接线或阻抗平衡接线的牵引变压器,选择合适的方式即可减少牵引供电系统中的负序电流。

任务小结

请简要小结本任务的学习要点、难点与困惑,写在下面的横线上。

格言语录

"学如逆水行舟，不进则退。"

"逆水行舟，不进则退。"其本意是指行舟逆流而上，如果不奋力向前，就会顺流而退。学习亦如此。不坚持学习或学习不努力，都会导致退步。故"学贵有恒"，贵在坚持，不得松懈。

练习与评价

某电气化区段，设置6个纯单相牵引变电所，若采用如题图5.2.17所示的两种不同换相方式，试问当牵引变电所额定输出电压情况且牵引网上无负荷时，牵引网的电分相绝缘器所承受的电压是多少？并画出两种方式下电分相1处所承受电压的电压相量图。

请完成任务评价表5.2.1。

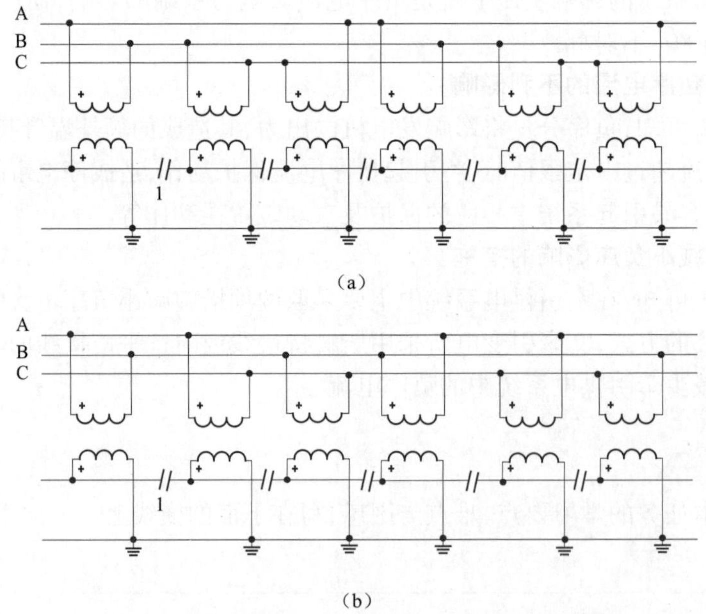

图5.2.17　纯单相牵引变电所两种换相连接示意

表 5.2.1 任务 5.2 完成情况评价

序号	任务内容	完成记录	标准分	评分
1	说明电气化区段牵引变电所采用的牵引变压器类型		3	
2	确定图 5.2.17(a)中各供电臂电压相序		8	
3	画出图 5.2.17(a)各供电臂电压相量图		10	
4	当牵引变电所额定输出电压且牵引网无负荷时,计算图 5.2.17(a)牵引网电分相 1 所承受的电压		15	
5	确定图 5.2.17(b)中各供电臂电压相序		8	
6	画出图 5.2.17(b)各供电臂电压相量图		10	
7	当牵引变电所额定输出电压且牵引网无负荷时,计算图 5.2.17(b)牵引网电分相 1 所承受的电压		15	
8	牵引供电系统对电力系统的影响实质上就是__________的影响		3	
9	负序电流会在发电机转子绕组中感应产生__________倍同步频率的电流		3	
10	斯科特接线变压器是一种三相—两相_______变压器,其输出的两个电压相位差为多少		5	
11	“任务小结”完成情况		20	
总体评价: □ 好 □ 较好 □ 一般 □ 较差 □ 差				

任务5.3　牵引供电系统谐波影响与改善

任务导读

电力机车车载变压器降压后进行整流、滤波甚至逆变后再供电给牵引电动机，导致车载变压器一次电压电流波形畸变，使电力机车成为牵引供电系统的移动谐波源。谐波会对电力系统主元件（如变压器、旋转电机、补偿装置等）、测控装置（如继电保护、计量仪表等）及其他用户（如微电子装置）产生直接影响，也会对有线或无线通信设备造成间接影响。因此，需要了解电力机车产生谐波的原因，并采取相应措施减小这种不利影响。

学习目标

1. 知识目标

（1）了解谐波产生的原因。

（2）了解谐波对系统的影响。

（3）理解谐波改善的原理等。

2. 能力目标

（1）会分析谐波的危害。

（2）能理解改善谐波的措施。

3. 素质目标

（1）培养安全优质供电意识。

（2）培养求真务实科学精神。

任务描述

HXD型大功率交流传动电力机车投入运行初期，经常发生设备烧损故障。××年××月，×（安）×（妃甸）铁路×海至×南、×西段连续发生过电压现象，造成SS_4型机车开关柜吸收电阻烧损、HXD_1型机车跳主断、HXD_2型避雷器击穿等故障。经现场测试发现，该供电臂出现过电压现象时，牵引网电压有效值超过32 kV，峰值超过70 kV，牵引网电压中以17次和19次谐波含量较高，请分析该供电臂上产生过电压的原因及危害，并提出可行的解决措施。

任务分析

从“任务描述”可知，造成该过电压现象的原因与HXD型大功率交流传动电力机车的大量使用有关。HXD型机车属于“交—直—交”型电力机车，向牵引网注入的谐波总含量相对较少，但频谱较宽，且含有较多的高频分量。×曹铁路×海至×南、×西段连续发生过电压现象，是否与谐波引起的谐振有关。

要完成这一任务，可按如图5.3.1所示步骤进行。

❶ 学习掌握电力机车产生谐波电流的原因，理解谐波电流对电力系统的影响，熟悉改善谐波影响的措施

❷ 运用所学知识，分析×曹铁路×海至×南、×西段出现过电压的原因

❸ 提出解决问题的对策或建议

图 5.3.1 步骤示意

基本知识

知识点1:牵引供电系统谐波

1.谐波电流的产生

在理想干净的电力系统中,电流和电压都是纯粹的正弦波。由于电力系统中某些设备和负荷的非线性特性,即所加的电压与产生的电流不成线性(正比)关系而造成波形畸变。对于一个周期性的非正弦波,通过傅里叶级数可将其分解为基波分量和若干次谐波分量组成,也即波形畸变是产生谐波电流的根源。当电力系统向非线性设备即负荷供电时,这些设备或负荷在传递(如变压器)、变换(如交直流换流器)、吸收(如电弧炉)系统发电机所供给的基波能量的同时,又把部分基波能量转换为谐波能量,向系统反送大量的高次谐波,使电力系统的正弦波形畸变,电能质量降低。

我国电气化铁路采用工频单相交流制供电,电力牵引动力大多采用"交—直"型整流机车或"交—直—交"型机车。由项目2可知"交—直"型或"交—直—交"型机车工作原理,均是通过受电弓与接触网接触获取电能,经过车载变压器降压、整流装置和平波电抗器,驱动直流牵引电机,或经过逆变成三相交流驱动交流异步电动机。由于机车变压器、整流器、平波电抗器等的影响,使机车的一次电流发生畸变,交流侧不再是正弦波,如图5.3.2(a)和图5.3.2(b)所示,从而在系统中产生了谐波电流。"交—直"型机车的谐波含有所有奇数次谐波,3次谐波约占谐波总量的五分之一,且各次谐波的衰减情况比较慢;而"交—直—交"型机车采用交—直—交变频驱动方式,低次谐波含量低于"交—直"型机车,但谐波频谱较宽,含有一定量的高次谐波(几十倍于基波频率)电流成分,谐波电流的总量相对较小。

由于机车起动、加速、停车、经过弯道、上下坡等不同工况,机车取流大小与位置均在不断变化,将引起谐波电流分量也随之不断变化,所以每台电力机车可视为是一个移动的、量值不断变化的谐波电流源。

对于"交—直—交"型机车,一般采用正弦波脉宽调制(PWM)技术,或采用电压相量(VVCPWM)控制技术,使得负荷电流中的谐波频次重,如图5.3.3所示为武广铁路—分区所上下行供电臂在××××年××月××日监测的电流波形图。

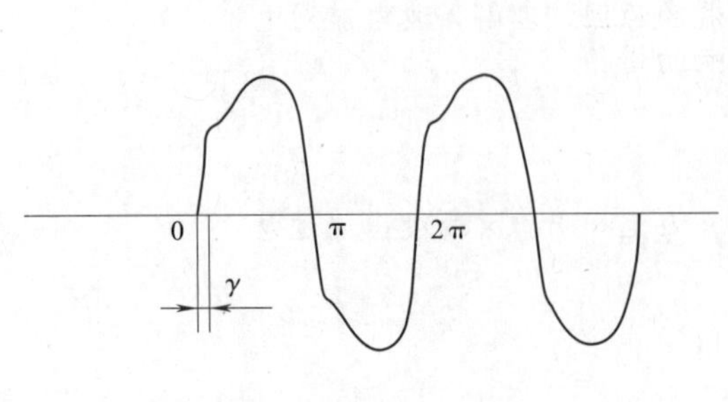

（a）电力机车整流负荷波形图

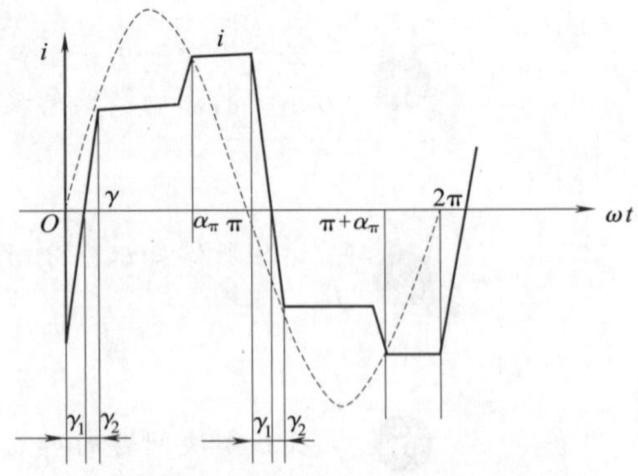

（b）多段相控桥式整流电力机车整流负荷波形

图 5.3.2　电力机车整流负荷波形图

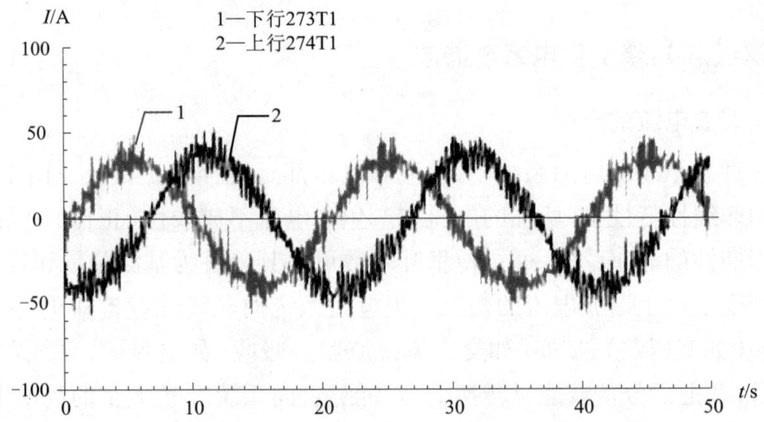

图 5.3.3　武广铁路一分区所上、下行供电臂检测的 T 线电流波形

2. 谐波的特性参数

（1）谐波次数

p 脉冲(相数)整流设备正常工作时只产生部分奇次谐波而不产生偶次谐波，因此，p 脉冲(相数)整流设备发生的高次谐波电流的次数表示为

$$n = kp \pm 1（k\ 为任意正整数）\tag{5-29}$$

对于多相整流设备产生的高次谐波见表 5.3.1。

表 5.3.1　多相整流设备产生的高次谐波

n	p				
	2	6	12	18	24
3	√				
5,7	√	√			
9	√				
11,13	√	√	√		
15	√				
17,19	√	√		√	

续上表

n	p				
	2	6	12	18	24
21	√				
23,25	√	√	√		√
29,31	√	√			
35,37	√	√	√	√	

电力机车的整流设备相当于单相全波整流,在理论上产生的特征谐波为奇次谐波。只有当机车在过渡级运行时,造成中抽式整流电路不平衡,或者是整流器性能变化不能保证正、负半周重叠和导通角完全相等情况时,也能产生非特征谐波,如偶次波(包括直流分量)的出现。

(2)谐波含有率

电压畸变波形的第 h 次谐波电压含有率等于其第 h 次谐波电压方均根值 U_h 与其基波电压方均根值 U_1 的百分值,即

$$\mathrm{HRU}_h=\frac{U_h}{U_1}\times 100\% \tag{5-30}$$

电流畸变波形的第 h 次谐波电流含有率等于其第 h 次谐波电流方均根值 I_h 与其基波电流方均根值 I_1 的百分值,即

$$\mathrm{HRI}_h=\frac{I_h}{I_1}\times 100\% \tag{5-31}$$

(3)总谐波畸变率

波形畸变的程度,常以其总谐波畸变率来表示,作为衡量电能质量的一个指标。各次谐波含有率的平方根值称为总谐波畸变率(Total Harmonic Distortion,THD),简称畸变率(Distortion Factor,DF)。

电压的总谐波畸变率定义为

$$\mathrm{THD_U}=\sqrt{\sum_{h=2}^{50}\left(\frac{U_h}{U_1}\right)^2}\times 100\% \tag{5-32}$$

许多国家规定低压供电电压的畸变率不得超过5%,通常将符合这种标准的工业供电的电压波形近似认为是实际上的正弦波形。

电流的总谐波畸变率定义为

$$\mathrm{THD_I}=\sqrt{\sum_{h=2}^{50}\left(\frac{I_h}{I_1}\right)^2}\times 100\% \tag{5-33}$$

知识点2:谐波电流对电力系统的影响

谐波电流对电力系统的影响主要体现在两个方面:一是会使电气设备产生附加损耗和发热,严重时可引起设备损坏,尤其是发生谐振时,易产生谐振过电压,损坏电力设备的绝缘;二是对利用电压波形进行控制的设备,以及仪表计量设备等会引起误控制和计量误差,影响准确性,具体影响分述如下。

1. 直接影响

(1)引起输电线路损耗增大并产生谐振

由于输电线路阻抗的频率特性,线路电阻随着频率的升高而增加。在集肤效应的作用下,谐波电流使输电线路的附加损耗增加(因为增加了电流波形的有效值)。另外输电线路存在着线路电感和对地电容,它们与产生谐波的设备组成串联回路或并联回路时,如图5.3.4和图5.3.5所示,在一定的参数配合条件下($\omega L=\omega C$),会产生串联谐振或并联谐振。一般情况下,并联谐振所产生的谐波过电压和过电流对相关设备危害性较大,可能构成某次谐波的谐振回路,造成某次谐波电流的谐振放大。串联谐振有时也会引起串联回路中元件过电流,导致过热甚至损坏。

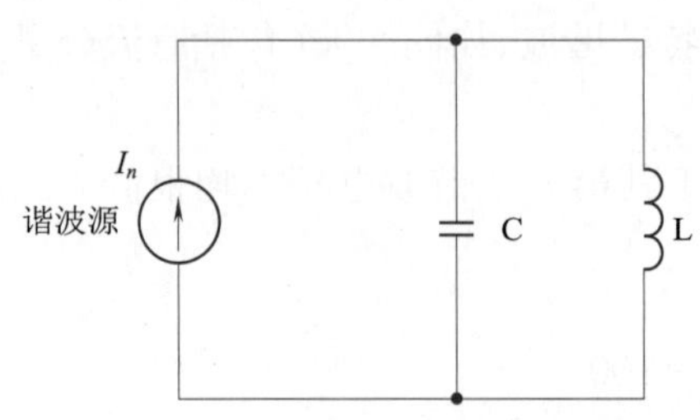

图5.3.4 并联谐振等效电路

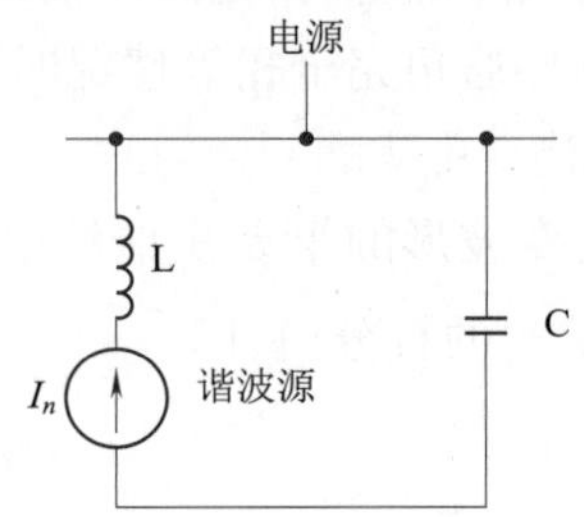

图5.3.5 串联谐振等效电路

(2)引起发电机产生额外扭矩并增大损耗

①高次谐波产生旋转磁场,引起振动扭矩

谐波电流流入三相定子绕组时,产生旋转磁场,引起振动扭矩。谐波旋转磁场对转子以数倍同步转速的速度相交联,因此在转子回路中感应出数倍于基波频率的电压和电流。由定子的谐波旋转磁场与转子的激磁电流,以及由定子的工作旋转磁场与谐波在转子中感应的电流相互作用而产生的交变电磁力矩,传到转子转轴和定子机座上,引起额外的振动扭矩。

②高次谐波产生额外损耗

a. 谐波电流流入三相定子绕组时,增加了定子绕组和定子铁芯的附加电能损失和发热。

b. 引起转子激磁绕组的附加发热。当谐波电流与负序电流同时流入三相定子绕组时,则在转子激磁绕组回路中感应出6倍或12倍基波频率的电流。该电流引起附加的电能损失和发热。

c. 引起阻尼绕组过热,以致损坏。由于谐波旋转磁场在转子上的阻尼绕组中感应出电势而引起电流。当感应电流过大时,会导致阻尼绕组过热,以致损坏。

(3)引起感应电动机损耗增大

感应电动机的谐波功率损失主要是铜损,并且和$(U_N/X_n)^2R_n$成正比。当流过感应电动机的谐波电流增大时,其铁芯齿部磁饱和增大,使基波电抗X_1和谐波电X_n都减小,因而使谐波功率损失增大。此外,磁饱和也会引起激磁阻抗和基波负序阻抗减小。在感应电动机的端电压和基波负序电压一定时,激磁电流和负序电流引起的铜损也会增大。从而引起附加发热增大。

(4)引起电容器过电压、过热与过负荷

设电容器的额定电压为U_{CN};电容器额定电流为I_{CN};电容器基波容抗为X_C;额定容量为Q_{CN}流入电容器的n次谐波电流为I_n,经计算可证明,当谐波电流流入电容器后,电容器的实际电压、工作容量、合成电流等于对应的额定值乘上一个大于1的系数。因此,会引起电容器的过电压、温升过高和过负荷,电容器要承受额外的电和热的影响。

另外式(5-34)说明,n 次谐波电流畸变率为同次谐波电压畸变率的 n 倍,因此电流波形的畸变比电压波形畸变严重,谐波对电容器的影响主要是过负荷,具体表达式为

$$\frac{I_{CN}}{I_{C1}} \times 100\% = n\frac{U_{CN}}{U_{C1}} \times 100\% \tag{5-34}$$

(5)引起电抗器过电压与过热

经计算可证明,当谐波电流流入电抗器后,电抗器的实际电压、工作容量、合成电流等于对应的额定值乘上一个大于1的系数。因为串联电抗器的电抗与高次谐波的次数成正比增大,所以由于高次谐波的流入,容易引起电抗器上的电压过大,同时也加大了电抗器的损耗,引起额外的温升。

(6)引起电气计量仪表误差增大

电力系统中测量仪表是在纯正弦波情况下进行校验的,如果供电的波形发生畸变,则仪表容易产生误差。高次谐波对电气计量仪表,特别是对电度计量仪表的影响较大。这是因为现在使用的功率表并没有关于受高次谐波和功率因数影响而产生误差的限制措施。实际上,在谐波条件下使用的功率表应计量同次谐波电流与电压乘积之和,即

$$P = I_1U_1 + \sum_{n>1}^{\infty} I_nU_n\cos\varphi_n \tag{5-35}$$

(7)对变压器的影响

谐波在变压器中会产生附加热损耗并降低设备效率。高次谐波电流流入变压器产生的铁芯磁滞现象会引起变压器的运行噪声增大。此外,还会产生由高次谐波电流、电压而引起的铁损与铜损,使变压器的总电能损失增大,并使变压器容量利用率减小。

(8)对继电保护的影响

谐波能够改变保护继电器的动作特性,当有谐波畸变时,对电力系统中以负序分量或谐波分量为基础的继电保护和自动保护装置容易产生误差。这是由于这些保护装置整定值小、灵敏度高,如果叠加上谐波的干扰则会引起误动或拒动,严重影响牵引供电系统的安全。

2. 间接影响

(1)由于电源电压波形畸变,含有高次谐波,使控制信号相位变化而引起相位控制的装置发生误控现象。

(2)影响电子计算机正常工作。

(3)影响电视机、收音机、放大器等视听效果,产生噪声及图像闪动。

5.3.2　谐波电流的影响

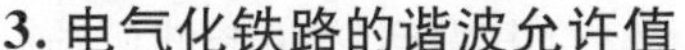

3. 电气化铁路的谐波允许值

《电能质量　公用电网谐波》(GB/T 14549)是一部有关公用电网谐波的国家推荐性标准,标准明确了公用电网谐波电压(相电压)限值,见表5.3.2。

表5.3.2　电压总谐波畸变率 K_u%的允许值表

电压等级(kV)	电压总谐波畸变率(%)	各次谐波电压含有率(%)	
		奇次	偶次
0.38	5.0	4.0	2.0

续上表

电压等级(kV)	电压总谐波畸变率(%)	各次谐波电压含有率(%)	
		奇次	偶次
6~10	4.0	3.2	1.6
35~63	3.0	2.4	1.2
110 及以上	2.0	1.6	0.8

据测定，我国石太线 $K_u\%$ 值约 2.25%；宝成线 $K_u\%$ 值大于 2%；襄渝线 $K_u\%$ 值大于 2.5%。关于我国交流电气化铁路谐波允许值采用电气化铁路谐波电压监测点的相电压正弦波形畸变率（不含电力系统原有的电压畸变率）为

$$U_T \leqslant 3\% \tag{5-36}$$

式中　$U_T=\sqrt{\sum_{n>1}U_n^2}$——电气化铁路谐波电压总值，用基波电压的百分值表示。

其中　U_n——n 次谐波电压值，用基波电压有效值的百分值表示。

电气化铁路谐波电压监测点（或预测计算点）为电力系统的地区变电站的 110 kV 母线。

知识点 3：减少谐波电流影响的措施

1. 在牵引变电所牵引侧装设并联电容补偿装置

对于以“交—直型”机车为主要牵引动力的电气化铁路牵引变电所，由于其牵引负荷中以 3 次谐波含有率最高，因此，通常设置并联电容补偿装置并通过参数选择，可滤除 3 次谐波电流。设 X_C 为并联电容补偿装置中电容器组的工频容抗，X_L 为并联电容补偿装置中与电容器组串联的电抗器的工频感抗。X_L 与 X_C 之比应符合式(5-37)的要求

$$\frac{X_L}{X_C}=K\cdot\frac{1}{n^2}=\alpha \tag{5-37}$$

式中　α——并联电容补偿装置的补偿度；

n——牵引负荷中最低次主要谐波电流次数；

k——为可靠系数，一般取 1.08~1.2。

式(5-37)中引入一个大于 1 的可靠系数 k，一方面可以防止并联电容补偿装置回路阻抗为电容性而与电力系统发生 n 次及以上各次谐波的并联谐振；另一方面可以防止并联电容补偿装置本身回路电容与电感发生串联谐振。

当 $n=3$ 时，则有 $\alpha=\frac{X_L}{X_C}=K\cdot\frac{1}{n^2}=(1.08\sim1.02)\times\frac{1}{3^2}=0.12\sim0.13$

此时，C-L 回路具有主要滤掉 3 次谐波电流的功能。

为了提高并联电容补偿装置滤掉 3 次谐波电流的能力，减轻对电力系统的谐波影响，将可靠系数取小一些为好。如 $k=1.08$，则 $\alpha=0.12$，此时滤波效果（对 3 次谐波）会更好。

2. 减少谐波电流的发生量

电力机车变流器实行多脉冲化是一种行之有效的措施，不但使谐波的次数减少，而且使谐波电流含量也大大减少，从而使流入电力系统的谐波电流也大为减少。

3. 电力机车上加装并联补偿滤波装置

分别在机车变压器副边的调压绕组与基本绕组间，加装并联补偿滤波装置，如图 5.3.6 所

示。该装置有3次和5次独立的支路，分别滤掉3次和5次谐波电流，从而减少电力机车牵引负荷电流中的谐波电流含有率。

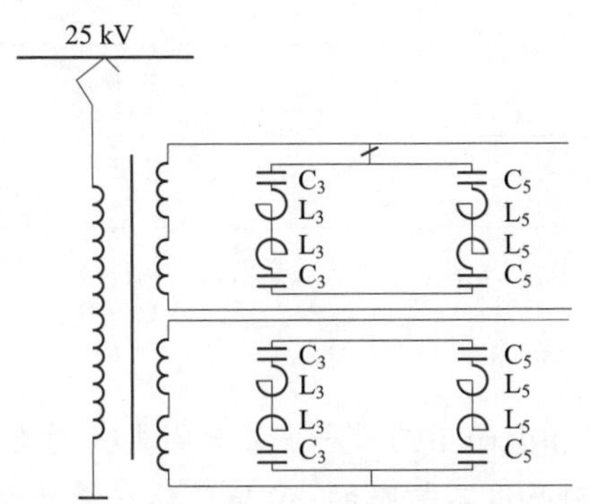

图5.3.6　机车加装并联补偿滤波装置示意

任务实施

机车车载变压器一次电流的基波及谐波均以牵引网电压的相位为基准，当多台机车运行于同一供电臂时，各机车谐波电流的传递特性较为复杂，随着彼此间距离的变化，以及牵引电流大小的变化，各机车的谐波电流可能呈线性叠加关系，进一步加剧波形畸变，甚至引发谐波谐振。

第一步：分析谐波产生的根源。

由知识点1可知，HXD型机车是"交—直—交"型，HXD型机车的大量投运，将向牵引网侧注入大量高次谐波电流，现场测试以17次和19次谐波为主，引起牵引供电系统产生谐振现象。

第二步：分析设备故障的原因。

谐波引起的谐振过电压叠加在接触网电压基波上，使接触网电压总有效值和峰值均增高。发生谐振时，从×海变电所到×北开闭所，再到×南分区所(及×西)，谐波电压逐渐升高，末端×南分区所谐波电压有效值超过32 kV，峰值超过70 kV。这是引起设备故障的主要原因。

第三步：提出解决对策。

改善谐波的措施，可设置滤波装置减少进入系统的谐波。××局集团公司和××局集团公司协调合作，在×南AT所安装了1套既有高次谐波滤波装置用于抑制谐波谐振，并针对该区段谐波谐振特性，设计1套全新无源滤波装置安装在×北开闭所，于2018年7月投入运行。2组装置投入运行后，对×北开闭所和×海变电所波形和数据进行了监测，高次谐波谐振现象未再发生，谐振治理效果明显。

任务小结

请简要小结本任务的学习要点、难点与困惑，写在下面的横线上。

格言语录

“勿以恶小而为之，勿以善小而不为。”——《三国志·蜀志传》

一只小白蚁在船板上咬了一个小洞是很不起眼的，但如果让它繁殖起来，整艘船就会沉没。恶虽小，却不可为。只有防微杜渐，才能防患于未然。公交车上给有需要的人让座，教室里见到地上有纸就捡起等等，事虽小却善，良好习惯从积小善开始。大学生活，既是学习专业技能的关键时期，也是修身养成人生良好习惯的重要阶段，应坚持“勿以恶小而为之，勿以善小而不为。”严格自律，养成良好的行为习惯与学习习惯，这也是大学学习成长的重要内容。

练习与评价

请在研读任务5.3知识点的基础上，完成任务评价表5.3.3。

表5.3.3　任务5.3完成情况评价表

序号	任务内容	完成记录	标准分	评分
1	简答：电力机车为什么会产生谐波		20	
2	简答：减少谐波影响的措施有哪些		20	
3	＿＿＿＿＿时引起高次谐波放大，产生过电压，容易损坏设备，＿＿＿＿＿有时也会引起串联回路中元件过负荷发热		10	
4	每台电力机车可视为一个移动的、量值不断变化的＿＿＿＿＿		8	

续上表

序号	任务内容	完成记录	标准分	评分
5	对于周期性的非正弦波，均可理解为由基波与__________组成		8	
6	谐波电流含有率为某次谐波电流的方均根值与__________方均根值之比的百分值		8	
7	判断题：电力机车产生谐波分量的原因是因为其变压后又进行了整流，导致电压电流波形畸变所致		6	
8	“任务小结”完成情况		20	
总体评价： □ 好 □ 较好 □ 一般 □ 较差 □ 差				

项目 6 牵引供电系统安全生产管理认知

项目描述

牵引供电系统作为铁路运输系统的重要组成,有其自身的生产方式与生产组织流程,也有其自身的安全运行特点与要求,同时又与其他子系统有着诸多的搭接关系与配合关系,配合不好也易影响牵引供电系统的安全运行。要做好牵引供电系统运行与管理相关工作,不仅需要学习掌握项目 1 牵引供电系统管理的基础知识,也需要学习与牵引供电系统密切相关的安全、生产管理实践知识,学习与其他系统的接口管理相关内容,掌握与安全生产管理相关的基础理论,提升安全生产管理能力。

项目导读

要认识牵引供电系统安全生产的内在规律,首先需要了解牵引供电系统自身的生产特点,理解安全的内涵与安全管理的基本理论及基本方法,同时还需要掌握牵引供电系统的接口管理等相关知识。

本项目任务知识导图如图 6.0 所示。

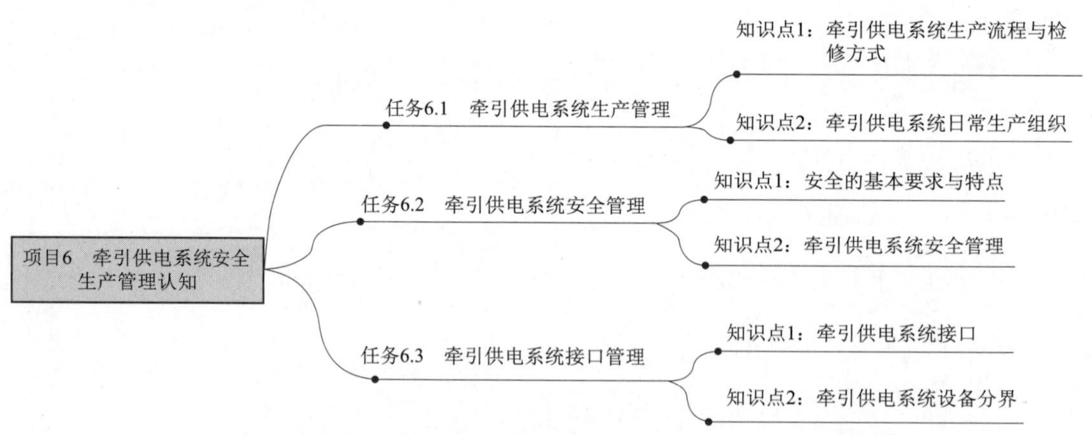

图 6.0　牵引供电系统安全生产管理认知的任务与知识点构成图

任务6.1　牵引供电系统生产管理

任务导读

牵引供电系统的运行过程其实质就是生产过程。要了解其生产过程,首先要了解其产品。实现旅客与货物的位移是铁路运输的产品,而为电力机车或动车组提供电能则是牵引供电系统的产品;其次是要了解其产品的质量特性,为电力机车或动车组提供安全、不间断与优质的电能是牵引供电系统对产品的质量要求。因此,相关部门都是围绕这一质量要求组织生产活动与管理活动。

学习目标

1. 知识目标

(1)理解牵引供电系统生产组织的基本流程。

(2)熟悉牵引供电生产方式。

2. 能力目标

(1)会计算天窗三率。

(2)会组织实施简单的日维修计划。

3. 素质目标

(1)培养系统的生产意识。

(2)培养生产组织意识与效率意识。

任务描述

天窗作业往往需要采取停电和封锁线路等措施,因此,除了事先要申报作业计划外,具体执行时还需要申请作业命令,经供电调度员审核申请内容与计划完全吻合无误后,再向行车调度员申请。对接触网天窗作业,则还需在"运统-46"(表6.1.2)上办理登记手续。该项工作由接触网工区的驻站联络员负责填写。如果某次接触网天窗作业时被分配担任驻站联络员,请根据接触网天窗作业计划内容完成"运统-46"的填写。

任务分析

牵引供电系统作为铁路运输的子系统,其检修作业涉及铁路的诸多部门,一般需要停电停车,其生产组织需实行严格的计划管理。因此,制定了一套计划申报与实施的规范流程,对关键环节采取了严格的卡控措施。填写"运统-46"就是其中的一项措施,必须严格按照流程执行。因此需要掌握生产组织方式和流程中的相关知识、标准及要求。

基本知识

知识点1:牵引供电系统生产流程与检修方式

1. 牵引供电系统的产品与质量特性

铁路运输系统的产品是实现旅客与货物的位移。牵引供电系统是铁路运输系统的一个子系统，其产品则是为电力机车或动车组提供安全合格的电能。铁路运输部门、电力机务段、动车段、车站和专用线所有者都是牵引供电系统的客户。

牵引供电系统的产品，其质量特性是实现安全、不间断与优质的供电。牵引供电系统的运行必须保证自身设备的安全，同时也不危及周围其他设备的安全及人身安全，这是牵引供电系统正常运行的提前；其次是要保证供电不间断。供电中断就会导致电力机车或动车组失去电能而中断行车，造成旅客与货物运输中断，从而无法保证铁路运输安全正点、高效便捷的质量要求；第三是实现优质供电，主要体现在充分保证牵引网正常工作电压水平、弓网取流良好、牵引供电系统的电能损耗低、弓网故障率低，其他经济技术指标优良等。

6.1.1 牵引供电系统产品及其特性

2. 生产流程

如图 6.1.1 所示为牵引供电系统产品的生产流程。

6.1.2 牵引供电系统生产流程

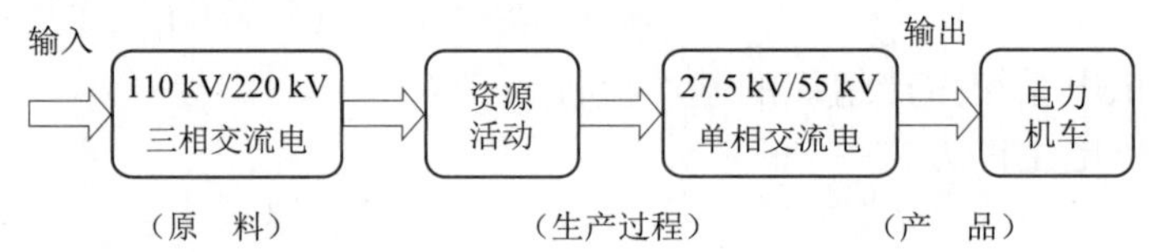

图 6.1.1　牵引供电系统的生产流程

图 6.1.1 中的资源主要包括人员、资金、设施、技术和方法等。资源的活动过程也即生产过程。

3. 维修制度

牵引供电设备维修包括使牵引供电运营设备保持在正常状态、测定和评价其实际状态并使其恢复到正常状态等活动的全部措施。目前，我国牵引供电设备维修制度主要有周期修和状态修两种制度。

（1）周期修

牵引供电设备周期维修是以时间间隔为基础的预防性维修方式。定期维修执行简便，易维持系统质量的一致性，可减少备件存放，提高安全性。周期维修主要以运行经验或实验数据为基础确定维修周期，但是这种方式难以真实地反映设备的实际运行环境和运行条件，更无法实时地反映设备的实际运行状态，因而易造成设备的多修或失修。

（2）状态修

牵引供电设备状态维修主要工作是定期对牵引供电设备的状态和功能进行监测和检测，监测与检测得到的数据用于牵引供电设备故障诊断，确定设备状态，识别故障征兆，对故障部位及其严重程度、趋势做出判断，在设备性能下降到一定程度或故障发生之前进行维修。实施状态修可以大大减少不必要的维修，提高维修的针对性和实效性，提高设备的运行质量。因此，实施状态修是设备维修的发展趋势。

目前，基于智能牵引供电技术、接触网 6C 检测技术等先进技术与装备的充分应用，发挥其实时在线监测、动态检测、等速检测、定点监测等功能，为有针对性地开展维修并逐渐向状态维修提供重要的技术支持。采用接触网 6C 技术，可替代大部分人工巡检项目，优化调整巡检作业内容和比重，降低大量人员频繁上线的作业强度和安全风险；牵引变电所采用智能监测技术,推动牵引变电所开始推广实施无人值班等。

4. 主要检修方式

生产部门主要通过对牵引供电系统设备的精检细修与故障情况下的快速抢修实现安全可靠的供电。主要检修方式有两种:一种是正常检修,是对系统正常运行时所进行的检修与维护;一种是故障抢修,是当系统发生故障时的临时修。

(1)正常检修

①牵引变电所设备检修

牵引变电所设备的运行、检修应贯彻"预防为主、严检慎修"的方针。遵循"全面养护、寿命管理"的原则,实现"实时监测、科学诊断、精细维修、寿命管理"目标。

牵引变电所设备的检修分小修、状态维修和大修3种。

a. 小修:维持性修理。对设备进行检查、清扫、调整,保持设备正常的技术状态。

b. 状态维修:根据检测、试验结果对存在问题的设备安排的有计划性维修。

c. 大修:达到使用寿命后的整体更换。

②接触网设备检修

接触网设备检修应坚持"预防为主、重检慎修"的方针,按照"定期检测、状态维修、寿命管理"的原则,遵循专业化、机械化、集约化维修方式,依靠铁路供电安全检测监测系统(6C系统)等手段,建立信息资源共享平台,实行"运行、检测、维修"分开和集中修组织模式。

接触网维修分为一级修(临时修)、二级修(综合修)、三级修(精测精修)三级修程。

a. 一级修(临时修):通过对接触网监测、检测、分析诊断,对达到或超出限界值的一级缺陷进行修理,以确保接触网运行在安全状态,保证行车安全。

b. 二级修(综合修):对接触网零部件进行全面的检查、维护保养,对达到或超出警示值且在限界值以内的二级缺陷进行修理,排除可能影响接触网功能的缺陷,以保持接触网质量处于可接受状态。

c. 三级修(精测精修):通过检测动态条件下弓网作用参数,精确测量接触网的静态几何位置,检验零部件质量状态,依据检测、测量数据分析与质量检验结果,对接触网进行精确调整修理,使之恢复标准状态。

(2)故障抢修

当设备发生故障时,将直接影响正常行车,需要立即进行抢修恢复。因此,牵引供电各生产班组必须安排足够的人员24 h不间断的值班。

①牵引变电所设备故障

牵引变电所设备发生故障时,如有相应的备用设备,则通过当地操作或远动操作立即退出故障设备,投入备用设备,恢复正常供电。如属于没有备用的设备,则先退出故障设备,恢复其他设备的正常供电后再由电气检修车间抢修处理。如果变电所全所均供不出电,而且短时间内无法恢复时,则启动相应的越区供电预案,由相邻的两个牵引变电所负责供电,同时减少列车开行对数,调整保护定值等,确保铁路运输不中断。

②接触网设备故障

接触网是没有备用的设备,一旦发生故障将中断行车。因此,接触网工区需经常组织事故抢修演练,提高抢修综合能力。同时规程规定,接触网抢修出动时间白天不能超过15 min,夜间不能超过 20 min。现场事故抢修应按“先通后复”“先正线后侧线”或“先通一线”的原则进行，以最快的速度设法先行供电，疏通线路，必要时采取迂回供电、越区供电和降弓通过等措施。

6.1.3 接触网设备故障抢修

故障抢修恢复后，还需对故障进行调查分析，故障调查要求“以事实为依据，以规章为准绳”，及时准确的查清事故原因，查明事故责任，以便总结事故教训，提出整改措施，拿出处理意见。故障的分析处理要坚持“四不放过”原则，即事故原因未查清不放过，责任人员未处理不放过，整改措施未落实不放过，有关人员未受到教育不放过。

知识点 2:牵引供电系统日常生产组织

1. 生产计划

(1)年度检测、维修计划和月度维修计划

每年 11 月底以前，由供电段将年度检测和维修计划分别下达到车间，同时报铁路局集团公司。月度维修计划由供电段编制后下达维修车间，再由各个车间将月度维修计划分解到各个工区，形成工区的月度维修计划。各工区再根据月度维修计划安排日维修计划。

(2)日维修计划

为保证当天维修任务的正常进行，一般维修计划至少需要提前一天，对于枢纽车站及运输特别繁忙的大型客运站、机务段的牵引供电设备则还需提前更长时间，一般需要提前 3~4 d。目前维修计划的申报通过施工调度信息管理系统进行申报。

接触网日维修计划由接触网工区发票人依据工区的月度维修计划分解至每日后签发工作票，由值班员申报。变电所设备维修计划由检修车间提报，维护保养计划则直接由变电所或供电车间提报，最后均由供电车间变电专业发票人签发工作票后申报。一般对维修计划的申报均有一个统一的截止时间。所有维修计划均由供电调度员审核无误并经行车调度员确认后才正式生效，作为次日维修的依据。

除了设备故障抢修无法安排计划外，正常的维修作业均需有相应的维修计划。

对接触网维修计划，除了要说明停电范围外，还需要说明行车封锁范围、轨道车号及运行区段，对复线接触网，则还需要说明停电方式是“垂停”还是“V 停”等，具体见表 6.1.1。

表 6.1.1 ________年____月施工(维修)计划表

施工日期	座台地点	施工地点	停电供电臂(线)、范围	作业起止里程	施工项目	施工单位	施工条件(V 停/垂停)	作业车运行股道、封锁道岔，执行限制卡号	施工负责人

2. 天窗时间

天窗就是在列车运行图中不安排列车运行或调整、减少列车运行，为营业线行车设备进行施工、维修等作业预留、安排的时间，在列车运行图中呈现出一片没有列车运行的空白区域，铁路行业把这片固定的空白区域称作图定天窗时间。牵引供电设备属高电压设备，主要采取停电维修方式。停电就会中断行车，因此，对没有备用的牵引变电所设备和接触网设备，一般都是安排在固定的天窗时间内进行。

(1)根据天窗的影响范围不同,可分为V形天窗、垂直天窗、同步天窗三种。

①V形天窗:指列车运行图预留的、对复线运营线中的单线单方向行车设备进行维修作业的时间。

②垂直天窗:指同时影响上、下行正线行车设备正常使用而安排的作业时间。

③同步天窗:指两条及以上干线在同一车站相连时,需同时影响同一车站两条干线行车设备正常使用而安排的作业时间。

除图定天窗外,当出现严重危及行车安全的设备隐患及严重线路病害等特殊情况时,也可临时申请要点封锁施工,这种天窗称为临时天窗。

(2)为避免设备失修影响牵引供电质量,需要保证牵引供电设备正常的天窗作业时间。天窗作业涉及供电调度、行车调度、车站等多个部门,需要密切协同合作,为提高天窗时间的利用效果,铁路管理部门提出天窗三率指标,作为衡量和考核天窗时间利用效果的重要依据。天窗三率是指:

①天窗停电计划兑现率:全月实际停电次数/全月计划停电次数×100%。(故障停电次数不计在内;节假日、雷雨天气等无申请天窗停电作业的不作为计划停电次数)。

②天窗停电时间利用率:全月停电作业时间(min)/全月图定停电时间×100%。行车调度员与供电调度员共同签认的停电时间起至供电调度员通知行车调度员恢复供电时间止;没有申请的不计入全月固定停电时间内。

③天窗上网率:全月实际上网人次/全月出勤人次×100%(实际上网人数是指工作票中记载的人数;出勤人数是指接触网工区出勤簿上考勤的人数)。

6.1.4　牵引供电日常生产组织

3. 日维修计划实施流程

(1)天窗作业前的准备工作

①签发及审核工作票:值班工长指定一名安全等级不低于四级的人员,根据申报的日维修计划签发工作票,并交给次日天窗作业工作领导人。工作领导人接到工作票后要及时审核,审核工作票所配置的人员,所布置的安全措施是否符合作业要求,工作领导人对工作票内容有不同意见时,要向发票人提出,经认真分析,确认无误后,签字确认。

②制定作业方案及分工:工作领导人、工作领导人助理或指定人员按作业计划制定作业方案,填写分工单、分工小票、料具清单、画作业简图,进行安全预想等。

③召开方案会:工作领导人组织召开天窗作业方案会,驻站联络员、小组长、地线防护人员参加。方案会上介绍当次天窗作业方案,内容包括作业地点、项目及各小组作业范围,进行安全预想等。

④准备料具:材料员根据工作领导人提供的料具清单准备好料具,并检查料具状态,确保良好。

⑤点名布置分工及召开预想会:值班员在正式点名前10 min拉预备铃,所有作业组成员听到集合预备铃声后,穿戴好个人劳动保护用品和携带个人工具,到规定的地点集合。点名布置分工,进行安全预想,提问分工情况,宣布行车路线、上道地点、下道地点,安排司机检查车辆等。

⑥领发料具及出乘:作业组成员根据乘车安排乘坐汽车,各小组长清点本组人员及料具,到达作业现场后,各小组长组织料具下车,并负责人组织本组人员清点、核对、登记料具。

(2)天窗作业

①驻站联络员到达车站后,应按规定在“运统-46”(表6.1.2)上进行登记,并与车站值班员确认作业内容是否与计划内容一致。接到命令后要按规定复诵命令内容,填写相关命令票,核对命令内容与作业计划内容是否一致,并将作业命令的内容、命令号、作业起止时间、批准时间等通知工作领导人。工作领导人对命令内容进行复诵。

表6.1.2　行车设备施工登记簿(“运统-46”样表)

请求施工登记						承认施工	施工后开通检查、销记			施工开通
施工编号	施工项目	月日	时分	(1)影响使用范围(需要的限速或封锁条件) (2)专职联络员签名 (3)车站值班员签名	所需时分	(1)命令号及发令时间 (2)施工起止时间 (3)车站值班员签名 (4)专职联络员签名	月日	时分	(1)恢复使用范围和条件(开通后恢复常速确认) (2)专职联络员签名 (3)车站值班员签名	(1)开通(恢复常速)命令号码及开通时间 (2)专职联络员签名 (3)车站值班员签名

②工作领导人接到驻站联络员封锁命令和停电命令后,逐一通知地线监护人,下达验电接地命令。

③地线监护人员接到工作领导人验电接地命令后,通知并监督地线操作人员按照验电接地程序进行验电并接地。

④地线接挂完毕,地线监护人按规定做好行车防护后,向工作领导人汇报,工作领导人通知各作业小组可以作业。

⑤各作业小组接到可以作业的命令后,组织组员作业。高空维修工作严格按照工区分区办法进行,各尽其职,精检细修,不漏修、不缺修。

⑥作业完毕,各作业小组组织人员料具下道,并清点齐全后汇报工作领导人。

⑦工作领导人确认人员、料具全部撤离下道完毕、线路具备开通条件后,通知驻站联络员消令、解除线路封锁手续。

⑧组织返回。

(3)召开收工会

①回收工作票、分工单、分工小票、停电命令票、线路封锁命令、料具清单及其他资料。

②收集、汇总各小组当次作业的完成情况、存在问题等。

③分析任务完成情况、作业存在问题。

④对存在问题提出解决措施。

⑤由当班工长布置第二天上午或下午的临时任务分工。

⑥收工会可以在现场下道完毕后就地组织召开,也可以等返回工区后在工区组织召开。

任务实施

根据接触网天窗作业流程与接触网运行维修规则的相关规定,驻站联络员在完成相应联络任务的同时,也应规范填写好“运统-46”,见表6.1.3。

表6.1.3　行车设备施工登记簿(运统-46)

请求施工登记						承认施工	施工后开通检查、销记			施工开通
施工编号	施工项目	月日	时分	(1)影响使用范围(需要的限速或封锁条件) (2)专职联络员签名 (3)车站值班员签名	所需时分	(1)命令号及发令时间 (2)施工起止时间 (3)车站值班员签名 (4)专职联络员签名	月日	时分	(1)恢复使用范围和条件(开通后恢复常速确认) (2)专职联络员签名 (3)车站值班员签名	(1)开通(恢复常速)命令号码及开通时间 (2)专职联络员签名 (3)车站值班员签名
×	天窗修	×月×日	14:50	(1)根据天窗修计划,供电在×站至×站间上(下)行线K1010+100至K1011+600处进行检修作业,需接触网停电,执行×—××号行车限制卡,×站开行作业车并返回,防护到位	70 min	*(1)封锁命令××号,15:50*	×月×日	16:58	(1)×站至×站间上(下)行线K1010+100至K1011+600处检修作业完毕,作业车已返回×站×道警冲标内方,×—×号行车限制卡范围可恢复供电,设备正常,申请开通	*(1)开通命令××号,16:59 送电命令××号,17:01*
				(2)×供电工区:××,14:50		(2)封锁起止时间:15:50—17:00			(2)×供电工区:××,16:58	(2)×供电工区:××,17:01
				(3)车站:××14:51		(3)车站:××,15:50			(3)车站:××,16:58	(3)车站:××,17:01
				盯岗:××		(4)×供电工区:××,15:50			盯岗:××	盯岗:××
						盯岗:××				
						(1)停电命令××号,15:50				
						(2)自××:××起停电				
						(3)车站:××,15:50				
						(4)×供电工区:××,15:50				
						盯岗:××				

注:斜体为车站值班员填写,其他为施工或设备单位专职联络员填写。

任务小结

请简要小结本任务的学习要点、难点与困惑，写在下面的横线上。

____

____

____

____

格言语录

“安全优质，兴路强国。”

铁路是国家交通运输的骨干体系，是国民经济的大动脉，确保人民群众生命财产的安全是铁路企业的首要职责，为旅客货主提供最优质的服务是铁路企业的宗旨。安全优质是兴路的基础。兴路强国，强国有我！人人立足本职，做好本职工作，确保铁路安全优质，就是在用实际行动支持国家强盛！爱国要从敬业爱岗开始。

练习与评价

9月19日，你作为驻站联络员参加09-19-01号工作票的接触网天窗作业，接到表6.1.4所示的天窗作业计划，要求完成驻站联络防护工作。

天窗写实如下：9月19日0:14接到调度员陈××发布的调度命令277348，批准×××高铁接触网工区自0:14至3:50在清远至广州北区间进行接触网天窗作业，车站值班员李××。9月19日3:46天窗作业结束，所有人员机具已撤离围栏外，联系调度员陈××消除作业调度命令277348，接触网按时送电，线路准点开通。请按照以上计划，填写“运统-46”（表6.1.5），同时完成表6.1.6中的其他内容。

表6.1.4　接触网天窗作业计划

序号	线别	行别	日期	维修项目	类型	维修地点	登记站	维修时间	维修内容及影响范围	停电范围	作业单位及负责人	签收单位	初审部门	备注
1	武广高速铁路	上、下行	9月19日	接触网悬挂及附加悬挂维修	垂直	清远—广州北上下行K2211+810—K2246+600	广州北站	00:00—04:00	登记站：广州北站 内容：人工梯车作业 作业里程：K2211+810—K2246+600 开行条件：人工车梯进入清远至广州北间上下行封锁区段K2211+810—K2246+600作业	大石变电所—茶屋分区所上下行供电臂、茶屋分区所—花都变电所上下行供电臂、花都变电所—里水分区所上下行供电臂（停电单元：广供电396、397、398、399、400、401）	××供电段负责人：陈××	××供电段	供电部	

表 6.1.5　行车设备施工登记簿(运统-46)

请求施工登记						承认施工	施工后开通检查、销记			施工开通
施工编号	施工项目	月日	时分	(1)影响使用范围(需要的限速或封锁条件) (2)专职联络员签名 (3)车站值班员签名	所需时分	(1)命令号及发令时间 (2)施工起止时间 (3)车站值班员签名 (4)专职联络员签名	月日	时分	(1)恢复使用范围和条件(开通后恢复常速确认) (2)专职联络员签名 (3)车站值班员签名	(1)开通(恢复常速)命令号码及开通时间 (2)专职联络员签名 (3)车站值班员签名

表 6.1.6　任务 6.1 完成情况评价表

序号	任务内容	完成记录	标准分	评分
1	表 6.1.4 填写完成情况		20	
2	铁路运输系统的产品是旅客与货物的______		5	
3	牵引供电系统的产品是为电力机车或动车组提供安全合格的__________		5	
4	牵引供电设备维修制度主要有________和________两种制度		5	
5	牵引供电系统主要的两种检修方式有________和________		5	

续上表

序号	任务内容	完成记录	标准分	评分
6	接触网事故抢修应按__________“先正线后侧线”或“先通一线”的原则进行		5	
7	故障分析处理坚持的“四不放过”原则分别是什么		10	
8	根据天窗的影响范围不同,可分为__________天窗、__________天窗和和同步天窗三种		10	
9	分别写出天窗三率的计算式		15	
10	“任务小结”完成情况		20	
总体评价: □好 □较好 □一般 □较差 □差				

任务6.2 牵引供电系统安全管理

任务导读

安全是人类生存与发展最基本的需求,没有安全一切都无从谈及,安全也是一个企业发展永恒的追求。同时,安全又是一项非常复杂的系统工程,如何有效地减少人的不安全行为与物的不安全状态,有效地控制环境的不安全因素,减少事故隐患,实现牵引供电系统安全生产有序可控目标,就需要了解牵引供电系统运行安全的基本要求与基本特点,理解安全生产管理的基本概念与基本方法,不断增强安全生产意识,不断完善安全生产管理的各项措施,才能不断提高牵引供电系统安全管理水平。

学习目标

1. 知识目标

(1)了解安全管理基本理论。

(2)熟悉牵引供电安全运行特点。

(3)熟悉牵引供电安全管理基本方法。

2. 能力目标

(1)会识别潜在危险与隐患。

(2)会安全生产管理基本方法。

3. 素质目标

(1)培养供电安全意识。

(2)培养精益求精的职业意识。

任务描述

请完成下面这一道单项选择题,并对 A、B、C、D 各个选项逐一进行分析。

安全是指(　　)。

A. 没有伤亡事故

B. 消除了一切风险

C. 达到规定的标准

D. 免除了不可接受的损害风险的状态

任务分析

这是某年国家安全注册工程师的一道考题,学习本任务的基本知识即可知答案。但要对每个选项进行分析,则需系统地学习思考与安全相关的知识。通过对每个选项的分析,进一步加深对安全的认识与理解,强化安全意识。

基本知识

知识点1:安全的基本要求与特点

1. 牵引供电系统运行安全的基本要求

安全,单从字面来理解,“安”是指不受威胁、没有危险,即“无危则安”;“全”是指齐全、完整,没有残缺、没有损坏等,即“无损则全”。因此,安全可以理解为是一种没有危险,没有伤害,没有损失的状态。

安全又是指“免除了不可接受的损害风险的状态”。“不可接受的损害风险”主要包括三个层面的含义:一是国家层面。以法律法规或国家强制性标准的形式明确或体现不可接受的损害风险,代表的是最广大人民对安全的共同要求,体现的是国家意志,具有最广泛的适应性,如《安全生产法》、《中华人民共和国刑法》(以下简称《刑法》)、《中华人民共和国消防法》等法律法规就是从国家层面对相应的安全领域提出的要求,各行各业均必须遵守这些规定,必须满足这些要求;二是行业企业层面。以行业标准、企业标准或企业的安全质量目标等形式明确或体现各行业或各企业所不可接受的损害风险;三是个体层面,体现公众群体、员工群体或顾客群体对不可接受损害风险的程度。如果生产活动超出了这 3 项要求,均是不可接受的,因而也是不安全的。

牵引供电系统的产品是给电力机车提供电能，根据安全的上述定义，当牵引供电系统出现以下情形时，对以上3个层面都是不可接受的损害风险。

①危及安全或构成事故。牵引供电设备状态异常，危及周围其他设备及人身安全，甚至构成行车事故或路内路外人身伤亡事故。

②中断供电。供电中断→中断行车→列车晚点，铁路运输瘫痪，影响企业生产，影响人们出行等。

6.2.1 牵引供电系统运行安全的基本要求

③降低供电能力与供电质量。如牵引变电所容量或牵引网载流容量偏小，造成牵引网末端工作电压水平偏低，致使列车运行速度降低；供电设备障碍，造成机车需降弓通过设备障碍地段，降低列车正常通过能力；牵引变电所故障供不出电而采取越区供电措施，大大降低了列车的运行对数；接触网状态不良，造成弓网打碰，受电弓拉弧严重；检修延误造成列车晚点等。

因此，对牵引供电系统运行安全的基本要求是安全、不间断地为电力机车或动车组提供优质的牵引电能。

2. 牵引供电系统运行安全的基本特点

（1）安全生产的一般特点

安全生产是随着生产的产生而产生，随着生产的发展而发展。“安全为了生产，生产必须安全”。安全生产的一般特点主要表现在：

①安全的系统性。安全涉及技术系统的各个方面，包括人员、设备、环境等因素，而这些因素又涉及经济、社会、科技、教育和管理许多方面，尤其对于铁路运输这样的开放系统，安全既受内部因素的制约，又受外部环境的干扰，一旦安全状况恶化，出现事故，不仅可能造成系统内部的损害，而且可能造成系统外部环境的破坏，因此研究和解决安全问题应从系统出发，运用系统工程方法，进行综合治理，克服管理中的“头痛医头，脚痛医脚”的做法。

②安全的相对性。凡是人类从事的生产活动，都有安全问题，所不同的只是发生事故的可能性有大有小，危害程度有轻有重而已。安全只是相对的，系统发生事故的可能性始终存在，要从这个意义上，建立预防事故、防患未然的思想。

③安全的依附性。由于安全不能脱离具体的生产过程而独立存在，这可能在实践中导致重生产、轻安全，而另一方面，安全又是生产的基础和保障，正常有序的生产同系统的安全运行和管理是不可分割的。

④安全的间接效益性。要保证生产安全必须在人员、设备、环境和管理方面有相应适时的安全投入，但安全投入所产生的经济和社会效益都是间接的、无形的，难以定量计算。因此，安全投入容易被忽视，必须认识到安全投入的必要性。事实上，安全的效益除了减少事故的直接和间接经济损失外，更重要的是在提高人员素质、改进设备性能、改善环境质量和加强生产管理等方面所创造的积极的经济效益和社会效益。我国铁路运输在安全投入方面已引起重视，并开始加大安全投入。

⑤安全的长期性。人们对安全的认识在时间上往往是滞后的，难以预先认识到系统存在和面临的各种危险和隐患，而且即使认识到了，有时也会由于技术条件所限而无法控制，随着技术进步和社会发展，旧的安全问题解决了，新的安全问题又会产生，抓安全确实需要长期不懈、始终如一地努力才行。

⑥安全的艰巨性。由于高技术总是伴随着高风险,随着现代科学技术的发展和系统复杂化程度的增加,事故后果越加严重,不允许通过事故重演来深化对安全的认识。此外,事故是一种小概率的随机偶发事件,仅仅利用事故资料不可能及时地多层次对系统的危险性进行分析。可见,安全工作的任务相当艰巨。

(2)牵引供电系统安全运行的特点

铁路运输系统是由车务、机务、工务、电务、车辆、供电等多个系统共同组成的一个大联动机,牵引供电系统是铁路运输系统中的一个子系统,除具有上述一般特点外,同时还具有以下一些特点:

①安全的动态性。铁路运输的产品是实现旅客与货物的快速位移,确保铁路运输的畅通与不间断供电是牵引供电系统安全运行的最基本要求。牵引供电系统与一般供电系统最大的区别是其负荷是高速移动的。移动供电是其与众不同的特点,也是实现安全运行的难点,一系列的安全问题都是因为接触网与受电弓的高速滑行接触运动而引起的。

②安全对管理的依赖性。铁路系统是一个大联动机,内部接口众多,联系密切,相互影响,衔接不好就可能影响供电系统的安全运行。牵引供电系统不仅要做到自身状态良好,同时还要与机务、工务、电务、车务等多工种联合作业、多部门紧密协作,经过多个环节才能完成,涉及设备数量庞大、种类繁多,是复杂的人机动态系统。这样庞大的人机动态系统的安全运行,在很大程度上依赖于管理的有效性。

③安全的复杂性。牵引供电系统没有备用,又置身在一个开放的环境中,呈线状露天布置,点多线长,短则几十公里,长则上百甚至上千公里,自然环境如雨、雾、风、雪及各种自然灾害对供电系统安全运行产生不利影响。社会环境,如治安环境、社会风气及社会政治经济状况等,均对供电系统安全运行构成影响,而且难以预测和控制。

④安全的高风险性。生产环境具有"三高"特点,即作业人员作业时将置身于高空、高电压和高速行车的环境中,具有作业人员安全风险高,管理难度大。

⑤安全管理的规范性。铁路运输具有"高(度集中)、大(联动机)、半(军事化)"特点,是一个法律法规与行业规范规程较多的行业。安全运行与管理需要遵守一系列的规章并严格执行标准化作业等。

⑥事故后果的严重性。铁路是国民经济的大动脉,铁路运输的安全运行关系到国家和人民生命财产的安全,对国民经济和人们生活影响明显。同时,牵引供电设备成本高、列车对旅客和货物的承载量很大,一旦发生事故不仅造成巨大的财产损失、人员伤亡和环境破坏,而且会波及整个铁路运输网,打乱运输秩序,后果严重。因此,牵引供电系统作为铁路运输安全畅通的重要保证,其安全运行将更加备受人们的关注。

6.2.2 牵引供电系统运行安全的基本特点

牵引供电系统运行安全一般分为人身安全、行车安全、设备安全、环境安全等类型。

知识点2:牵引供电系统安全管理

安全管理是按照安全的客观规律,通过计划、组织、指挥、协调与控制,合理地组织保证安全活动中的人力、财力、物力和信息等资源,逐步提高职工队伍素质,提高设备水平,提高规章制度的有效性,从而达到杜绝和减少事故的目的。

安全依赖于管理。安全管理的目标是:减少和控制危害,减少和控制事故,尽量避免生产过程中由于事故所造成的人身伤害、财产损失、环境污染及其他损失。安全生产管理包括安全生产法制管理、行政管理、监督检查、工艺技术管理、设备设施管理、作业环境和条件管理等。

安全管理的基本对象是企业的员工,同时还涉及企业中的设备设施、物料、环境、财务、信息等各个方面。安全生产管理的内容包括:安全生产管理机构的设置与运作、安全生产责任制、安全生产管理制度、安全生产策划、安全培训教育、安全生产档案等。

1. 安全管理的几个重要术语

(1)事故

事故是指在生产活动过程中,由于人们受到科学知识和技术力量的限制,或者由于认识上的局限,当前还不能防止,或能防止但未能有效控制而发生的违背人们意愿的事件。它的发生,可能迫使系统暂时或较长时间地中断运行,也可导致人员伤亡或财产损失,或二者同时出现。

“违背人们意愿的事件”可以指迫使正常运行的系统暂时或较长时间地中断运行,也可指造成人员伤亡、职业病、财产损失、设备损坏、环境破坏或其他损失的意外事件。事故具有以下基本属性:

①事故具有危害性。据相关文献资料显示,在世界范围内每年有400余万人死于各种意外事故,其中有200万人死于工伤和职业病,近百万人死于交通事故。意外事故如同“无形的战争”,成为除自然死亡以外威胁人类生产、生活的第一杀手。事故发生可能造成的结果有:人受到伤害,物受到损失;人受到伤害,物未受到损失;人未受到伤害,物受到损失;人、物均未受到伤害或损失。对铁路运输系统,将凡是造成系统运行中断的事件均归入事故的范畴,虽然系统运行中断不一定会造成直接的财产损失或人员伤害,但却严重干扰了系统的正常运行秩序,从而将带来难以估量的间接损失。

②事故具有因果性。事故的发生都是有原因的,这些原因就是潜伏的危险因素,有的已经认识,有的尚未认识,有的可以预防,有的还无能为力。事故的因果性表明事故的原因是多层次的,有的原因与事故直接有关,有的则为间接联系。一般不会是某个单一的原因造成事故,而往往是诸多不利因素相互作用发生系列连锁反应的结果。

③事故具有随机性。导致事故发生的原因非常复杂,往往是由许多偶然因素造成的,因而事故具有随机性。事故发生的时间、空间和严重程度在发生前往往是不确定的。但是,这种随机性又蕴藏着必然性,必然性是通过偶然事件表现出来的。

根据事故造成的人员伤亡或直接经济损失的严重程度,事故一般分为特别重大事故、重大事故、较大事故和一般事故四级。

(2)事故隐患

事故隐患是指组织或个人违反安全生产法律、法规、规章、标准、规程和安全生产管理制度的规定,通常表现为人的不安全行为、物的不安全状态与管理缺陷等。综合事故性质分类和行业分类,考虑事故起因,可将事故隐患归纳为21类,即火灾、爆炸、中毒和窒息、水害、坍塌、滑坡、泄漏、腐蚀、触电、坠落、机械伤害、煤与瓦斯突出、公路设施伤害、公路车辆伤害、铁路设施伤害、铁路车辆伤害、水上运输伤害、港口码头伤害、空中运输伤害、航空港伤害和其他类隐患。

隐患一旦在外部条件下被触发，就可能导致事故，造成人员伤亡、设备损坏、财产损失或环境破坏等，所以为"患"；同时又因为它具有很强的隐蔽性，易被忽视，难以被发现，隐患作为一种潜在的危险，其造成的后果具有很大的不确定性和难以预测性。因此，对待事故隐患要坚持"隐患险于明火，防范胜于救灾"的原则，高度重视对各类隐患的排查，及时消除隐患。

(3)危险

危险是指可能导致伤害的潜在根源与可能导致事故的状态。危险事件出现的概率和严重程度的综合，就是危险的表征，称为风险。所有的风险都是由危险导致的，危险是风险的前提。一般用风险度来表示危险的程度。在安全生产管理中，风险度用生产系统中事故发生的可能性与严重性的结合来表示，即

$$R=f(F,C)$$

式中　R——风险；

F——发生事故的可能性；

C——发生事故的严重性。

危险与安全是相对的概念，按照系统安全工程的观点，无论安全还是危险都是相对的，安全性与危险性互为补数。

(4)危险源

危险源是指可能导致伤害或疾病、财产损失、作业环境破坏或这些情况组合的根源或状态。根源是指能量和有害物质的存在；状态是指能量和有害物质的失控。一般而言是指系统潜在的危险。更通俗地说，危险源包括一切对人—机—环系统带来损害的不安全因素，是事故发生的必要条件。危险源既可能是人的不安全行为，也可能是设备与环境的不安全状态，还可能是二者的结合。因此，预防事故要从危险源的认识和分析入手，才能有的放矢。

广义的危险源可分为两大类：

①第一类危险源

将存在于系统中、可能发生意外释放的能量物质及其载体称为第一类危险源，也称为第一类危险。一般来说，能量具有做功的本领，但能量又是无形的，只有在其做功时才能显露出来。因此，在实际工作中往往将产生能量的物质或其载体作为第一类危险源来处理。例如行驶的车辆、带电的导体等。常见的危险源有：

a. 提供能量的设备和设施，即为能量源，诸如变电所、供热锅炉等。

b. 能量载体，即拥有能量的人或物，诸如运行中的车辆、机械的运动部件、带电的导体等。

c. 使人体或物体具有较高势能的设备、设施和场所，诸如起重机、提升设备、高差较大的场所等。

d. 一旦失控可能产生巨大能量的设备、设施和场所，例如具有强烈放热反应的化工装置、充满爆炸性气体的空间等。

e. 一旦失控可能发生能量蓄积或突然释放的设备、设施和场所，例如各种压力容器、受压设备、容易发生静电蓄积的装置等。

f. 各种危险物质，除了干扰人体与外界能量交换的有害物质以外，也包括具有化学能的有害物质，诸如各种有毒、易燃和易爆的物质等。

g. 生产、加工和储存危险物质的设备、设施和场所，这些物质可能起火、爆炸或泄漏，例如

炸药的生产加工和储存设施、石油化工生产装置等。

h. 人体一旦与之接触，则会导致人体能量意外释放的物体，诸如物体的棱角、工件的毛刺、锋利的刃边等，一旦运动的人体与之接触，则会造成人体动能意外释放而遭受伤害。

由上可见，第一类危险（危险源）都是实体，大多指物质、设备、设施和场所等，它们具有的能量越多，发生事故的后果可能越严重，它们包含的有害物质越多，其危险性越大。

②第二类危险源

第一类危险源是指系统中的危险物质、设备、设施和场所，如果这类危险源的状态保持在安全限度以内，即危险物质（易燃品、易爆品和有毒物等）的状态（如温度、压力和毒性等）保持在临界值（燃点、引爆点和规定的毒性等）以内；设备、设施具有很高的可靠性；操作人员的行为正确，没有误操作等。也就是说，不具有诱发事故的危险因素，则第一类危险源一般不会导致事故。可见，危险源导致事故除了有第一类危险源以外，还必须具有使危险物质及其能量受到约束、限制的措施失效或破坏的因素（简称危险因素），称为第二类危险源，也称为第二类危险。第二类危险源通常包括人、物、环境和管理四方面，

a. 人为因素。这里指的人为因素主要是指“人的不安全行为”，是指人的行为偏离了预定的标准。人的不安全行为可能直接破坏对第一类危险（即危险源）的控制，导致能量或危险物质的意外释放。例如，合错了开关，使正在检修的线路带电；误开阀门，使有毒气体泄放等。人的不安全行为也可能造成物的故障，进而导致事故。例如，超载起吊重物，造成钢丝绳断裂，引发重物坠落事故等。

b. 物的因素。物的因素可以概括为物的故障，是指物的性能下降，不能实现预定的功能。物的不安全状态可以看成是一种故障状态，它可能直接使约束、限制能量或危险物质的措施失效而发生事故。例如，电线绝缘损坏发生漏电；管路破裂使其中有害物质泄漏等。有时，一种物质的故障可能导致另一种物质的意外释放。例如，压力容器的泄压装置故障，使容器内的介质压力升高，最终导致容器破裂。物的故障有时也会诱发人的不安全行为；人的不安全行为有时也会造成物的故障。

c. 环境因素。环境因素主要是指系统运行的自然环境与工作环境，包括环境温度、压力、湿度、照明、粉尘、通风换气、噪声、振动等物理环境。不良的物理环境会引起物的故障或人的不安全行为。例如，潮湿的环境会加速金属腐蚀，而降低结构或容器的强度；工作场所的强烈噪声会影响人的情绪，分散人的注意力，而引发人的不安全行为。

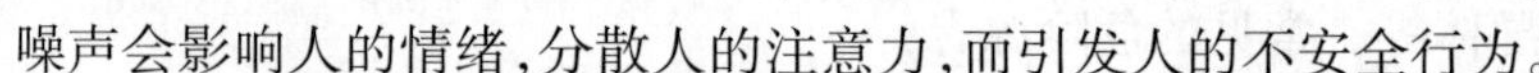

6.2.3 事故、事故隐患与危险源

d. 管理因素。显然，管理因素也是导致事故的重要因素，企业管理制度、人际关系或社会、企业环境等管理因素都可能影响人的不安全行为和物的不安全状态。管理因素包括安全的组织机构、管理的规章制度、安全资源的投入、安全文化的建设等。

2. 安全管理基本方法

国家安全生产管理的基本方针是“安全第一，预防为主，综合治理”。牵引供电系统属高风险行业，不管发生人身事故，还是行车事故或设备事故，都会给国家和人民生命财产带来很大损失，严重影响企业的社会声誉。安全第一，既是以人为本的重要体现，也是一个企业赖以生存和发展的基础。安全风险是无法完全消除的，但却可以通过有效的安全管理，消除人的不安全行为，控制好物的不安全状态和环境的不安全因素，将安全风险降至最低，

实现安全有序可控。因此,安全管理是企业管理的重中之重,首中之首,如图 6.2.1 所示为安全管理的基本方法。

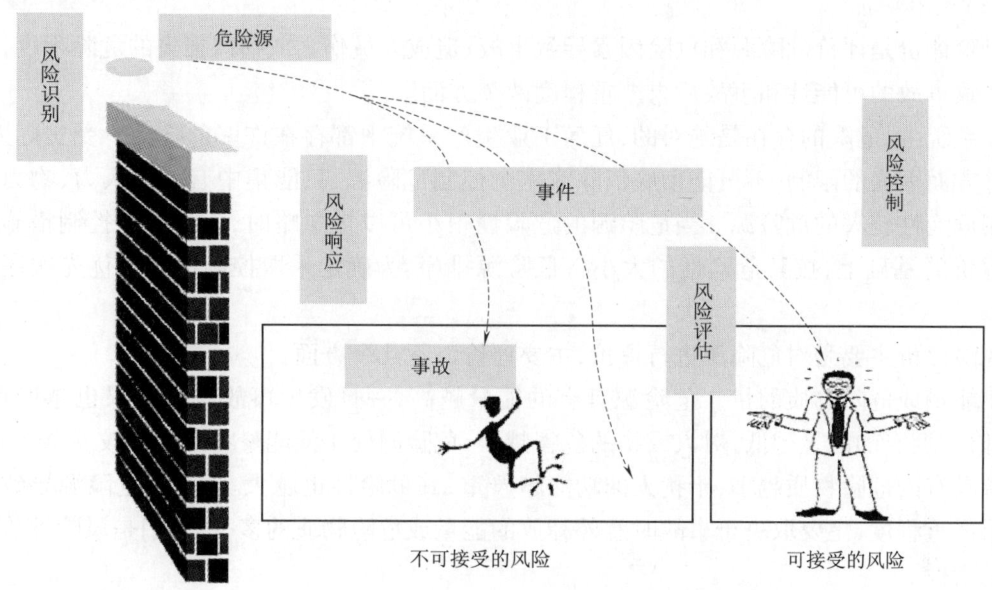

图 6.2.1 安全管理基本方法

(1)危险识别

危险识别是建立安全管理体系的重要基础。预防事故要从危险源的认识和分析入手,才能有的放矢。随着系统安全工程的兴起,逐渐采用系统安全分析方法进行危险识别,即从安全的角度进行系统分析,通过揭示系统中可能导致系统故障或事故的各种危险源和危险因素来辨识系统中的危险。系统越复杂,越需要利用系统安全分析方法辨识危险。

进行危险(源)的识别,通常要注意做好以下两点:

①应关注的三种状态

a. 常规状态。正常生产过程中危险源的存在方式。

b. 非常规状态。非常规状态可以分成以下三种情况:异于常规、周期性的或临时性的作业、活动;偶尔出现、频率不固定,但可预计出现的状态;由于外部的原因(如天气)导致的非常规状态,如启动、关闭、试车、停车、清洗、维修、保养等。

c. 潜在的紧急情况。比如往往不可预见其后果的情况;后果是灾难性的,不可控制的情况,如火灾、爆炸、严重的泄漏、碰撞及事故。

②识别危险(源)的步骤

a. 识别准备。确定分工;收集识别范围内的资料;列出识别范围内的活动或流程涉及的所有方面。

b. 分类识别危险源。从厂址、厂区平面布局、建(构)筑物、生产工艺过程、生产设备、装置、作业环境及管理措施六个方面进行分类识别。

c. 划分识别单元。识别单元是分类识别危险源的细化,可以按照工艺、设备、物料、过程来细化;同类的过程或设备可以划为一类识别对象;识别对象不宜过粗或过细。

d. 危险源的识别。先找出可能的事故伤害方式，再找出其原因。

e. 填写危险源登记表。

（2）风险评价

风险评价是评价危险源和危险因素导致事故、造成人员伤亡或财产损失的危险程度，主要包括导致事故的可能性和事故后果严重程度两个方面。

在系统中，危险的存在是绝对的，任何工业生产系统中都存在许多危险源。受实际人力、物力等方面因素的限制，不可能彻底消除或完全控制危险源，只能集中有限的人力、物力消除或控制危险性较大的危险源。当危险源的危险性很小可以被忽略时，不必采取控制措施。在风险评价的基础上，按其危险性的大小将危险源排序，为确定采取控制措施的优先次序提供依据。

风险评价主要是对危险源进行评价，主要评价以下几个方面。

①能量或危险物质的量。危险源具有的能量越高，一旦发生事故时其后果也越严重；反之，危险源拥有的能量越低，对人或物的危害越小，危险源处于低能量状态时比较安全。同样，危险源具有的危险物质越多，干扰人的功能越严重，其危险性也越大。因此，危险源导致事故的后果严重程度，主要取决于事故时意外释放的能量或危险物质的多少，它们是风险评价中最重要的指标。

②能量或危险物质意外释放的强度。能量或危险物质意外释放的强度是指事故发生时单位时间内释放的能量。在意外释放的能量或危险物质总量相同的情况下，释放强度越大，则能量或危险物质对人员或物体的作用越强烈，造成的后果也越严重。

③能量的种类和危险物质的危险性质。不同种类的能量造成人员伤害、财物破坏的机理不同，其后果严重程度也很不一样。危险物质的危险性主要取决于自身的物理、化学性质。燃烧爆炸性物质的物理、化学性质决定其导致火灾、爆炸事故的难易程度及事故后果的严重程度；工业毒物的危险性主要取决于自身的毒性大小，在引起急性中毒的场合，常用半数致死剂量评价其自身的毒性。

④能量或危险物质的影响范围。事故发生时意外释放的能量或危险物质的影响范围越大，遭受其作用的人或物越多，则事故造成的损失越大。

评价危险源危险性，可以通过系统安全分析技术进行详细的分析，计算意外释放的能量、危险物质造成的人员伤害和财物损失，定量地评价危险源的危险性。系统安全分析中的定量方法需要较多的数据，准确度较高的数学模型，计算比较复杂，一般仅用于危险性特别大的重大危险源的危险性评价。而通常的风险评价方法是将系统划分为不同风险等级进行比较的一种方法，简单易行，因而得到了广泛应用。风险评价是一种相对的评价方法，通过比较危险源的危险性，人为地划分出一些风险等级来区分不同危险源的危险性，为采取危险源控制措施或进行更详细的危险性评价提供依据。

通过对各种危险源逐一进行风险评价，即对各种危险源触发事件的后果进行评估，判定风险等级。一般可将危险源划分为5个风险等级：1级风险为不可容许风险；2级风险为重大风险；3级风险为中度危险；4级风险为一般风险或可容许风险；5级风险为可忽略风险。1级风险为最高等级风险，一般说来，风险等级越高，危险性越大。根据对牵引供电系统生产过程的分析与危险源的识别及风险评价，主要存在的重大危险源见表6.2.1。

表 6.2.1 牵引供电系统主要重大危险源一览表

序号	重大危险源	原因分析
1	作业车冒进、冲突、脱轨	1. 作业车超速运行; 2. 作业车司机违章操作; 3. 制动机使用不当; 4. 监控装置数据错误
2	调车冲挤脱	1. 调车违章作业不能及时发现与防范; 2. 调车监控文件分析不到位; 3. 调车出站作业监控显示失控; 4. 司机违章,盲目蛮干; 5. 司机精神不好,精力不集中,中断瞭望
3	因触电伤害造成作业人员群死群伤	1. 误送电; 2. 机车带电进入停电区; 3. 作业人员误进入有电设备范围; 4. 安全绝缘距离不够; 5. 感应电伤害; 6. 穿越电流伤害
4	列车伤害	1. 作业人员身体侵入行车限界; 2. 作业人员所持机具材料侵入行车限界; 3. 作业车平台向未封锁线路旋转
5	高空坠落	1. 高空作业不系安全带; 2. 抛掷传递工具、零部件; 3. 安全带系在未受力件上或受力件存在隐患等
6	设备失修	1. 超过检修周期未检修; 2. 未超过检修周期但检修不到位; 3. 牵引供电设备周围设施侵入安全距离
7	工具材料状态不良	1. 工具材料存在隐患,机械强度减弱未能及时发现; 2. 绝缘强度超过检测周期未检测等
8	员工状态不良	1. 员工业务不熟; 2. 员工身体不适; 3. 员工违章蛮干等

(3)风险控制

根据风险等级的不同,采取相应的风险控制措施,预防和控制危险源,完全控制危险源或降低风险使之至可接受的程度,见表 6.2.2。对于潜在的紧急风险情况,应制定应急准备和响应控制程序,按程序进行管理。

表 6.2.2　风险控制策划表

风险等级	风险控制要求
1 级 （不可容许的风险）	只有当风险已降低时，才能开始或继续工作。如果无限的资源投入也不能降低风险，就必须禁止工作
2 级（重大风险）	直至风险降低后才能开始工作。为降低风险有时必须配给大量资源。当风险涉及正在进行中的工作时，就应采取应急措施
3 级（中度风险）	应努力降低风险，但应仔细测定并限定预防成本，并应在规定时间期限内实施降低风险措施。在中度风险与严重伤害后果相关的场合，必须进行进一步的评价，以更准确地确定伤害的可能性，以确定是否需要改进控制措施
4 级（一般风险）	不需要另外的控制措施，应考虑投资效果更佳的解决方案或不增加额外成本的改进措施，需要监测来确保控制措施得以维持
5 级（可忽略风险）	不需采取措施且不必保留文件记录

风险控制一般应从以下几方面加强控制。

①防止人为失误的能力。必须能够防止在装配、安装、检修或操作过程中发生可能导致严重后果的人为失误，如单向阀门应不易装反，三线电源插头不能插错等。

②对人为失误后果的控制能力。一旦人为失误可能引起事故时，应能控制相关部件或元件的运行，以及与其他部件或元件的相互作用。例如，在按 A 钮起动之前，如按 B 钮就可能引起事故，则应实行联锁，使之先按 B 钮也没有危险。

③防止故障传递能力。应防止一个部件或元件的故障会引起其他部件或元件的故障，从而避免事故。例如，电动机电路短路时熔丝熔断，防止烧毁电动机。

④控制失误或故障导致事故的难易程度。如果发生一次失误或故障，就会直接导致事故，这样的设计、设备或工艺过程是不安全的。应保证至少有两次相互独立的失误或故障，或一次失误与一次故障同时发生才能引起事故。对于那些一旦发生事故将带来严重后果的设备、工艺必须保证同时发生两次以上的失误或故障才能引起事故。

⑤承受能量释放的能力。运行过程中偶尔可能产生高于正常水平的能量释放，相关的部件或元件应能承受这种高能量释放。例如，通常在压力罐上装有减压阀，可以把罐内压力降低到安全压力，但如果减压阀故障，则超过正常值的压力将强加于管路。为使管路能承受高压，必须增加管路的强度，或在管路上增设减压阀。

6.2.4　安全管理的基本方法

⑥防止能量蓄积的能力。能量蓄积的结果将导致意外的能量释放，因此应有防止能量蓄积的措施。如安全阀、破裂膜、可熔（断、滑动）连接等。

采取危险源控制措施后再进行风险评价，可以查明危险源控制措施的效果是否达到预定要求。如果采取控制措施后危险性仍然很高，则需要进一步研究对策，采取更有效的措施降低危险性。牵引供电系统的复杂性带来运行风险的多变性。因此，运行风险管理必须要常抓不懈，不断进行自我纠正，为广大职工和乘客提供良好的安全运营大环境。

（4）应急预案

从风险理论出发，降低和控制风险的策略可以分为两种类型：一是降低事件、事故发生的可能性，需要采取预测、监测、预警、控制等预防性措施，这也是“安全第一，预防为主”方针的重要体现，属事前控制；二是减轻事件、事故的严重程度，需要采取应急救援措施，属事后控制。

由于生产安全事故的发生具有复杂性和随机性，而且有的事故超出人类现有的认识与能力范围，虽然采取事前预防性控制措施，但并不能完全杜绝事故的发生。“凡事预则立，不预则废。”生产安全事故又具有突发性与紧迫性的特点，如果不事先做好充分的应急准备，很难在短时间内组织起有效的抢救，以防止事故扩大、减少人员伤亡和财产损失。因此，做好应急预案也是安全生产管理另一个重要内容。

应急预案是应急救援准备工作的核心内容，又称应急计划，是针对可能的重大事故（件）或灾害，为保证迅速、有序、有效地开展应急救援行动而预先制定的有关计划或方案。它是在辨识和评估潜在的重大危险、事故类型、发生的可能性及发生过程、事故后果及影响程度的基础上，为应急机构、人员、技术、装备、设施（备）、行动方案，以及救援行动的指挥与协调等方面预先做出的具体安排，它明确了在突发事件发生之前、发生过程中以及刚结束之后，谁负责做什么、何时做以及相应的策略和资源准备等。一般应包括以下内容：

①识别潜在的事故和紧急情况。

②确定应急期间的负责人。

③所有人员在应急期间的职责。

④在应急期间起特殊作用的人员（例如，消防员、急救人员、核泄漏或毒物泄露专家等）的职责、权限和义务。

6.2.5　应急预案

⑤针对具体应急情况的应急措施。

⑥重要记录和设备的保护。

⑦应配备的应急设备等。

任务实施

第一步：完成“任务描述”中的问题。

通过学习知识点1即可知答案选D。但是，对于其他三个答案，看起来似乎都其合理性，为什么又不是最合适的？只有理解了这其中的为什么，才能更完整地理解安全是什么。

第二步：逐项分析。

A. 没有伤亡事故。不妨先反过来这样理解，如果发生了伤亡事故，那肯定是不安全的！因此，可以确定“没有伤亡事故”是安全的必要条件，但是“没有伤亡事故”就是安全的吗？比如，事故造成房子被烧了、车子被毁了、设备被损坏了、环境被破坏了，财产遭受了重大损失，而这过程中并没有发生人员伤亡，能说这是安全的吗？由此可知，没有伤亡事故仅仅只是安全的必要条件，而不是安全的充分条件，安全的概念远远超出“没有伤亡事故”这个范畴。因此，该答案是不正确的。

B. 消除了一切风险。把一切风险都消除了，那应该是安全的了？这里涉及什么是“风险”与“能不能消除一切风险”的问题。风险是指危险事件出现的概率和严重程度的综合，是衡量危险程度的一种表征。危险事件出现的概率和严重程度是事物的一种固有特性，比如汽油易燃，炸药易爆；汽油只要一个小小的火星就可以引燃，发生危险的概率极高；烈性炸药与普通炸药爆炸释放的能量更大，其危害程度更严重；置身在高电压环境中就存在高压触电造成致命伤害的风险；登高作业就存在高空坠落造成伤亡的风险，等等。这些都是事物本身所具有的特性。实际上，风险是一种客观存在，并不以人的意志为转移。人类可以采取相应措施，防范风险或降低风险的危害程度，但无法完全消除风险。所以，该答案也是不合适的。

C. 达到规定的标准。标准是一种人为的规定与要求，它既可以是对设备质量的规定与要求，也可以是对人的工作质量的规定与要求；而安全是一种状态，更是一种动态的结果。安全既受系统内部各种因素的影响，也会受到系统外部众多因素的影响，是系统内部与外部各因素综合作用的结果。安全与“达到规定的标准”之间虽然有必然的联系，但是，安全还会受到很多其他必然因素和各种偶然因素的影响。因此，“达到规定的标准”不一定就能保证结果是安全的，这从客观上也决定了安全管理是一项非常复杂艰巨的系统工程。所以，该答案也是不正确的。

D. 免除了不可接受的损害风险的状态。为什么正确答案选 D？这个答案里其实阐述了两个重要的问题：一是风险是绝对的，处处都有风险，只是风险等级不同而已，风险是一种客观存在；二是风险造成的损害是相对的，是相对于人们普遍可以接受的程度。因此，安全是人们的一种主观预期，包括三个层面，本任务知识点对此已有详细介绍，在此不再赘述。

任务小结

请简要小结本任务的学习要点、难点与困惑，写在下面的横线上。

____

____

____

____

____

____

____

____

____

格言语录

安全管理公式是：99 + 1 = 100，100 − 1 = 0。

“千里之堤，溃于蚁穴。”一次失误、或一次违章、或一次犯错就可能导致前功尽弃，前面所做的努力都将归零。一个小小的烟头，如果随意乱扔，就可能引发一场大火，烧毁整栋大楼；一个小小的螺钉脱落就可能导致整台机器毁坏或不能正常运行！要保证安全，不能忽视任何一个细节，任何时候都不能松懈、马虎。

拓展知识

重大责任事故罪

重大责任事故罪是指在生产、作业中违反有关安全管理的规定,或是强令他人违章冒险作业,因而发生重大伤亡事故或者造成其他严重后果的行为。

《刑法》第一百三十四条规定:“工厂、矿山、林场、建筑企业或者其他企业、事业单位的职工,由于不服管理、违反规章制度,或者强令工人违章冒险作业,因而发生重大伤亡事故或者造成其他严重后果的,处三年以下有期徒刑或者拘役;情节特别恶劣的,处三年以上七年以下有期徒刑。”

根据本条的规定,构成本罪必须同时具备以下条件:

(1)构成本罪的主体是特殊主体,即工厂、矿山、林场、建筑企业或者其他企业、事业单位的职工。“职工”,主要是指直接从事生产等工作的人员和管理人员;

(2)行为人主观上是过失。这种过失主要表现在对待危害后果发生的主观意愿上,并不希望或者放任其发生;

(3)行为人的犯罪行为主要表现为由于不服从管理,违反规章制度,或者是强令工人违章冒险作业;

(4)行为人的行为导致发生了重大伤亡事故或者造成其他严重后果。“造成其他严重后果”是指除重大伤亡事故以外的其他重大事故,包括重大财产损失等。

练习与评价

如图6.2.2所示为某双线电气化铁路接触网V形天窗作业,即一条线路接触网停电检修,相邻线路正常运行的情境。请根据图6.2.2所示完成表6.2.3中的问题1~问题2,同时完成表6.2.3中的其他内容。

图6.2.2 双线电气化铁路接触网V形天窗检修作业情境

表6.2.3　任务6.2完成情况评价表

序号	任务内容	完成记录	标准分	评分
1	问题1：图6.2.2中存在哪些危险源		25	
2	问题2：针对图6.2.2中存在的危险源，请举例逐项说明危险源一旦失控的后果（举例2项以上）		15	
3	事故具有3个基本属性，即事故具有________、__________和随机性		5	
4	事故隐患通常表现为______________、______________与管理缺陷等		10	
5	隐患险于______________，_________胜于救灾。		5	
6	预防事故要从__________的认识和分析入手，才能有的放矢		5	
7	启动应急预案属事__________控制		5	
8	什么是第一类危险源？什么是第二类危险源		10	
9	“任务小结”完成情况		20	
总体评价：　☐好　☐较好　☐一般　☐较差　☐差				

任务6.3 牵引供电系统接口管理

任务导读

铁路运输是一个大系统,“牵一发而动全身”。牵引供电系统作为其中的一个子系统,与机车车辆、轨道线路、通信信号系统等均有着紧密的搭接关系和配合关系,需要熟悉与理解各子系统相互间存在的接口关系。同时各子系统分属铁路不同的管理部门,管理权限与职责不同,需要明确各自的分界点,这是牵引供电系统运行与管理中的重要内容。只有分界清晰,才能职责明确,避免管理混乱与出现管理“盲区”,避免设备检修维护失控造成安全隐患。学习掌握接口管理相关内容,加强协调配合,努力确保接口衔接良好,这是系统安全可靠运行的重要保证。

学习目标

1. 知识目标

(1)了解接口概念。

(2)熟悉牵引供电系统的接口与分界。

2. 能力目标

(1)会识别不同系统间的接口与分界。

(2)会分析与接口相关的问题。

3. 素质目标

(1)培养系统意识与协作意识。

(2)培养专业沟通能力。

任务描述

某单线电气化铁路,双机牵引的一列货车于凌晨4:21到达某站3道停车,停车至8:28时,附挂机车车顶受电弓严重拉弧,烧断接触线造成跳闸,导致该供电臂接触网停电。经供电段抢修处理,10:20恢复供电,构成铁路交通一般C类事故。

事故处理现场发现接触线断头呈烧熔拉断状,距离断口处两端300 mm以内接触线被电弧严重烧伤;该车工作受电弓滑板中部有15 mm×15 mm明显电弧烧伤痕迹,受电弓气囊变形。机车回到机务段入库进一步检查发现,气囊内部连板变形,对故障受电弓进行升弓试验,发现该受电弓升弓高度无法升到正常高度,检测接触压力值仅为45 N,对车顶绝缘进行检测结果正常,车顶无接地。

请分析本次事故的具体原因,并总结应做好与机务系统的哪些配合才能更好地保证弓网运行的安全。

任务分析

这是一起非接触网自身原因导致的接触网断线事故。通过对本事故的分析,可以进一步认识到系统中的任何组成部分都可以对系统中的其他部分产生影响甚至损害，发生故障的部件不一定是自身的原因，而有可能是其他部件配合不好造成。因此，需要加强对牵引供电系统接口管理的学习。以此为基础，全面总结受电弓状态对接触网运行安全的影响，加深对牵引供电系统接口管理意义与作用的认识，提升系统分析能力。

基本知识

知识点1：牵引供电系统接口

接口是指不同子系统之间、系统与外部环境之间在包括系统设计、装备制造、施工、运行维护等在内的系统集成过程中的工作界面上的搭接关系，也是指为实现系统既定性能指标而在不同子系统的设施、设备之间的参数、结构和功能间的配合关系。各子系统间既自成体系，又相互关联；既有硬件接口，又有软件联系，相互依存度和依赖性很高，具有很强的整体性和系统性。

牵引供电系统是电力系统的用户，既自成一个系统，同时又是铁路运输系统的一个子系统，与铁路运输系统的其他子系统紧密联系，密切配合，共同完成铁路运输的各项任务。从系统的内部与外部划分，牵引供电系统接口可分为外部接口和内部接口。外部接口主要指牵引供电系统与公用电力系统，以及外部环境间的搭接关系与配合关系；内部接口则主要指牵引供电系统与机务系统、通信信号系统、工务系统、车务系统等之间的相互搭接关系与配合关系。内部接口关系如图6.3.1所示。从技术与管理的角度划分，牵引供电系统接口又可分为技术接口和管理接口。技术接口是指系统之间存在的技术搭接与配合关系，而管理接口则指根据技术接口而制定的相关管理制度与规章而形成的管理搭接与配合关系。

为确保技术体系的完整性和各子系统之间紧密衔接，必须按系统工程理论，加强系统设计，强化系统集成，统一协调监管。做好牵引供电系统的接口管理，是系统安全有序运行的重要保证，要求边界要清晰，不能模糊交叉，接口关系要完整，接口任务要明确等。

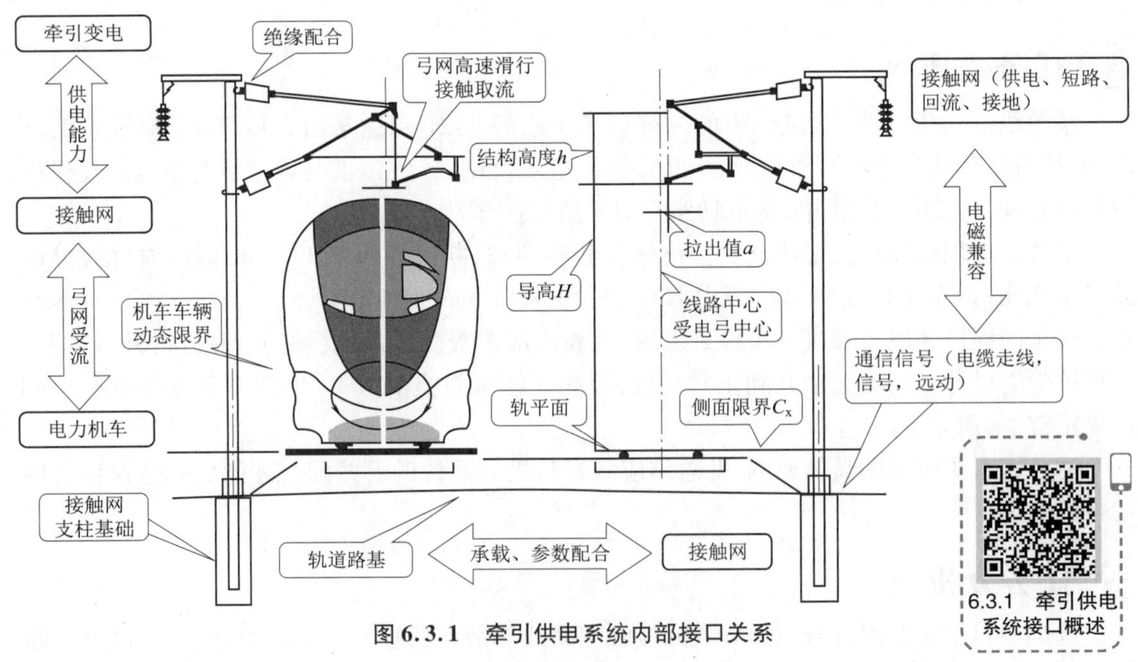

图6.3.1 牵引供电系统内部接口关系

1. 与铁路机务系统的接口

铁路机务系统主要负责铁路机车与动车的驾驶、检修与运用管理等，是牵引供电系统的直接用户，二者相互依存，接口密切。

(1)技术接口

①受电弓与接触网关系

牵引供电系统通过电力机车或动车组的受电弓与接触网间的滑行接触，将电能有效传输至电力机车或动车组，并转换为牵引动力，实现列车的高速行驶。由此形成的受电弓与接触网关系简称弓网关系，是牵引供电系统与机务系统间最直接、最关键的环节。主要体现在以下两个方面：

电气关系：主要通过弓网间载流量、最大允许电流和电气磨耗等基本电气参数来反映弓网间的电气关系，核心问题是保证弓网间电能传输的稳定性和安全性，保证接触线与受电弓滑板这对电气耦合在材料性能、电气指标上的匹配，保证弓网在相互高速运行中或相对静止两种工况下的电气稳定性和合理的电气磨耗。

机械关系：受电弓的垂直运动、左右摆动与接触网的振动及弓网间的机械磨耗，做到弓网之间的动态匹配，主要参数有接触线波动速度及受电弓的跟随特性(归算质量)等。弓网间的机械关系不仅影响弓网的运行安全，也极大影响着弓网的取流质量。

②接触网与电力机车或动车组间的几何参数关系

要求接触导线高度要适应电力机车或动车组车顶高度及受电弓的安装高度，接触导线的拉出值、接触网分相形式及结构等要与受电弓的有效工作范围、电力机车或动车组的侧摆，以及受电弓运行方式等做好配合，以确保电力机车或动车组受电弓始终运行在接触网能可靠接触到的范围；同时要求接触线应平直，受电弓应平滑，以防止二者在高速滑行接触中碰撞等。

③接触网分相绝缘装置的设置

接触网分相装置的设置要满足电力机车或动车组的运行需要。根据规程规定，电力机车或动车组过接触网电分相装置时需要断电通过。因此，接触网分相装置设置地点不宜设在大坡道上，也不宜设在信号机前方。因为一旦信号机显示红灯则应停车，大坡道上列车不易加速，这些都会影响机车断电后顺利通过接触网分相装置。为保证列车断电后顺利通过接触网分相装置，按规程规定还应在接触网分相装置处设置“禁止双弓”标、“断”标和“合”标等，这些标志是指示司机在列车通过分相装置时采取正确操作的，要保证齐全清晰。

④电气绝缘配合、功率因数校正与谐波滤除

根据操作过电压和雷电过电压防护要求，确定接触网和电力机车(或动车组)车顶高压电气设备的泄漏距离，进行合理的绝缘配合，原则上接触网绝缘强度要略高于受电弓及其导电回路的绝缘强度，机车保护则要比接触网保护更快速等。由机务系统提供电力机车或动车组的电气特性(功率因数、谐波含量等)，牵引供电系统根据牵引网结构及参数，确定在牵引变电所、分区所或牵引网安装功率因数校正、滤波装置的必要性及实施方案等。

(2)管理接口

①机务运用和检修

为保证乘务或检修人员的安全，要求在接触网没有停电与接地的情况下，禁止到机车(包括非电力机车)或动车组的车顶上进行任何作业。在机车或动车组可以攀登到车顶的梯子等处，均应明显地涂有“接触网有电，禁止攀登”的警告标语。

电力机车或动车组整备作业应在指定的整备线或车库进行，进出整备线或车库的接触网应装有分段绝缘器和隔离开关。同时该隔离开关状态（分闸状态与合闸状态）应与行车信号显示进行联锁。隔离开关打开时，信号显示红灯，这时，在分段绝缘器外方的电力机车或动车组不得进入，防止受电弓通过分段绝缘器时瞬间短接分段绝缘器，造成接触网接地短路而引起牵引变电所跳闸。当把隔离开关合上后，信号显示白灯，电力机车或动车组才可升弓进出整备线或车库。

受电弓是与接触网高速接触滑行取流的关键部件，其状态不良会造成刮网事故，支持受电弓及高压导线的绝缘子（包括其他绝缘部件）状态不良而发生闪络击穿时也会影响接触网的供电。因此，做好受电弓及车顶绝缘子等的状态监测与检测维修，确保其状态良好是机务运用与检修管理的重要内容。当前，全国电气化铁路正在推广应用接触网6C检测监测系统，已将受电弓滑板监测纳入该系统，将监测装置安装在局界、动车段出段处、电分相等特殊地段处，用于实时监测受电弓滑板的技术状态，包括：受电弓滑板残缺、滑板裂缝、弓角磨损等异常状态。

接触网和受电弓是一对特殊的摩擦副，两者的物理性能，如弹性、压力、磨耗、相对位置和冲击力，以及机电强度等应密切配合。否则，在高电压、强电流和高速运行的情况下容易诱发弓网故障，轻则中断供电，重则导致接触网和受电弓严重受损，短时间难以恢复，更有甚者造成接触网断线垮网或受电弓刮翻，破坏范围达数百米，甚至上千米，严重影响正常运输。因此，要求驾驶员在运行中应密切注意前方接触网状态，发现异常应及时采取措施，必要时应降下受电弓，惰行通过，并及时通知车站值班人员、行车调度员、供电调度员或接触网工区，以便接触网工区及时派人到现场检查处理。乘务员如发现机车进入接触网无电区或无接触网区后（机车设有失压保护，主断路器会跳闸），应立即停车，并降下受电弓，及时与行车调度员或供电调度员取得联系。运行中还应严格按照《铁路技术管理规程》有关受电弓的信号标志（“断”、“合”、“禁止双弓”、“准备降弓”、“升”（弓）、“降”（弓）、“接触网终点”等标识）要求行车，见到有关人员发出“降弓”或“升弓”手信号时，应及时降下或升起受电弓，还要及时鸣笛通知补机司机同步操作。

由于弓网关系密切，机务部门与供电部门往往还建立了机供联控制度，加强联防互控，协调解决相互间存在的配合问题。

②行车事故处置

当发生铁路行车事故需要出动救援列车时，根据《铁路行车事故救援规则》的规定，电气化区段接触网工亦需随行，“接触网工区要根据需要及救援列车主任的要求拆除或拨移影响救援作业的接触网，清除影响作业的障碍物”。因此，当发生事故救援时，牵引供电有配合事故救援的义务和责任。当救援作业必须拆除接触网时，在满足作业要求的前提下，应选择拆网工作量最小又易恢复的方案。一般情况拆网范围为发生事故车辆的两端各加50 m。因接触网线索张力大，截断时危险性大，并将扩大事故范围，延缓事故救援和恢复时间，原则上不允许。必须截断线索时，截断线索前必须先释放张力，并采取相应的安全措施防止伤人及扩大事故范围。

当电力机车或动车组运行中发生故障需登顶作业时，应由乘务员报告列车调度员，由列车调度员向供电调度员提出接触网停电申请并办理签认手续。供电调度员完成停电操作后，由列车调度员发布准许登顶作业的调度命令。

接触网本身发生倒杆断线或严重弓网故障时，接触网工区应迅速出动，本着“先通后复”的原则（复线区段还要求“先易后难、抢通一线”），即优先满足安全通电和安全通车的条件来制定合理的抢修方案，必要时采取设置无电区、越区供电、降弓运行等临时供电措施，同时将这些临时供电措施及时通过行车调度员告知相关乘务人员。

6.3.2　与机务系统的接口

2. 与铁路工务系统的接口

铁路工务系统负责铁路线路（路基、桥梁、隧道、轨道等）设施的运行、维护与检修等，是安装接触网支柱等设施的基础。牵引供电专业需要根据工务工程提交的详细设计资料，对接触网预留基础、拉线锚环及设备安装螺栓等预埋件进行相应确认，提出建议及修改，由工务系统提供线路信息，以此为基础进行牵引供电的相关计算。两个系统之间存在诸多搭接与配合关系。

（1）技术接口

①直接关系

接触网所有几何参数均是以铁路线路中心线和钢轨平面所组成的直角坐标系为参照基准。线路平面（直线、曲线、缓和曲线）会影响接触网的张力差、跨距和拉出值等参数；线路纵断面（平道、坡道、竖曲线）则会影响接触线坡度、导高、吊弦长度等参数，也会影响接触网分相绝缘装置的设置等；路基、桥梁、隧道等则会影响接触网支柱和基础类型的设置等。因此，接触网的设置离不开铁路线路的详细技术参数。

②间接关系

线路平面（直线、曲线、缓和曲线）的不平顺度会影响弓网之间的振动大小；线路纵断面（平道、坡道、竖曲线）的变化会影响弓网间的冲击；路基、桥梁、隧道会影响受电弓动态特性；桥梁的振动会影响接触网支柱的稳定性；路基变形还会引起列车振动和改变弓网间几何关系等，甚至造成受电弓脱离接触线的严重事故。

在列车高速运行时，线路与轨道任何一点外部的不平顺都会造成列车的振动，这种振动的振级与列车速度成正比。振动同样将使弓网动态接触压力与静态接触压力产生较大的偏差，造成动态接触压力上下波动，弓网离线，加剧受电弓滑板和接触线网的磨耗等。

（2）管理接口

电气化铁路地面有轨道线路，空中有接触网，两者密切相关。工务部门的工作是对线路进行养护维修，保证行车安全。在维修中通常要进行起道与拨道等作业，这些会使钢轨与接触网的相对位置发生变化，从而造成受电弓与接触网的相对位置发生变化。同时因支柱侧面限界发生变化，有可能影响超限货物的运行。因此牵引供电与工务部门间的工作关系也非常紧密。

《普速铁路接触网运行维修规则》《高速铁路接触网运行维修规则》第二十条均规定：“在电气化铁路竣工时，由施工单位标出轨面标准线，开通前由供电、工务单位共同复查确认。有砟轨道每年对轨面标准线复测一次，复测结果与原轨面标准线误差不得大于 ±30 mm。特殊情况需调整轨面标准线时，由供电、工务部门共同确认，并经铁路局集团公司批准。供电段负责轨面标准线的日常管理，保持其清晰醒目。”“轨面标准线”也称为“红线”，即在接触网支柱的线路侧或站台侧墙、隧道一侧的边墙上标出一条红色基准线，线的水平位置即表明线路轨面的设计标高，同时在线的上方标示以下数据：支柱侧面限界、接触线距轨面设计高度、设计拉出值、曲线半径和外轨超高等。工务部门就以此红线的位置为依据，按规定进行起道、拨道作业。一般规定起道量不超过 30 mm，拨道量不超过 40 mm，否则应通知接触网工区进行配合，对接触线进行调整，使之符合设计高度及拉出值，调整作业应密切配合，互相协作，以保证行车安全。

工务部门未经供电部门同意，起道、拨道超过规定标准，应追究责任。每年接触网工区应会同工务养路工区和桥隧工区对“红线”进行复核校对，并做好记录，双方签认后存查。各铁路局集团公司的行车组织规则应对有关“红线”的管理做出具体规定。

同时，工务部门在抽换轨枕、找小坑、调整轨距和捣固夯实路基道砟时，应保证接触网的接地线和吸上线不受破坏，保持正常连接。必须移设时，应由接触网工或工务部门受过专门训练的人员进行。更换钢轨时，应保证牵引电流回路完整，必要时用截面不少于 70 mm^2 的软铜绞线代替，与钢轨连接方式应根据换轨的具体情况按规定进行，可由工务部门受过专门训练的人员进行，必要时应请供电部门派员配合，以免发生人身及设备事故。

6.3.3 与工务系统的接口

路基两侧的树木除不影响列车司机瞭望外，还不应侵入供电线路和接触网线路，树枝倾斜或倾倒时不应侵入铁路行车限界和供电安全距离。供电段和工务段应加强配合，定期检查，修剪侵限树枝，及时砍伐危树，确保供电安全。平交道口垂直线路两侧应设限界门，其通过高度不得超过 4.5 m，以保证过往车辆通过接触网下方时的电气安全。道口顺线路两侧不应设置接触网锚柱等，以减少过往车辆对接触网支柱带来的伤害。

3. 与铁路通信信号系统的接口

铁路通信系统不仅为牵引供电系统提供专用的通信设备与通信通道，而且也为牵引供电系统提供专用的远动通道，牵引供电系统也为相应的通信系统提供工作电源等。牵引供电系统与铁路信号系统不仅共处于一个电磁耦合的环境中，而且共用轨道电路，三者之间也存在一些搭接与配合关系。

(1)技术接口

牵引供电系统由于采用工频单相交流制式，是不对称负载，而且在电力机车或动车组上又进行了变压整流甚至逆变，牵引电流中存在大量的高次谐波，会对沿铁路线上的通信信号设备产生较严重的电磁干扰，甚至产生危险感应电压；牵引回流流经钢轨时会在两钢轨中产生不平衡电流，同时可能导致钢轨电位升高，对信号设备产生严重干扰等，这需要牵引供电系统主动配合采取优化供电方式等措施减小干扰，也需要通信信号系统强化自身的防干扰措施，提升防干扰能力等。

信号系统向牵引供电系统提供轨道电路闭塞分区的详细设计资料，牵引供电系统确认扼流变压器或空心线圈的位置，进行上下行横连线、吸上线、CPW 线、综合接地等电位连接线的设计，并由信号专业予以确认。信号系统结合牵引负荷电流和牵引网短路电流及其作用时间等因素综合确定扼流变压器容量。

为实现电力机车或动车组自动过分相功能，在接触网分相绝缘装置处设置地面列车位置检测装置，设置“断”“合”标志等。牵引供电系统需提供分相区详细设计资料，由信号系统予以确认,并相互配合使接触网分相绝缘装置与信号机位置设置合理,同时由信号系统完成对车载断电自动过分相装置地面感应器的预埋设计等。

由牵引供电系统提供牵引变电所、分区所、开闭所、AT所中SCADA系统的通信需求,两个系统共同确认通信机械室与供电SCADA系统的连接方案等,牵引供电系统负责给通信机械室等通信设备提供可靠的工作电源。

当采用综合接地系统时,由于牵引供电设备的接地属于强电接地系统,通信信号设备的接地属于弱电接地系统,二者接在同一个综合接地系统中时,为避免强电系统对弱电系统的干扰甚至安全威胁,二者接地连接点的设置需做好配合,并应保持20 m以上的距离等。

6.3.4　与通信系统的接口

(2)管理接口

牵引供电回流与信号轨道电路共用钢轨,为保证牵引供电回流畅通,需在各闭塞分区装设扼流变压器,同时将接触网的吸上线与扼流变压器中性点连接。扼流变压器是信号设备,由信号专业人员进行检修维护与管理。当需要对扼流变压器进行检修维护时,不得断开中性点。否则必须通知接触网专业人员采取导通措施后方可进行。

6.3.5　与信号系统的接口

4. 与铁路车务系统的接口

铁路车务系统主要负责行车组织,做好旅客运输与货物运输等相关工作。牵引供电系统则主要为铁路运输提供牵引动力,与铁路车务系统也存在一些搭接与配合关系,如处理不好,也会影响到铁路运输的畅通甚至系统的运行安全与人员安全。

(1)技术接口

牵引供电系统需要将其供电方式、供电分区的设置、接触网高度、架设接触网的线路、牵引变电所位置等信息提供给铁路车务系统,这是车务系统组织行车所需要掌握的相关信息;而车务系统需要将列车最高运行速度、列车牵引重量、年运输任务、日均列车对数和最大列车对数、列车最小间隔时间、无列车运行时段等信息提供给供电专业,这是牵引供电系统确定牵引变压器容量和设计系统供电能力(如接触网的载流容量、系统电压损失和电能损失等)的重要依据。

(2)管理接口

当电力机车或动车组整备线、装卸货物线、专用线等接触网停电接地时,车务部门不得再向该线路接发电力机车或动车组。接触网工区在区间或站内开展接触网停电作业时,应严格按照安全工作规则的要求做好临时接地线。

当接触网有电的情况下,在区段站和枢纽站进行调车作业时,禁止调车人员登上棚车(在区间和中间站禁止登上敞车和棚车)行走或使用手制动。敞车、平板车上使用手制动时,禁止踏在高于手制动机踏板台的平台上或货物上,以防触电。

在带电的接触网下,不得在敞车、平车、罐车等车辆(棚车、保温车、家畜车内除外)上进行装卸作业,不准用竹竿等物件测量货物装载高度等靠近接触网的作业。

牵引供电系统状态良好是保证铁路运输畅通的重要条件,因此,车务系统应认真组织好行车调度工作,严格按图运行,保证图定的接触网检修天窗的兑现,为做好牵引供电系统设备的检修维护提供条件。接触网工区则应充分利用天窗停电时间,搞好检修作业,做到按时送电,保证列车运行图按计划实现。近年来，各铁路局集团公司开始实施工务、电务、供电联合使用“综合天窗”的检修作业模式，取得良好效果。

车站货物线通常均设有分段绝缘器和隔离开关，并设有安全作业标志。装卸作业时需要操作该隔离开关。该隔离开关由车务部门的人员负责操作，但应由经过供电段考试合格后取得操作证的人员来操作。作业前断开隔离开关，并确认接地刀闸接地状态良好；作业结束后，确认所有人员已离开危险区域，方准合上隔离开关。隔离开关平时要经常处于合闸位置，否则分段绝缘器因长时间承受高电压会加速老化，并且在气候条件恶劣（如雨雾、风雪等）和环境污染严重的情况下（如装卸石灰、水泥、煤等粉尘物）易发生闪络或击穿。接触网工区平时应按规定对货物线分段绝缘器及隔离开关进行检查维护，以保证状态良好，确保装卸作业安全。同时，在巡视时应注意分段绝缘器的运行状态，发现无装卸作业时，应确保该处隔离开关处于合闸位（尤其是气候恶劣的情况下）。一旦管内发生接触网跳闸，应了解并检查各车站货物线的分段绝缘器处隔离开关是否处于分闸位。如果发生分段绝缘器闪络或击穿，通常可断开接地后合上隔离开关，通知车站暂时停止使用后即可通知供电调度送电，然后再安排停电时间进行处理，恢复正常后方准车站进行使用和装卸作业。往货物线、专用线取送车辆时，分断绝缘器的隔离开关应处于合闸位置。铁路局集团公司铁路行车组织细则应对以上要求做出相应规定。

6.3.6 与车务系统的接口

在电气化区段内，禁止押运、随车装卸、通勤通学等人员坐在车顶上或装载的货物上。列车驶近电气化区段前，运转车长和连结员应做好宣传，要进行彻底检查，并将上述人员安置于棚车及安全的车辆里。商检人员应检查货物装载状态，要设法排除超出限界的树枝、棒竿等物件，紧固飘动的篷布，收紧绳索，不能留过长的绳头，关闭油槽车顶上盖等，必要时复测货物装载高度，使之符合规定，接触网工区应做好宣传和配合工作。

此外，利用轨道车作为交通工具的接触网工区，在检修作业或事故抢修时；轨道车进出停车岔线和车站时，都要按规定向车站值班员办理行车手续，避免发生行车事故。

为防止上述危险因素引发事故，供电部门与车务部门通常建立了车供联控制度，定期召开车供联控会议，及时处理存在问题，共同开展车供联控。

5. 与铁路其他部门的接口

铁路运输系统高度集中、各个部门工作环节必须紧密联系和协调动作。电气化铁路牵引供电系统的运行与铁路车、机、工、电、辆及公安（治安、消防）等各个部门都有着密切的关系，与铁路附近的厂矿企业、学校、城乡居民区的活动也有一定的联系。

其他铁路部门与牵引供电系统的运行直接联系虽然较少，但是却也关系到这些部门工作人员的电气人身安全等。为此，铁路行业制定下发了《电气化铁路有关人员电气安全规则》（以下简称《安全规则》），明确了电气化铁路附近有关养路工作、装卸作业、押运人员、接发列车、调车作业、机车车辆作业、通信信号与电力设备维修、电气化铁路附近消防安全、车辆行人通过道口安全的有关规定。并强调以下措施：

新建的电气化铁路在接触网接电的15天前，铁路局集团公司要把接电日期用书面通知铁路内外各有关单位。各单位在接到通知后，要立即转告所属有关人员。从此开始视为接触网带电，所需要的作业，均须按带电要求办理。

为保证人身安全,除专业人员按规定作业外,任何人员所携带的物件(包括长杆、导线等)与接触网设备的带电部分保持2 m以上的距离;在距接触网带电部分不到2 m的建筑物上作业时,接触网必须停电,并按规定办理手续;在距接触网带电部分2 m~4 m的导线、支柱、房顶及其他设施上施工时,接触网可不停电,但须有接触网工或经专门训练的人员在场监护。

电气化铁路区段各单位必须组织本单位职工认真学习《安全规则》,并按规定对有关职工每年进行考试。此《安全规则》也适用于临时到电气化铁路上工作的有关人员(包括通过电气化铁路的乘务员、押运人员等)。对初到电气化铁路区段工作的有关工种,必须经过有关安全考试合格后,方准参加作业。

知识点2:牵引供电系统设备分界

铁路局本着“专业管理,用管结合”的原则确定各专业设备的接管分工与分界。

1. 接触网设备分界一般原则

(1)接触网工区的管辖分界

主要明确各接触网工区的分界点。如两接触网工区分界点处有分相绝缘器装置时,一般选择以分相绝缘器处的供电线上网线夹来确定分界点。分界点一般将分相绝缘器及其相应的禁止双弓标示牌和分界标志牌等划分至某一侧。

如果两接触网工区分属不同的供电段或不同的铁路局集团公司时,则一般以供电段之间的分界或铁路局集团公司局界作为两接触网工区的分界点,分界点以内的接触网设备包含附加悬挂和地下隐蔽工程等。

对于段管内的接触网工区,则一般选择某个区间的第一根支柱或最后一根支柱的定位线夹来确定分界点。另外,以锚柱为分界点时,支柱拉线属于锚柱;以分相元件为分界点时,断合标等分相标示牌、隔离开关及引线属于分相设备;回流线等附加导线以分界点划分。

(2)与电务、工务及通信部门间的管辖分界

接触网吸上线与扼流变压器连接时,连接板属电务段,连接板上的吸上线及其螺栓属牵引供电设备管理单位,分界点如图6.3.2中圆点所示。吸上线与钢轨相连接时,吸上线及其与钢轨连接的附件属牵引供电设备管理单位,钢轨属工务段。

图6.3.2 吸上线与扼流变压器连接时的分界点

接触网隔离开关纳入远动时,引入被控站的通信光缆及通信光缆配线架(盒),以被控站

通信配线架（盒）的活动连接器为分界点。活动连接器（含）至通信设备由通信部门负责，活动连接器（不含）至供电设备的光缆等由牵引供电设备管理单位负责。

（3）接触网开关设备检修维护内部分工分界

接触网开关高压触头部分、传动部分、操作机构箱箱体部件及接地、通信箱箱体部件及接地、无线通信杆外部固定件由供电车间接触网工区负责检修维护；接触网开关设备及车站、隧道接触网开关控制柜设备的日常巡视检查，与调度端的"遥控"，"遥信"操作试验由供电车间接触网工区负责。

接触网开关操作机构箱内二次设备、通信箱各插件，电源电缆，通信光缆的检修维护及故障处理由供电车间供电工区负责；车站、隧道接触网开关控制柜设备、电源电缆通信光缆由供电车间供电工区负责维护。

通信箱各更换下来的插件由电气检修车间负责检测维修，并将检测合格的各插件返回给各供电车间作为检修维护备件。

通信光缆发生故障时由电气检修车间配合供电车间对光缆故障点进行检测及定位。

各接触网开关操作机构箱及通信箱门锁钥匙由供电车间接触网工区及供电工区各保管1把。

2. 牵引变电所设备分界一般原则

（1）与接触网设备的分界

27.5 kV 供电线及回流线设备以牵引变电所（含分区所、开闭所）围墙为分界点或以27.5 kV抗雷圈出线端与供电线的 T 形连接线夹处为分界点，如图 6.3.3 中圆点所示。分界点靠牵引变电所以内设备属变电专业，分界点靠牵引变电所以外设备属接触网专业。27.5 kV 电缆及附件由供电车间负责检修维护，电缆及附件的交直流耐压试验由电气检修车间负责。

（2）与电气检修车间的分界

户外高压架空线、管型母线（包括母线线夹、架空线 T 形线夹、回流线、架空避雷线），以及门型构架、悬式绝缘子由供电车间负责检修维护。

户外所有高压电气设备、高压电气设备间的平行连接导线及设备线夹由电气检修车间负责检修维护。

户外高压架空线、管型母线与高压电气设备连接的引下线以高压电气设备的设备线夹 200 mm 处为分界点，分界点以上由供电车间负责检修维护，以下由电气检修车间负责检修维护。

图 6.3.3　牵引变电所与接触网工区分界点

牵引变电所 220 kV（110 kV）供电线路与供电局产权分界点处属用电方维护的设备由供电车间负责检修维护。

10 kV 所用电以引入电缆接线桩为界，接线桩以内的设备由电气检修车间负责检修维护，接线桩紧固螺栓及引入线电源电缆设备由供电车间负责检修维护。

(3)与电力系统的分界

与电力系统的分界以供用电协议为准。一般原则为 110 kV 或 220 kV 输电线至各牵引变电所的终端铁塔，一般以其负荷侧耐张线夹再往所内 1 m 为分界点，如图 6.3.4 中圆点所示。分界点至所内由供电车间管辖与检修，分界点外侧（属电业局产权）由所属电业局检修。

变电所内属于电业局产权的有功、无功电能计量装置（含专用压互、流互、计量箱、电度表及其他监测装置和一、二次接线）由所属电业局检修。

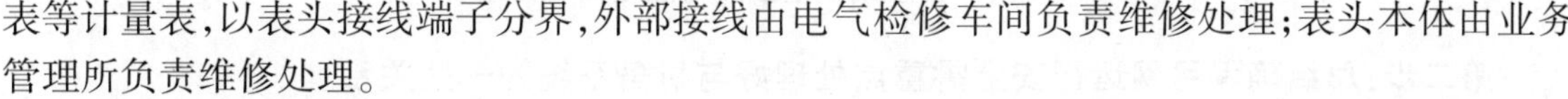

图 6.3.4　牵引变电所与电力系统分界点

(4)检修车间与业务管理所分界

变电所内属供电段产权的有功、无功电能表等计量表，以表头接线端子分界，外部接线由电气检修车间负责维修处理；表头本体由业务管理所负责维修处理。

3. 远动设备分界

(1)户内设备分界

以供电远动室内从通信机械室（或通信基站）引入的光缆终端头分界，通信机械室（或通信基站）至远动室的光缆由通信设备管理单位负责管理，光缆引入端口及以后的设备由牵引供电设备管理单位负责管理。

(2)户外设备分界

以被控端（负荷开关、隔离开关、信号电源低压开关）远动控制箱内接收装置至执行端线缆为分界点，接收装置本体及其端子排由电气检修车间负责，其余设备由供电车间负责。

6.3.7　牵引供电设备分界管理

任务实施

通过学习本任务知识点，结合“任务描述”与“任务分析”，按以下步骤来完成本任务。

第一步：分析本次事故的具体原因。

由“任务描述”可知，接触线断线断头呈烧熔拉断状，距离断口处两端 300 mm 以内接触线被电弧严重烧伤。由此分析，接触线是因为电弧产生的高温导致断口烧熔，同时在接触线张力的作用下最后被拉断。因此，可以确定受电弓与接触线间的长时间电弧是导致本次接触线断线事故的直接原因。

这次弓网之间产生电弧的原因则是受电弓气囊连板变形，造成受电弓与接触线间的接触压力严重不足，远低于正常静态接触压力 70 N 的标准。现在的问题是，机车是停在车站，为何会有电弧，即使有电弧，也应远小于正常运行时的电弧，而正常运行中的电弧却极少烧断接触线，这是需要进一步弄清楚的问题。

机车虽然停在车站，但是机车的车载变压器，以及机车本身仍然在用电，有一定的电流。因此，当受电弓与接触线压力不足造成弓网间接触不良时，这个电流就会形成电弧。这个电弧虽然可能比机车运行中的电弧要小，但由于机车运行中电弧的位置也在高速移动，电弧来不及使接触线的温度升高，不会引起接触线的抗拉强度明显下降。相反，当机车停车时受电弓如产生电弧，将使弓网接触点的接触线过热。如果长时间电弧且一直处于停车状态时，则可能使接触线严重过热，导致接触线抗拉强度明显降低，并最终被拉断。经查，不同材质的接触线抗拉强度与温度关系曲线如图 6.3.5 所示。由此可见，受电弓低速拉弧、静止时取流或做升降弓试验时拉弧，这都易造成弓网接触点过热而危及接触线安全，需要采取相应措施。

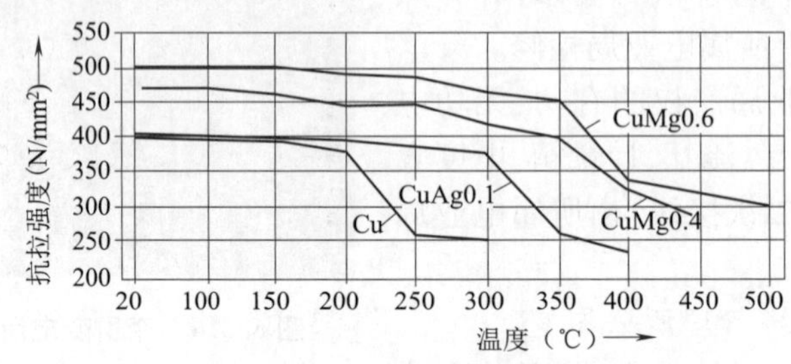

图 6.3.5　接触线抗拉强度与温度关系曲线

第二步：总结确保弓网运行安全需重点处理好与机务系统的一些关系。

通过学习铁路机务系统间的接口知识可知，弓网间的接触压力仅是影响弓网运行安全的一个因素，还有很多因素直接或间接影响弓网运行的安全。

（1）受电弓出现滑板残缺、滑板裂缝、滑板磨耗异常，以及弓角磨损等异常状态未及时处理，会影响弓网取流甚至造成弓网打碰，损坏弓网等。

（2）受电弓传动系统（包括气囊、连接板、传动杆、平衡杆等）出现异常，会影响弓网接触压力，产生电弧或增大磨耗，严重时会影响受电弓整体平衡而造成打弓或刮网、脱网事故等。

（3）受电弓及其导电设备绝缘不良，会造成机车高压回路闪络击穿，引起短路事故。

（4）机车保护动作值与动作时限设置不合理，当机车本体发生故障时就可能引起牵引变电所跳闸而造成整个供电臂停电。

（5）接触网分相绝缘装置位置如果设置在大坡道或信号机前方，则有可能造成列车过分相装置时不正常停车。

（6）司机操作不当也是威胁弓网安全运行的重要因素。比如机车过接触网分相绝缘装置时未在规定位置采取断电操作，由此产生的巨大电弧可能导致烧坏接触网分相绝缘装置事故甚至造成接触网相间短路事故；机车进出整备作业线时未按规定严格执行与隔离开关的联锁流程，违规进入或误闯接触网无电区等造成短路事故；接触网故障地段应采取降弓通过措施时，司机未按规定采取降弓措施导致刮网事故等。

任务小结

请简要小结本任务的学习要点、难点与困惑，写在下面的横线上。

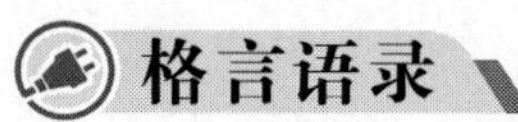

格言语录

“合作共赢，和谐共生”。

任何一个系统都是由若干个子系统构成，系统越复杂，子系统就越精细，配合就越密切。各子系统之间相互影响，相互支撑，紧密协作，和谐有序，共同实现系统的总体功能。任何一个子系统存在缺陷或异常或子系统间配合脱节，都可能导致整个系统故障甚至系统瘫痪，因此合作才能共赢，和谐才能共生。

练习与评价

某车站一扼流变压器中性点连接有牵引变电所的轨回流扁钢。因信号机位置变动，该扼流变压器需拆移。信号人员在未通知接触网人员的情况下直接拆移了该扼流变压器，造成连接在该扼流变压器中性点上的回流扁钢断开。事隔数日后，该站反映信号楼内的防雷元件接连被烧坏。后经调查发现是该站的钢轨电位异常升高所致，遂要求牵引供电专业派人参与故障分析，最后确定是该站信号机改造导致牵引变电所回流扁钢断开所致。重新恢复回流扁钢的连接后，该故障消除。

请回答表6.3.1中的问题1～问题3，同时完成表6.3.1中的其他内容。

表6.3.1　任务6.3完成情况评价表

序号	任务内容	完成记录	标准分	评分
1	问题1：回流扁钢断开为什么会导致钢轨电位升高		15	
2	问题2：信号人员未通知接触网人员就直接拆除该扼流变压器，有何不妥		10	

续上表

序号	任务内容	完成记录	标准分	评分
3	问题3:电气化铁路区间正线上的扼流变压器中性点,如果既未连接吸上线,也未连接回流扁钢,信号人员是否就可以不通知接触网人员而更换扼流变压器或断开中性点连接呢？为什么		15	
4	接触网事故抢修应本着______________的原则(复线区段还要求"先易后难、抢通一线")制定合理的抢修方案。此处的"通"包含哪两层含义		10	
5	接触网所有几何参数均是以铁路线路__________和钢轨__________所组成的直角坐标系为参照基准		5	
6	轨面标准线________年复测一次,复测结果与原轨面标准线误差不得大于________ mm		5	
7	一般规定起道量不超过______________ mm,拨道量不超过__________ mm,否则应通知接触网工区进行配合		5	
8	平交道口垂直线路两侧应设__________,其通过高度不得超过__________ m		5	
9	强电系统与弱电系统接同一个综合接地系统时,二者与综合接地系统的接地引线连接点应保持__________ m以上的间距离		5	
10	任何人员所携带的物件(包括长杆、导线等)与接触网设备的带电部分保持__________ m以上的距离		5	
11	接触网吸上线与扼流变压器连接时,连接板属电务段还是供电段		5	
12	"任务小结"完成情况		15	
总体评价: □好 □较好 □一般 □较差 □差				

参考文献

[1] 曹建猷. 电气化铁道供电系统[M]. 北京:中国铁道出版社,1983.

[2] 电气化工程局电气化勘测设计院. 电气化铁道设计手册　牵引供电系统[M]. 北京:中国铁道出版社,1988.

[3] 李群湛,贺建闽. 牵引供电系统分析[M]. 成都:西南交通大学出版社,2012.

[4] 李群湛,贺建闽,解绍锋. 电气化铁路电能质量分析与控制[M]. 成都:西南交通大学出版社,2011.

[5] 张明锐,张永健,王靖满. 高铁牵引供电系统[M]. 上海:上海科学技术文献出版社,2019.

[6] 李志慧. 牵引供电系统及运行 [M]. 北京:北京交通大学出版社,2017.

[7] 刘让雄,王小辉. 安全教育与职业健康[M]. 广州:广东高等教育出版社,2020.

[8] 董锡明. 轨道交通事故分析与预防[M]. 北京:中国铁道出版社,2016.

[9] 刘让雄. 城市轨道交通供电规程与规则[M]. 成都:西南交通大学出版社,2018.

[10] 张振波. 接触网与电力安全警示案例分析[M]. 北京:中国铁道出版社,2011.

[11] 万庆祝. 牵引供电系统负序问题研究[D]. 北京:清华大学,2008.

[12] 中国国家铁路集团有限公司工电部. 铁路接触网[M]. 北京:中国铁道出版社有限公司,2022.

[13] 中国国家铁路集团有限公司工电部. 铁路牵引变电[M]. 北京:中国铁道出版社有限公司,2022.

[14] 中华人民共和国国家质量监督检验检疫总局,中国国家标准化管理委员会. 质量管理体系　要求:GB/T 19001—2016[S]. 北京:中国标准出版社,2017.

[15] 国家市场监督管理总局,国家标准化管理委员会. 职业健康安全管理体系　要求及使用指南:GB/T 45001—2020[S]. 北京:中国标准出版社, 2020.

[16] 中华人民共和国国家质量监督检验检疫总局,中国国家标准化管理委员会. 环境管理体系　要求及使用指南: GB/T 24001—2016[S]. 北京:中国标准出版社,2016.

[17] 中华人民共和国国家质量监督检验检疫总局,中国国家标准化管理委员会. 标准电压:GB/T 156—2017[S]. 北京:中国标准出版社 ,2018.

[18] 国家铁路局. 铁路电力牵引供电工程施工质量验收标准:TB 10421—2018[S]. 北京:中国铁道出版社有限公司,2019.

[19] 国家铁路局. 铁路电力牵引供电设计规范:TB 10009—2016[S]. 北京:中国铁道出版社 ,2016.

[20] 国家铁路局. 电气化铁路牵引变压器:TB/T 3159—2021[S]. 北京:中国铁道出版社有限公司 ,2022.

[21] 刘让雄. 牵引变压器低负荷率运行条件下的过负荷能力分析[J]. 机车电传动,2019,267(2):80-84.

[22] 缪弼东,李瑞,艾广宁. 高速铁路牵引供电系统故障测距方法的研究和修正[J]. 电气化铁道,2019,30(1):20-23.

[23] 孙禹文. 重载铁路牵引网谐波谐振过电压分析及治理措施探讨[J]. 电气化铁道,2019,30(5):17-20.

[24] 刘让雄. 一起电气化铁路车站龙门吊带电故障的调查处理[J]. 郑州铁路职业技术学院学报,2019,31(2):3-4.

[25] 刘让雄. 电气化铁路牵引变电所回流装置存在的缺陷与改进方案探讨[J]. 铁道机车车辆,2012,32(1):1-5.

[26] 刘让雄. 电气化铁路接触网穿越电流的成因及危害预防[J]. 铁道机车车辆,2011,31(1):3.